Carla Accardi
Dadamaino:
Between sign and transparency
Entre signe et transparence

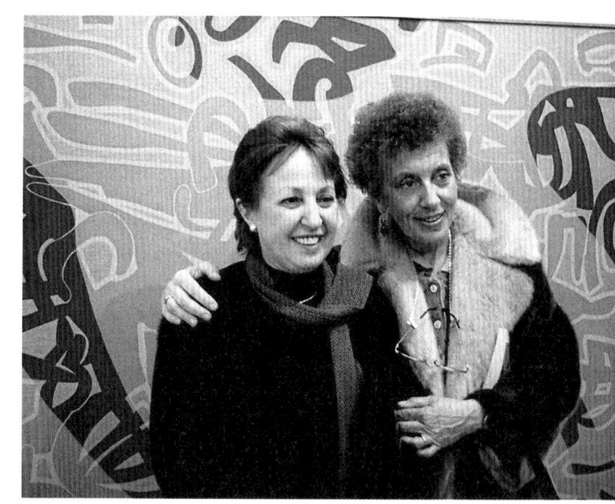

Carla Accardi and Dadamaino at the
inauguration of the 1987 exhibition at the
Galleria Il Milione, Milan
Carla Accardi et Dadamaino à l'inauguration de
l'exposition de 1987 à la Galleria Il Milione, Milan

Carla Accardi
Dadamaino:

Between sign and transparency
Entre signe et transparence

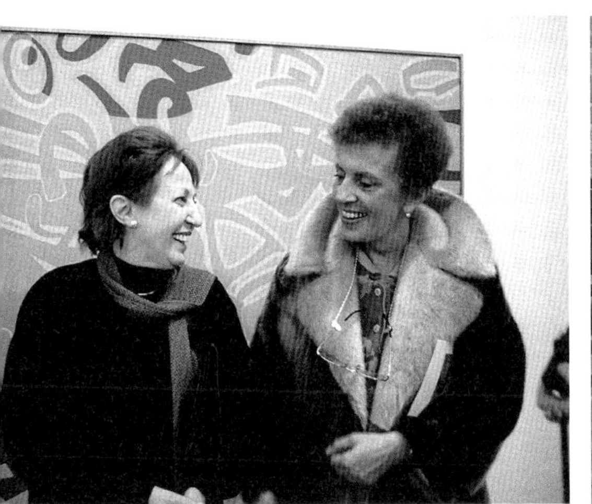
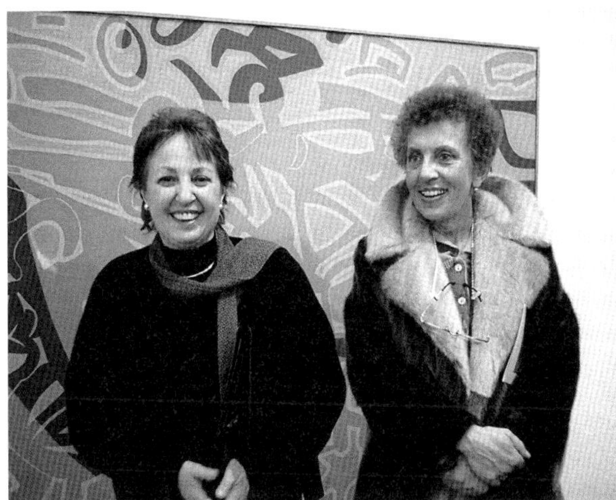
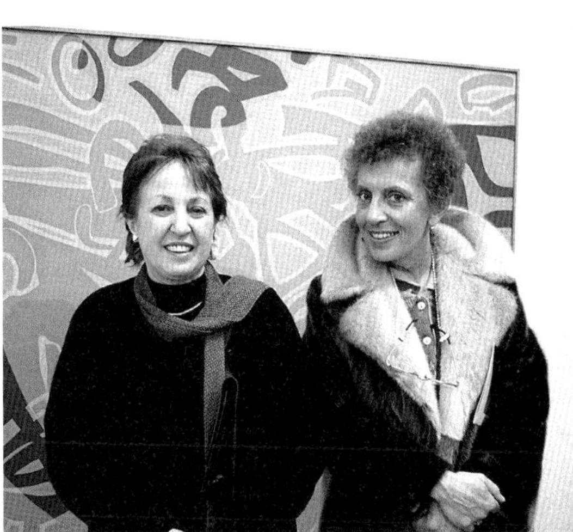

FORMA

Tornabuoni Art

Contents
Table des matières

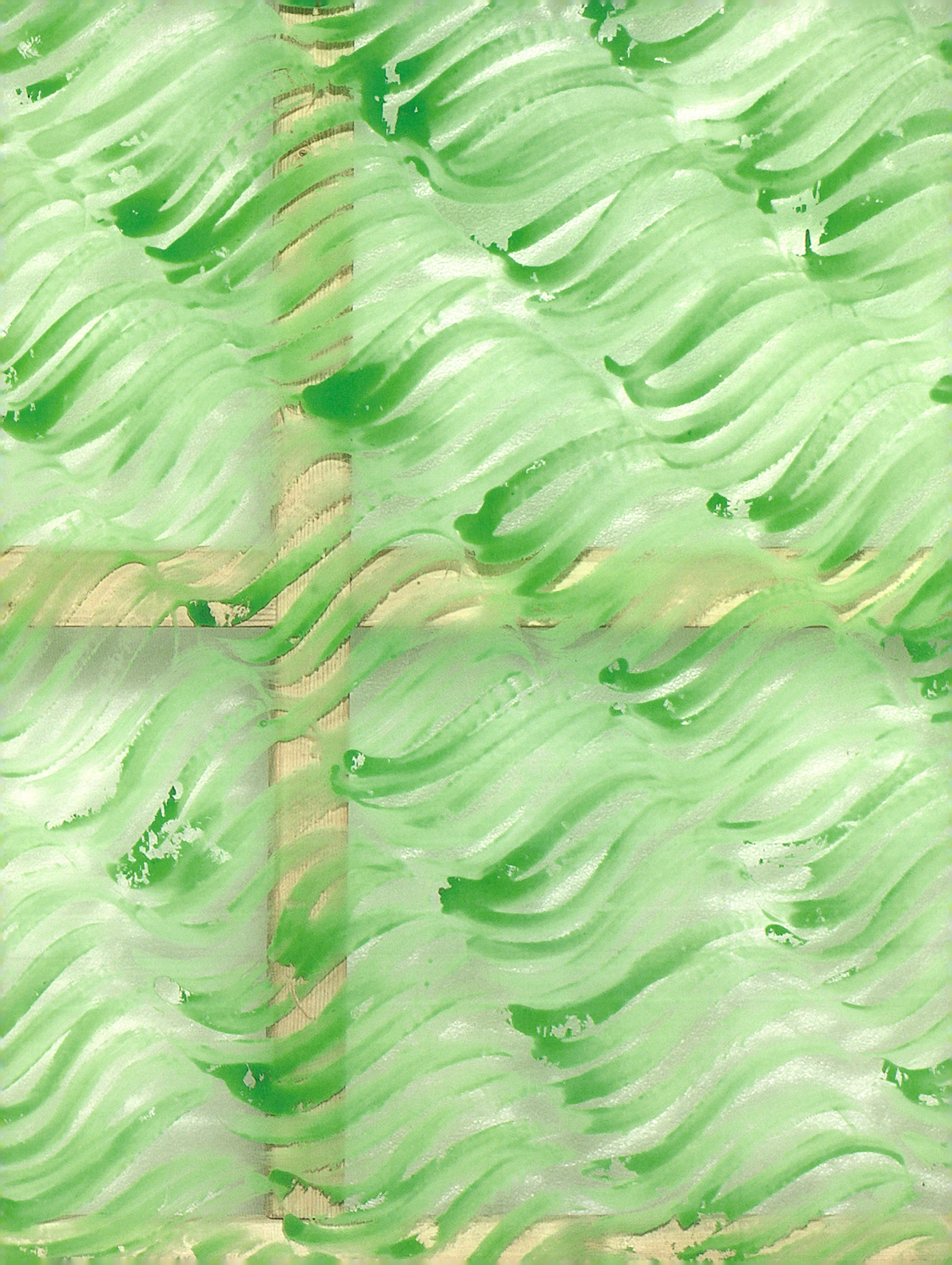

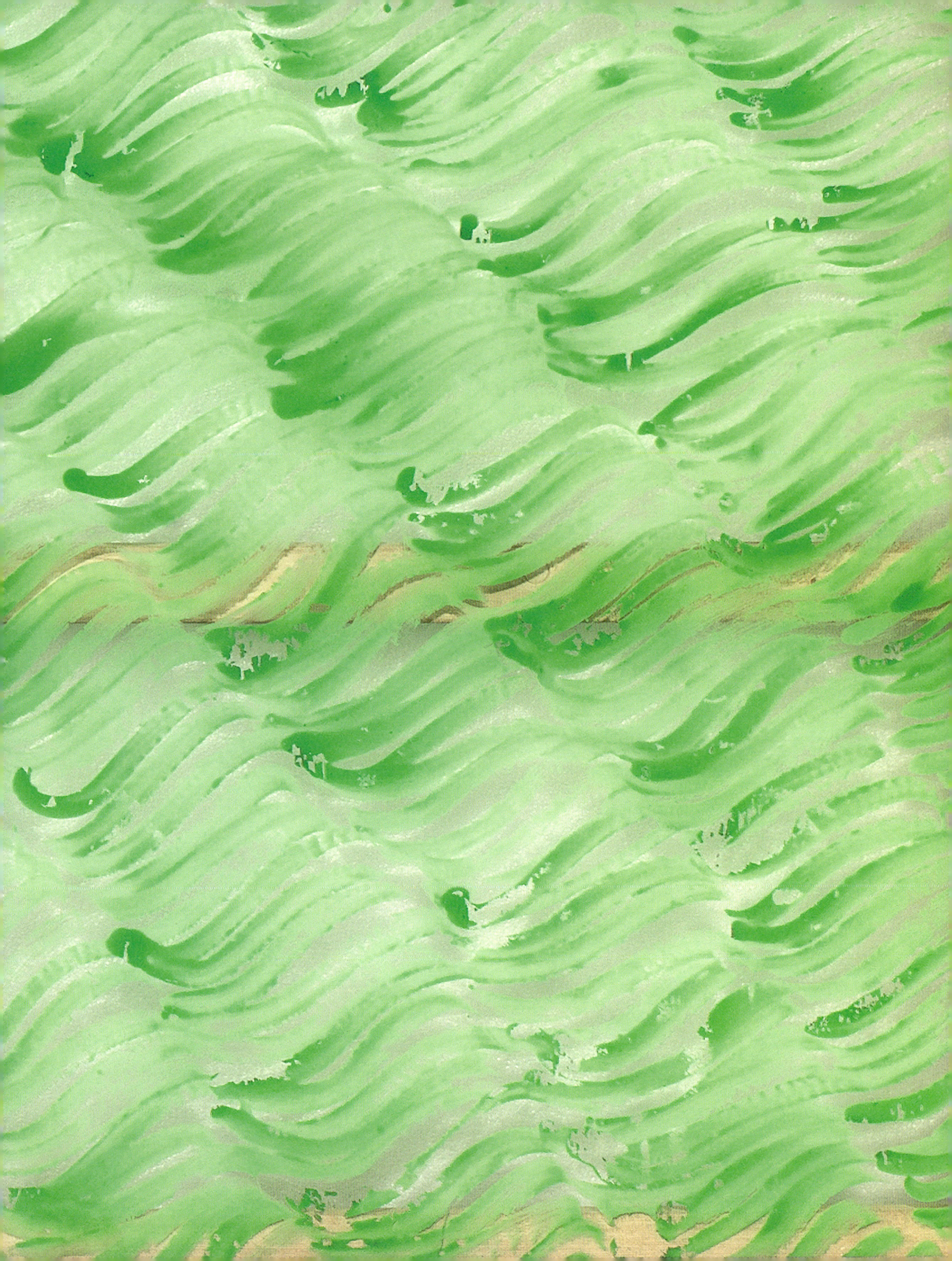

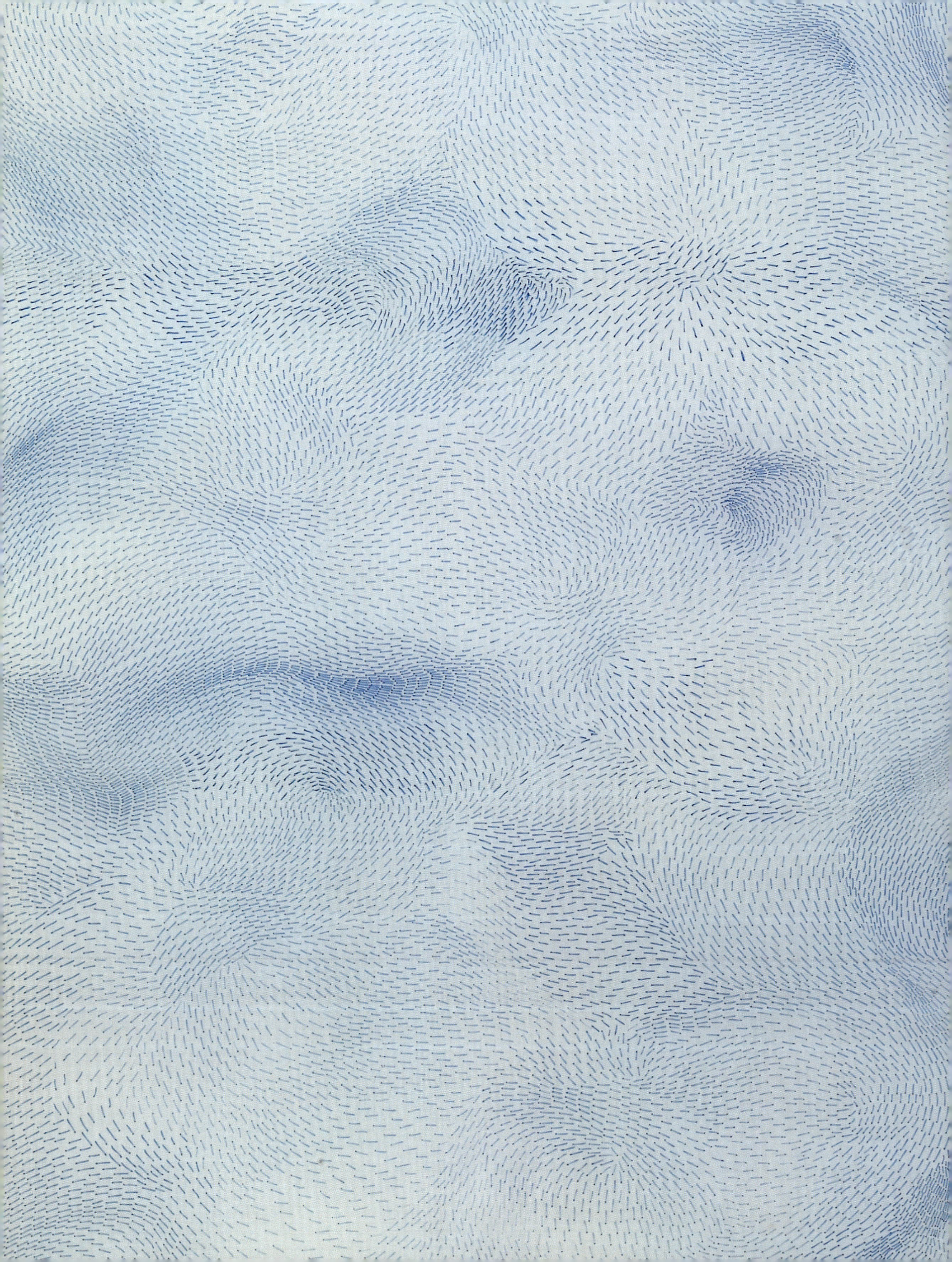

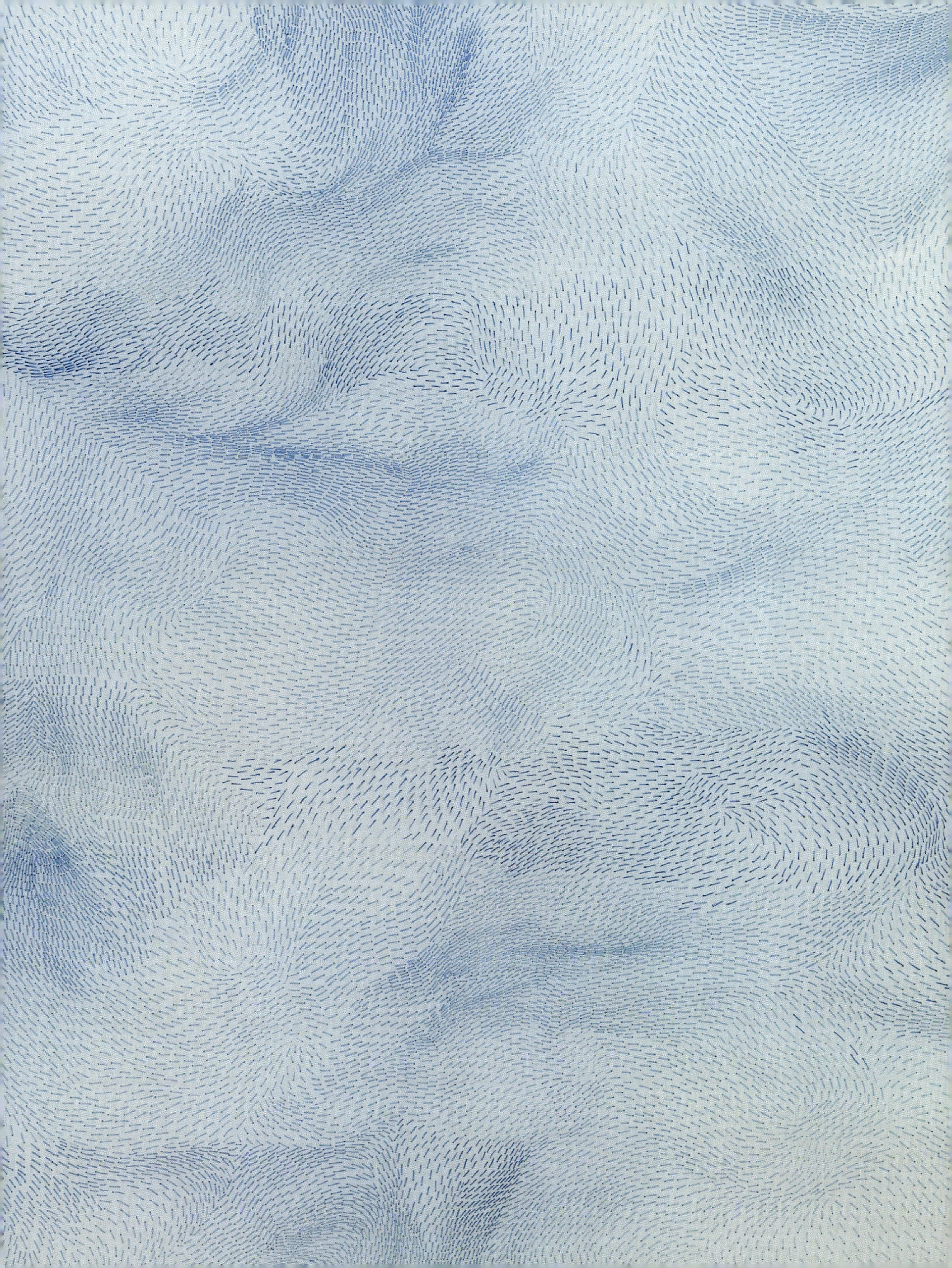

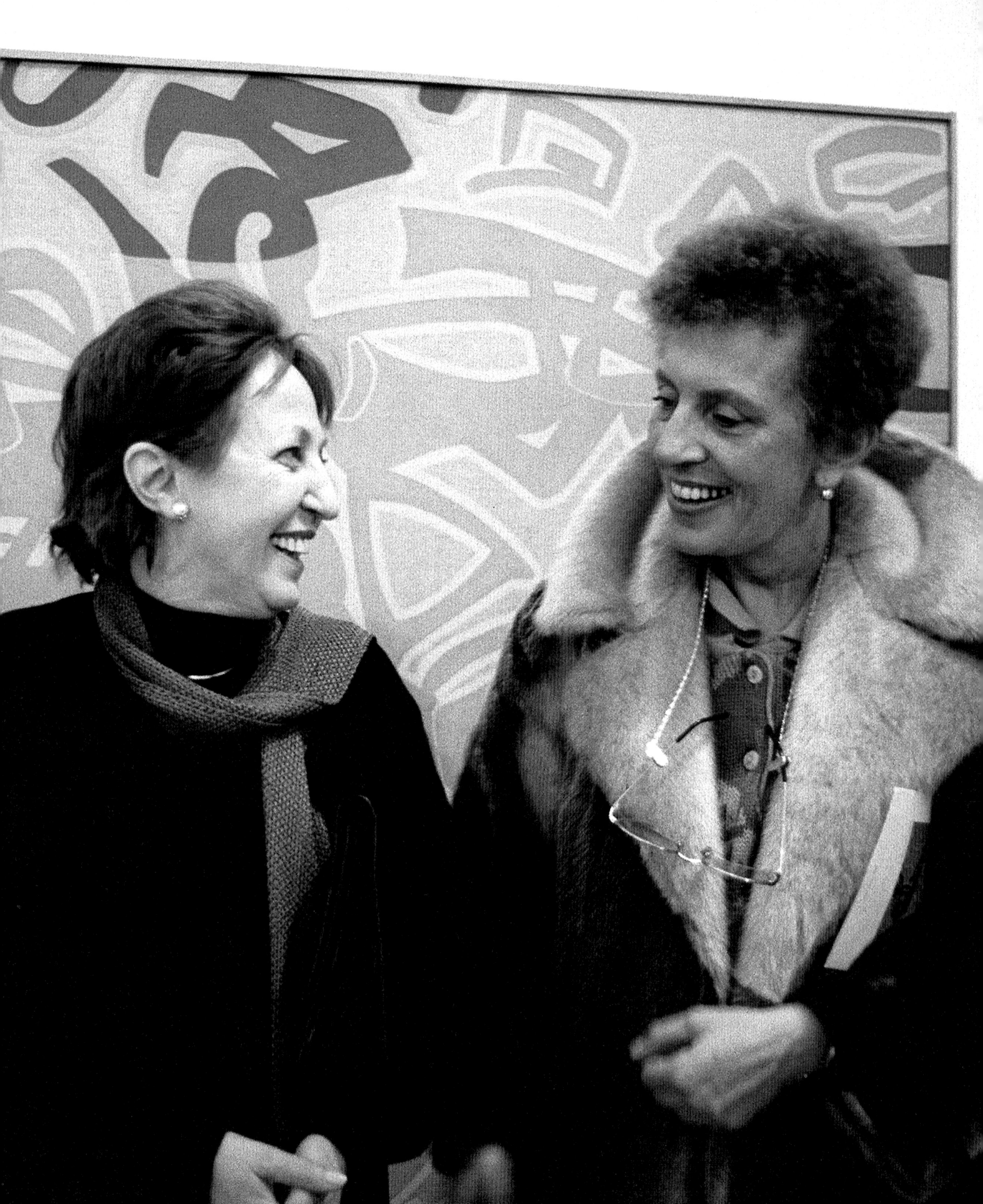

Francesca Piccolboni

Two emblematic figures of the post-war Italian cultural scene, Carla Accardi and Dadamaino share a common desire to create new languages from unexplored codes of expression. Each artist invented her own indecipherable alphabet of quasi-calligraphic signs, repeated almost obsessionally on a variety of supports, most notably on plastic.

While their compositions unfold in the realm of abstraction, their mode of research is based on absolute conceptual rigour. Striving for an ever-freer mode of expression, Accardi and Dadamaino participated in different artistic movements throughout their respective careers, unfettered by dogmatic frameworks. They created two unique paths, two distinct artistic vocabularies that share an interest in language but also in transparency, a new element that brings dynamism to their compositions, allowing signs to vibrate in a fluid space. Thus, emerge two bodies of work, often developed as series, in which each artist in her own way explores the properties and possibilities of painting.

Both women of strong conviction who believed in the relevance of artistic discourse within a social and political engagement, Accardi and Dadamaino took part in the militant struggles of their time. Their art bears witness to a change, a desire to break with the traditional paradigms of painting in order to conquer the cultural freedom that formed the bedrock of the 1968 social revolution.

Carla Accardi and Dadamaino: Between sign and transparency. Two Italian artists at the edge of abstraction is part of the research programme and critical examination of the work of the key representatives of the Italian cultural

Deux figures emblématiques de la scène culturelle italienne de l'après-guerre, Carla Accardi et Dadamaino partagent une même volonté de créer de nouveaux langages à partir de codes d'expression inexplorés. Chacune invente son propre alphabet indéchiffrable de signes quasi-calligraphiques, qu'elle répète de façon presque obsessionnelle sur des supports variés, notamment le plastique.

Si leurs compositions évoluent dans le domaine de l'abstraction, leur recherche se déploie dans une absolue rigueur conceptuelle. À la recherche d'un mode d'expression toujours plus libre, Accardi et Dadamaino participent à différents mouvements artistiques au long de leurs carrières respectives, tout en s'affranchissant de cadres dogmatiques. Elles créent ainsi deux parcours uniques, deux vocabulaires artistiques distincts ayant en commun un intérêt pour le langage mais aussi pour la transparence, nouvel élément qui apporte un dynamisme à leurs compositions, en invitant le signe à vibrer dans un espace fluide. Ainsi émergent deux œuvres, souvent développées en séries, dans lesquelles chaque artiste explore à sa manière les propriétés et possibilités de la peinture.

Femmes de conviction, persuadées de la pertinence du discours artistique au sein d'un engagement social et politique, Accardi et Dadamaino prirent part aux luttes militantes de leur temps. Leur art est témoin d'un changement, un désir de rompre avec les schémas traditionnels de la peinture et conquérir ainsi la liberté culturelle qui appartient à l'ère de la révolution sociale de 1968.

L'exposition « Carla Accardi et Dadamaino : Entre signe et transparence. Deux artistes italiennes aux frontières de l'abstraction » s'inscrit dans le

scene of the 1950s and 1960s that Tornabuoni Gallery has undertaken since its inauguration. The exhibition proposes an original dialogue of signs and materials between two women who left a mark on their time and influenced several generations of artists.

Thanks to the political and intellectual commitment of its protagonists, the exhibition also offers an opportunity, through Valérie Da Costa's essay, to relive the period of extraordinary intellectual dynamism that was the second half of the twentieth century in Italy, and the profound overhaul of the artistic language that it brought about.

In his text entitled "Carla Accardi: Lightness and Accuracy", Jean-Pierre Criqui draws in particular on Italo Calvino's *Lezioni americane* (1988). Here, lightness is an aesthetic concept and accuracy an ethical one: Accardi attempts to invent a form of painting that would shed a multitude of burdens – the reference to reality, the traditional notion of painting as object – and she intends to do it with accuracy, that is by investing herself entirely in the work, as though it were a profession of faith.

Margit Rowell, in turn, attentively traces Dadamaino's chronology and career through the different cycles that make up her body of work. Her study highlights the artist's radical approach to her work from the early days inspired by Fontana's Spatialist movement, and distinguishes the gesture-sign as the principal thread running through her entire œuvre.

Elizabeth de Bertier concludes with a critical text that relates the works of Accardi and Dadamaino as well as the theoretical elements associated with each and enables a comparison between the two artists' mode of working, which in both cases stems from the same need for coherence between their political commitment and artistic practice.

A dialectical exercise rather than a work of comparison, this catalogue offers new interpretative keys for the artistic languages developed by Carla Accardi and Dadamaino and constitutes a testimony to the first exhibition

programme de recherche et d'approfondissement critique de l'œuvre des représentants incontournables de la scène culturelle italienne des années 1950 et 1960 porté par la galerie Tornabuoni depuis son ouverture. Elle propose un dialogue inédit de signes et matières entre deux femmes qui ont marqué leur époque et influencé plusieurs générations d'artistes.

À travers l'engagement politique et intellectuel de ses protagonistes, l'exposition est aussi l'occasion de revivre, à travers l'essai de Valérie Da Costa, la période d'extraordinaire dynamisme intellectuel que fut la seconde moitié du XXe siècle en Italie, et la profonde refonte du langage artistique que celle-ci a entraîné.

Dans son texte « Carla Accardi : légèreté et exactitude », Jean-Pierre Criqui puise notamment dans les *Lezioni americane* de Italo Calvino (1988). Ici, la légèreté relève de l'esthétique et l'exactitude de l'éthique : Accardi tente d'inventer une peinture qui se déferait de multiples pesanteurs – la référence au réel, l'objet-tableau traditionnel – et elle entend le faire avec exactitude, c'est-à-dire en s'y investissant tout entière, comme en une profession de foi.

Margit Rowell à son tour retrace avec précision la chronologie et le parcours de Dadamaino, à travers les différents cycles qui constituent son œuvre. Son étude met en avant la pratique radicale de l'artiste dès ses débuts inspirés du mouvement Spatialiste de Fontana et distingue le geste-signe comme fil conducteur de son œuvre.

Elizabeth de Bertier conclut avec un texte critique qui met en relation les œuvres de Accardi et Dadamaino ainsi que les éléments théoriques associés à chacune et permet un rapprochement entre le mode de travail des deux artistes qui découle d'un même désir de cohérence entre leur engagement politique et pratique artistique.

Dans un travail de dialectique plutôt que de comparaison, le catalogue propose de nouvelles clés de lecture pour les langages artistiques développés par Carla Accardi et Dadamaino et constitue un témoignage de la première exposition jamais consacrée aux deux femmes.

[P. 10] Carla Accardi and Dadamaino at the
inauguration of the 1987 exhibition at the
Galleria Il Milione, Milan, detail
[P. 10] Carla Accardi et Dadamaino à l'inauguration
de l'exposition de 1987 à la Galleria Il Milione,
Milan, détail

[P. 14] Carla Accardi in her studio in Rome, 1966
[P. 14] Carla Accardi dans son atelier à Rome, 1966

[P. 15] Dadamaino in her studio in Milan, 1990
[P. 15] Dadamaino dans son atelier à Milan, 1990

ever devoted to the two women.

We would like to express our gratitude to the Archivio Accardi Sanfilippo and the Archivio Dadamaino, whose support was fundamental for this project. Their expertise and in particular the loan of photographs, videos and documents was essential to the realisation of the exhibition. Our thanks also go to the authors of this catalogue, who were able to give new accounts of the corpus of works by Accardi and Dadamaino and made possible this unprecedented pictorial encounter. Finally, a special thank you to Roberto Casamonti for the works kindly lent to us, and to other collectors who prefer to remain anonymous.

Nous tenons à exprimer notre reconnaissance à l'Archivio Accardi Sanfilippo et à l'Archivio Dadamaino, dont le soutien a été fondamental pour ce projet, grâce à leur expertise et notamment au prêt de photographies, vidéos et documents essentiels à la réalisation de l'exposition. Nos remerciements vont également aux auteurs de ce catalogue, qui ont su donner une nouvelle interprétation du corpus des œuvres d'Accardi et Dadamaino et rendre possible ce face à face pictural. Enfin, un remerciement spécial va à Roberto Casamonti pour les œuvres qu'il nous a gentiment prêtées et aux autres collectionneurs qui préférent rester anonymes.

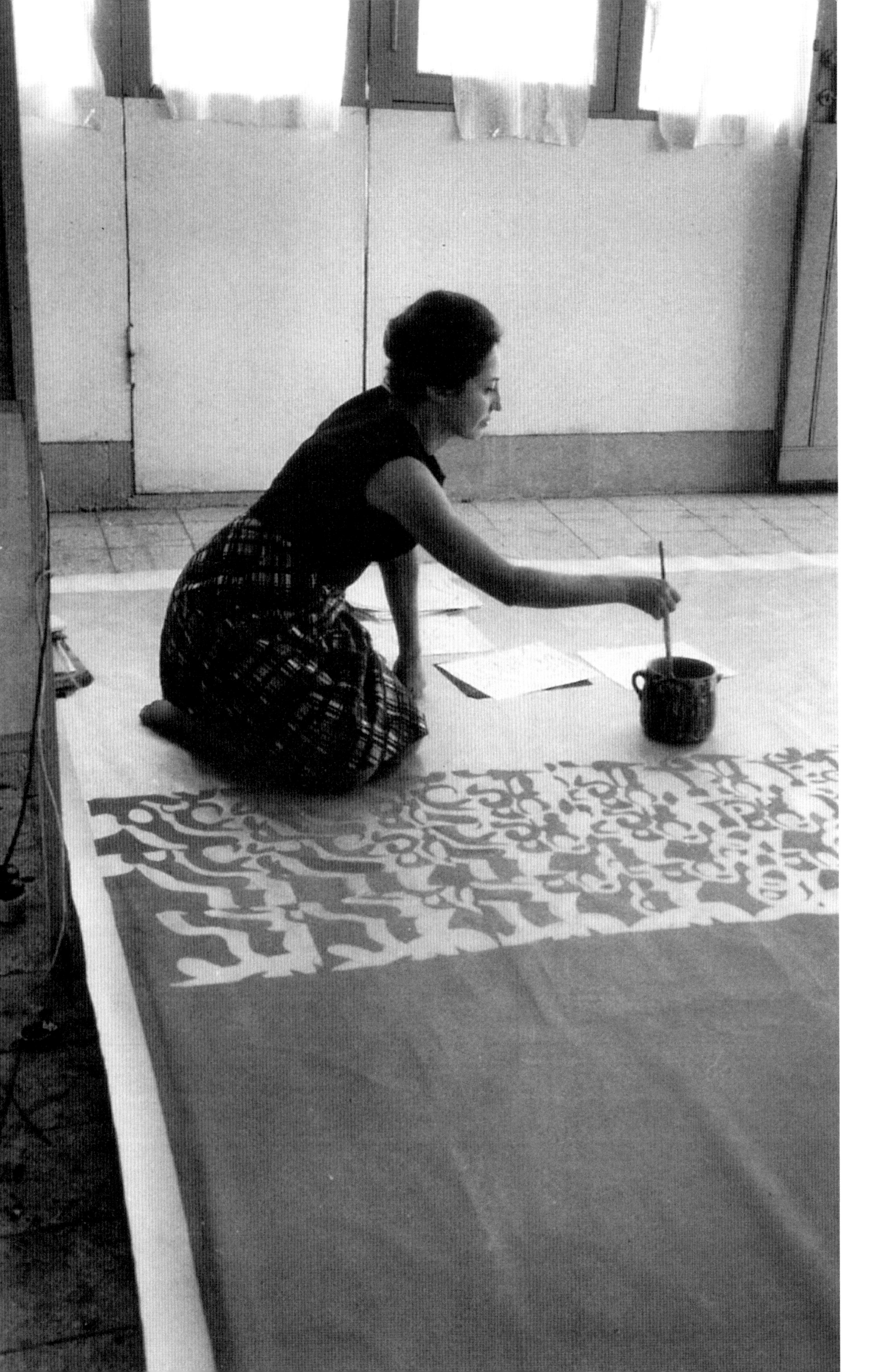

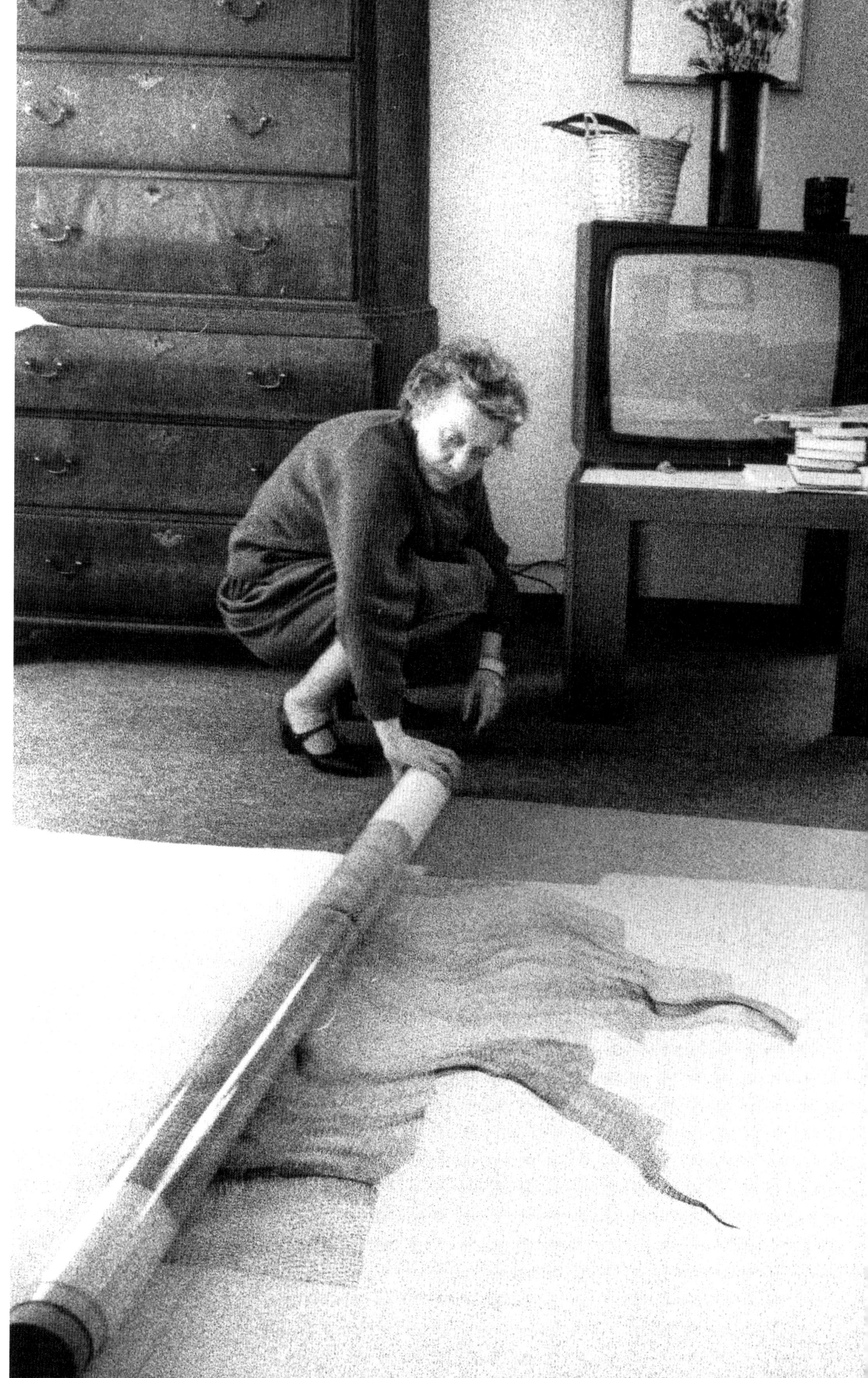

Milan-Rome
1950-1970.

Dadamaino
and Carla Accardi,
Between Two
Decades

—

Milan-Rome
1950-1970.

Dadamaino
et Carla Accardi,
entre deux
décennies

Valérie
Da Costa

Between the 1950s and 1970s, Italian art experiences a number of aesthetic challenges, those of the *ricostruzione* of the 1950s, as characterized by Lucio Fontana's Spatialism in Milan and Alberto Burri's materialist explorations in Rome, which take on different artistic directions over the next decade. They reflect on monochrome and Kineticism on the one hand, and evoke a colorful figurative world called "Pop" on the other. In both cases, they are offset by the Arte Povera experience of the late 60s, which brings together artists working nationwide (Genoa, Turin, Milan, and Rome) whose focus is new materials and new concepts of art that are consistent with the international context.

Milan and Rome continue to be the main venues for Italian art in these two decades, thanks to the role played by the galleries (Apollinaire, Galleria del Naviglio, Blu, Azimut, Schwarz, dell'Ariete in Milan; La Salita, La Tartaruga, Spazio, L'Attico, Topazia Alliata, Arco d'Alibert in Rome) and the numerous publications (*Arte concreta, Forma 1, Domus, Azimuth, Flash Art, Bit, Marcatré, Metro, Data, Cartabianca*) were central to the circulation of works and artists in the peninsula and beyond. Yet one must not forget the importance of peripheral, non-institutional, and no less crucial exhibition venues that hosted such renowned exhibitions as *Lo spazio dell'immagine* at the Palazzo Trinci in Foligno in 1967, *Arte povera più azioni povere* in Amalfi's Arsenali in 1968 or *Campo Urbano* in the streets of Como in 1969.

In Milan, the city where Dadamaino (Eduarda Emilia Maino) is based as of the early '50s, the post-war art scene is characterized by

Entre les années 50 et les années 70, l'art italien a été traversé par de nombreux enjeux esthétiques : ceux de la *ricostruzione* des années 50 marqués notamment par le spatialisme de Lucio Fontana à Milan et les recherches matiéristes d'Alberto Burri à Rome qui ont engagé des directions artistiques différentes pendant la décennie suivante, celle d'une réflexion sur le monochrome et le cinétisme d'une part et celle de l'expression d'un monde figuratif coloré qualifié de « Pop » d'autre part que l'aventure de l'Arte Povera à la fin des années 60 vient dans les deux cas contrebalancer en réunissant des artistes actifs sur l'ensemble du territoire (Gênes, Turin, Milan, Rome) et dont les problématiques s'attachent à de nouveaux matériaux et de nouvelles conceptions de l'œuvre qui s'inscrivent dans des enjeux internationaux.

Si Milan et Rome sont restés les principaux lieux de diffusion de l'art italien de ces deux décennies, c'est notamment grâce au rôle joué par les galeries (Apollinaire, Galleria del Naviglio, Blu, Azimut, Schwarz, dell'Ariete à Milan ; La Salita, La Tartaruga, Spazio, L'Attico, Topazia Alliata, Arco d'Alibert à Rome) et les nombreuses revues (*Arte concreta, Forma 1, Domus, Azimuth, Flash Art, Bit, Marcatré, Metro, Data, Cartabianca*) qui ont occupé une place centrale dans la circulation des œuvres et des artistes dans la péninsule et au-delà. Mais il ne faut pas oublier non plus l'importance de lieux d'expositions périphériques, non institutionnels, mais non moins déterminants qui ont accueilli des expositions manifestes comme « Lo spazio dell'immagine » au Palazzo Trinci à Foligno en 1967, « Arte povera più azioni povere » dans l'Arsenal d'Amalfi en 1968 ou encore « Campo Urbano » dans l'espace public de Côme en 1969.

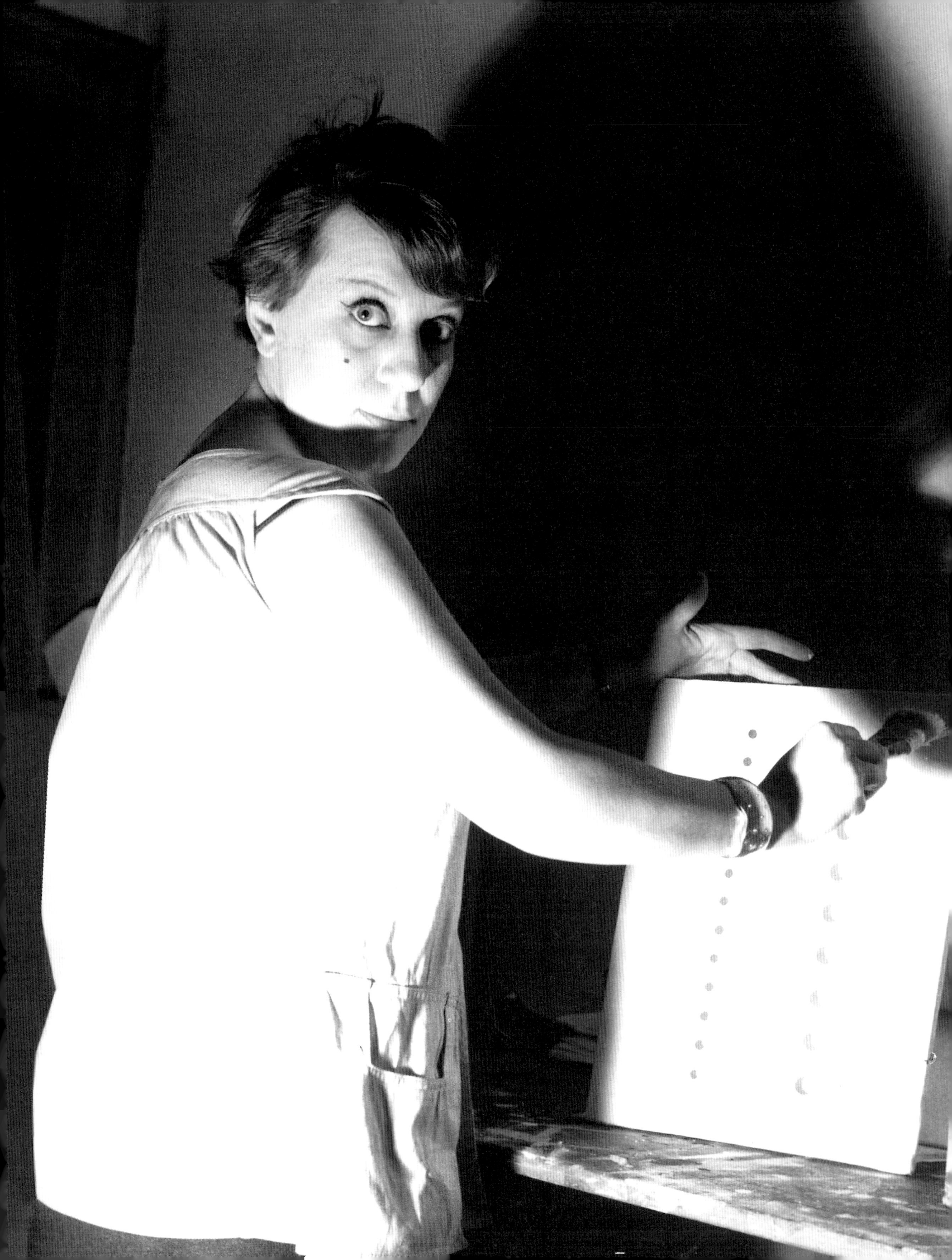

the presence of Lucio Fontana, who returns in 1947 having spent the war years in Argentina and launches the personal and collective adventure known as Spatialism. Fontana's guiding principle, which incorporates the notions of monochrome and of gesture, is above all an extension of the pictorial space, where the canvas is a surface on which one can intervene physically to offer a way out of it.

His vision will go on to inspire a whole generation of young artists (Agostino Bonalumi, Enrico Castellani, Gianni Colombo, Dadamaino, Francesco Lo Savio, Piero Manzoni, Paolo Scheggi, Turi Simeti) as well as the artists of the Gruppo T (Giovanni Anceschi, Davide Boriani, Gianni Colombo, Gabriele Devecchi and Grazia Varisco) and of the Gruppo N (Alberto Biasi, Ennio Chiggio, Toni Costa, Edoardo Landi and Manfredo Massironi) who will adapt its radicality of language and, in some cases, embark on lumino-kinetic work. That influence is not one-sided; it is also built on a reciprocal exploration that leads Fontana to the markedly conceptual and environmental (*ambientale*) evolution of his work.

In the early works of Dadamaino[1] that are grouped together in the *Volumi* [Volumes] series started in 1958, the surface of the canvas is sliced into circles or into large elliptical holes. These works explore the tangible integration of the void into the canvas, in line with the *Buchi* (of the late '40s) and *Tagli* (of the late '50s) that characterize the *Concetti spaziali* of Fontana, whom Dadamaino met through Piero Manzoni in the early '50s. Together with Enrico Castellani, Agostino Bonalumi and Vincenzo Agnetti, Dadamaino takes part in the adventure of the *Azimuth* magazine and eponymous gallery without the 'h', where she exhibits from 1959. The radicality of her gesture – where she leaves more blank than monochrome canvas to reveal the chassis – makes Dadamaino and her contemporary Paolo Scheggi, among Fontana's most obvious heirs.

She is one of the few women on the Milanese scene – just as Carla Accardi is one

À Milan, ville où travaille Dadamaino (Eduarda Emilia Maino) dès le début des années 50, la scène artistique a été dès l'après-guerre marquée par la présence de Lucio Fontana qui rentre en 1947 des années de guerre passées en Argentine et lance l'aventure à la fois personnelle et collective du spatialisme. La réflexion de Fontana qui inclut la question du monochrome et du geste est avant tout un dépassement de l'espace pictural où la toile est une surface où agir physiquement pour proposer une sortie de la toile.

Sa leçon fera date auprès de toute une jeune génération d'artistes (Agostino Bonalumi, Enrico Castellani, Gianni Colombo, Dadamaino, Francesco Lo Savio, Piero Manzoni, Paolo Scheggi, Turi Simeti), mais aussi les artistes du Gruppo T (Giovanni Anceschi, Davide Boriani, Gianni Colombo, Gabriele Devecchi et Grazia Varisco) et du Gruppo N (Alberto Biasi, Ennio Chiggio, Toni Costa, Edoardo Landi et Manfredo Massironi) qui en adapteront la radicalité du langage et l'ouverture, pour certains d'entre eux, vers un travail lumino-cinétique. Mais cette influence ne sera pas uniquement unilatérale, elle se construit aussi sur une réflexion réciproque qui engage Fontana dans le développement assurément conceptuel et environnemental (*ambientale*) de son œuvre.

Les premières œuvres de Dadamaino[1] qui composent la série des *Volumi* [Volumes] commencée en 1958 où la surface de la toile est découpée en cercles ou en larges trous elliptiques posent la question de l'intégration tangible du vide dans la toile en s'inscrivant dans la continuité des *Buchi* (de la fin des années 40) et des *Tagli* (de la fin des années 50) qui caractérisent les *Concetti spaziali* de Fontana qu'elle a rencontré par l'intermédiaire de Piero Manzoni au début des années 50. Dadamaino participe avec Enrico Castellani, Agostino Bonalumi et Vincenzo Agnetti à l'aventure de la revue Azimuth et de la galerie au nom éponyme sans « h » où elle expose dès 1959, mais la radicalité de son geste où elle laisse plus de vide que de toile monochrome pour en révéler le châssis en fait, avec son contemporain

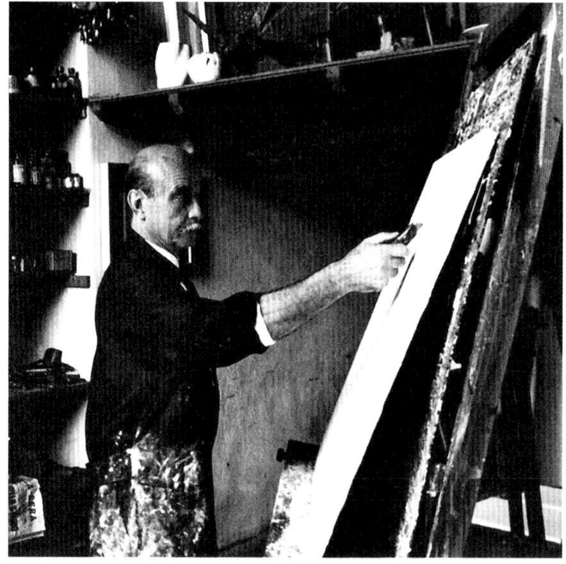

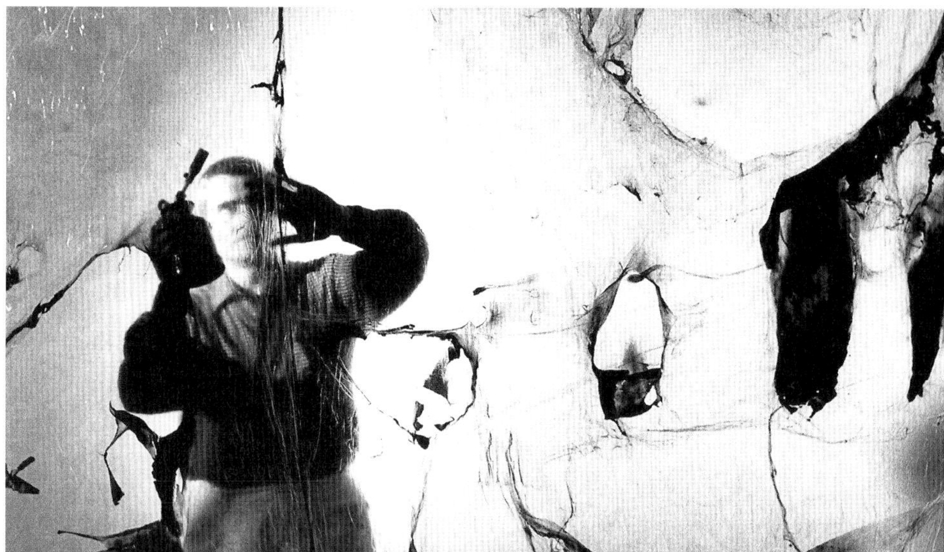

of the few women of the Roman scene of that period – taking part in the Arte Programmata adventure of 1962 (a project initiated by Bruno Munari and Giorgio Soavi with a text by the semiologist Umberto Eco). Her work also receives international recognition, and is part of the Nul, Zero and Nouvelle Tendance group exhibitions that travel to The Netherlands, Germany and Yugoslavia.

Dadamaino is backed by Fontana, who had the habit of buying the early works of these young artists,[2] and she pays tribute to him in 1978, on the 10th anniversary of his passing, describing both his personality and his work:

"He was not only an exceptional artist, but also a unique personality who carried with him an incredible vitality and spoke with words that were his and his alone. That led him to indulge in an obscure form of criticism that was too involved, even. A superficial and slightly coarse 'cultivation of the ego' characterized by his paradoxical speeches, his non sequiturs, his lyrical eccentricity which, in fact, concealed a disarming simplicity. This was not a case of attractive exhibitionism but clear, logical and real prophecies. The artist was (or perhaps is) creating such an unprecedented and incredible body of work, for which there were as yet no established concepts, or at least no concepts that allowed an understanding of its genius. So when the author spoke, he questioned himself using obscure

Paolo Scheggi, l'une des plus emblématiques héritières fontaniennes.

Elle est l'une des rares femmes de cette scène milanaise, comme l'est Carla Accardi à Rome dans ces mêmes années, participant à l'aventure de l'Arte Programmata en 1962 (projet initié par Bruno Munari et Giorgio Soavi avec un texte du sémiologue Umberto Eco). Son travail connaît aussi une diffusion internationale en participant aux expositions des groupes Nul, Zero et Nouvelle Tendance qui traversent les Pays-Bas, l'Allemagne et la Yougoslavie.

Soutenue par Fontana, qui avait pour habitude d'acheter les premières œuvres de ces jeunes artistes[2], Dadamaino lui consacre plus tard un texte hommage en 1978, pour les dix ans de sa mort, dans lequel elle décrit à la fois sa personnalité et son œuvre :

« Non seulement artiste d'exception, c'était une personnalité unique qui apportait avec lui une vitalité incroyable là où il se rendait et s'exprimait avec des mots qui n'appartenaient qu'à lui. Cela donnait naissance à une critique obscure jusqu'à être trop engagée. Une " culture du moi " superficielle et un peu rustre que caractérisaient ses discours paradoxaux, ses non-sens, ses extravagances lyriques qui cachaient une simplicité désarmante. Il ne s'agissait pas d'un exhibitionnisme attrayant, mais de prophéties claires, logiques et réelles. L'artiste était ou, peut-être, est en train de produire une œuvre tellement inédite et inouïe pour laquelle il n'y avait pas encore de concepts

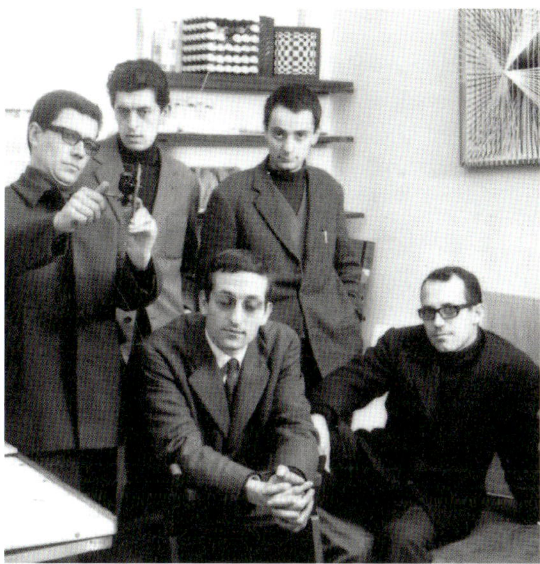

The members of the Gruppo N in the studio Piazza del Duomo in Padua, 1963. Left to right: Alberto Biasi, Edoardo Landi, Ennio Chiggio, Manfredo Massironi and Toni Costa
Les membres du Gruppo N dans l'atelier de Piazza del Duomo, Padoue, 1963. De gauche à droite : Alberto Biasi, Edoardo Landi, Ennio Chiggio, Manfredo Massironi et Toni Costa

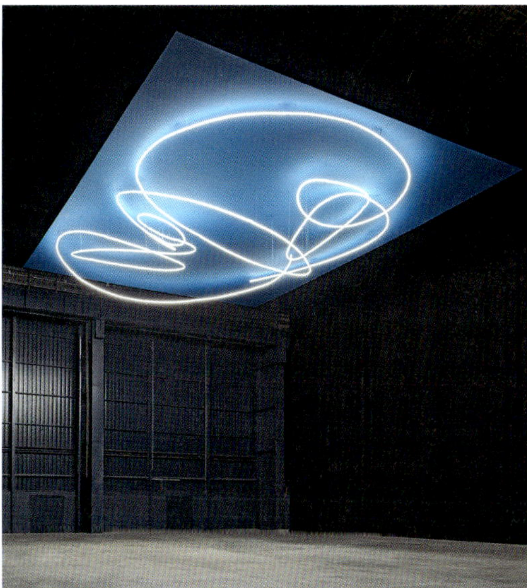

Lucio Fontana, *Struttura al neon per la IX Triennale di Milano*, 1951, Hangar Bicocca, 2018
Lucio Fontana, *Struttura al neon per la IX Triennale di Milano*, 1951, Hangar Bicocca, 2018

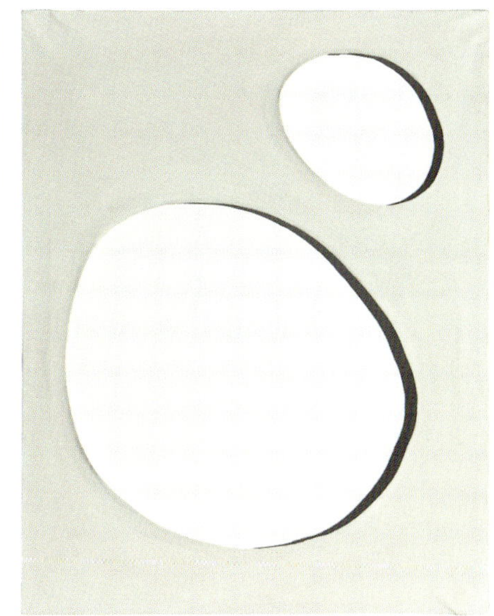

Dadamaino, *Volume*, 1959, water-based paint on canvas 39 ⅜ × 31 ½ inch, Musée national d'art moderne, Centre Pompidou, Paris
Dadamaino, *Volume*, 1959, peinture à l'eau sur toile, 100 × 80 cm, Musée national d'art moderne, Centre Pompidou, Paris

and imaginative words, but it was in appearance only."[3]

The introduction of Spatialism in Milan coincides, in post-war Rome, with the abstract journey of the Forma 1 group – consisting of Carla Accardi (the only woman in this collective project), Ugo Attardi, Pietro Consagra, Piero Dorazio, Mino Guerrini, Achille Perilli, Antonio Sanfilippo and Giulio Turcato – who adopt abstraction as a radical aesthetic incorporating the Roman avant-garde that is thriving in the 1950s in parallel and in reaction to Alberto Burri's materialistic aesthetic.

In the consumerist euphoria of the early '60s, Rome becomes *the* place of artistic,[4] literary and cinematic effervescence, also attracting foreign and especially American artists (Milton Gendel, Marcia Hafif, Robert Rauschenberg, Paul Thek, and Cy Twombly) who settle in the Italian capital.[5] A spirit of *dolce vita* pervades the city that was so skillfully depicted by Federico Fellini in his 1960 movie.

Roman artistic life in that decade is intense and full of encounters. The critic Giorgio De Marchis recalls a time when "Rome seemed an amazing city: a whirlwind of ideas, a melting pot of intelligence and culture, not just in the visual arts, but also in literature, theater, cinema, and music. We would create, talk, get into arguments. We would wander around to discover something new every day."[6]

Around Piazza del Popolo – where the Caffè Rosati and the Plinio De Martiis' gallery, La Tartaruga, are located – a whole new generation of artists come together, most of

établis ou au moins suffisants pour en comprendre le génie. Aussi, quand l'auteur lui-même s'exprimait, il s'interrogeait avec des mots obscurs et pleins d'imagination, mais c'était seulement en apparence[3] ».

À la mise en place du spatialisme à Milan correspond à Rome, dans l'après-guerre, l'aventure abstraite du groupe Forma 1 qui réunit Carla Accardi (la seule femme de ce projet collectif), Ugo Attardi, Pietro Consagra, Piero Dorazio, Mino Guerrini, Achille Perilli, Antonio Sanfilippo et Giulio Turcato, qui adoptent la voie de l'abstraction comme ligne esthétique radicale incarnant l'avant-garde romaine qui va se développer au cours des années 50 en parallèle et en réaction à l'esthétique matiériste d'Alberto Burri.

Dans l'euphorie consumériste du début des années 60, Rome devient *le* lieu de l'effervescence artistique[4], littéraire et cinématographique séduisant aussi les artistes étrangers et notamment américains (Milton Gendel, Marcia Hafif, Robert Rauschenberg, Paul Thek, Cy Twombly) qui viennent y séjourner[5], c'est l'esprit de *la dolce vita* qui souffle sur la ville qu'a si bien décrit Federico Fellini dans son film sorti en 1960.

La ville artistique romaine de cette décennie est intense et faite de rencontres. Le critique Giorgio De Marchis se souvient de cette période où : « Rome semblait une ville extraordinaire : un scintillement d'idées, un creuset d'intelligence et de culture, pas seulement pour les arts visuels, mais aussi pour la littérature, le théâtre, le cinéma, la musique. On créait, on discutait, on se disputait. On allait ici et là pour découvrir chaque jour quelque chose de nouveau[6] ».

Gianni Colombo and Dadamaino at the
Galleria Salone Annunciata, Milan, 1974
Gianni Colombo et Dadamaino à la Galleria
Salone Annunciata, Milan, 1974

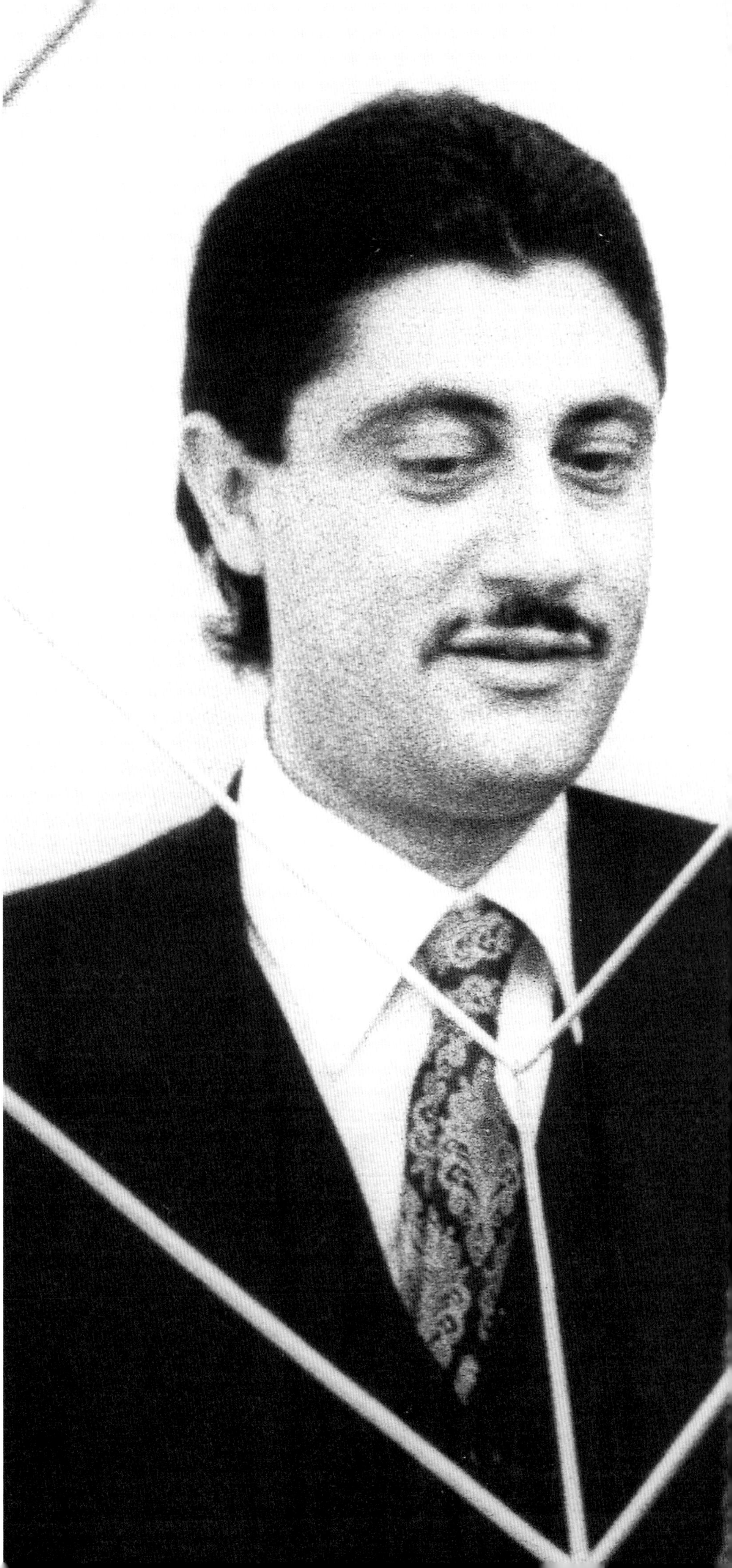

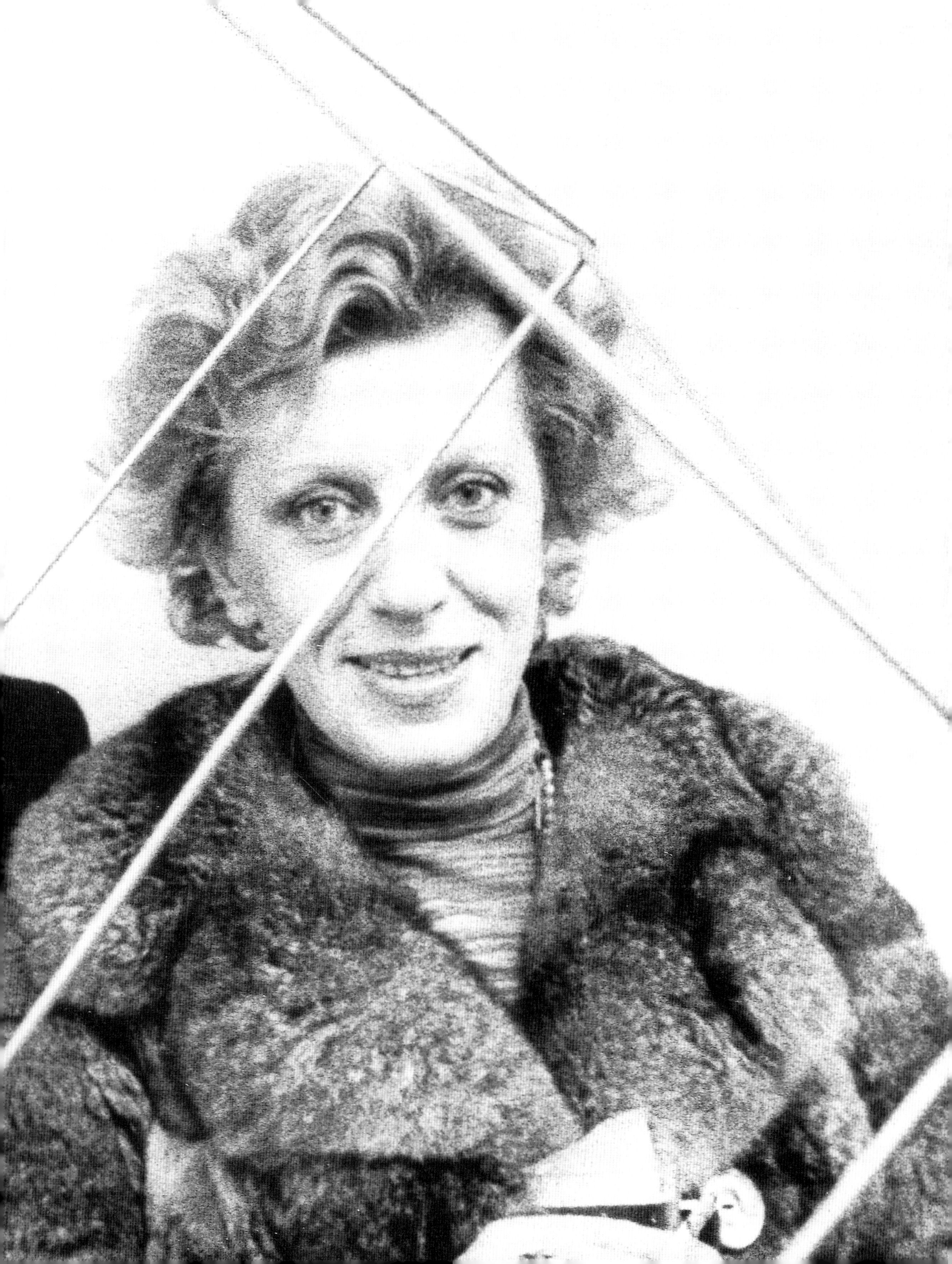

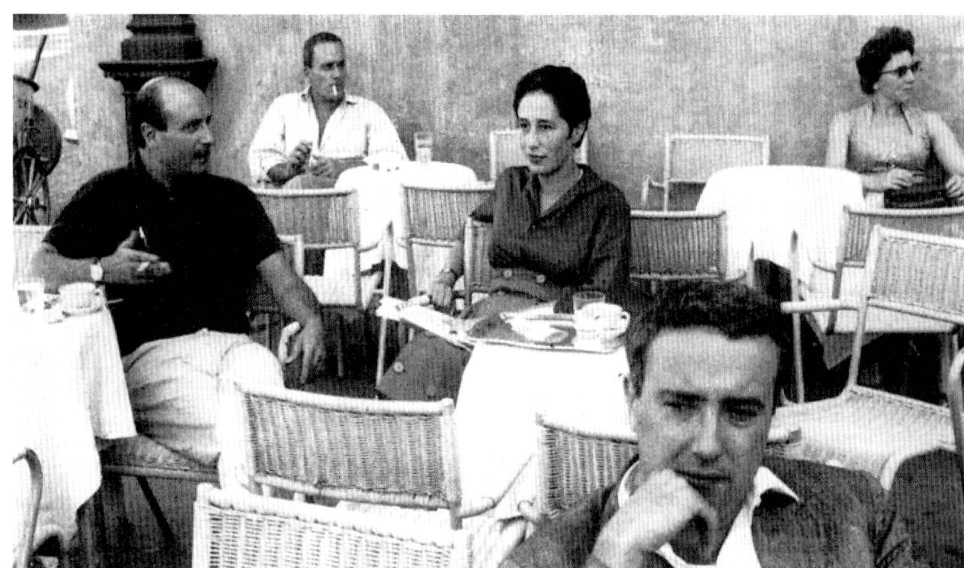

them graduates of Rome's Accademia di Belle Arti: Giosetta Fioroni, Jannis Kounellis, Pino Pascali as well as Franco Angeli, Fabio Mauri, Mario Schifano, Tano Festa, Renato Mambor, and Cesare Tacchi. This is also the meeting point of writers and poets (Alberto Arbasino, Elsa Morante, Alberto Moravia, Goffredo Parise, Sandro Penna, Giuseppe Ungaretti) and filmmakers (Michelangelo Antonioni, Federico Fellini, Pier Paolo Pasolini, Francesco Rosi).

This *clima felice* [happy atmosphere] – to borrow the title of one of Tano Festa's paintings: *Per un clima felice degli anni sessanta* (painted in 1969 which, on a blue background, lists the names of Lo Savio, Manzoni, Angeli, Schifano, Castellani, Festa, i.e. the Milanese and Roman art scene) – is evoked in a long text by Fabio Mauri *Nel 1960 gli anni '50 avevano 10 anni* [In 1960, the 1950s were 10 years old]. It is a tribute in which he examines the importance of Plinio De Martiis, Piero Dorazio, Mario Mafai, Alberto Burri, Lucio Fontana, Willem De Kooning, Franz Kline and Leo Castelli, and even Mario Schifano, Marcel Duchamp and the photographer Elisabetta Catalano. Written 20 years later, it is a vivid and human testimony to the artistic richness of that decade in Italy.[7]

Most of these artists are interested in a pictorial interpretation of the visual signs of consumer society (advertising, images from television and cinema), as evidenced by the paintings of Mario Schifano, Giosetta Fioroni, or Fabio Mauri. Carla Accardi,[8] who began working in the late '40s and embarked on the path of abstraction using colored

Autour de la piazza del Popolo où se trouvent le Caffè Rosati et la galerie La Tartaruga de Plinio De Martiis, se retrouve toute une jeune génération d'artistes pour la plupart issue de l'Accademia di Belle Arti de Rome : Giosetta Fioroni, Jannis Kounellis, Pino Pascali mais aussi Franco Angeli, Fabio Mauri, Mario Schifano, Tano Festa, Renato Mambor, Cesare Tacchi. Là, où se croisent aussi, de près ou de loin, les écrivains et poètes (Alberto Arbasino, Elsa Morante, Alberto Moravia, Goffredo Parise, Sandro Penna, Giuseppe Ungaretti), les cinéastes (Michelangelo Antonioni, Federico Fellini, Pier Paolo Pasolini, Francesco Rosi).

C'est de ce *clima felice* [climat heureux], pour reprendre le titre d'un tableau de Tano Festa : *Per un clima felice degli anni sessanta* (peint en 1969 et qui réunit sur son fond bleu les noms de Lo Savio, Manzoni, Angeli, Schifano, Castellani, Festa, c'est-à-dire la scène artistique milanaise et romaine), qu'il est question dans un long texte de Fabio Mauri *Nel 1960 gli anni '50 avevano 10 anni* [En 1960, les années 1950 avaient 10 ans], texte souvenir dans lequel il parcourt les présences de Plinio De Martiis, Piero Dorazio, Mario Mafai, Alberto Burri, Lucio Fontana, Willem De Kooning, Franz Kline et Leo Castelli jusqu'à Mario Schifano, Marcel Duchamp et la photographe Elisabetta Catalano, offrant vingt ans après un témoignage vivant et humain de la richesse artistique de cette décennie en Italie[7].

La plupart de ces artistes sont intéressés par l'interprétation picturale des signes visuels de la société de consommation (publicité, image télévisuelle et cinématographique) qu'on retrouve dans ces années dans les peintures de Mario

24

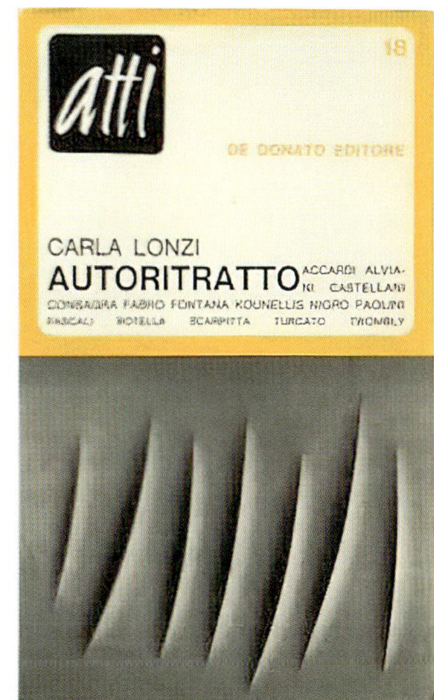

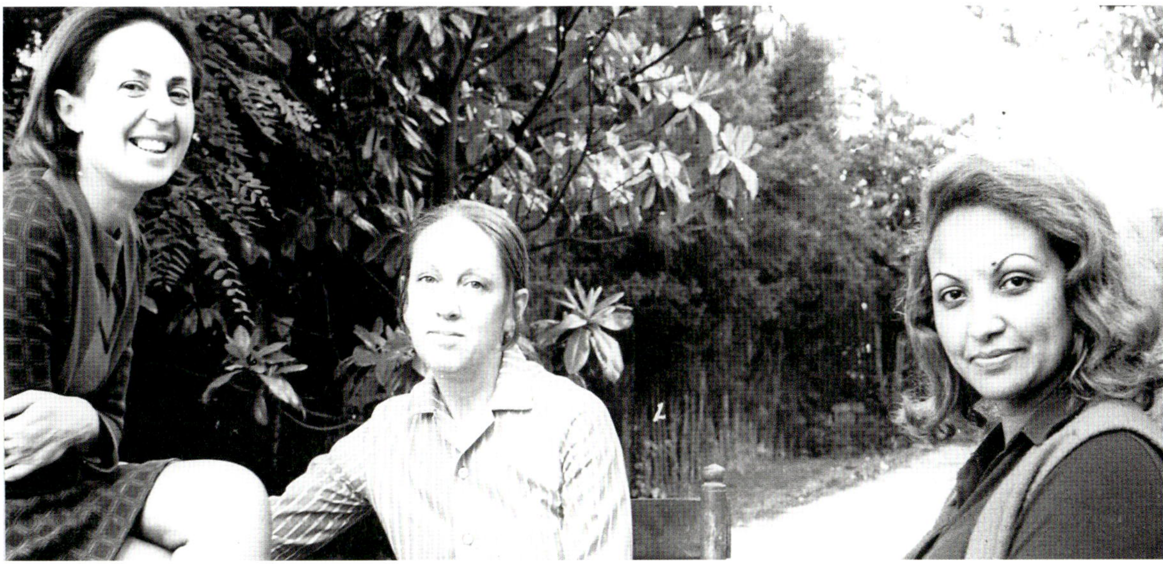

sign language, seems far removed from the explorations led by this young generation. Her transition from the canvas to sicofoil (transparent plastic sheets) as of 1965 drives her not only to rethink the surface of the painting, but also to examine its opening into space, which she explores with her first environmental work, *Tenda* (1965-66).[9] It is a work that is designed to be experiential: inspired by real Turkish tents, as she explains to her friend the art critic Carla Lonzi in their dialogue for the *Marcatré* magazine in 1966.[10] The dialogue is continued in the extraordinary ensemble work *Autoritratto*,[11] which Lonzi publishes three years later by creating a fake dialogue between 14 Italian artists (Getulio Alviani, Enrico Castellani, Pietro Consagra, Luciano Fabro, Lucio Fontana, Jannis Kounellis, Mario Nigro, Giulio Paolini, Pino Pascali, Mimmo Rotella, Salvatore Scarpitta, Giulio Turcato, Cy Twombly and Carla Accardi – once again the only woman), and which depicts the artistic scenes of the peninsula during that decade. Yet Carla Accardi is notably absent from the first major exhibition on the art of installation and environment in Italy: *Lo spazio dell'immagine*, at the Palazzo Trinci in Foligno, Umbria in the summer of 1967. The premise of the exhibition is the question of the artwork as experience, and it features artists representing a wide range of movements: Arte Programmata (Getulio Alviani, Enrico Castellani, Gruppo T), Pop art (Tano Festa, Mario Ceroli), as well as pioneers of sculpture who will soon be included in the Arte Povera group (Luciano Fabro, Pino Pascali, Michelangelo Pistoletto). The group

Schifano, Giosetta Fioroni ou encore de Fabio Mauri. Mais Carla Accardi[8] qui a commencé à peindre à la fin des années 40 et s'est lancée dans la voie d'une abstraction en utilisant le langage de signes colorés semble être bien loin de cette réflexion menée par cette jeune génération. Son passage de la toile à l'utilisation du sicofoil (feuilles en plastique transparent) à partir de 1965 l'engage non seulement à repenser la surface de la peinture, mais aussi son ouverture dans l'espace, ce qu'elle explorera avec sa première œuvre environnementale *Tenda* (1965-66)[9], une œuvre à vivre en quelque sorte qui s'inspire de véritables tentes turques comme elle l'explique à son amie la critique d'art Carla Lonzi dans leur dialogue pour la revue *Marcatré* en 1966[10] et repris dans l'extraordinaire livre choral, *Autoritratto*[11], que publie Lonzi trois ans plus tard en faisant faussement dialoguer quatorze artistes italiens (Getulio Alviani, Enrico Castellani, Pietro Consagra, Luciano Fabro, Lucio Fontana, Jannis Kounellis, Mario Nigro, Giulio Paolini, Pino Pascali, Mimmo Rotella, Salvatore Scarpitta, Giulio Turcato, Cy Twombly et Carla Accardi – encore une fois la seule femme –) et qui brosse à lui seul ces scènes artistiques de la péninsule au cours de cette décennie.

Pourtant, Carla Accardi est la grande absente de la première grande exposition sur l'art de l'installation et de l'environnement en Italie : « Lo spazio dell'immagine » qui s'est tenue au Palazzo Trinci à Foligno en Ombrie à l'été 1967 et dont le postulat était la question de l'œuvre comme expérience en présentant des artistes venant de diverses tendances : Arte Programmata (Getulio Alviani, Enrico Castellani,

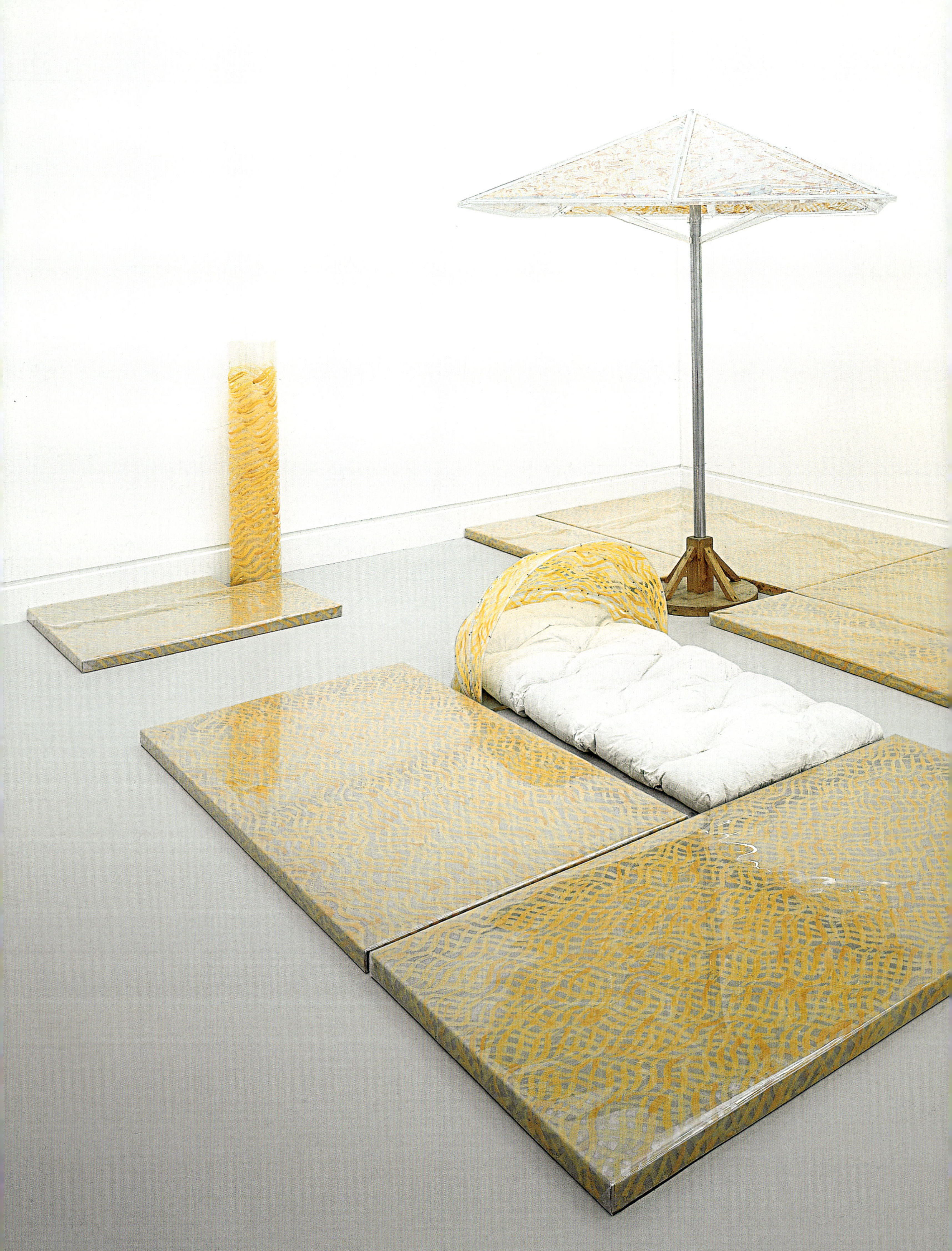

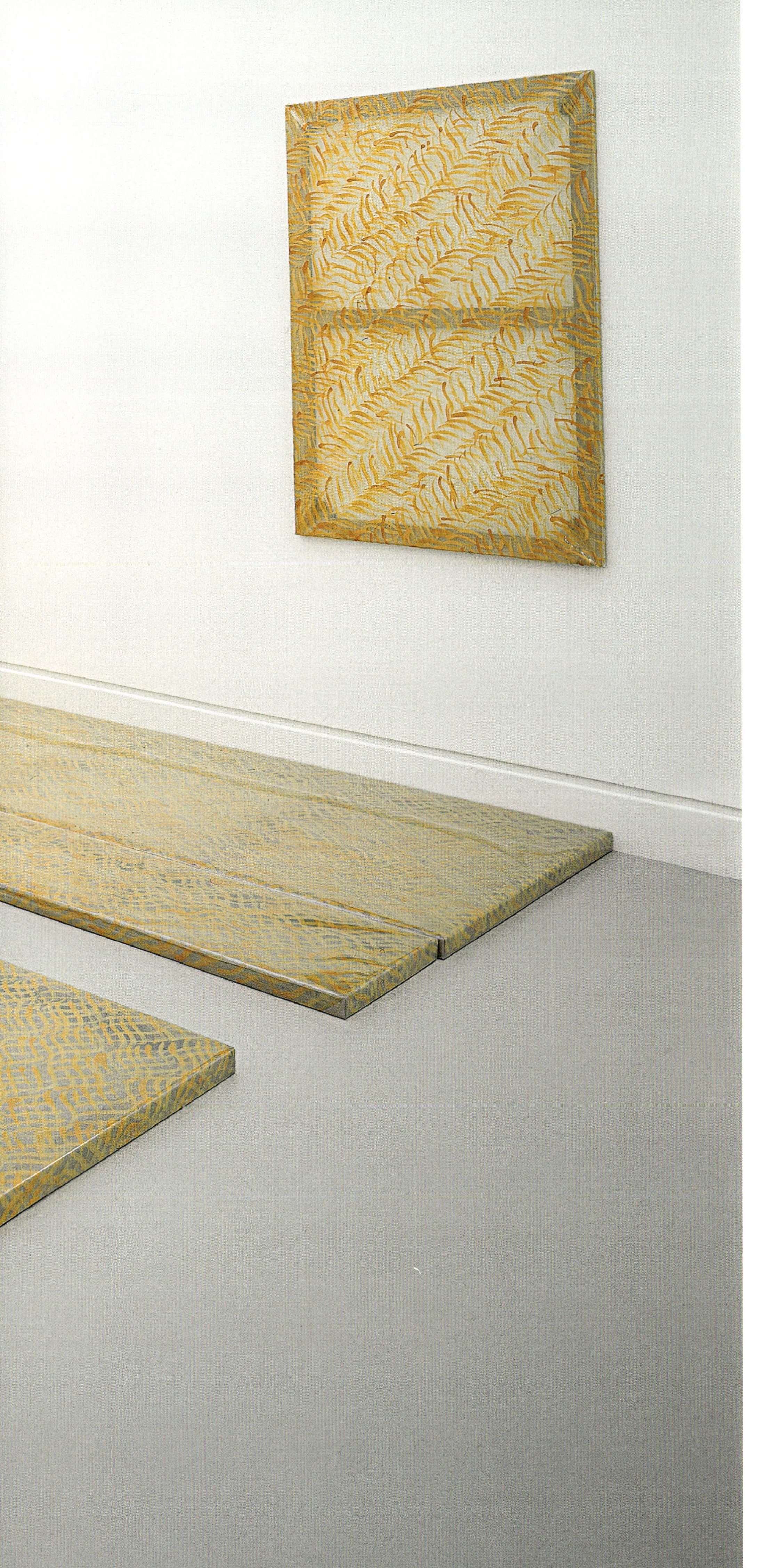

Carla Accardi, *Ambiente arancio*, 1967, installation in sicofoil on plexiglass chassis, wood, cotton and inox, 43 ¼ × 220 ½ × 133 ⅞ inch, MAMCS, Strasbourg
Carla Accardi, *Ambiente arancio*, 1967, installation de sicofoil sur châssis de plexiglass, bois, coton et inox, 110 × 560 × 340 cm, MAMCS, Strasbourg

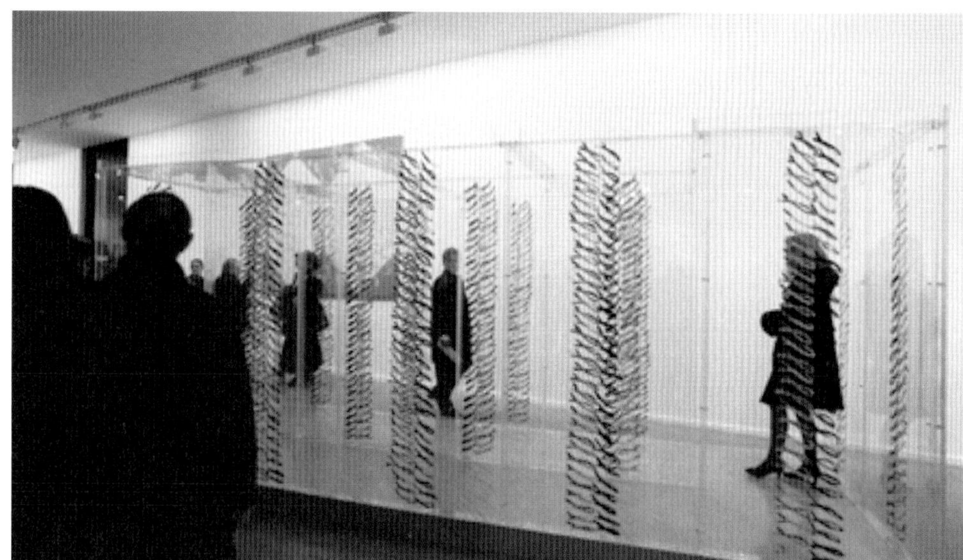

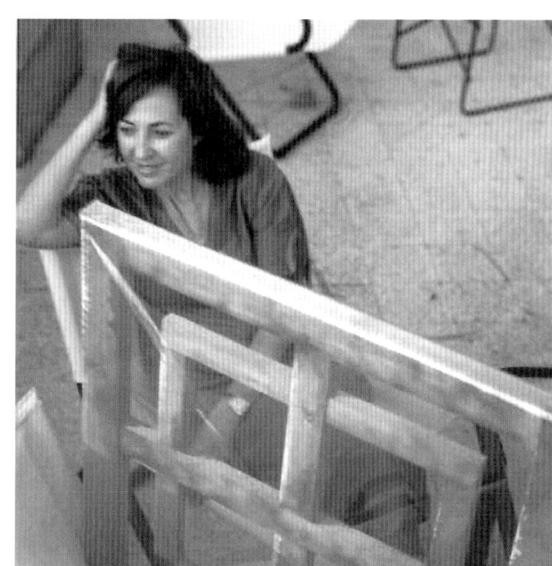

is born under this name in September 1968 during the exhibition *Arte Povera Im-Spazio* (La Bertesca gallery, Genoa) organized by Germano Celant, who signals the beginning of the long artistic adventure that will embody Italian art in the latter half of the 20th century.

At the same time, the late '60s are characterized by the abandonment of ideals. Italy plunges into a period of great political instability (the Piazza Fontana attack in Milan and the death of the anarchist Giuseppe Pinelli in December 1969, the Borghese coup in December 1970) that mark the beginning of the so-called Years of Lead.[12]

Italian artists will not remain impervious to this societal context.[13] It appears in the works and political views of Fabio Mauri,[14] Giosetta Fioroni, Franco Angeli, Piero Gilardi, as well as Dadamaino.[15] The early '70s are also marked by the feminist movement, in which Carla Accardi participates, with her companion Carla Lonzi, as part of the Rivolta Femminile group, founded in Rome in 1970, an activism that she will keep up until 1977.

Surprisingly, while the two artists are of the same generation (Carla Accardi is born in 1924 and Dadamaino in 1930) and have both undertaken abstract painting, no group exhibition presents their work together in two decades – as if the artistic challenges of the two cities were fundamentally opposed, despite the artists constantly circulating between the two cities.

Much later, in the late '80s, the two women come together at the opening of Carla Accardi's exhibition at Milan's Il Milione

Gruppo T), Pop (Tano Festa, Mario Ceroli) ainsi que des protagonistes du renouvellement de la sculpture qui seront bientôt inclus dans le groupe de l'Arte Povera (Luciano Fabro, Pino Pascali, Michelangelo Pistoletto) qui naîtra sous ce nom en septembre 1968 lors de l'exposition « Arte Povera Im-Spazio » (galerie La Bertesca, Gênes) organisée par Germano Celant qui signe le début de la longue aventure artistique qui identifiera l'art italien de la seconde moitié du XXe siècle.

Mais cette fin des années 60 et aussi marquée par l'abandon des idéaux. L'Italie plonge dans une période de grande instabilité politique (successivement en décembre 1969, l'attentat de la piazza Fontana à Milan, puis la mort de l'anarchiste Giuseppe Pinelli, et en décembre suivant le coup d'état Borghèse) qui marque le début des années de plomb[12].

Les artistes italiens ne resteront pas indifférents à cette situation sociétale[13]. Elle apparaît dans les œuvres et positions politiques de Fabio Mauri[14], Giosetta Fioroni, Franco Angeli, Piero Gilardi, mais aussi Dadamaino[15]. Mais ce début des années 70 est aussi marqué par l'engagement féministe auquel participe Carla Accardi auprès de sa comparse Carla Lonzi autour du groupe Rivolta Femminile, fondé à Rome en 1970, militance qui l'occupera jusqu'en 1977.

Étonnamment, alors que les deux artistes sont de la même génération (Carla Accardi naît en 1924 et Dadamaino en 1930) et sont toutes deux engagées dans la peinture abstraite, aucune exposition collective ne présente ensemble leur travail au cours de ces deux décennies comme si les enjeux artistiques mis en place entre les deux

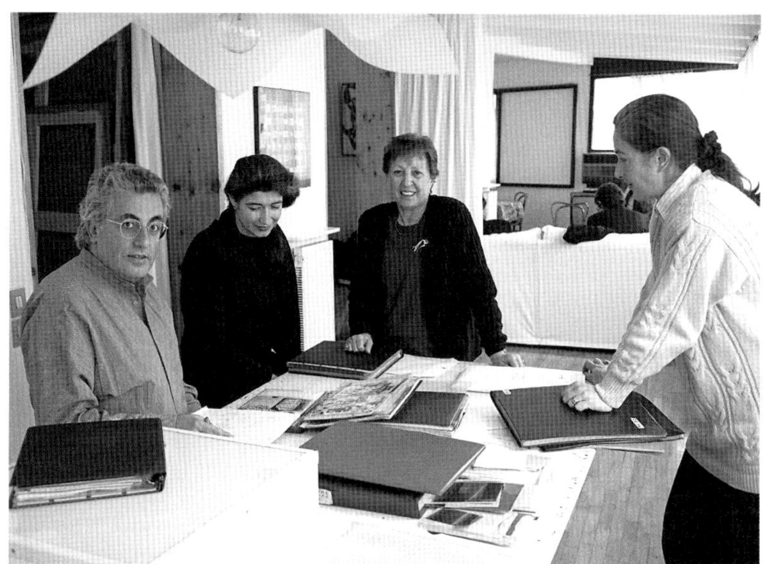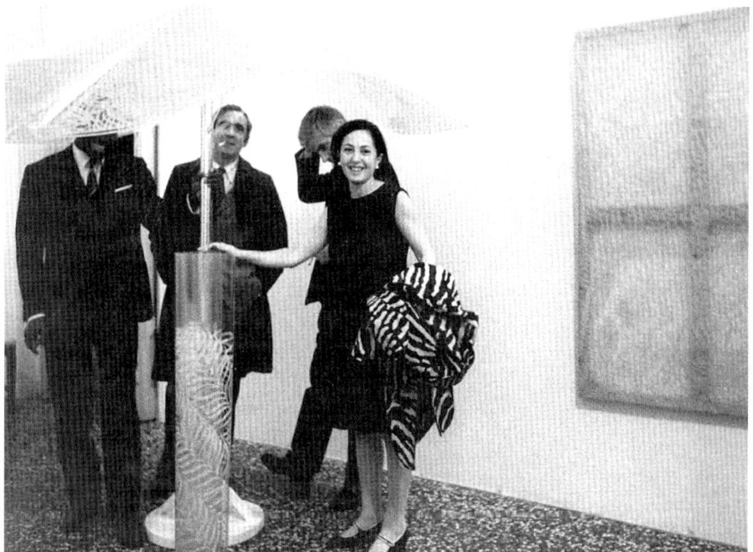

gallery in 1987, posing with a smile in front of an Accardi work painted in those years, a play on 1950s visual signs. It is a time when their works appear in group exhibitions in Italy and elsewhere.[16] This page of Italian art history is yet to be properly explored.

villes étaient fondamentalement opposés, bien que les artistes circulent entre les deux villes.

Bien plus tard, à la fin des années 80, les deux femmes se trouvent réunies le jour de l'inauguration de l'exposition de Carla Accardi à la galerie Il Milione à Milan en 1987, posant toutes deux souriantes devant un tableau d'Accardi peint dans ces années rejouant certains signes visuels des années 50.[16] C'est le moment où leurs œuvres figurent dans des expositions collectives en Italie et ailleurs, mais cette page de l'histoire de l'art italien reste encore à écrire.

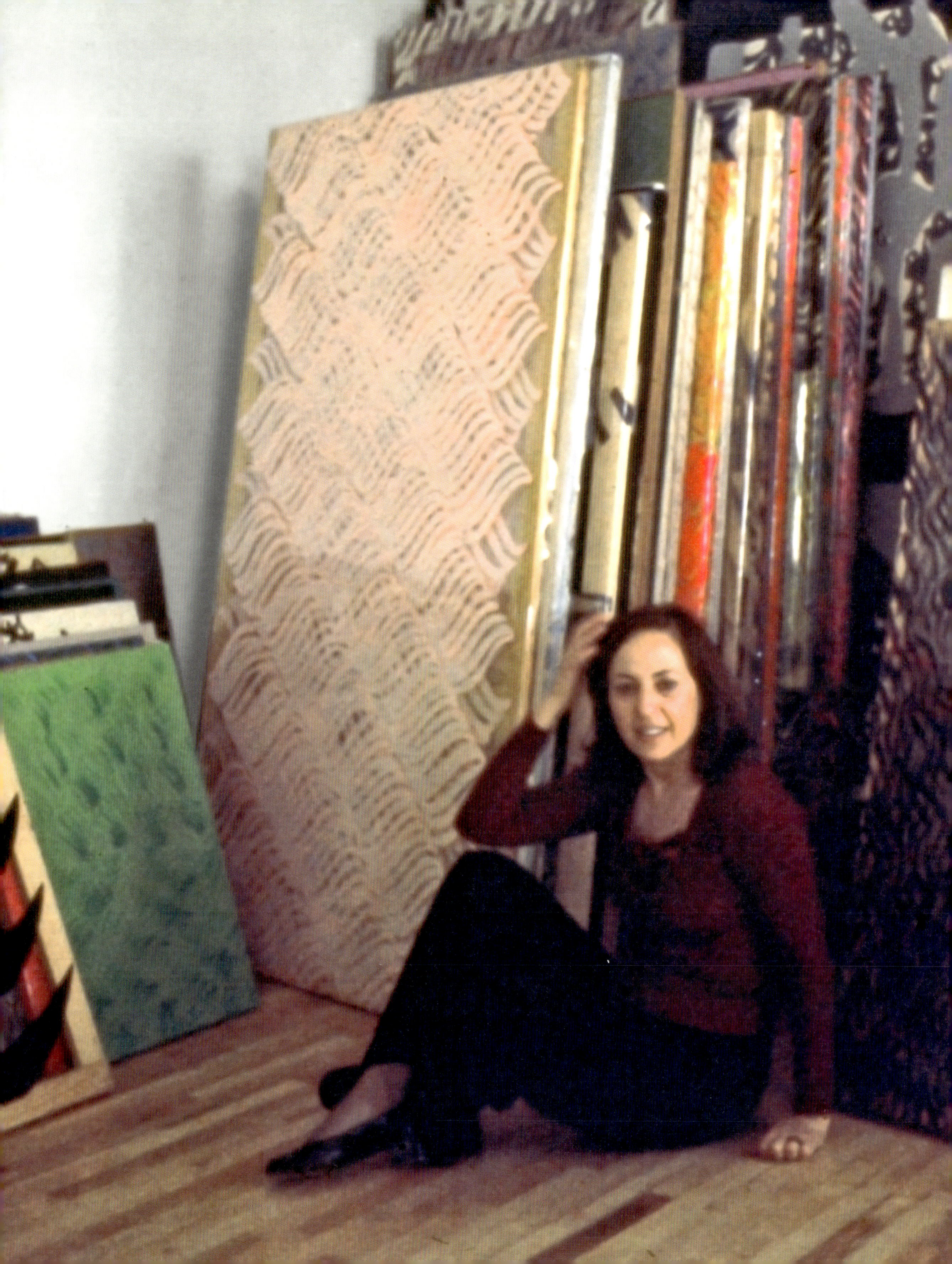

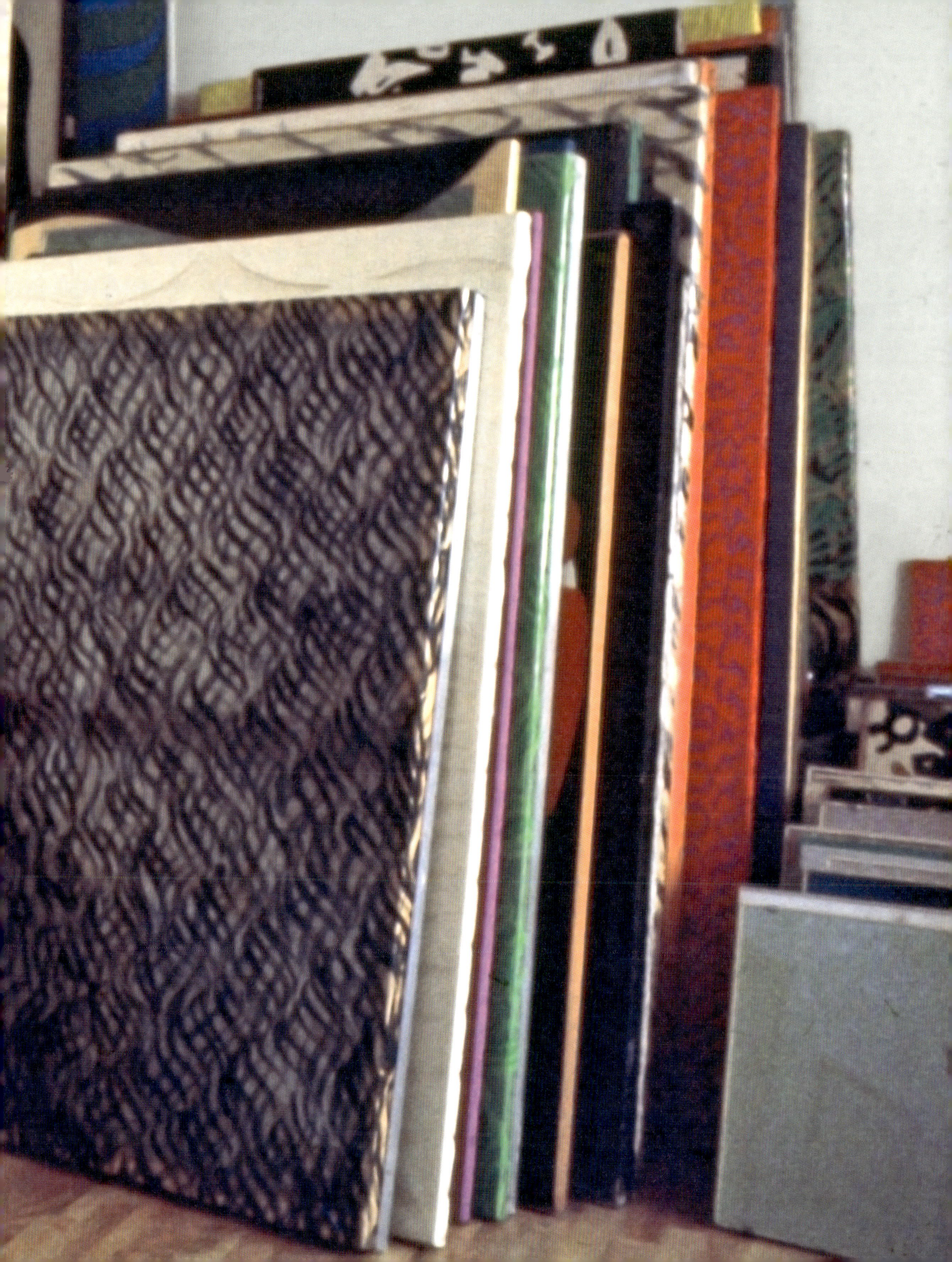

All translations of text excerpts from Italian to French are by the author.

1. On Dadamaino see Blistène, B., Gualdoni, F., *Dadamaino*, (Florence: Forma Edizioni, 2013). Carron, N., Gautherot, F., eds., *Dadamaino*, (Dijon: Les presses du réel, 2013).
2. Da Costa, V., *Écrits de Lucio Fontana*, (Dijon: Les presses du réel, 2013), p. 76.
3. Dadamaino, "Lucio Fontana: il maestro dello Spazialismo a dieci anni dalla sua morte", in Corà, B., ed., *Burri-Fontana 1949-1968*, exhibition catalogue, Museo Pecci, Prato, (Milan: Skira, 1996), in Da Costa, V., op. cit., p. 80.
4. On art in Rome during that period see Crescentini, C., ed., *Rome. Pop City 1960-67*, exhibition catalogue (Rome: Manfredi, 2016).
5. I wrote about this subject in my book: Da Costa, V., *Paul Thek in Italy (1962-1976)*, (Milan: Humboldt Books, to be published in 2021).
6. Pirani, F., "Intervista a Giorgio De Marchis", in *Roma Anni Sessanta*, exhibition catalogue, Palazzo delle Esposizioni, Rome, (1990), p. 337.
7. Text published in *Flash Art*, n° 112, 1983 and re-published in Mauri, F., *Scritti in mostra. L'avanguardia come zona, 1958-2000*, (Milan: Il Saggiatore, 2008), pp. 169-183.
8. On Carla Accardi I refer to the most recent catalogue of the retrospective exhibition Messina, M.G., Montaldo, A.M., eds., *Carla Accardi. Contesti*, (Milan: Electa, 2020).
9. See Iamurri, L., "Tende e altri ambienti", in *Carla Accardi. Contesti*, op. cit., pp. 128-145.
10. Carla Accardi in "Discorsi: Carla Lonzi e Carla Accardi", *Marcatré*, IV, n° 23-24-25, June 1966, pp. 193-197.
11. Lonzi, C., *Autoritratto*, (Bari: De Donato Editore, 1969).
12. On the social, political and artistic situation in those years I refer to Balestrini, N., Moroni, P., (1988), *La Horde d'or (La grande vague révolutionnaire et créative, politique et existentielle. Italie 1968-1977)*, (Paris: Editions de l'Eclat, 2017).
13. See Belloni, F., *Militanza artistica in Italia 1968-1972*, (Rome: L'Erma Di Bretschneider, 2015).
14. See Da Costa, V., *Fabio Mauri: le passé en actes / The Past in Acts*, (Dijon: Les presses du réel, 2018).
15. See Gualdoni, F., "Questions d'engagement", *Dadamaino*, (Dijon: Les presses du réel, 2013), pp. 66-75.
16. *Linee della ricerca artistica in Italia, 1960-1980*, Palazzo delle Esposizioni, Rome, 1981; *Italienische Kunst, 1900-1980*, Frankfurter Kunstverein, Frankfurt, 1985; *Il museo sperimentale di Torino. Arte italiana degli anni sessanta nelle collezioni della Galleria Civica d'Arte Moderna*, Castello di Rivoli, 1985; *Entretien. Quattro generazioni di artisti italiani à Bruxelles*, Palais Albert Borchette - Palais Charlemagne - Palais Bereymonnd, Brussels, 1990; *The Italian Metamorphosis, 1943-1968*, The Solomon R. Guggenheim Museum, New York, 1994; *Arte Italiana. Ultimi quarant'anni. Pittura aniconica*, Galleria d'Arte Moderna, Bologne, 1998; *Temi e variazioni. Arte del dopoguerra dalle collezioni Guggenheim*, Fondazione Peggy Guggenheim, Venice, 2002.

Toutes les traductions des extraits des textes de l'italien vers le français ont été faites par l'auteure.

1. Sur Dadamaino voir Blistène B., Gualdoni, F., (2013). *Dadamaino*, (Florence : Forma Edizioni). Carron, N., Gautherot, F. éds., (2013), *Dadamaino*, (Dijon : Les presses du réel).
2. Da Costa, V., (2013). *Écrits de Lucio Fontana*, (Dijon : Les presses du réel), p. 76.
3. Dadamaino, « Lucio Fontana: il maestro dello Spazialismo a dieci anni dalla sua morte », in Corà, B., éd. (1996), *Burri-Fontana 1949-1968*, catalogue d'exposition, Museo Pecci, Prato, (Milan : Skira), in Da Costa, V., op. cit., p. 80.
4. Sur l'art à Rome pendant cette période voir Crescentini, C., éd., (2016), *Rome. Pop City 1960-67*, catalogue d'exposition (Rome : Manfredi).
5. J'ai écrit à ce sujet dans mon livre : Da Costa, V., (à paraitre en 2021), *Paul Thek in Italy (1962-1976)*, (Milan : Humboldt Books).
6. Pirani, F., (1990), « Intervista a Giorgio De Marchis », in *Roma Anni Sessanta*, catalogue d'exposition, Palazzo delle Esposizioni, Rome, p. 337.
7. Texte publié en *Flash Art*, n° 112, 1983 et re-publié in Mauri, F., (2008), *Scritti in mostra. L'avanguardia come zona, 1958-2000*, (Milan : Il Saggiatore), pp. 169-183.
8. Pour Accardi je me réfère au catalogue plus récent sur son œuvre Messina, M.G., Montaldo, A.M., éds., (2020), *Carla Accardi. Contesti*, (Milan : Electa).
9. Voir Iamurri, L., « Tende e altri ambienti », in *Carla Accardi. Contesti*, op. cit., pp. 128-145.
10. Carla Accardi (Juin 1966) in « Discorsi: Carla Lonzi e Carla Accardi », *Marcatré*, n° 23-24-25, pp. 193-197.
11. Lonzi, C., (1969), *Autoritratto*, (Bari : De Donato Editore).
12. Sur la situation sociale, politique et artistique de ces années je me réfère à Balestrini, N., Moroni, P., (1988), *La Horde d'or (La grande vague révolutionnaire et créative, politique et existentielle. Italie 1968-1977)*, (Paris : Éditions de l'Éclat, 2017).
13. Voir Belloni, F., (2015), *Militanza artistica in Italia 1968-1972*, (Rome : L'Erma Di Bretschneider).
14. Voir Da Costa, V., (2018), *Fabio Mauri: le passé en actes / The Past in Acts*, (Dijon : Les presses du réel).
15. Voir Gualdoni, F., (2013), « Questions d'engagement », *Dadamaino*, (Dijon : Les presses du réel), pp. 66-75.
16. « Linee della ricerca artistica in Italia, 1960-1980 », Palazzo delle Esposizioni, Rome, 1981 ; « Italienische Kunst, 1900-1980 », Frankfurter Kunstverein, Francfort, 1985 ; « Il museo sperimentale di Torino. Arte italiana degli anni sessanta nelle collezioni della Galleria Civica d'Arte Moderna », Castello di Rivoli, 1985 ; « Entretien. Quattro generazioni di artisti italiani à Bruxelles », Palais Albert Borchette - Palais Charlemagne - Palais Bereymonnd, Bruxelles, 1990 ; « The Italian Metamorphosis, 1943-1968 », The Solomon R. Guggenheim Museum, New York, 1994 ; « Arte Italiana. Ultimi quarant'anni. Pittura aniconica », Galleria d'Arte Moderna, Bologne, 1998 ; « Temi e variazioni. Arte del dopoguerra dalle collezioni Guggenheim », Fondazione Peggy Guggenheim, Venise, 2002.

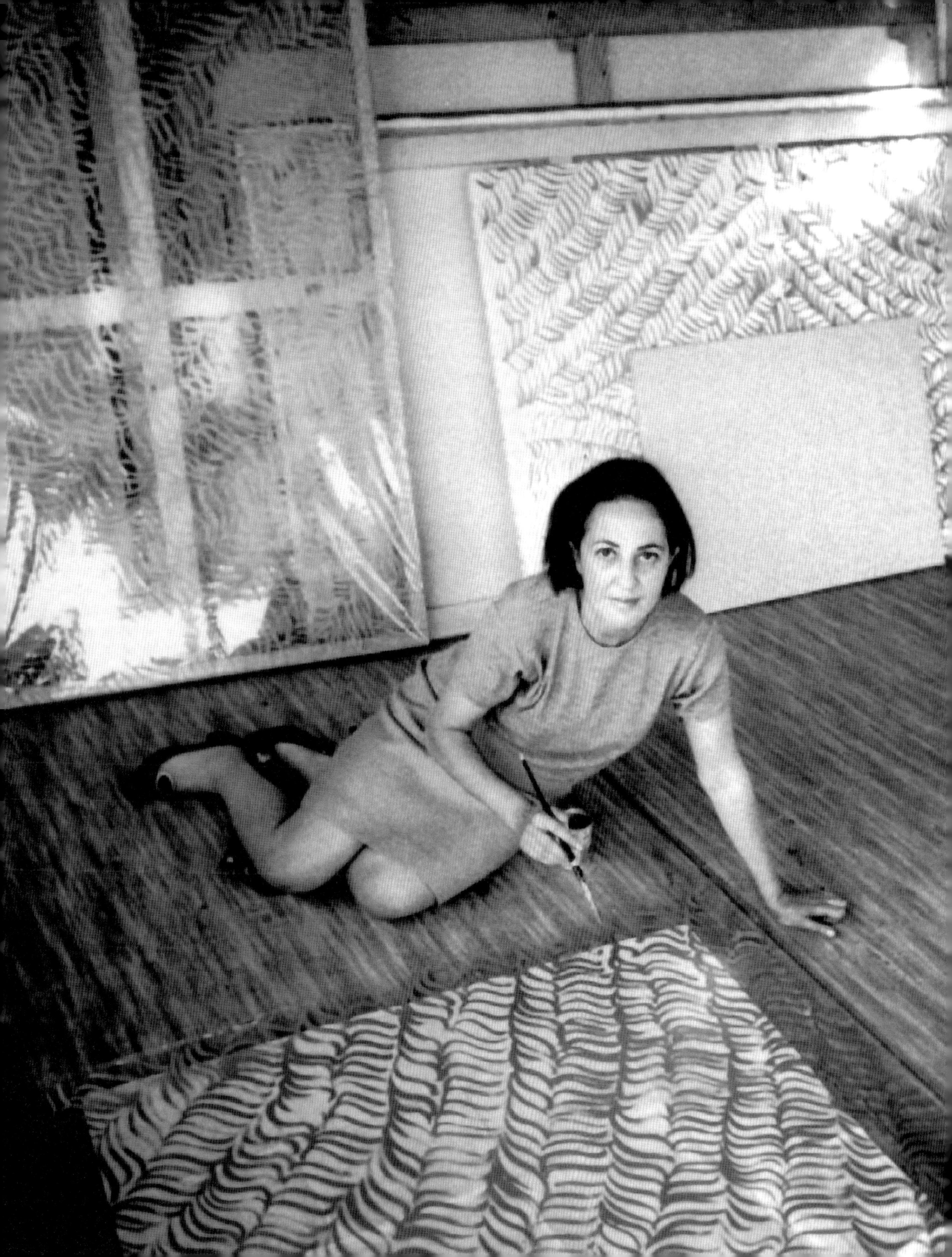

Carla Accardi: Lightness and Exactitude

—

Carla Accardi : légèreté et exactitude

Jean-Pierre Criqui

"I am a secular atheist, I have no illusions
but I believe in what I do."
Carla Accardi, 1980

A painter with no illusions, in every sense of the word – that would be an apt definition of Carla Accardi, resonating eloquently with her work and her aesthetics, which forms, from the outset, a materialistic and formalistic body of work, yet one that was removed from any particular system. An open, fluctuating field of experiments, not disconnected from everyday life, and a desire to transform it, if only to transform the artist's own. Going back now on these six decades worth of work, a few years after the passing in 2014 of the woman to whom we owe it, persuades us once again of her eminent singularity. Carla Accardi's exhibition at the Musée d'art moderne de la Ville de Paris in early 2002, was a confirmation combined with a revelation of this talent for the French public. Her trajectory evoked a voyage across post-war Italy, and more generally across Europe, in which collective and individual echoes (always complex and layered) could be discerned. To be of one's time but with a voice that only belongs to oneself: that is the mark of any major work, which emerges out of its own time to modulate its inflection. Such will be Carla Accardi's footprint on the art of the latter half of the 20th century, which extends all the way up to us.

Most often compelled to write in the absence of the objects in question, the art critic relies necessarily on the reproductions that are mnemonic tools and aides in recapturing the emotions and reflections generated by

« Je suis athée laïque, je n'ai pas d'illusions
mais je crois en ce que je fais ».
Carla Accardi, 1980

Peintre sans illusions, dans tous les sens de ce dernier mot – voilà qui définirait assez bien Carla Accardi et résonne de manière éloquente avec son œuvre, son esthétique pourrait-on dire aussi bien, laquelle s'affirma d'emblée comme matérialiste et formaliste, mais à l'écart de tout système : champ d'expériences ouvert, flottant, sans rupture avec le monde de la vie quotidienne et fort d'une volonté de transformation de celle-ci, ne serait-ce que celle de l'artiste elle-même. Faire retour aujourd'hui sur ce corpus couvrant six décennies, quelques années après la disparition en 2014 de la femme à qui on le doit, nous persuade à nouveau de son éminente singularité. Pour le public français, l'exposition de Carla Accardi au Musée d'art moderne de la Ville de Paris, début 2002, joua ce rôle de confirmation mêlée de révélation. La trajectoire ainsi dessinée restituait une traversée de l'après-guerre italien, et plus largement européen, où se laissaient discerner à la fois les échos (toujours complexes, stratifiés) du collectif et du particulier. Être de son époque, mais avec une voix qui n'appartient qu'à soi : telle est la marque de toute œuvre significative, qui surgit du temps dont elle procède pour en moduler l'inflexion. Telle restera l'empreinte de Carla Accardi sur le second XXe siècle artistique, qui se prolonge jusqu'à nous.

Contrainte à s'écrire le plus souvent en l'absence des objets dont elle traite, la critique d'art s'en remet par obligation à des reproductions qui sont autant d'outils mnémotechniques, d'aides

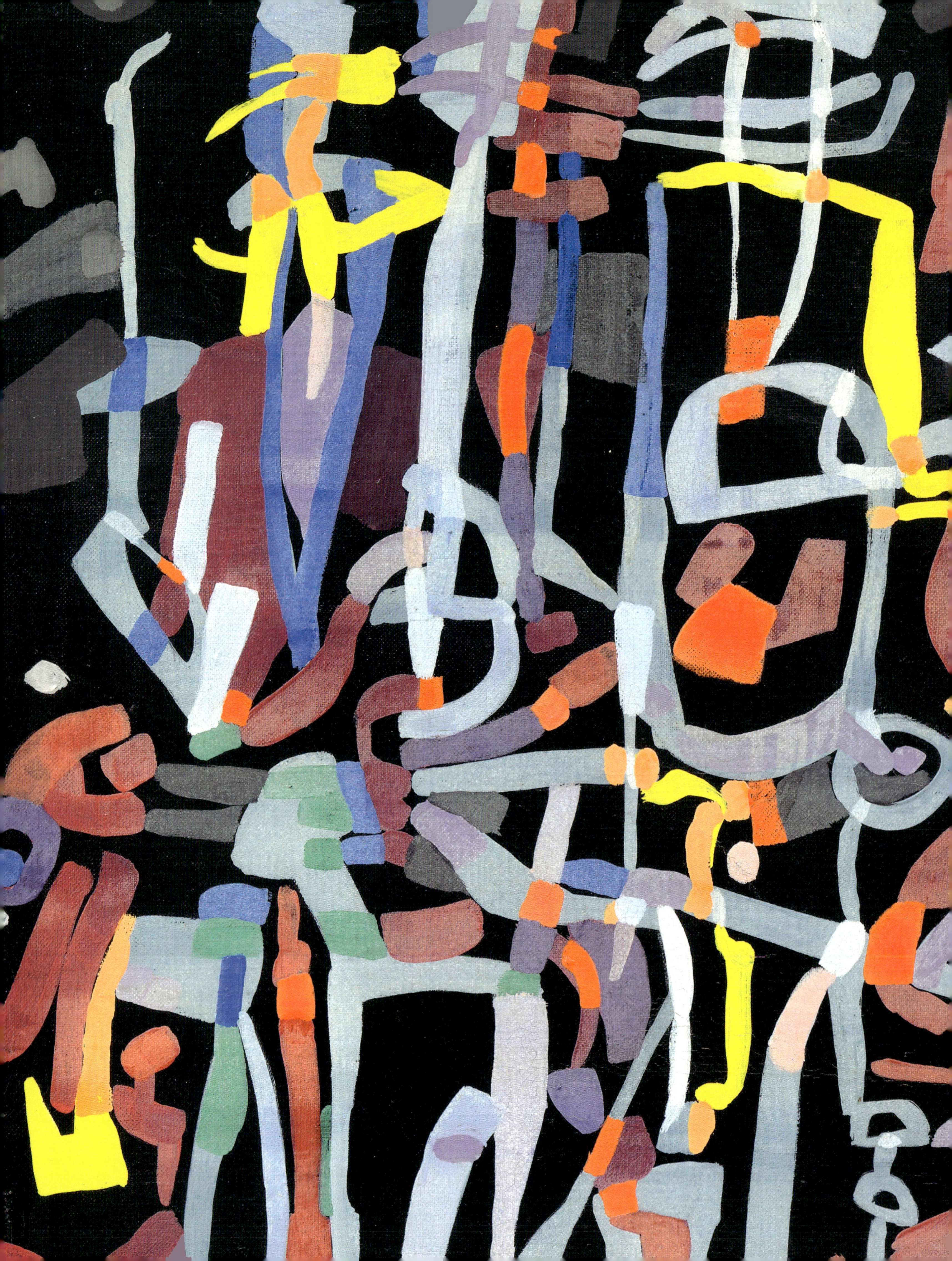

the works. I am no exception and would like to open my remarks by looking at the image of an exceptional painting by Carla Accardi, *Favoloso su nero n° 2,* painted in 1954, when she was 30 years old. From the outset, the dancing dimension and the chromatic polyphony of this medium-sized canvas (less than a meter high) is striking, as various networks of colored figures overlap and intersect against a nocturnal background to form a *flash* that is impossible to capture through memory. The result is certainly fabulous in the standard meaning of the term, yet the title also suggests something fable-like. The Latin *fabula* refers to language and myth. Someone comes forward with this artwork and makes a statement in painting; in so doing, the artist, who uses a distinctive "I" first-person voice, revives a very old story: that of the art of painting and its endless pursuit through countless metamorphoses. A declaration of allegiance and independence at the same time, *Favoloso su nero n° 2* is also notable for its qualities of suspension and transparency.

"Glissez, mortels, n'appuyez pas." [Slip away, mortals, do not hold back.] Quoting this verse by Pierre-Charles Roy, the 18th-century author of whom posterity has retained almost nothing else, Sartre wrote at the end of his memoirs *Les Mots*: "What I love in my madness is that it protected me from the first day from the enticements of the 'elite': I never thought I was the proud owner of a 'talent': my only business was to save myself – empty hands, empty pockets – through work and faith. So my only options did not elevate me above anyone: without equipment, without tools, I dedicated myself to the work to save myself entirely." With no illusions, yet believing in what she was doing, Carla Accardi had found her voice before the mid-1950s.

The lightness and exactitude referred to in the title of this text are borrowed from a contemporary of Carla Accardi, Italo Calvino (born a year before her), who devoted to those principles two of his *American Lessons*, a series of lectures which the author of *The Nonexistent Knight* and *Invisible Cities* was invited to deliver

au ressaisissement des affects et des réflexions qu'ont suscités les œuvres. Je n'échappe pas ici à la règle et souhaiterais ouvrir mon propos en regardant l'image d'un tableau exceptionnel de Carla Accardi, *Favoloso su nero n° 2*, peint en 1954, l'année de ses trente ans. Frappe dès l'abord l'aspect dansant et la polyphonie chromatique de cette toile de format moyen (moins d'un mètre de haut), où divers réseaux de figures colorées se superposent et s'entrecroisent sur fond de nuit pour donner corps à un *flash* impossible à fixer par le souvenir. Fabuleux, le résultat l'est assurément dans l'acception courante du terme, mais le titre suggère aussi quelque chose de l'ordre de la fable. La *fabula* latine renvoie au langage et au mythe. Avec ce tableau quelqu'un s'avance et prend la parole en peinture ; ce faisant, l'artiste, qui articule un « je » distinct, ranime un très ancien récit, celui de l'art de peindre et de sa poursuite sans fin au travers d'innombrables métamorphoses. Aveu d'allégeance et déclaration d'indépendance simultanés, *Favoloso su nero n° 2* marque également par ses qualités de suspension et de transparence.

« *Glissez, mortels, n'appuyez pas* ». Citant à la fin de ses mémoires d'enfant écrivain, *Les Mots*, ce vers de Pierre-Charles Roy, auteur du XVIIIᵉ siècle dont la postérité n'a retenu à peu près rien d'autre, Sartre écrivait : « Ce que j'aime en ma folie, c'est qu'elle m'a protégé, du premier jour, contre les séductions de " l'élite " : jamais je ne me suis cru l'heureux propriétaire d'un " talent " : ma seule affaire était de me sauver – rien dans les mains, rien dans les poches – par le travail et la foi. Du coup ma pure option ne m'élevait au-dessus de personne : sans équipement, sans outillage je me suis mis tout entier à l'œuvre pour me sauver tout entier ». Sans illusions, mais croyant en ce qu'elle faisait, Carla Accardi, dès avant le milieu des années 1950, avait trouvé sa voix.

La légèreté et l'exactitude invoquées en tête de ces lignes sont empruntées à un contemporain de Carla Accardi, Italo Calvino (né un an avant elle), qui consacra à ces notions deux de ses *Leçons américaines*, série de conférences que l'auteur du *Chevalier inexistant* et des *Villes invisibles* avait été invité à donner à l'université

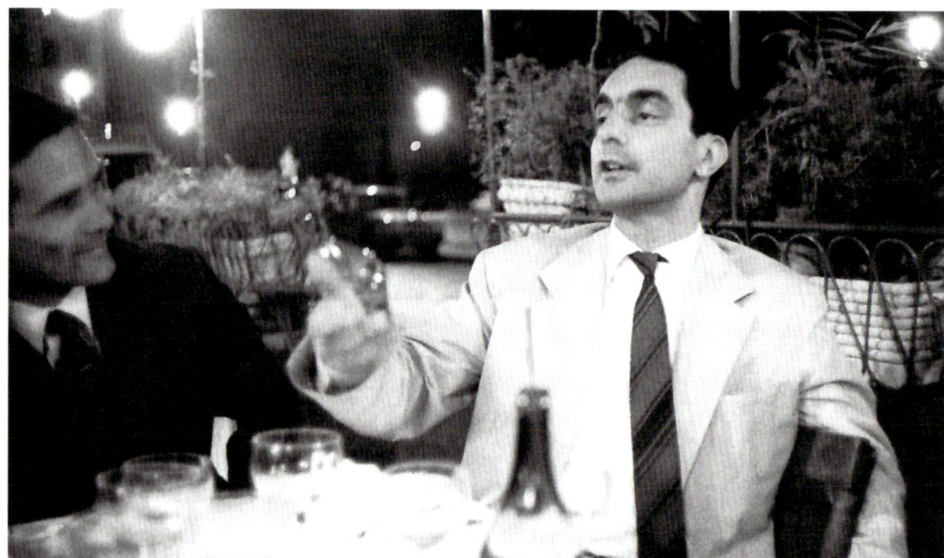

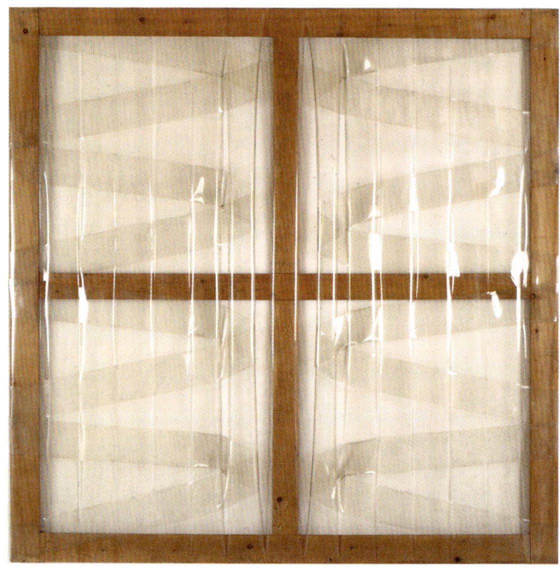

at Harvard University. In 1985, death prevented Calvino from carrying out this project, and five of the six planned lectures survive under the title *Six Memos for the Next Millennium*. The first, "Lightness," is a plea in favor of everything which in literary (and therefore artistic) work, relates to simplification. Seeking to summarize what constitutes the essence of his fictional undertaking, Calvino said: "Most of the time, my contribution resulted in a subtraction of weight; I tried to take the weight off human figures, celestial bodies and cities; I tried hard, especially, to take the weight off the structure of the narrative and the language." In the aftermath of war and of a crushing political regime, the ideal of the young writer, whose beginnings coincide with those of Carla Accardi – his first book, *The Path to the Nest of Spiders*, is released in 1947, year of the creation of the Forma 1 group of artists to which Accardi belongs, and of *The Cloven Viscount*, the first volume of his "heraldic trilogy" *Our Ancestors*, in 1952 – was therefore to work *per via di levare*, if it is permissible to metaphorically use Michelangelo's famous distinction in the arts between *via di porre* [putting on] and *via di levare* [taking away]. The same desire is easily perceived in Carla Accardi's quest for a form of visual enthusiasm that reenchants the gaze and, to an extent alleviates life of the battles that burden it (*Duello interrotto*, black and white painting from 1954). The "signs" she then comes up with are devoid of meaning by hovering on the surface of the canvases: they are breaths made visible, and as such, express a need for a new breath – an aspiration to lightness.

Harvard. En 1985 la mort empêcha Calvino de mener à bien ce projet dont subsistent cinq des six leçons prévues sous le titre anglais de *Six Memos for the Next Millenium*. La première d'entre elles, « Légèreté », est un plaidoyer en faveur de tout ce qui, dans le travail littéraire (et partant, artistique), relève de l'allègement. Cherchant à résumer ce qui constitue le fondement de son entreprise fictionnelle, Calvino dit ainsi : « Le plus souvent, mon intervention s'est traduite par une soustraction de poids ; je me suis efforcé d'ôter du poids tantôt aux figures humaines, tantôt aux corps célestes, tantôt aux cités ; je me suis efforcé, surtout, d'ôter du poids à la structure du récit et au langage ». Au lendemain d'une guerre et d'un régime politique écrasants, l'idéal du jeune écrivain, dont les débuts coïncident avec ceux de Carla Accardi – son premier roman, *Le Sentier des nids d'araignées*, paraît en 1947, date de la création du groupe d'artistes Forma 1 auquel appartient Accardi, et *Le Vicomte pourfendu*, volume initial de sa « trilogie héraldique » *Nos Ancêtres*, en 1952 – était donc de faire œuvre *per via di levare*, s'il est permis de reprendre métaphoriquement la distinction célèbre de Michel-Ange, au sein des arts, entre *via di porre* [par ajout] et *via di levare* [par soustraction]. Une même volonté se perçoit aisément dans la recherche par Carla Accardi d'une forme d'allégresse visuelle qui réenchante le regard et dégrève quelque peu la vie des combats qui la plombent (*Duello interrotto*, tableau noir et blanc de 1954). Les « signes » qu'elle invente alors se tiennent à l'abri du sens en voltigeant à la surface des toiles : ce sont des souffles rendus visibles, et en tant que tels ils manifestent un besoin de respiration nouvelle – une aspiration à la légèreté.

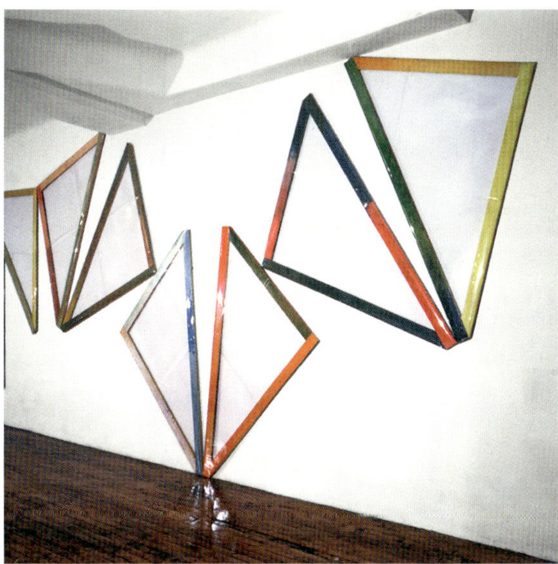

Carla Accardi, *Dimenticare mettersi in salvo*,
1978, sicofoil on wooden painted chassis,
110 ¼ × 70 ⅞ × 86 ⅝ inch
Carla Accardi, *Dimenticare mettersi in salvo*, 1978,
sicofoil sur châssis en bois peint, 280 × 180 × 220 cm

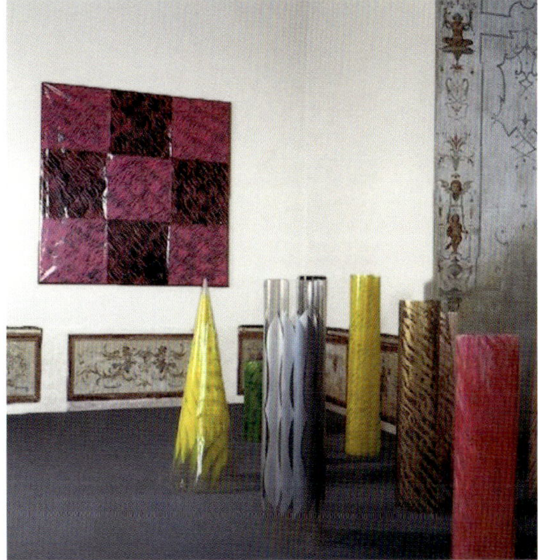

Carla Accardi, *Nero rosa*, varnish on sicofoil,
65 × 65 inch, Castello di Rivoli Museo d'Arte
Contemporanea, Rivoli-Turin
Carla Accardi, *Nero rosa*, vernis sur sicofoil,
165 × 165 cm, Castello di Rivoli Museo d'Arte
Contemporanea, Rivoli-Turin

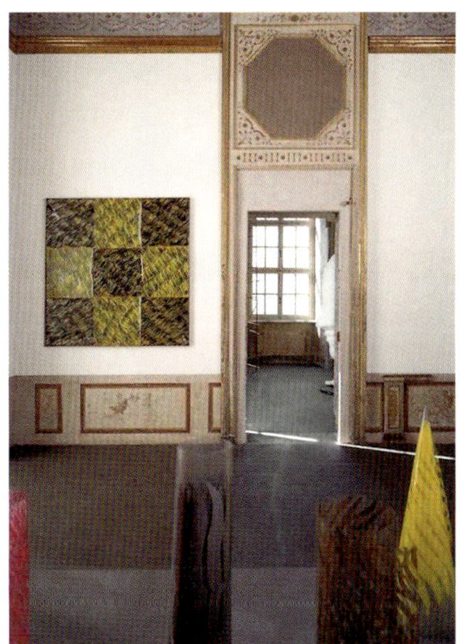

Carla Accardi, *Nero Giallo*, varnish on sicofoil,
65 × 65 inch, Castello di Rivoli Museo d'Arte
Contemporanea, Rivoli-Turin
Carla Accardi, *Nero Giallo*, vernis sur sicofoil,
165 × 165 cm, Castello di Rivoli Museo d'Arte
Contemporanea, Rivoli-Turin

In his own quest for simplification, Calvino chooses as his hero Perseus, conqueror of Medusa, whose petrifying gaze forever weighs down all those who cross it. According to the fable, Pegasus, the winged horse that is constantly on the move like clouds and wind, was born of the blood escaping Medusa's severed head. Echoing this basic element of nomadism, as of 1965, Carla Accardi lightens the surface of her paintings by adopting the sicofoil, a kind of transparent plastic derived from celluloid, on which she draws suites of weightless drawings. The sicofoil is also used for the *Tende* which she starts making at the same time, occupying the three-dimensional space in which the spectators find themselves, as she does with her 1966-1968 *Ambiente arancio* – a premise for a holistic living space, the concept of a merger by means of material and color, art and ordinary existence. The artist's remarks – published in *Marcatré* magazine n° 37-38-39-40, dated May 1968 – include this passage: "I use plastic like something bright, a fusion and a fluidity with the surrounding environment: perhaps to remove from the painting its totemic value. In their overwhelming majority, my objects are also aesthetic, visual occurrences: the tent, the parasol, the small bed appear light in the eyes of the viewer, so long as he regards himself with simplicity and is happy to free himself from the heavy and conventional objects piled up all around."

A picture taken in 1965 shows Carla Accardi, Giulio Paolini and Luciano Fabro acting, in a somewhat burlesque and self-parodying fashion, the main "formal themes"

Dans sa propre quête d'allégement Calvino se choisit comme héros Persée, vainqueur de Méduse dont le regard pétrifiant alourdit à jamais tous ceux qui le croisent. La fable rapporte que, du sang s'échappant de la tête tranchée de Méduse, naquit Pégase, cheval ailé sans cesse en mouvement, à l'instar des nuages et du vent. En écho à ce nomadisme essentiel, Carla Accardi, à partir de 1965, allège le support de ses peintures en adoptant le sicofoil, sorte de matière plastique transparente dérivée du celluloïd, sur lequel elle inscrit des cortèges de traces en apesanteur. Le sicofoil sert également pour les *Tentes* qu'elle commence en même temps à réaliser, occupant dès lors l'espace à trois dimensions dans lequel se meuvent les spectateurs, comme elle le fait aussi avec son *Ambiente arancio* de 1966-1968, hypothèse pour un lieu de vie intégral, idée d'une fusion, via matériau et couleur, de l'art et de l'existence ordinaire. Des propos de l'artiste rapportés dans le n° 37-38-39-40 de la revue *Marcatré*, daté de mai 1968, témoignent de ce passage : « Je me sers du plastique comme de quelque chose de lumineux, un mélange et une fluidité avec le milieu environnant : peut-être pour enlever au tableau sa valeur de totem. Mes objets aussi, dans leur très grande majorité, sont des faits esthétiques, visuels : la tente, le parasol, le petit lit apparaissent légers aux yeux de celui qui les regarde, à condition qu'il regarde lui-même avec simplicité et qu'il aime se libérer des objets lourds et conventionnels entassés alentour ».

Une photographie prise en 1965 montre Carla Accardi, Giulio Paolini et Luciano Fabro incarnant, sur un mode burlesque et auto-ironique, les principaux « thèmes formels » qui les

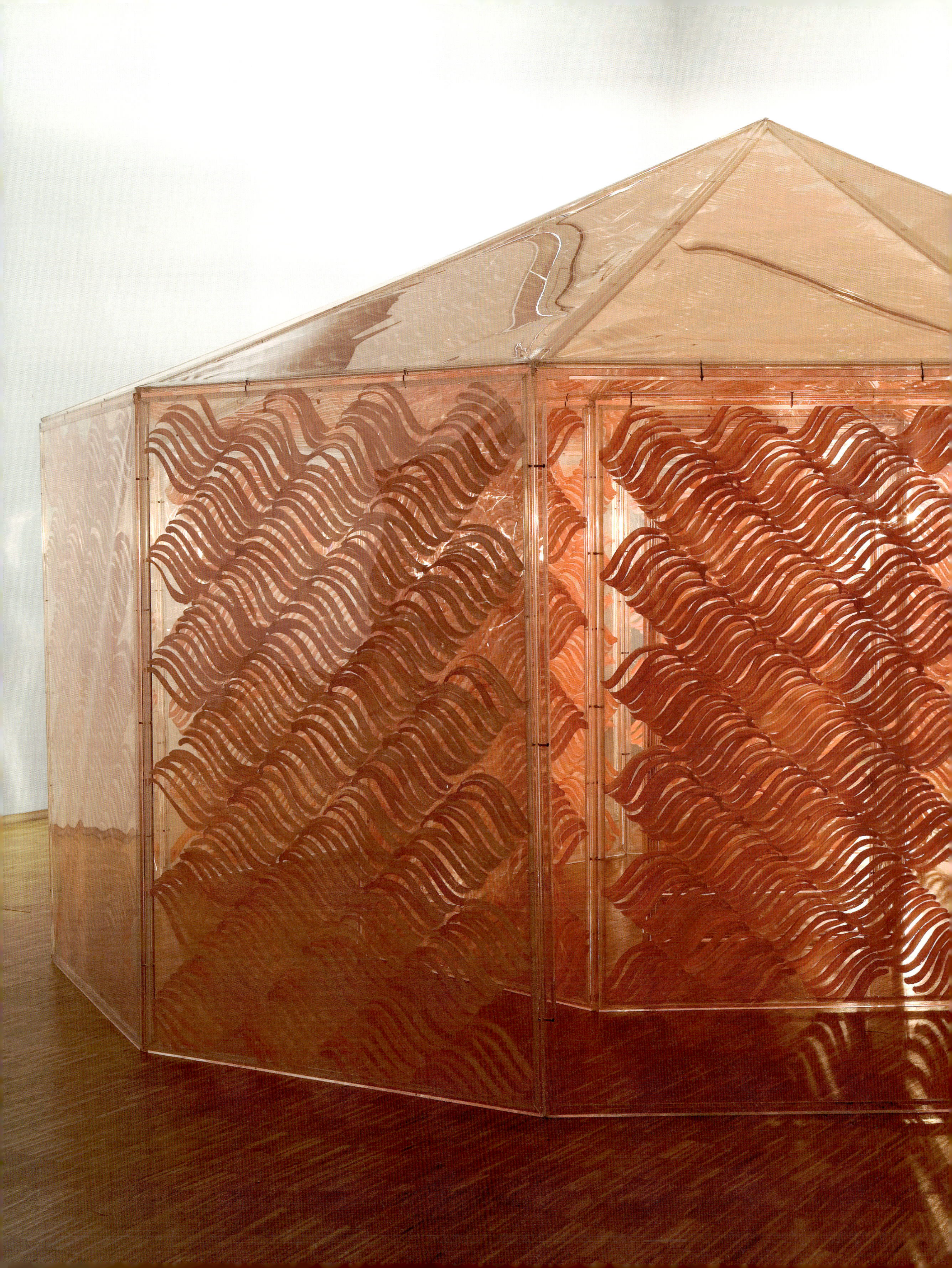

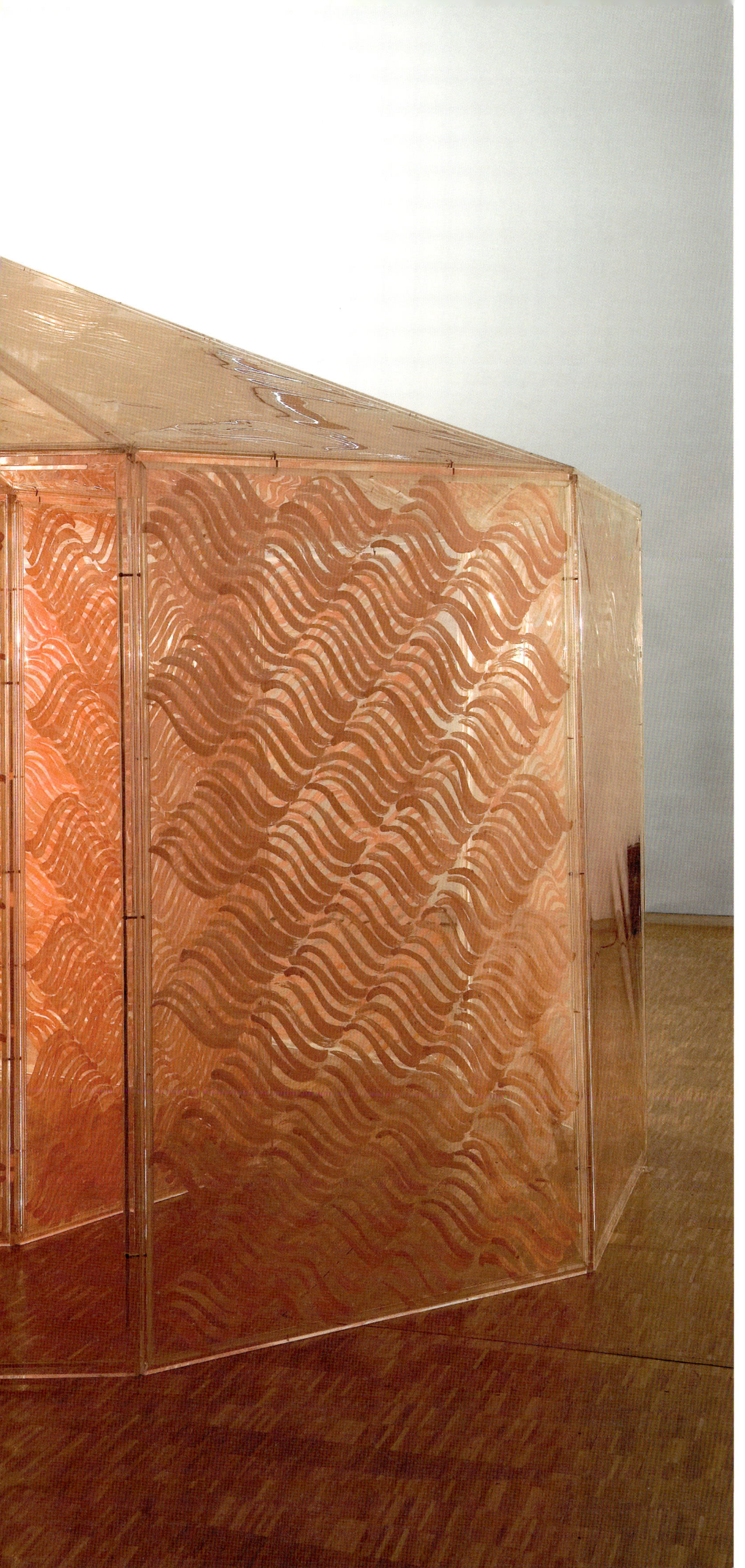

Carla Accardi, *Triplice tenda,* 1969-71,
varnish on sicofoil and plexiglass, Centre
Pompidou, Musée national d'art moderne, Paris
Carla Accardi, *Triplice tenda,* 1969-71, vernis sur
sicofoil et plexiglass, Centre Pompidou, Musée
national d'art moderne, Paris

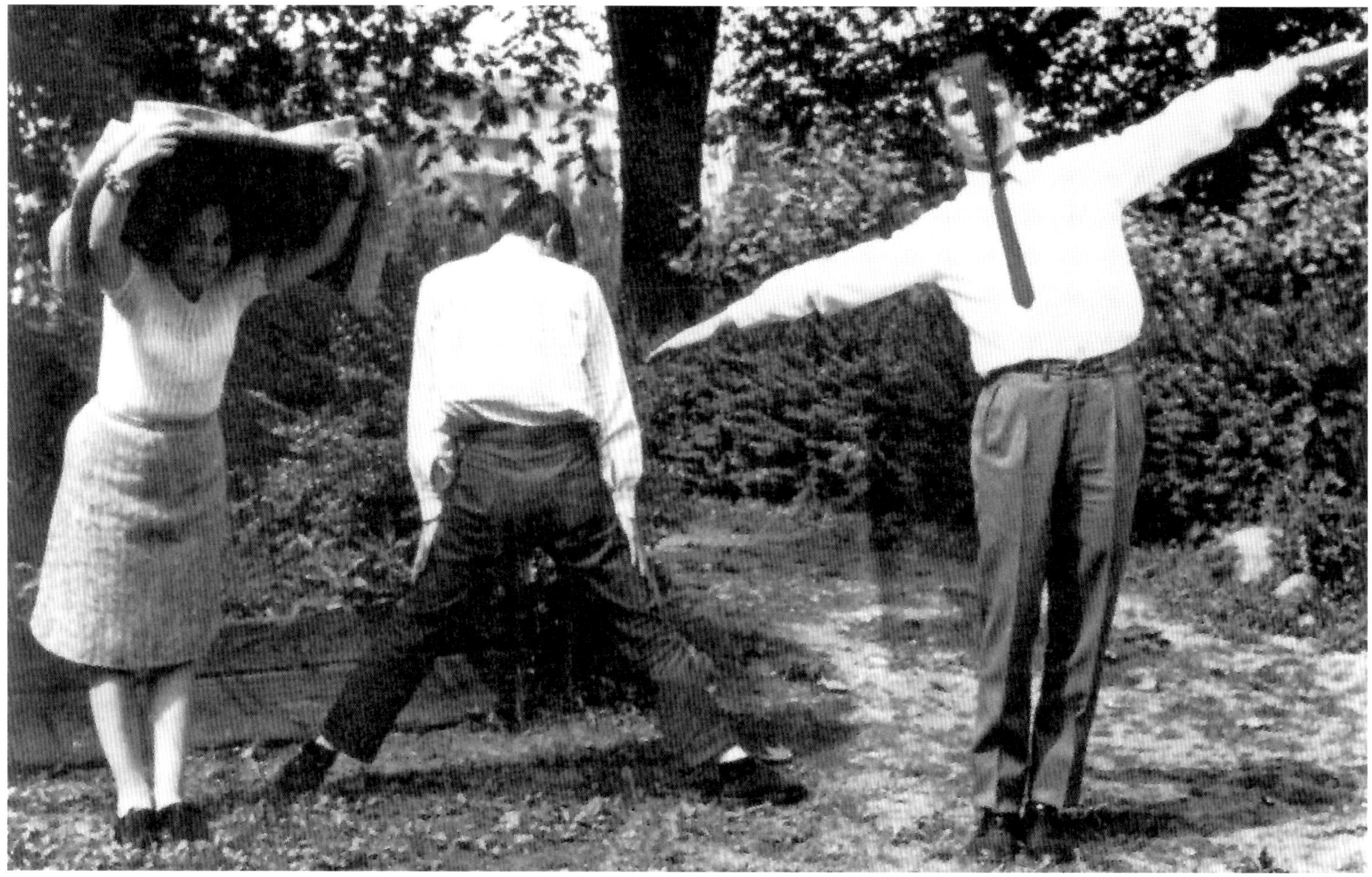

that characterize them. Fabro "does" the cross; Paolini, the "esprit de finesse" [intuitive understanding]; Accardi mimes a tent with a jacket raised in a canopy shape above her head. This picture – evidence of the proximity between Accardi and some of the artists who are later gathered under the banner of *Arte Povera* – is also a reminder that the tents she creates at the time precede the igloos of Mario Merz or the habitats of Fabro, which similarly demonstrate a formal yet also anthropological and even political interest for intermittently materialized living environments that do not permanently integrate a given site. In 1966, Carla Accardi participates in an exhibition presented in Turin's Sperone gallery entitled *Arte abitabile*, where the same call for a lessening in the "gap between art and life," as referred to by Robert Rauschenberg, is to be found. "Levare le tende" [to decamp] in Italian indicates the action described in French with the same suggestive power and textile reference, "mettre les voiles " [set sail]. In 1967, Gilberto Zorio names one of his sculptures *Tenda*,

caractérisent. Fabro « fait » la croix ; Paolini, l' « esprit de finesse » ; Accardi, veste levée en dais au-dessus de la tête, mime une tente. Indice de la proximité entre Accardi et certains des artistes qu'on allait retrouver un peu plus tard rassemblés sous l'enseigne de l'Arte Povera, ce cliché rappelle aussi que les tentes qu'elle élabore à l'époque précèdent les igloos de Mario Merz ou les habitats de Fabro, qui témoigneront de la même manière d'un intérêt formel, mais aussi anthropologique, voire politique, pour des cadres de vie à matérialité intermittente, sans ancrage permanent sur un site donné. En 1966 la galerie Sperone de Turin présente une exposition intitulée « Arte abitabile », à laquelle participe Carla Accardi et où se retrouve pareil appel à une réduction de la « brèche entre l'art et la vie » dont a parlé Robert Rauschenberg. « Levare le tende » [lever les tentes], dit-on en italien pour désigner l'action que la langue française nomme, avec une égale force suggestive et une même allusion à une matière textile, « mettre les voiles ». En 1967 Gilberto Zorio baptise une de ses sculptures *Tenda*, et la même année Michelangelo Pistoletto,

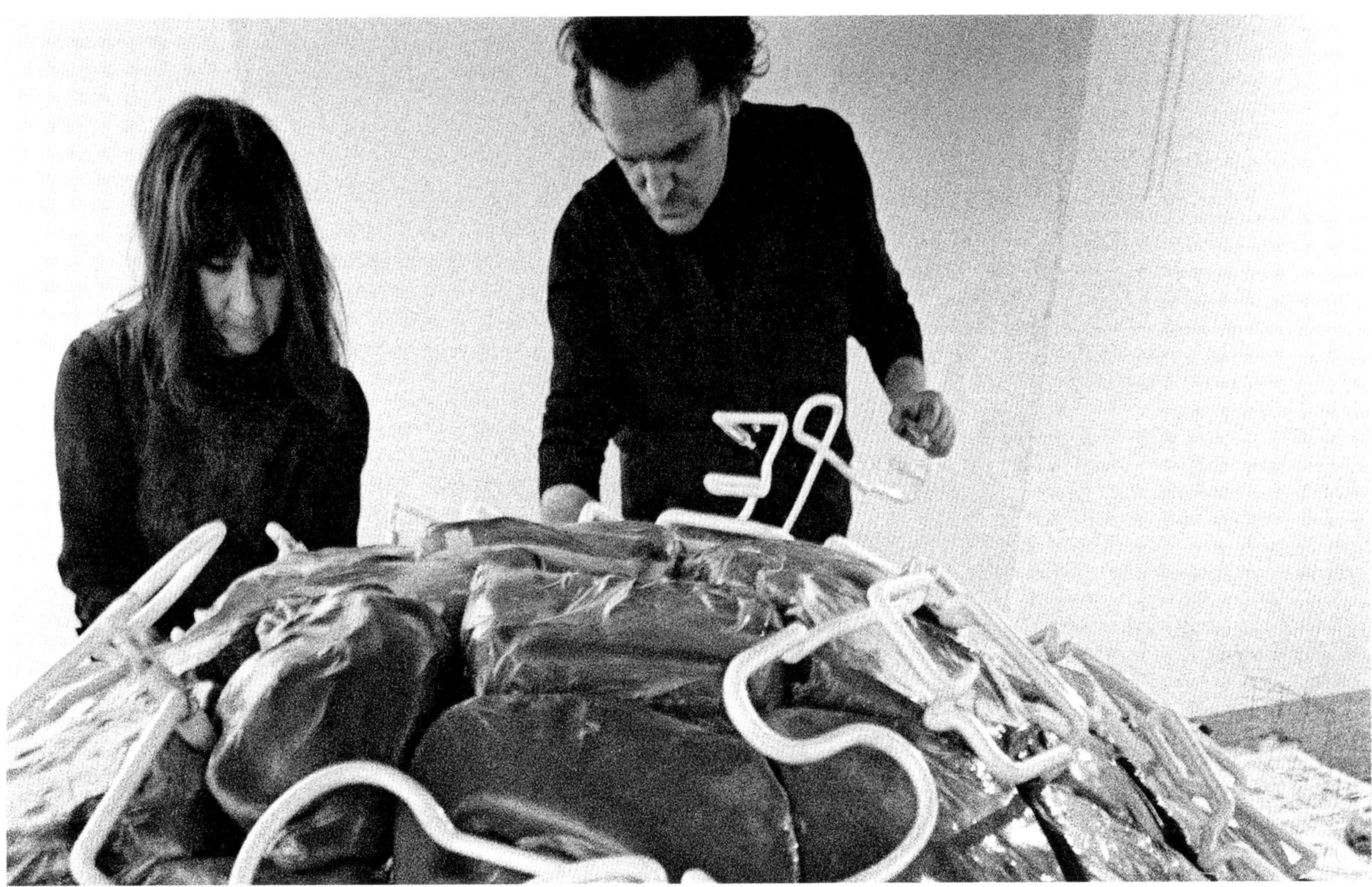

and the same year, Michelangelo Pistoletto's luminous work *Tenda di lampadine a muro* is a reminder that the "tent" is originally a curtain, a "drape." Carla Accardi's transparent tents thus preserve the memory of the canvas on which she painted before. By referring to the totemic value attached to it, the artist suggests that she intends to slightly deflate the more or less authoritative pretentiousness of the painting form. At the risk of expressing it too simply, I would say that this is an attempt to make the air around art a bit lighter, a bit more breathable.

From 1966, the *Rotoli* joyfully and amusingly take on this role. Highly movable columns of sicofoil establish their chromatic rhythms on an equal footing with the viewer, reminding us of the form in which, before being cut, stretched, prepared and painted, the canvas of a painting is presented before one bids it farewell, or at least goodbye. The said painting can also remain in its traditional form, except that the plastic surface will reveal the back of it. That is the case with the *Transparente* series, which are a departure from the inevitable

avec son œuvre lumineuse *Tenda di lampadine a muro*, rappelle que la « tente » est originellement un rideau, une « tenture ». Les tentes transparentes de Carla Accardi conservent de la sorte la mémoire de la toile à la surface de laquelle elle peignait auparavant. En parlant de la valeur totémique qui s'y attache, l'artiste laisse entendre qu'elle compte bien dégonfler un peu la prétention plus ou moins autoritaire de la forme tableau. Au risque de le formuler trop simplement, je dirais qu'il s'agit là d'une tentative pour rendre l'air de l'art un peu plus léger, un peu plus *respirable*.

Les *Rotoli*, à partir de 1966, assument cette fonction de façon joyeuse et drôle. Colonnes de sicofoil éminemment déplaçables, ils installent leurs rythmes chromatiques sur un pied d'égalité avec les regardeurs, tout en nous remettant à l'esprit la forme sous laquelle se présente habituellement, avant que d'être découpée, tendue, préparée et peinte, la toile du tableau. Ledit tableau peut du reste aussi perdurer dans son apparence traditionnelle, à ceci près que son support plastique en révèle dorénavant l'envers. Ainsi avec les *Transparents*, qui abandonnent

43

Carla Accardi, *Senza titolo*, 1967,
varnish on sicofoil, 39 ⅜ × 149 ⅝ inch
Carla Accardi, *Senza titolo*, 1967,
vernis sur sicofoil, 100 × 380 cm

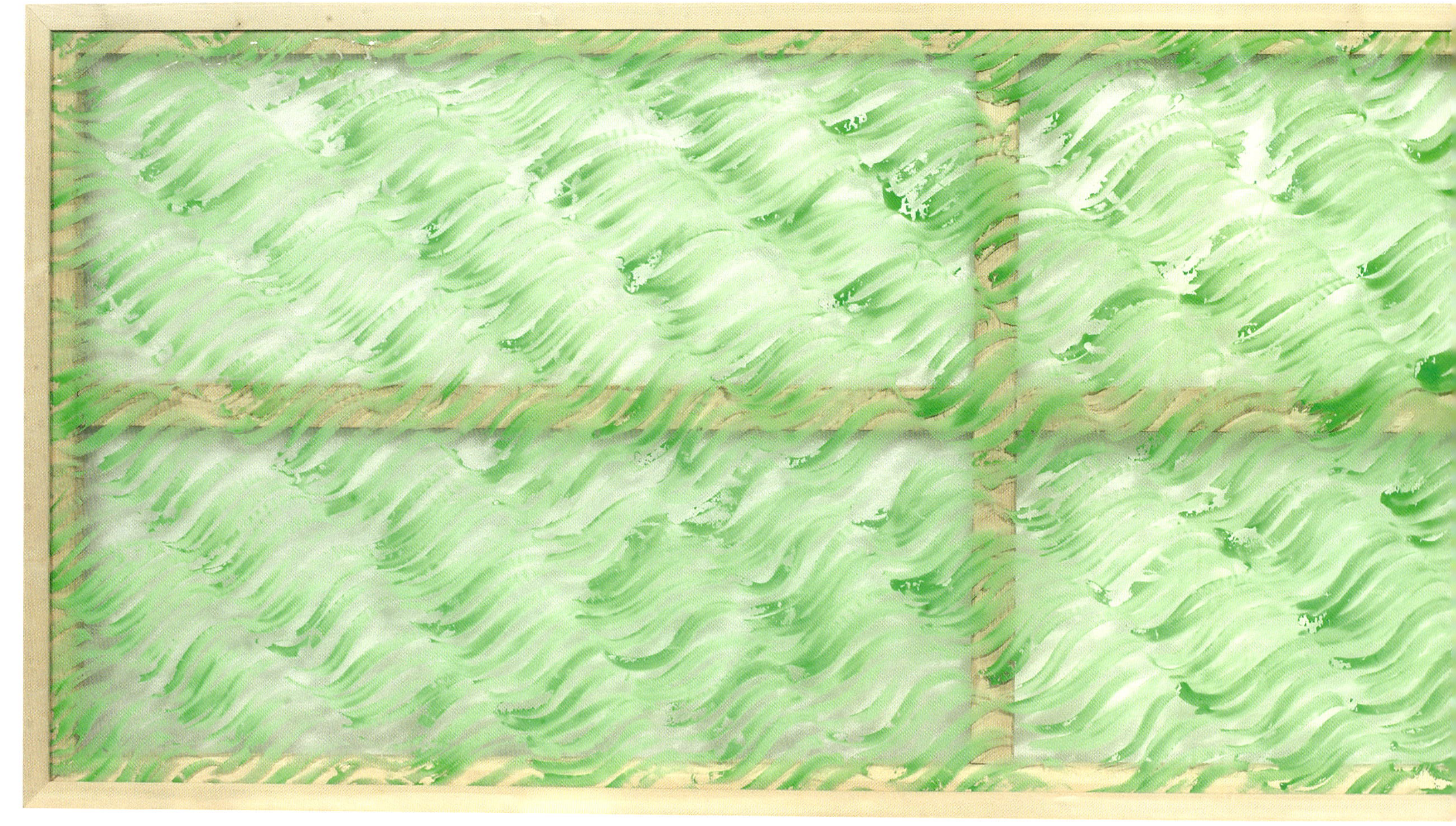

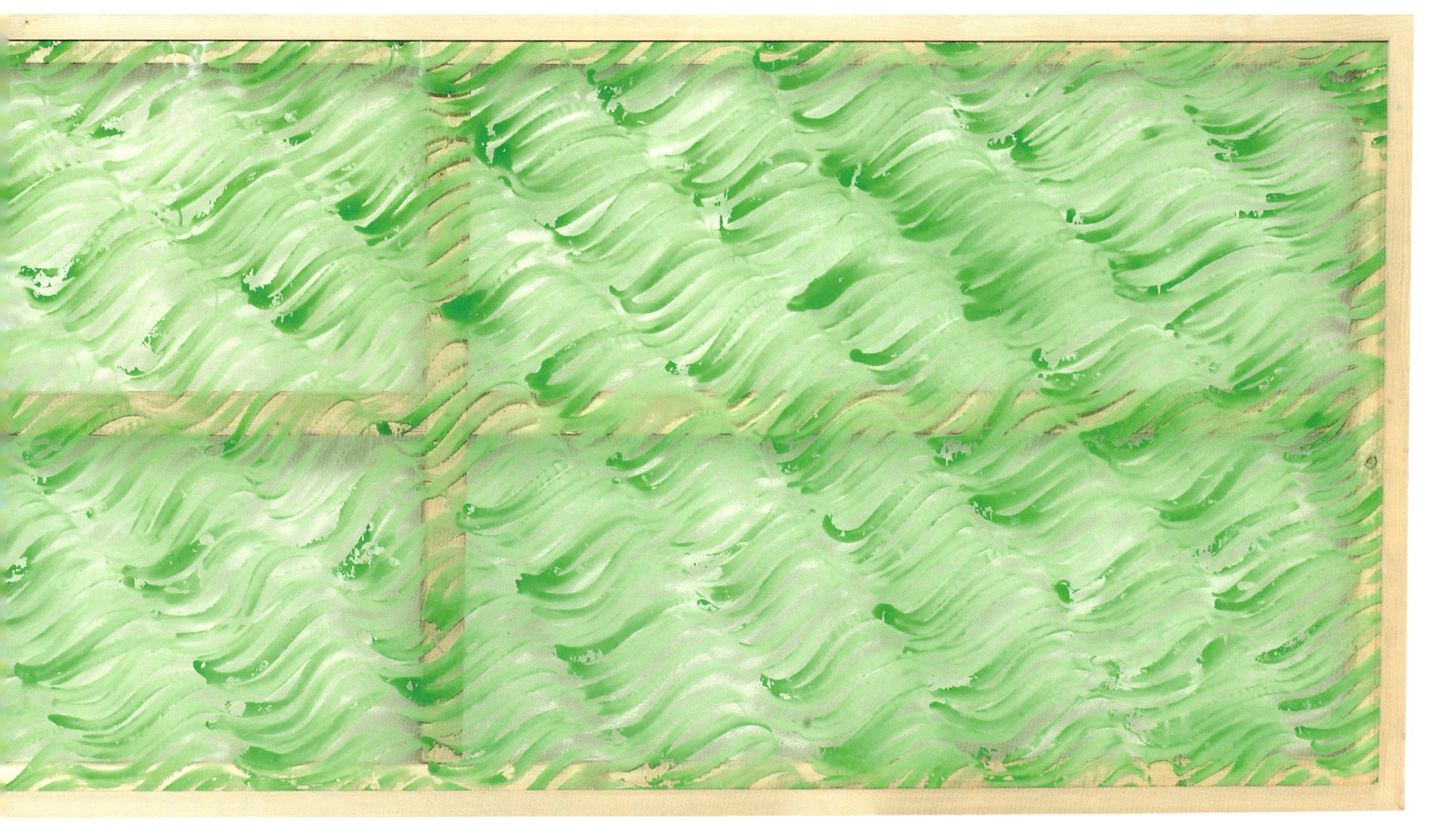

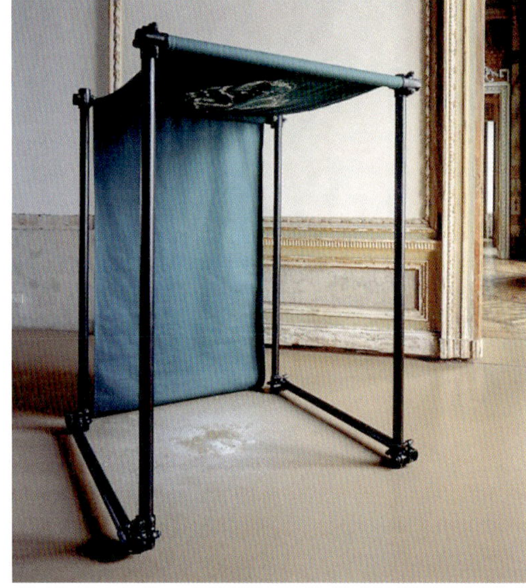

Gilberto Zorio, *Tenda*, 1967, tubes and clamps, green cotton canvas and seawater, 66 ⅞ × 51 ⅝ × 49 ¼ inch, Collezione Margherita Stein Fondazione per l'Arte Moderna e Contemporanea CRT on loan to Castello di Rivoli Museo d'Arte Contemporanea, Rivoli-Turin
Gilberto Zorio, *Tenda*, 1967, tubes, étoffe verte, eau de mer, 170 × 131 × 125 cm, Collezione Margherita Stein Fondazione per l'Arte Moderna e Contemporanea CRT en prêt au Castello di Rivoli Museo d'Arte Contemporanea, Rivoli-Turin

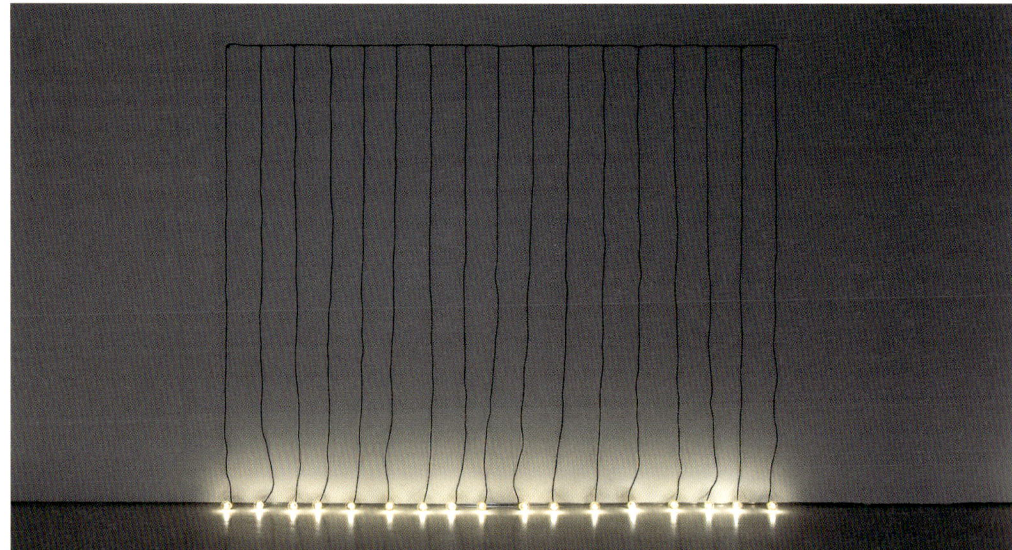

Michelangelo Pistoletto, *Tenda di lampadine al muro*, 1967, Museo Nazionale delle arti del XXI secolo, Rome
Michelangelo Pistoletto, *Tenda di lampadine al muro*, 1967, Museo Nazionale delle arti del XXI secolo, Rome

opposition of the front and the back, of what is shown and what is hidden. The large 1967 Sicofoil work on chassis that belonged to Carla Lonzi – the art critic with whom Carla Accardi shared a period of active feminism (Accardi is also the only female artist included in the beautiful ensemble work by Lonzi, *Autoritratto*, published in 1969) – is a brilliant demonstration of that, and is literally luminous, considering that the green in which it was painted was, for its user, the richest color in terms of luminosity on such a surface. Extending across a length of nearly four meters the rhythmic marks that inspire her, this *Untitled* is a vibrant frieze in which the history of painting and the period's attraction to dematerialization (sanctioned in 1973 with Lucy Lippard's essential work, *Six Years. The Dematerialization of the Art Object from 1966 to 1972*) come together. Breaking down in multiple ways the formats of the quasi-immaterial surface of her painting (*Paravento* and *Cilindrocono*, for example, both in 1972), Carla Accardi sometimes decides only to paint the frame on which the sicofoil was stretched, which is left in its fully transparent state. Such is the case with the triangles assembled on the wall of *La vita è simbolo: dimenticare, mettersi in salvo* (1978) and the quadrangles piled up on the floor of *Catasta* (1979).

"To be able to remove, remove, remove, strikes me as a sign of maturity, a very refined part of maturity that one finds, in fact, among many artists. I remember that I always used the word remove, as a personal requirement to which I am very attached; I used it constantly: for me, it was more important to remove

l'opposition insurmontable de la face et du dos, du montré et du caché. Le grand Sicofoil sur châssis de 1967 ayant appartenu à Carla Lonzi, critique d'art dont Carla Accardi partagea un temps le féminisme actif (Accardi est aussi la seule femme artiste figurant dans le beau livre choral de Lonzi, *Autoritratto*, paru en 1969), en fait une démonstration éclatante, littéralement lumineuse si l'on se souvient que le vert dont il est peint constituait pour son utilisatrice la couleur la plus riche en luminosité sur un tel support. Distribuant sur une longueur de près de quatre mètres les marques rythmiques qui l'animent, ce *Sans titre* est une frise vibrante où se conjuguent au présent l'histoire de la peinture et l'attrait du temps pour la dématérialisation (consacré en 1973 par l'ouvrage fondamental de Lucy Lippard, *Six Years. The Dematerialization of the Art Object from 1966 to 1972*). Tout en déclinant de multiples manières les formats du support quasi immatériel de sa peinture (*Paravento* et *Cilindrocono*, par exemple, tous deux de 1972), Carla Accardi décida parfois de ne peindre que l'armature sur laquelle était tendu le sicofoil laissé à sa pleine transparence. C'est le cas avec les triangles assemblés au mur de *La vita è simbolo : dimenticare, mettersi in salvo* (1978) et avec les quadrangles empilés au sol de *Catasta* (1979).

« Arriver à supprimer, supprimer, supprimer, me paraît un signe de maturité, une partie très raffinée de la maturité que l'on retrouve, en fait, chez beaucoup d'artistes. Je me rappelle que ce mot supprimer, je le disais toujours, comme une exigence totalement mienne, à laquelle je tiens beaucoup, je l'avais continuellement à la bouche : pour moi, il était plus important de supprimer que d'ajouter », déclarait Carla Accardi en 1966

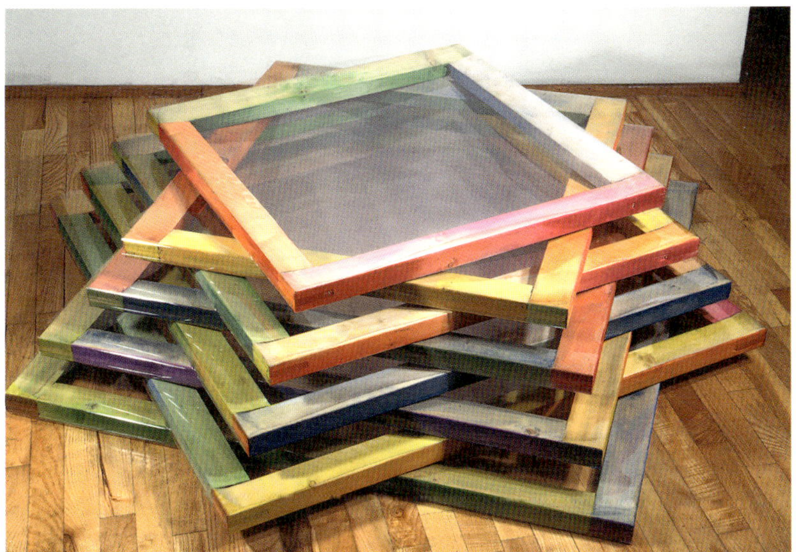

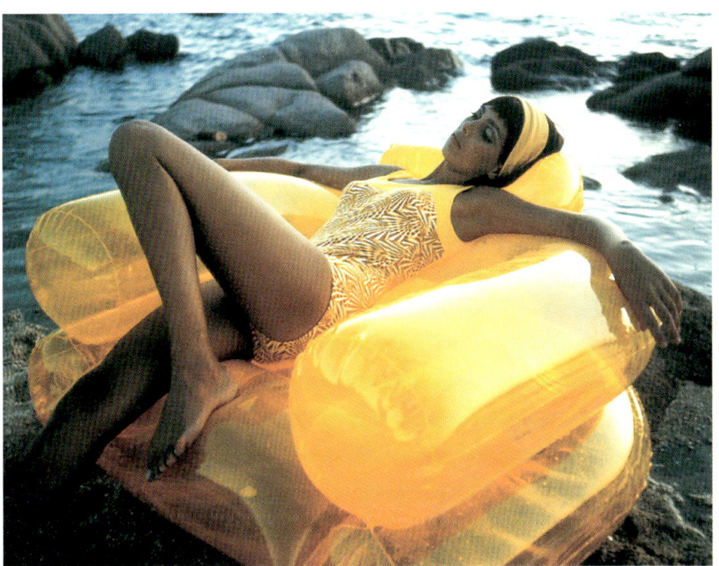

than to add," Carla Accardi noted in 1966 in a conversation with Carla Lonzi, who shares those remarks in her *Autoportrait* (p. 169 of the French edition). Transparency is clearly a kind of culmination of the simplification that the artist should have logically achieved. It is also the expression of an ethical impulse that opposes the moral, political and patriarchal hypocrisy dominating Italian society in the late 1960s and that expresses itself during this period in all cultural sectors. In 1967, while Carla Accardi produced her *Tende*, her *Rotoli* and her paintings on sicofoil, the Italian design company Zanotta marketed the transparent inflatable chair designed by Paolo Lomazzi, Jonathan De Pas, Carla Scolari and Donata D'Urbino: *Blow*, expressing in furniture that same anti-authority impulse (the inflatable nature of the objcct unites, in this sense, with the transparency by turning away from any literal and metaphorical rigidity). The pioneering exhibition, *Italy: The New Domestic Landscape*, organized at New York's Museum of Modern Art in 1972 by Emilio Ambasz (29 years old at the time), where the *Blow* chair was presented, is evidence of this sensitive current in all sectors of society. Speaking of what he qualified as "environmental ensembles," Ambasz writes in the exhibition catalogue: "In contrast with the traditional object, these objects, in some cases, take all of the forms that their users wish for them to take, and allow an open-ended use." Carla Accardi's works share this ideal, as they also sometimes share some morphological features with the new design: including, among others, her *Oggetto Transparente* (2001) in

à Carla Lonzi, qui rapporte ces propos dans son *Autoportrait* (p. 169 de l'édition française). La transparence constitue à l'évidence une forme d'aboutissement de l'allègement à laquelle il était logique que l'artiste parvînt. Elle est aussi le chiffre d'un élan éthique qui s'oppose à l'hypocrisie – morale, politique, patriarcale – dominant la société italienne des années 1960 et qui s'exprime pendant cette période dans tous les domaines de la culture. En 1967, alors que Carla Accardi produit ses *Tentes*, ses *Rouleaux* et ses tableaux sur sicofoil, la firme italienne de design Zanotta met sur le marché le fauteuil gonflable transparent *Blow*, conçu par Paolo Lomazzi, Jonathan De Pas, Carla Scolari et Donata D'Urbino, lequel dénote dans le champ du mobilier ce même élan anti-autoritaire (le caractère gonflable de l'objet s'allie en ce sens à la transparence en se détournant de toute rigidité, littérale aussi bien que métaphorique). « Italy: The New Domestic Landscape », l'exposition pionnière organisée au Museum of Modern Art de New York en 1972 par Emilio Ambasz (alors âgé de 29 ans), et où était présenté le fauteuil *Blow*, témoignera de ce courant sensible dans tous les secteurs de la société. Parlant de ce qu'il qualifiait d' « ensembles environnementaux » [*environmental ensembles*], Ambasz écrivait dans le catalogue de l'exposition : « Contrastant avec l'objet traditionnel, ces objets, dans certains cas, prennent toutes les formes que souhaitent leur donner leurs utilisateurs, et sont ainsi l'occasion d'un usage ouvert ». Les œuvres de Carla Accardi partagent cet idéal, comme elles partagent aussi parfois certains traits morphologiques avec le nouveau design : exemple parmi d'autres, son *Objet transparent* (2001) en Plexiglas n'est pas sans évoquer quelque peu par

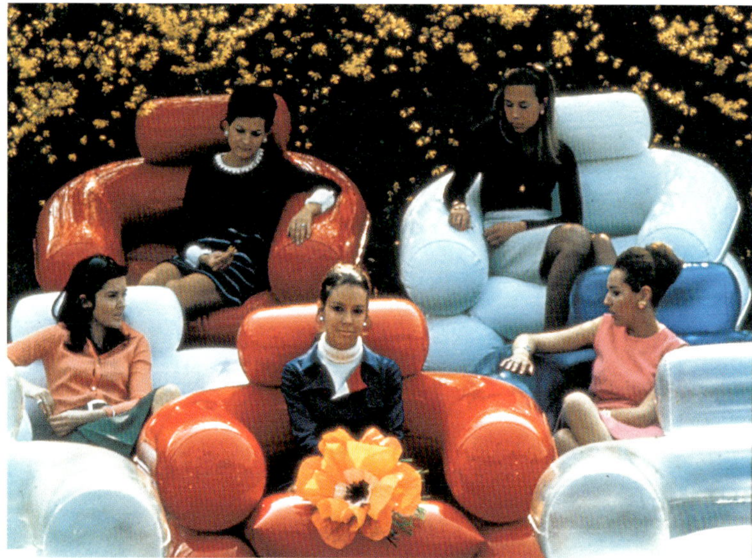

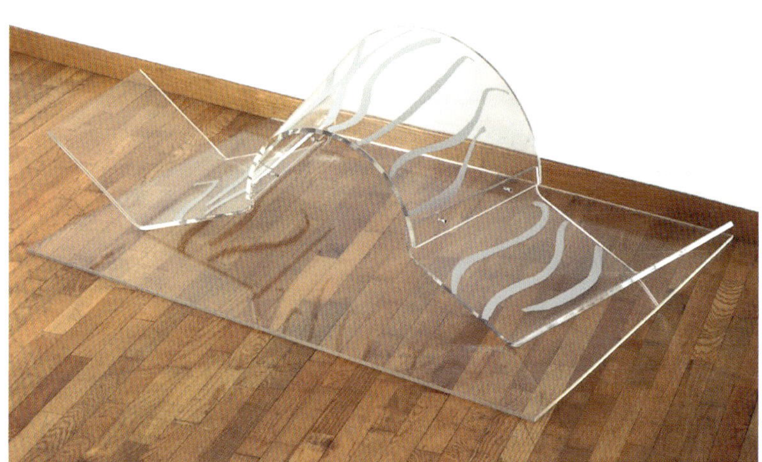

Plexiglas, which is somewhat reminiscent, in its undulations, of the *Fiocco* chair designed in 1970 by the Italians of the Group G14.

Exactitude goes hand in hand with lightness in that it stems from the same refusal of the superfluous (of the "superimposed") and of confusion. In his essay, Calvino recalls that it was featured among the ancient Egyptians with "a feather used as weight on the scale to weigh the souls." The area in which it should be practiced is, in his view, that of language, yet he also emphasizes – and it is worth recalling that these lines were written almost 40 years ago – how the world of images is in the throes of radical anti-exactitude: "We live under an uninterrupted outpouring of images; the most powerful media continue to transform the world into images, multiplying it in a phantasmagoria of mirror effects; these images are often devoid of the internal necessity that should characterize any image, in so far as it is both form and signified, requires attention, is rich in virtual meaning. Much of this cloud of images dissolves immediately, like dreams that leave no trace in memory; what does not dissolve is a feeling of strangeness and uneasiness." It is in opposition to this pervasive, upside - down world of the society of spectacle that the work of Carla Accardi was created. A beautiful painting by her dated 2001 – inhabited by a choreographic impulse in which agility and exactitude come together – is entitled *E salutarono il disordine*, a title that uses the last verse of a poem by Valentino Zeichen (a name that could only capture the artist's attention), "Ragnatela Viaria," in the collection by this author

ses ondulations le fauteuil *Fiocco* que dessinèrent en 1970 les Italiens du Groupe G14.

L'exactitude va de pair avec la légèreté en ce qu'elle découle d'un même refus du superflu (du « surajouté ») et de la confusion. Dans l'essai qu'il lui consacre, Calvino rappelle ainsi qu'elle était figurée chez les anciens Égyptiens par « une plume utilisée comme poids sur la balance à peser les âmes ». Le domaine où il conviendrait avant tout de l'exercer est selon lui celui du langage, mais il souligne également – et il faut se souvenir que ces lignes ont été écrites il y aura bientôt quarante ans – combien le monde des images est en proie à une anti-exactitude radicale : « Nous vivons sous une pluie ininterrompue d'images ; les médias les plus puissants ne cessent de transformer en images le monde, le multipliant dans une fantasmagorie de jeux de miroirs ; ces images-là, bien souvent, sont dépourvues de la nécessité interne qui devrait caractériser toute image, en tant qu'elle est forme et signifié, en tant qu'elle s'impose à l'attention, en tant qu'elle est riche de sens virtuels. Une grande partie de cette nuée d'images se dissout immédiatement, comme les rêves qui ne laissent aucune trace dans la mémoire ; ce qui ne se dissout pas, c'est une sensation d'étrangeté et de malaise ». C'est contre cet envahissant monde à l'envers de la société du spectacle que s'est élaborée l'œuvre de Carla Accardi. Un beau tableau d'elle daté de 2001, tableau habité d'une pulsion chorégraphique où se rencontrent agilité et précision, s'intitule *E salutarono il disordine*, titre reprenant le dernier vers d'un poème de Valentino Zeichen (nom propre qui ne pouvait que retenir l'attention de l'artiste), « Ragnatela Viaria », dans

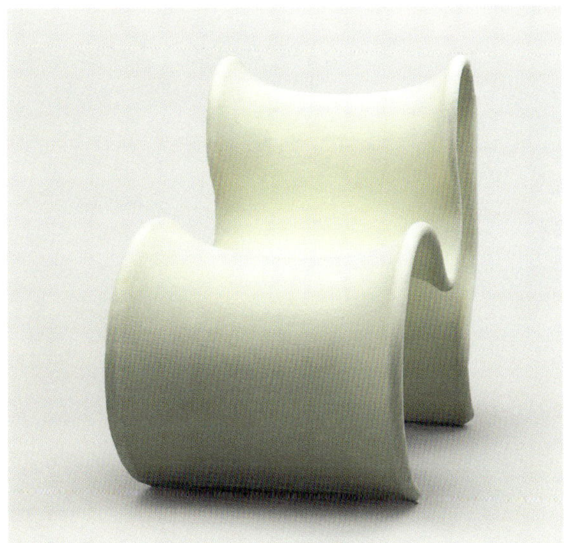

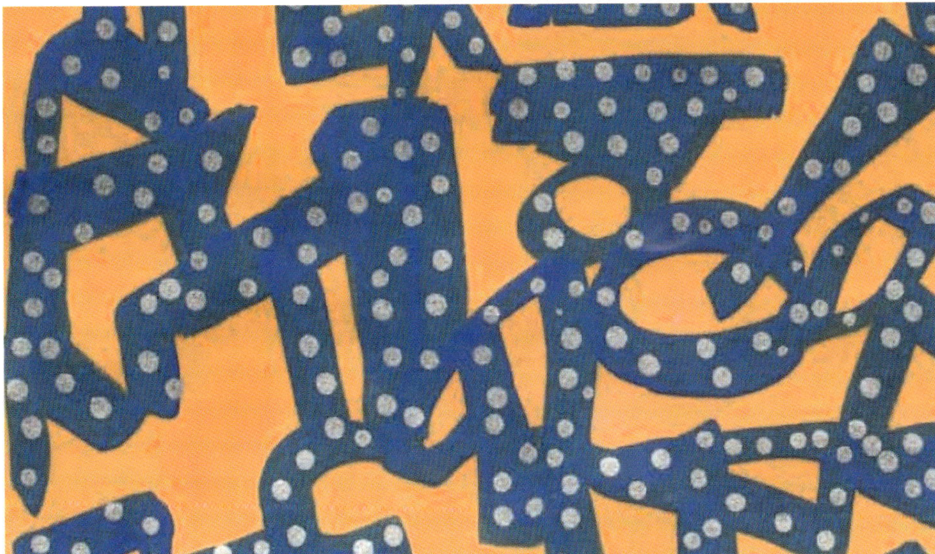

published in 2000, *Ogni cosa a ogni cosa ha detto addio*. Acknowledging disorder, in other words, recognizing its power, yet with lightness and exactitude: such has been her calling.

le recueil de cet auteur paru en 2000, *Ogni cosa a ogni cosa ha detto addio*. Saluer le désordre, autrement dit prendre acte de son empire, mais avec légèreté et exactitude : telle aura été sa voie.

Anne Marie Sauzeau Boetti
"Carla Accardi" in *DATA* n° 20,
March-April 1976, p. 72

"Alla Tabula Rasa dei gruppi Forma
e Origine (due concetti di essenzialità)
lei risponde con il proprio grado zero:
'labirinti', 'favolosi', 'frammenti', 'assedi'
(termini suoi), cioè inizio d'organizzazione
del brulicare primordiale. [...] i segni
spiccano, poi svaniscono per diventare
fondo, e viceversa, secondo la relatività
e equivalenza gestalica [...].
L'organizzazione di questi spazi nuovi
è autentica ma non ingenua: rispecchia
la conoscenza sottile dei ritmi, echi
e modulazioni della pratica pittorica."

"To the Tabula Rasa of the Forma and Origine groups (two concepts of essentiality) she responds with her own degree zero: 'labyrinths', 'fabulous', 'fragments', 'sieges' (her own terms); in other words, the beginning of the organisation of the primordial swarming. [...] the signs stand out, then fade to become background, and vice versa, in accordance with relativity and gestural equivalence [...] The organisation of these new spaces is authentic but not naive: it reflects a subtle knowledge of the rhythms, echoes and modulations of pictorial practice."

« À la tabula rasa des groupes Forma et Origine (deux concepts d'essentialité), elle répond par son propre degré zéro : " labyrinthes ", " fabuleux ", " fragments ", " sièges ", selon ses propres termes, ébauche d'organisation du grouillement primordial. [...] les signes se détachent, puis s'évanouissent pour ne former qu'un fond, et inversement, selon la relativité et l'équivalence de geste [...] L'organisation de ces nouveaux espaces est authentique sans ingénuité : elle est le reflet d'une connaissance subtile des rythmes, des échos et des modulations de la pratique picturale ».

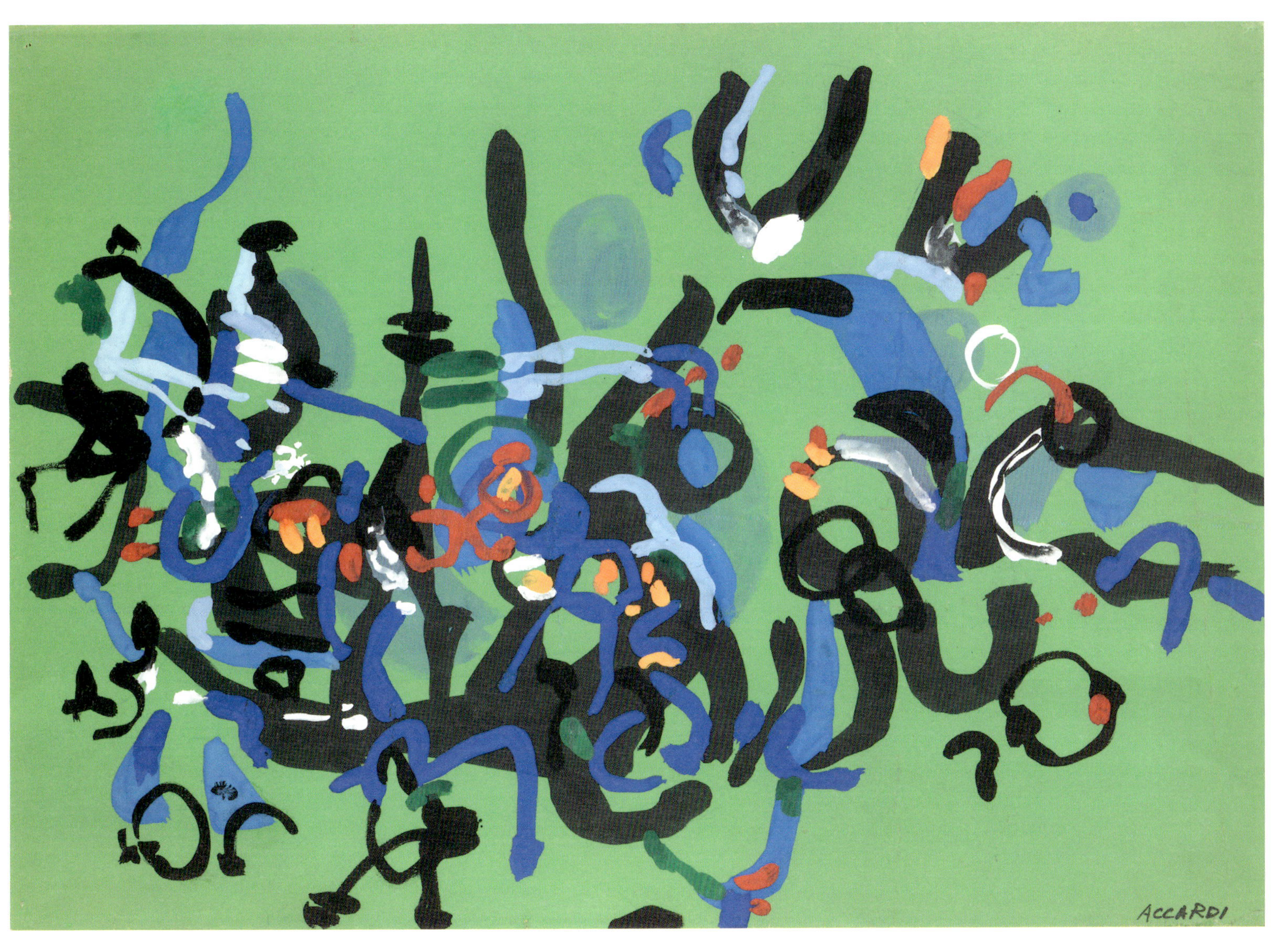

Carla Accardi
Senza titolo, 1953-54

Casein tempera on paper
13 ¾ × 19 ¾ inch
Tempera à la caséine sur papier
35 × 50 cm

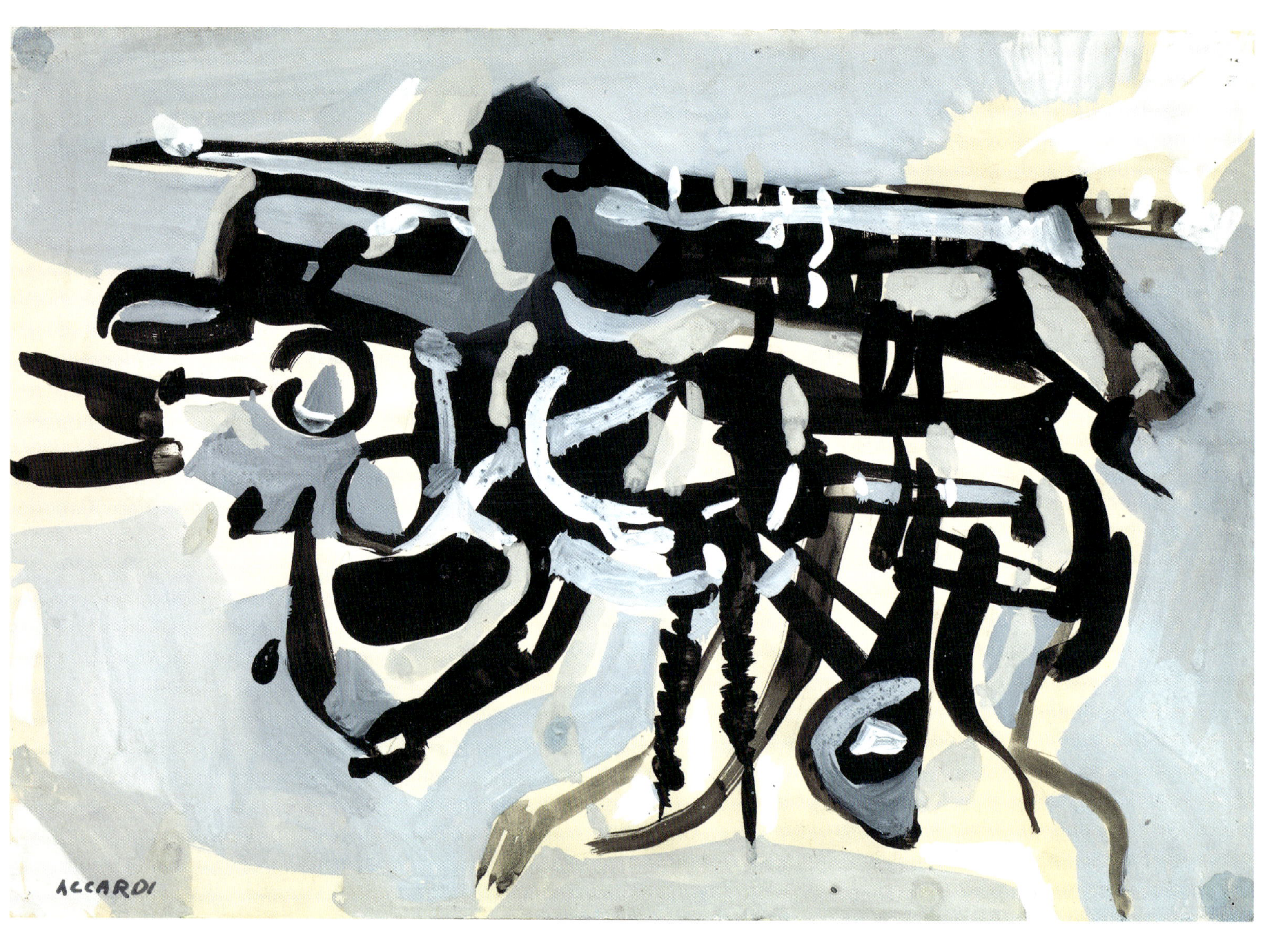

Carla Accardi
Senza titolo, 1954

Casein tempera on paper
13 ¾ × 19 ¾ inch
Tempera à la caséine sur papier
35 × 50 cm

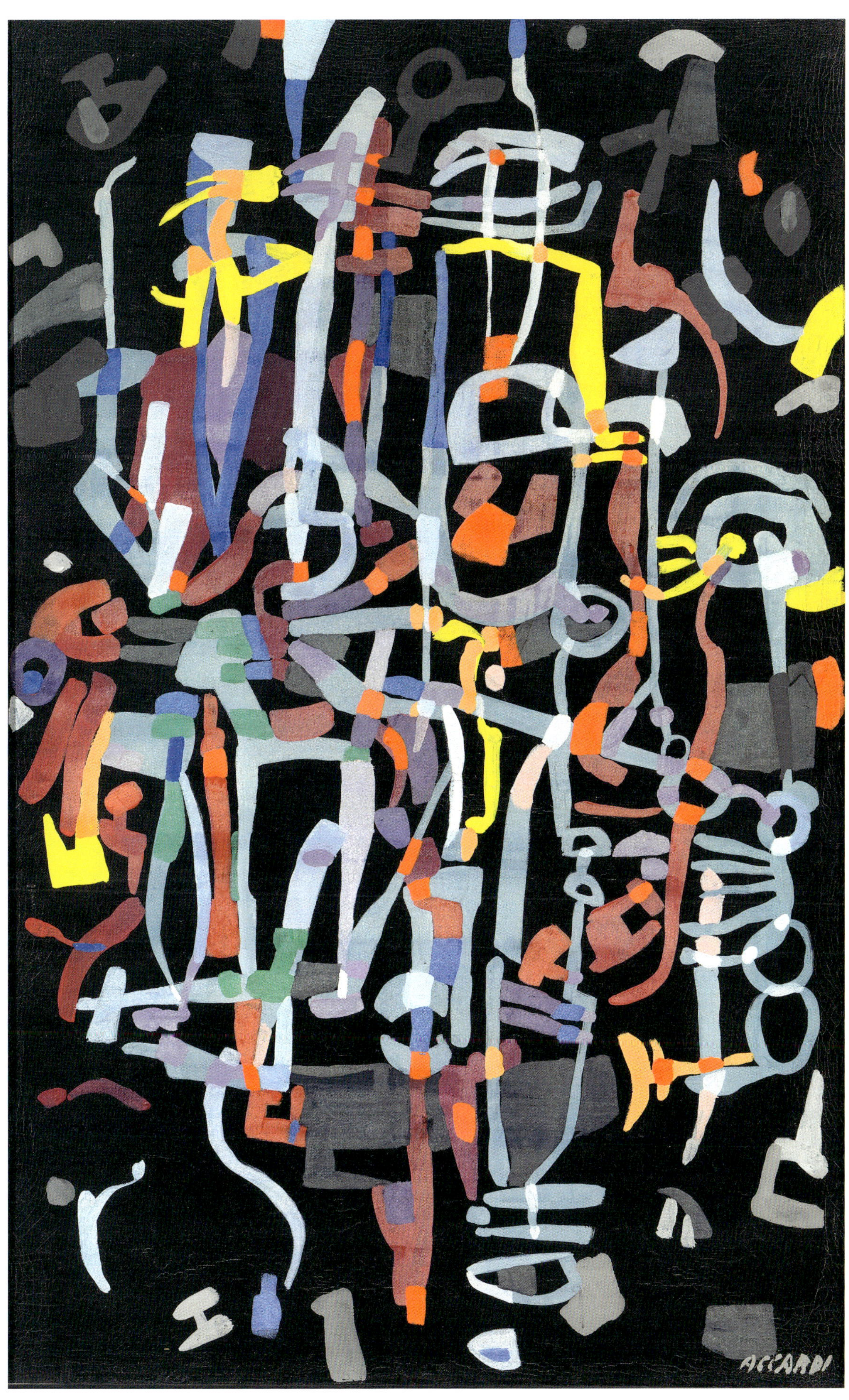

Carla Accardi
Favoloso su nero n° 2, 1954

Oil on canvas
33 ⅞ × 21 ¼ inch
Huile sur toile
86 × 54 cm

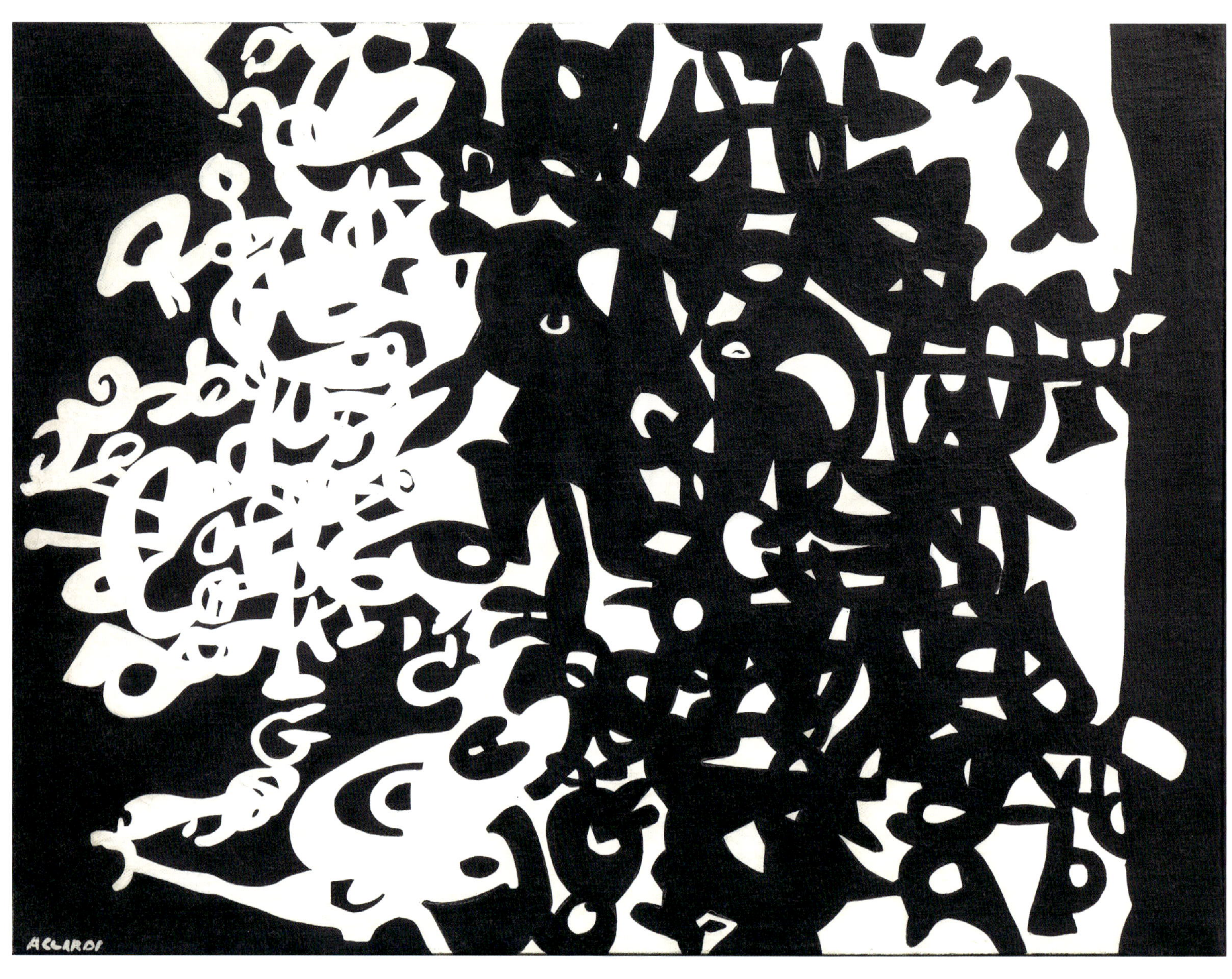

Carla Accardi
Negativo e Positivo, 1956

Casein on canvas
23 ⅝ × 31 ½ inch
detail [next page]
Caséine sur toile
60 × 80 cm
détail [page suivante]

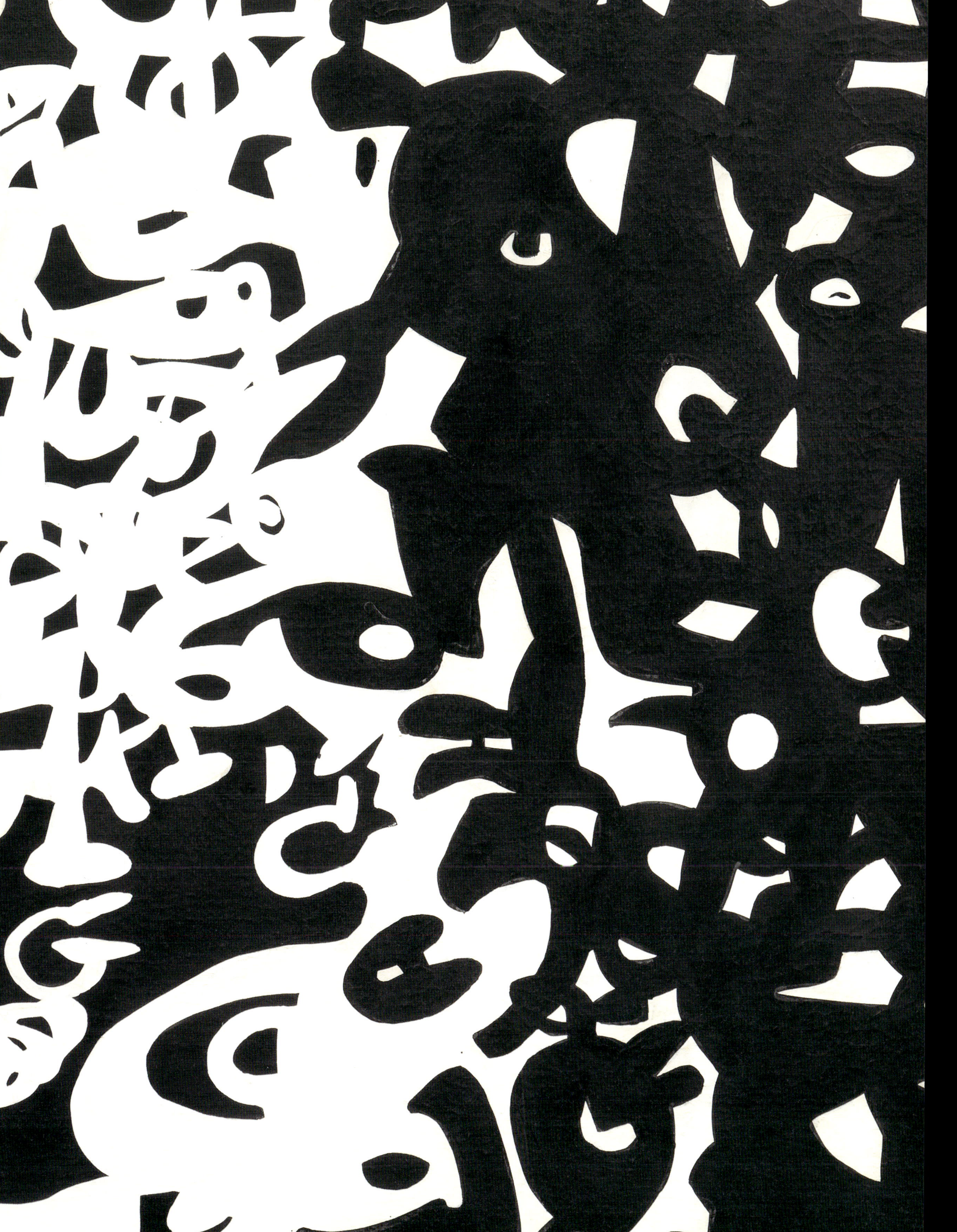

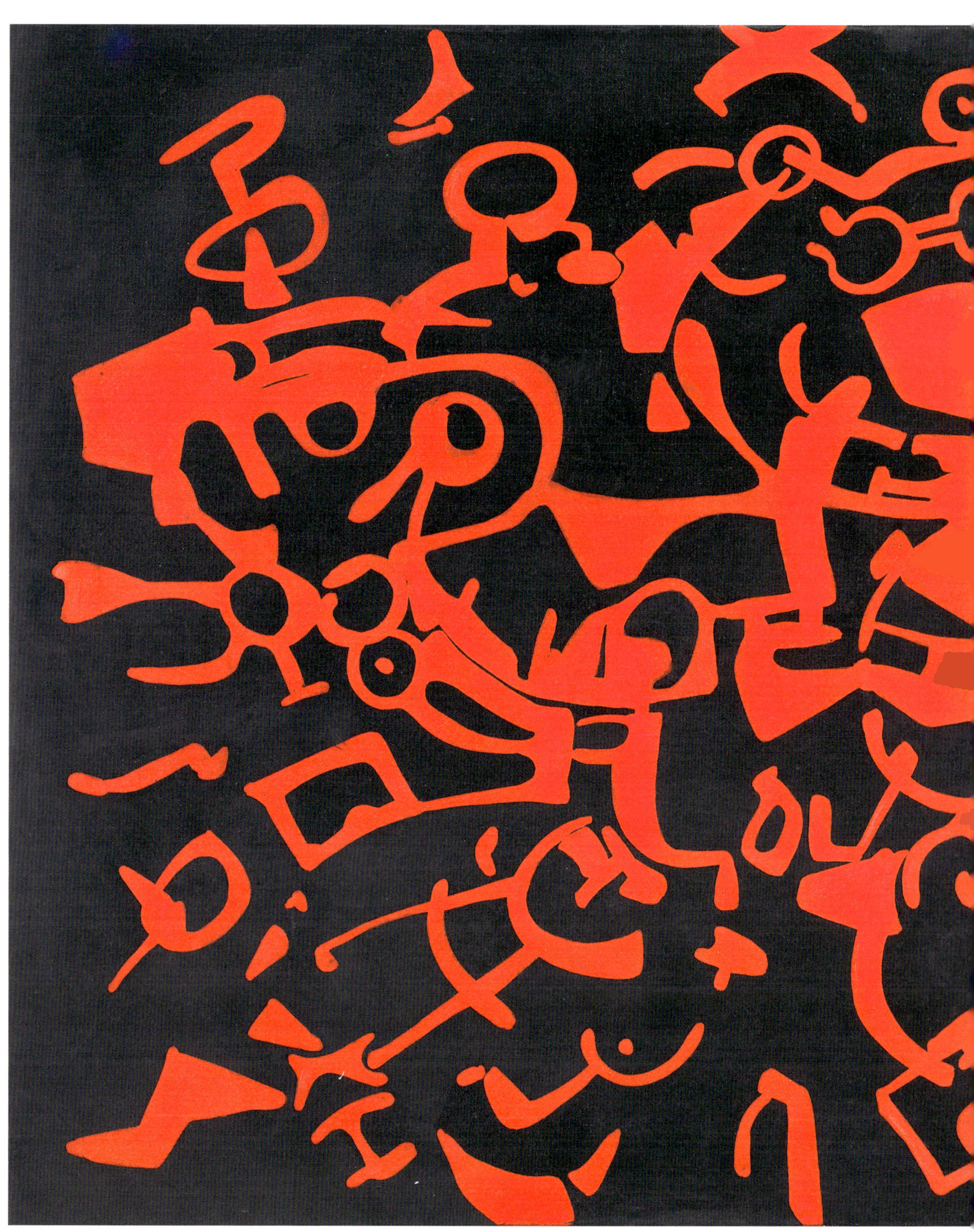

Carla Accardi
Assedio rosso n° 3, 1956

Enamel on casein on canvas
38 ¼ × 63 ¾ inch
Émail sur caséine sur toile
97 × 162 cm

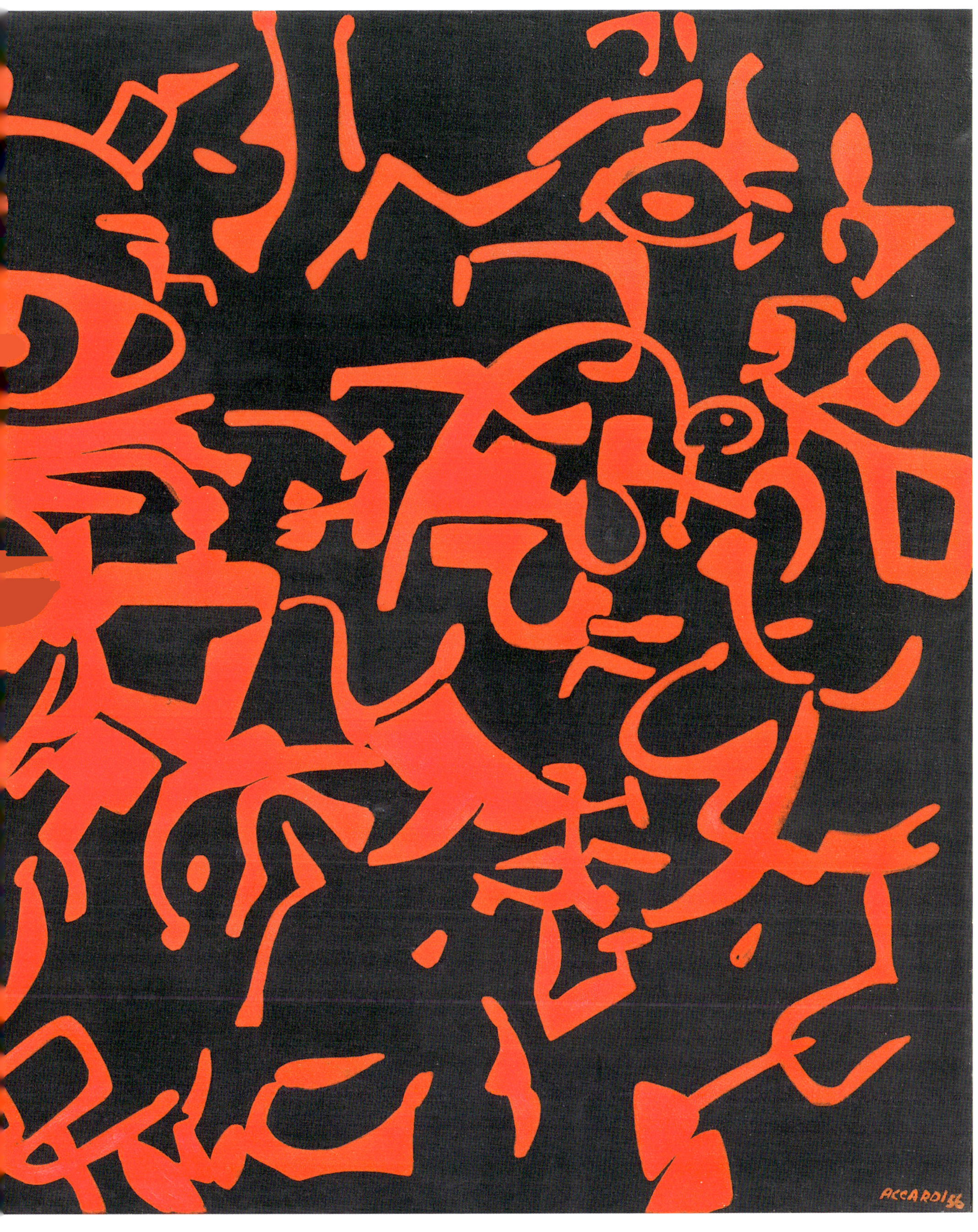

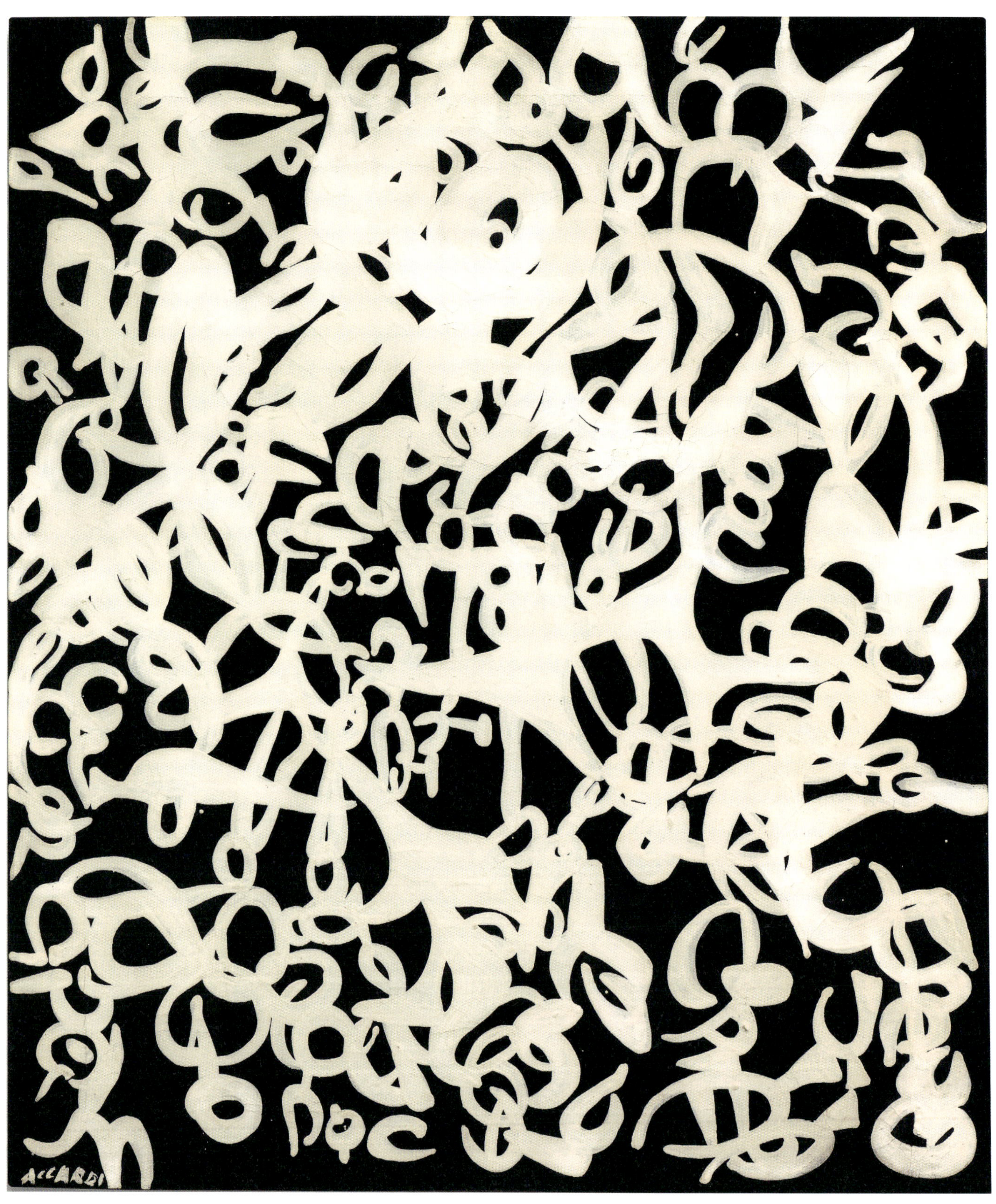

Carla Accardi
Senza titolo, 1957-58

Casein tempera on canvas
27 ½ × 23 ⅝ inch
detail [next page]
Tempera à la caséine sur toile
70 × 60 cm
détail [page suivante]

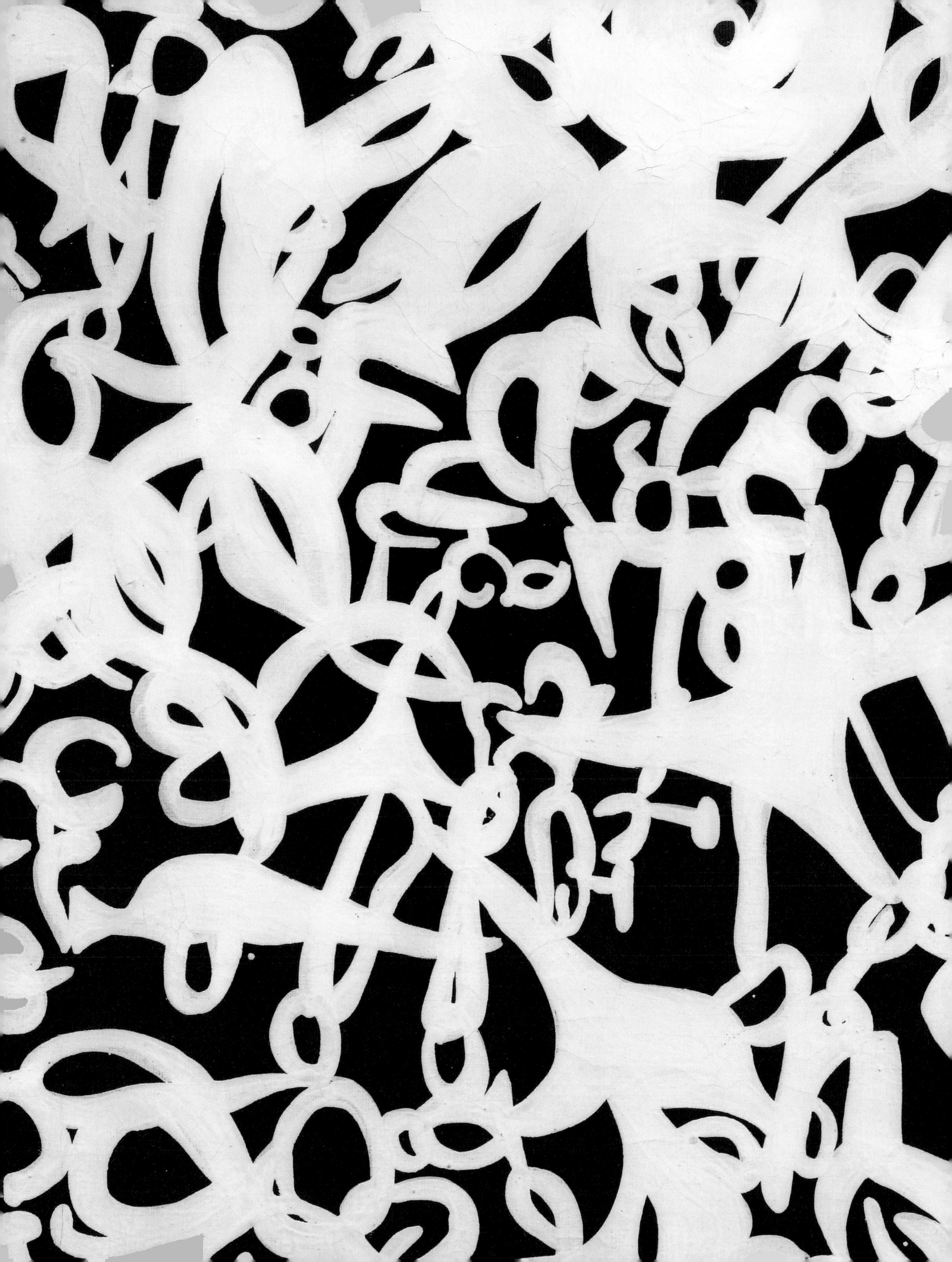

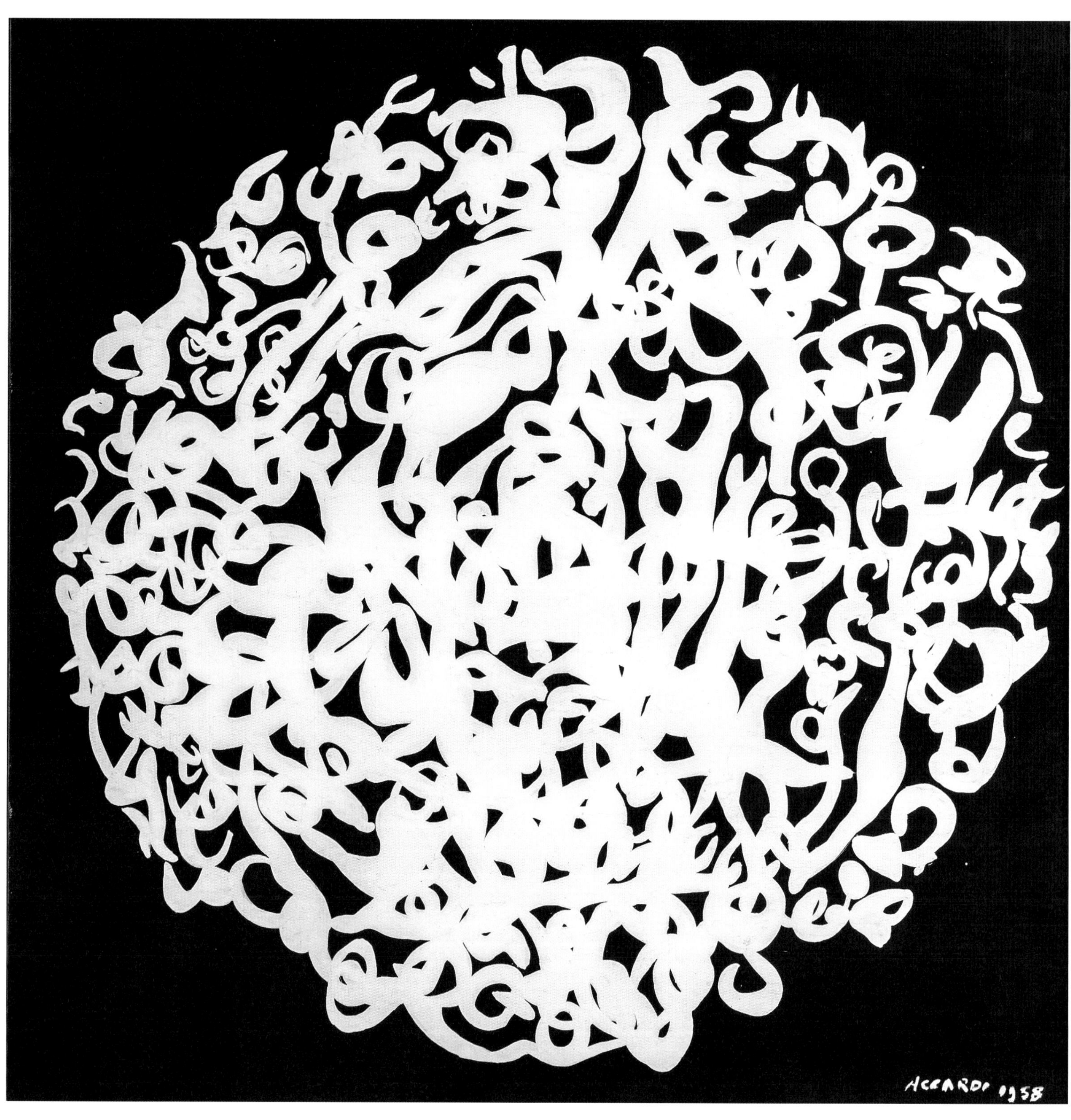

Carla Accardi
Tondo, 1958

Casein on paper laid on canvas
24 ¾ × 24 ¾ inch
Caséine sur papier marouflé sur toile
63 × 63 cm

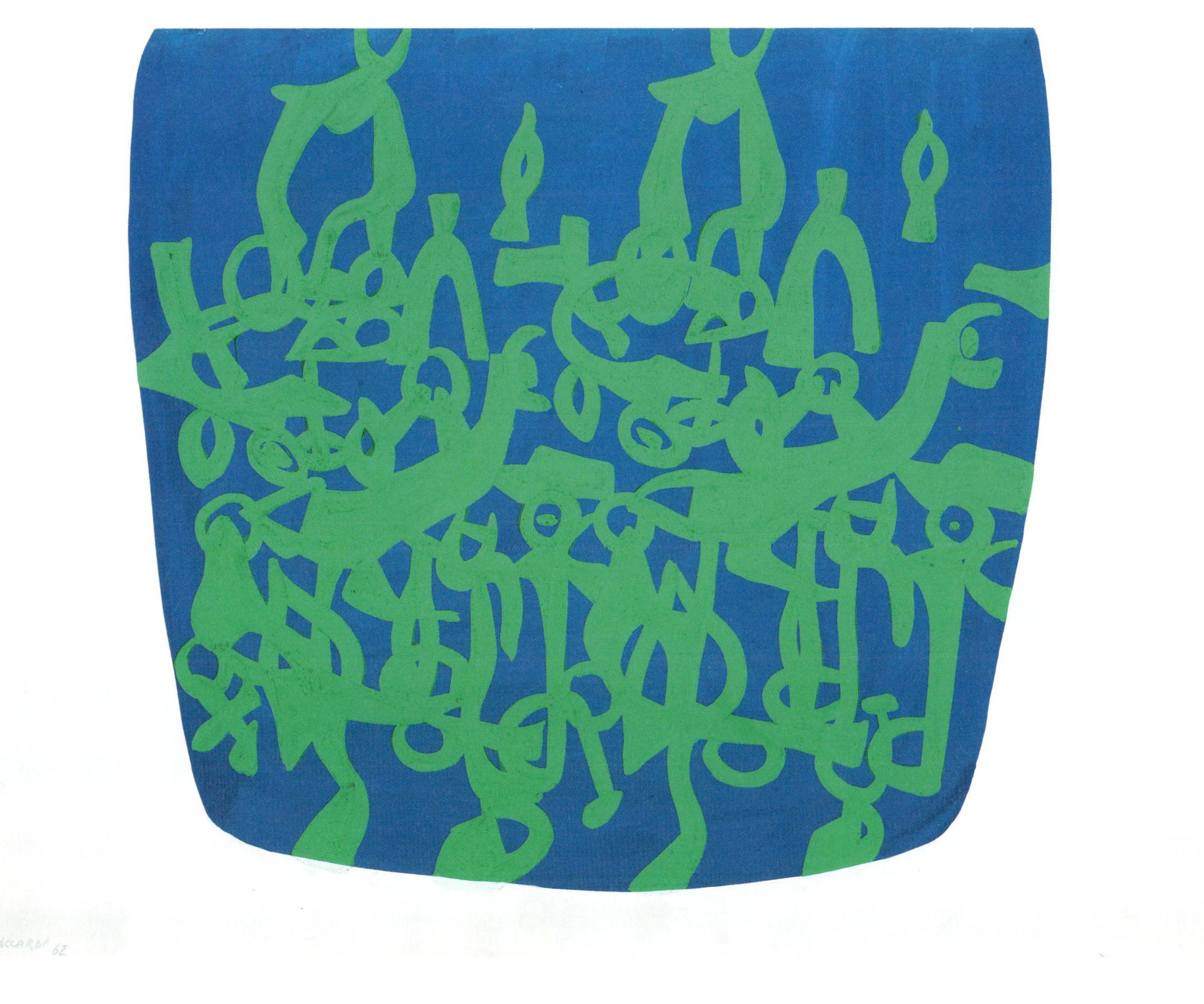

Carla Accardi
Verdi azzurro, 1962

Casein tempera on paper laid on canvas
27 ½ × 39 ⅜ inch
Tempera à la caséine sur papier marouflé sur toile
70 × 100 cm

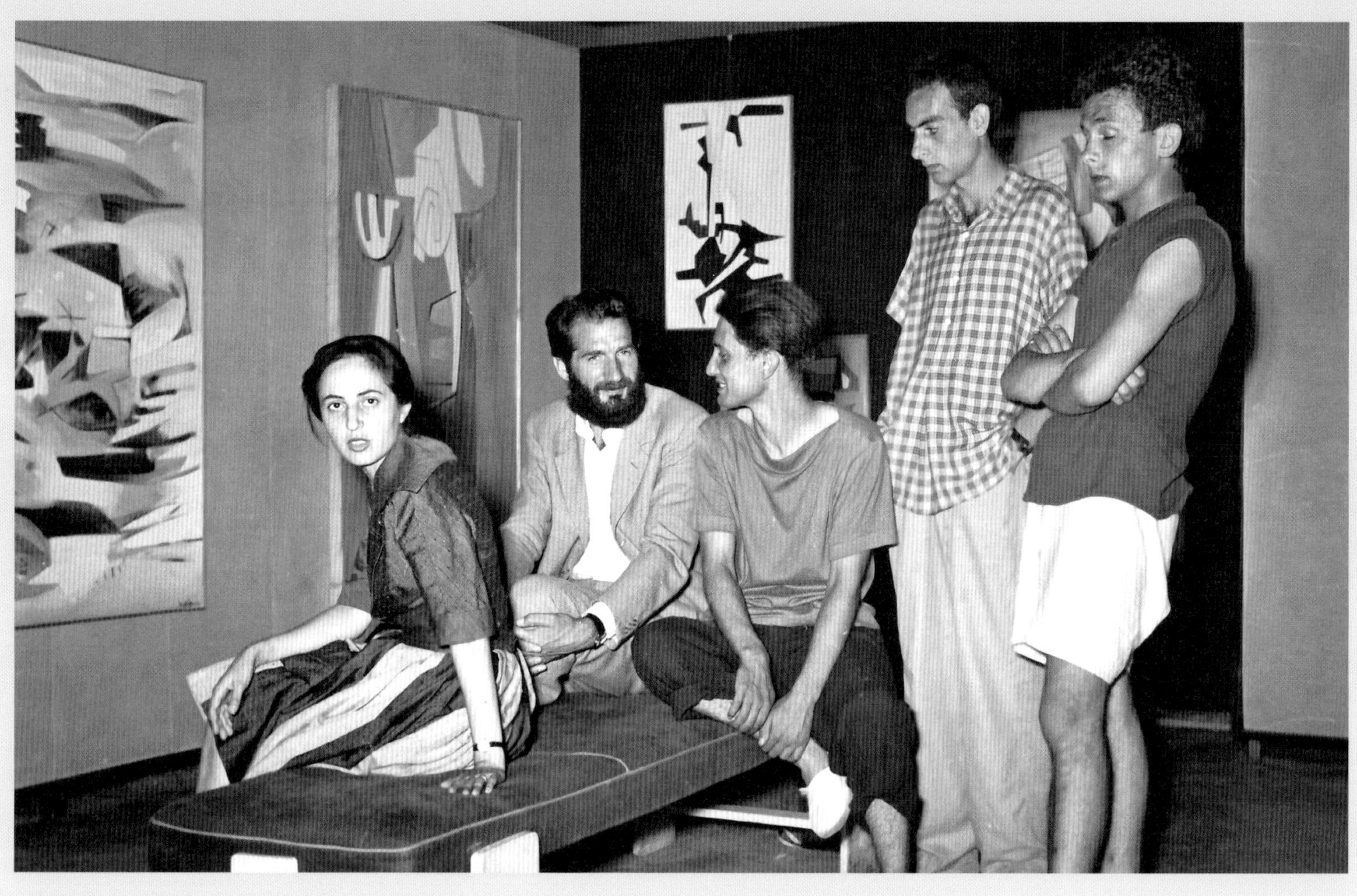

Carla Accardi with Emilio Vedova and Tancredi
at the Galleria del Cavallino, Venice, 1950
Carla Accardi avec Emilio Vedova et Tancredi
à la Galleria del Cavallino, Venise, 1950

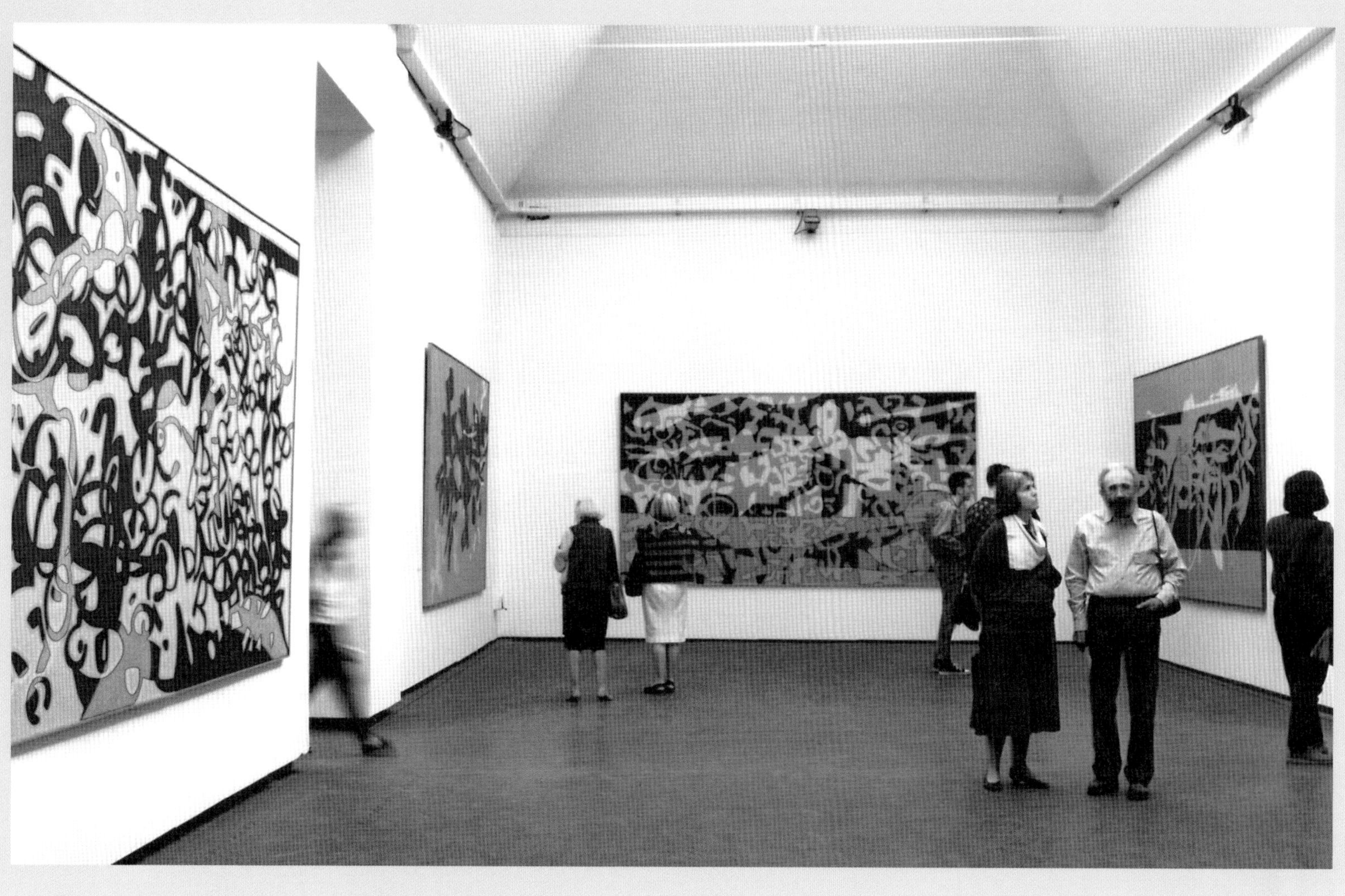

Exhibition view of the 43rd Biennale in Venice, 1988
Vue d'exposition de la XLIII Biennale de Venise, 1988

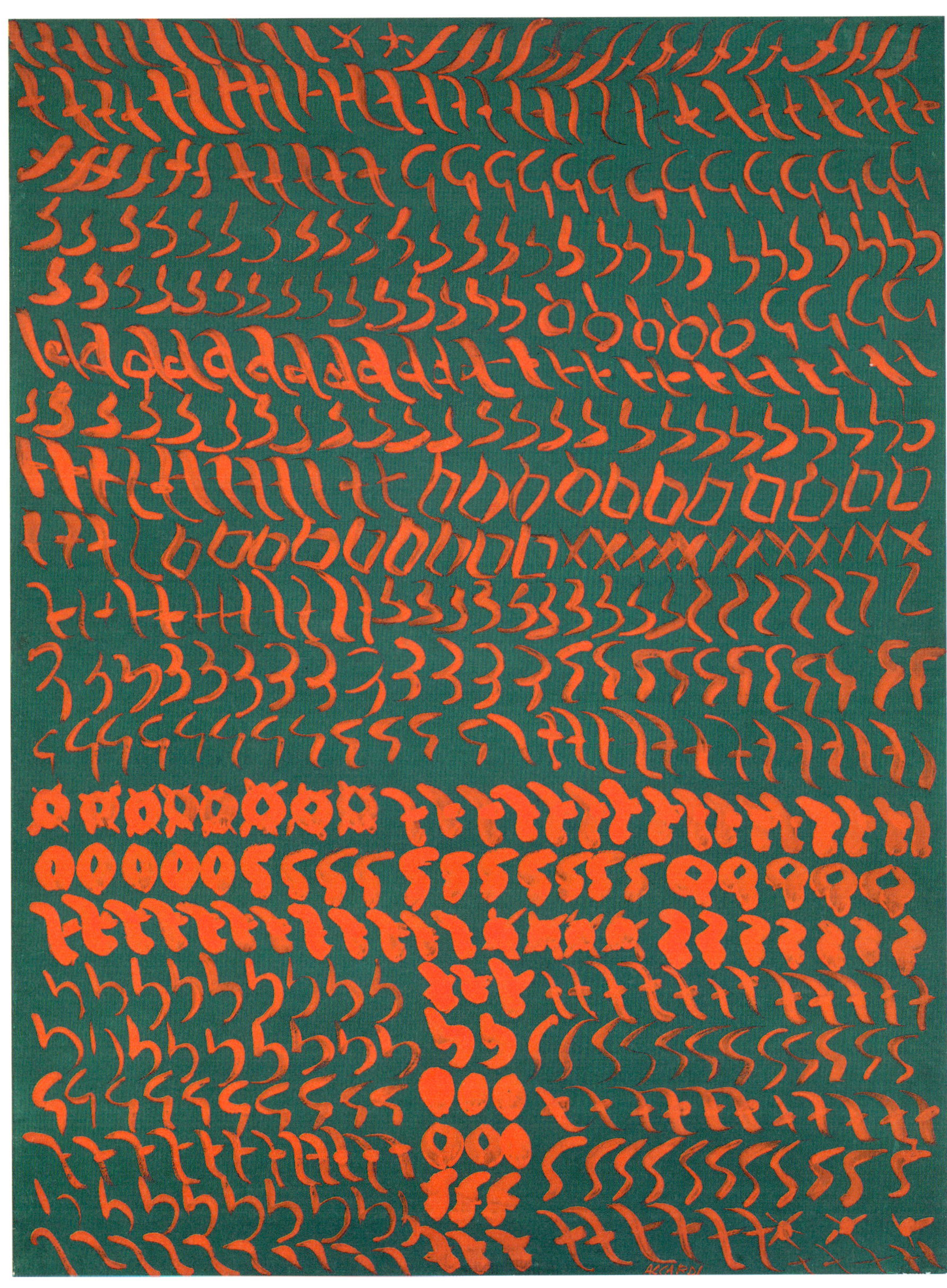

Carla Accardi
Verderosso, 1963-70

Casein tempera on canvas
45 ⅝ × 35 inch
detail [next page]
Tempera à la caséine sur toile
116 × 89 cm
détail [page suivante]

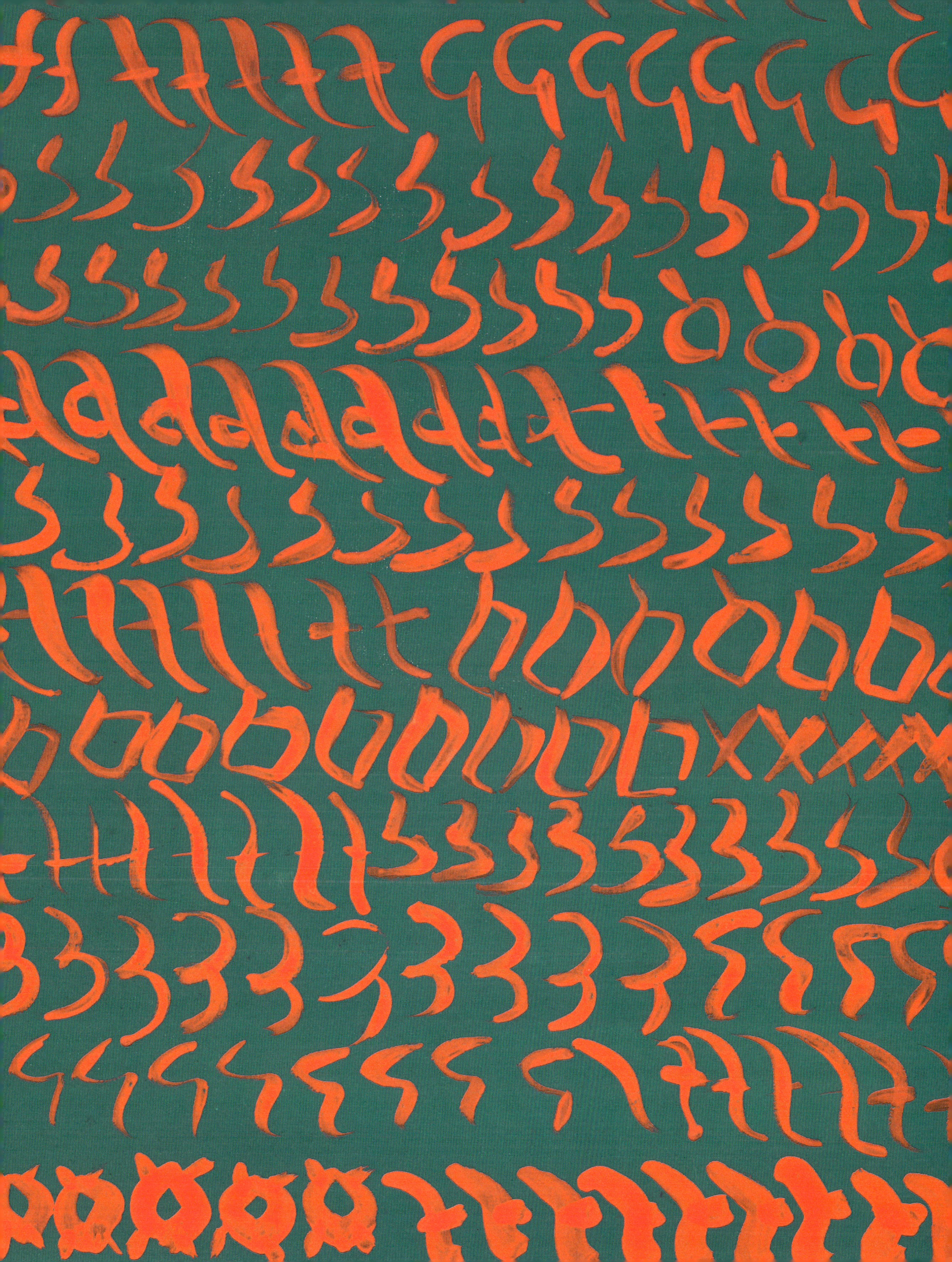

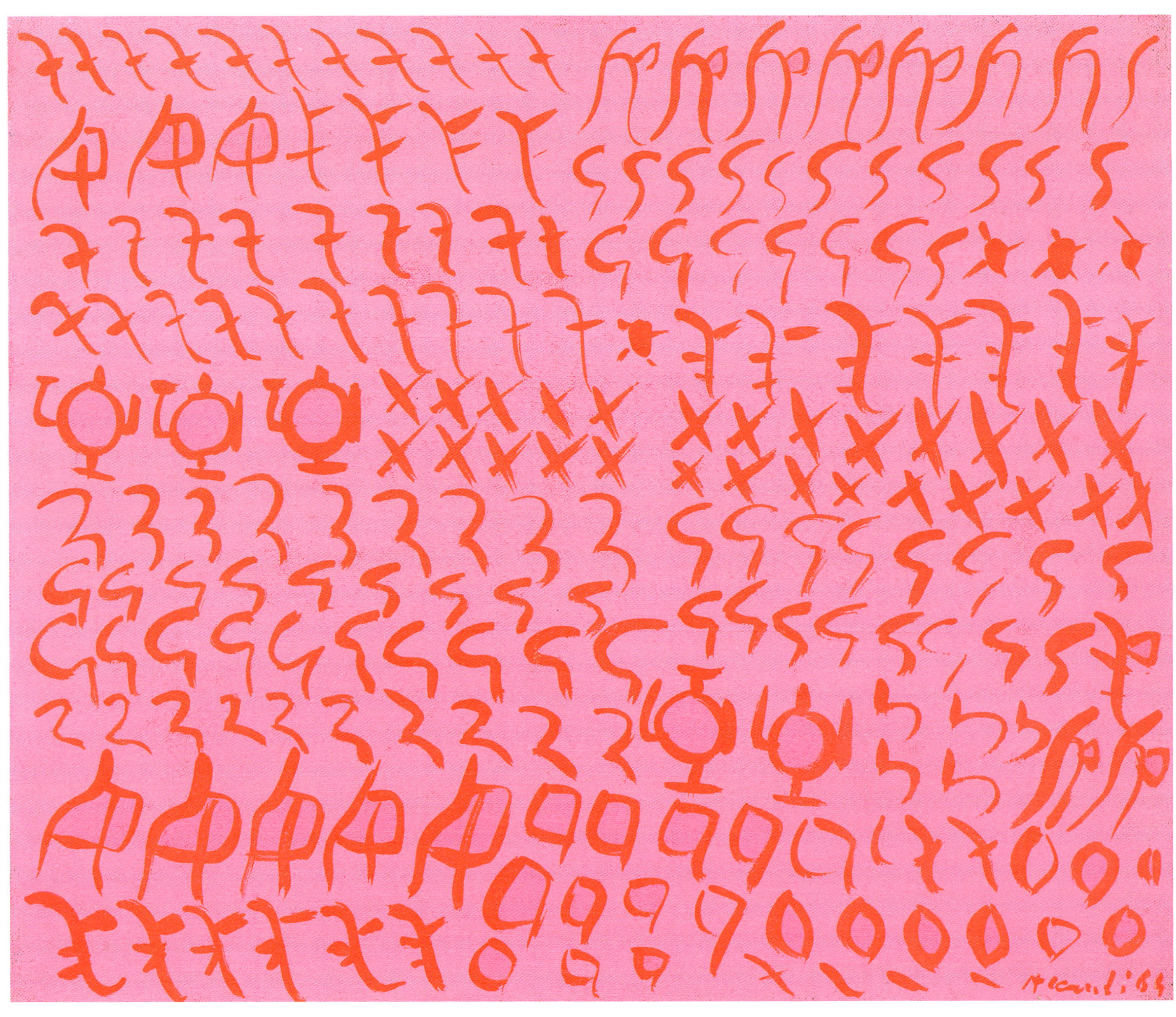

Carla Accardi
Viola rosso, 1964

Casein tempera on canvas
18 ⅞ × 22 ⅞ inch
Tempera à la caséine sur toile
48 × 58 cm

"Il segno tracciato per terra era come un segno lasciato sulla sabbia; l'ho creato in un azzeramento culturale. Dopo la partecipazione al gruppo Forma avevo cercato un mio linguaggio [...] ma non avevo trovato un'espressione che mi appartenesse veramente. Questa espressione è nata in quel momento e non la devo a nessuno."

"The line traced out on the ground was like a mark left on sand; I created it in a sort of cultural reset. After participating in the Forma group, I searched for a language of my own [...] but I had not found an expression that truly belonged to me. This expression was born at that moment and I don't owe it to anyone."

« Le signe tracé au sol était comme une trace laissée sur le sable ; je l'ai créé dans une table rase culturelle. Après ma participation au groupe Forma, j'avais cherché un langage qui me fût propre [...] mais je n'avais pas trouvé d'expression qui pût vraiment m'appartenir. Cette expression est née à ce moment-là et je ne la dois à personne ».

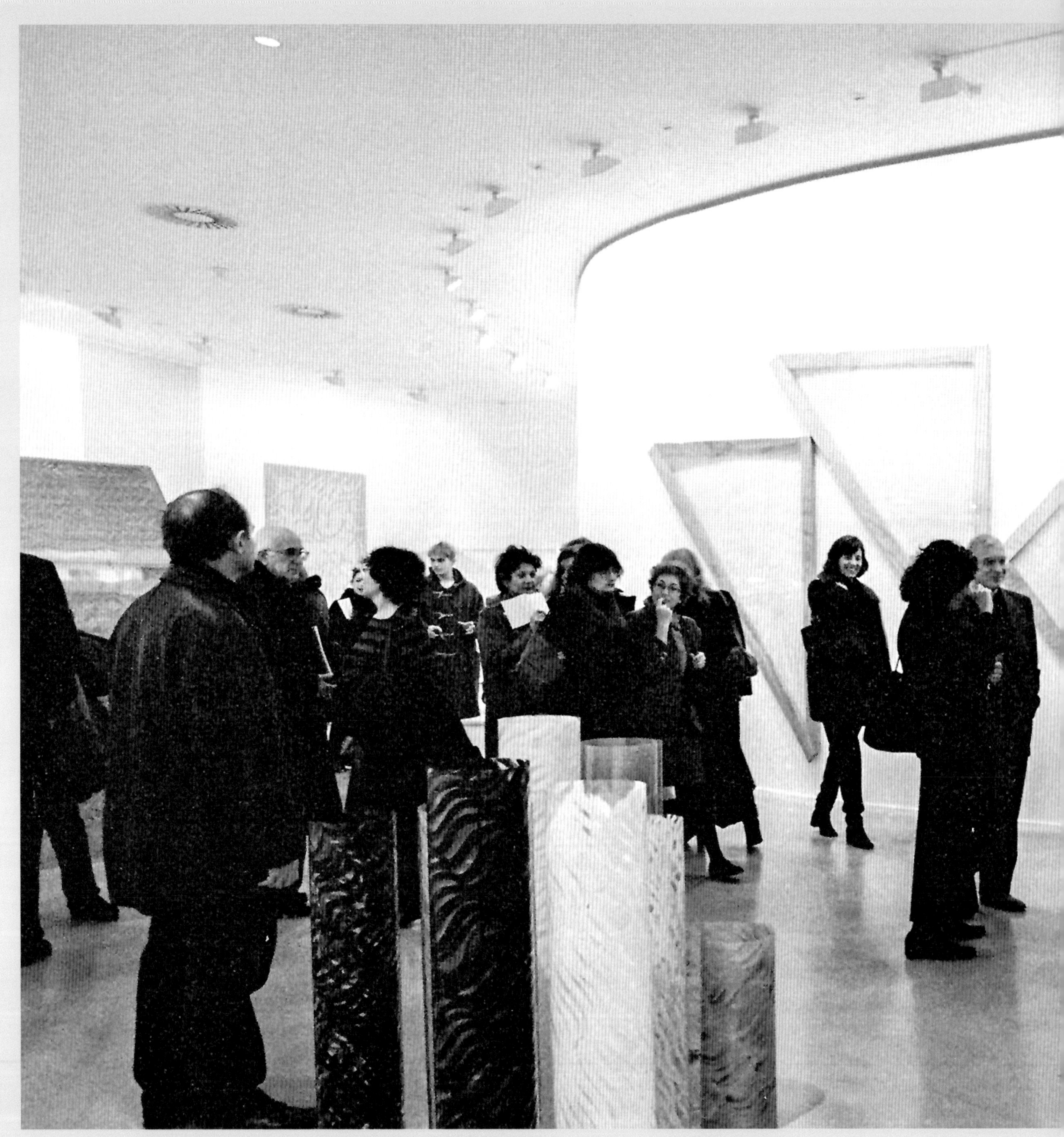

Exhibition view, Musée d'Art Moderne,
Paris, 2002
Vue d'exposition, Musée d'Art Moderne,
Paris, 2002

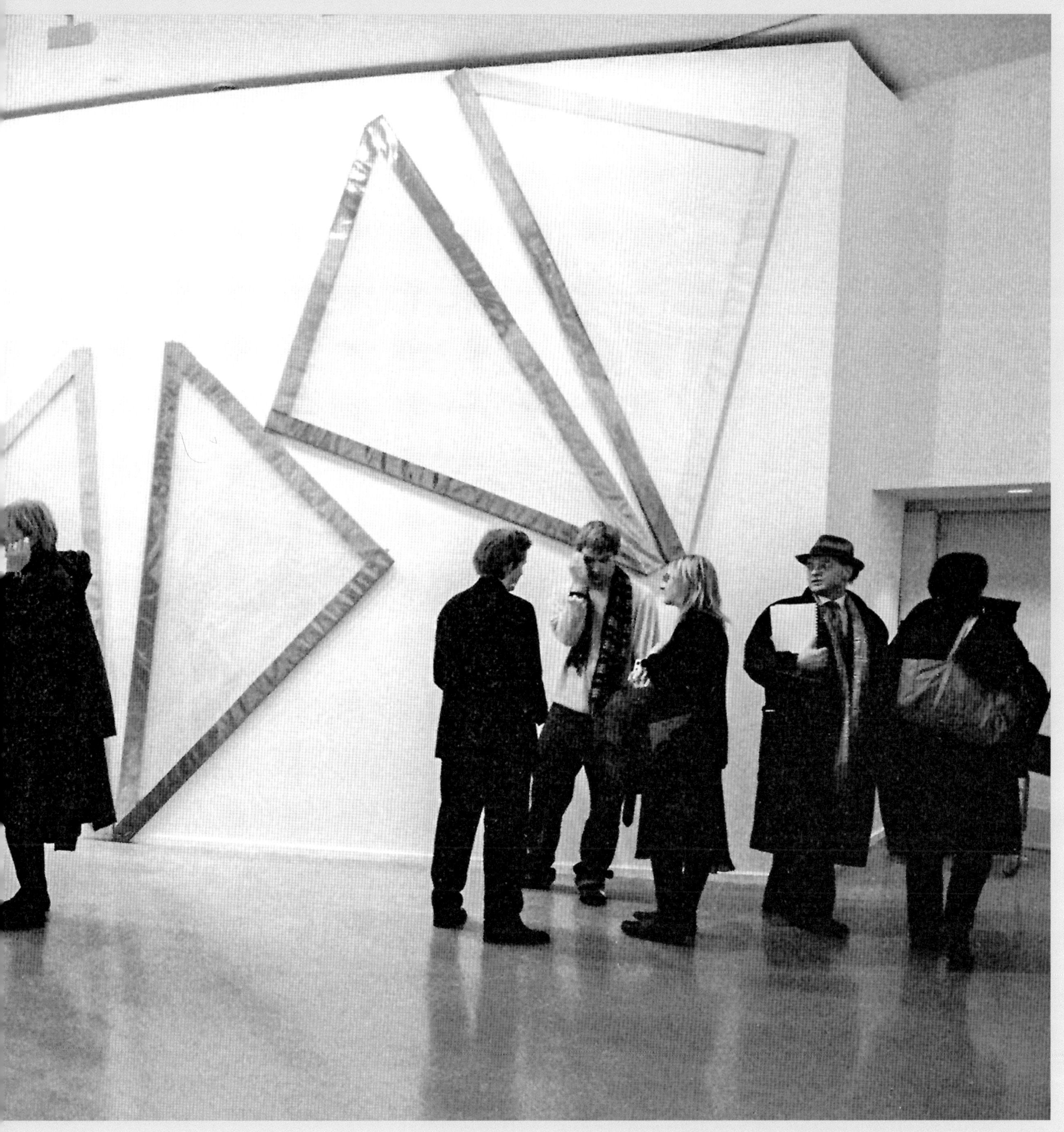

Germano Celant
Carla Accardi,
Edizioni Charta, Milan 1999

"Il soggetto del vuoto e dello spazio intermedio che si fa spettacolare con la *minimal art* è già intuito dall'artista, che non arriva a privarsi della superficie e del colore, ma sente l'urgenza di lavorare sul *vuoto*."

"The subject of emptiness and intermediate space that becomes spectacular with Minimal Art is already perceived by the artist, who does not go so far as to abandon surface and color, but feels the urgency to work with the *void*."

« Le thème du vide et de l'espace intermédiaire qui devient spectaculaire avec l'*art minimal* est déjà pressenti par l'artiste, qui ne va pas jusqu'à se priver de surface et de couleur, mais ressent l'urgence de travailler sur le *vide* ».

Carla Accardi
Rotolo bianco, 1966

Varnish on sicofoil
h. 9 ⅝ inch, diam. 4 ¾ inch
Vernis sur sicofoil
h. 24,5 cm, diam. 12 cm

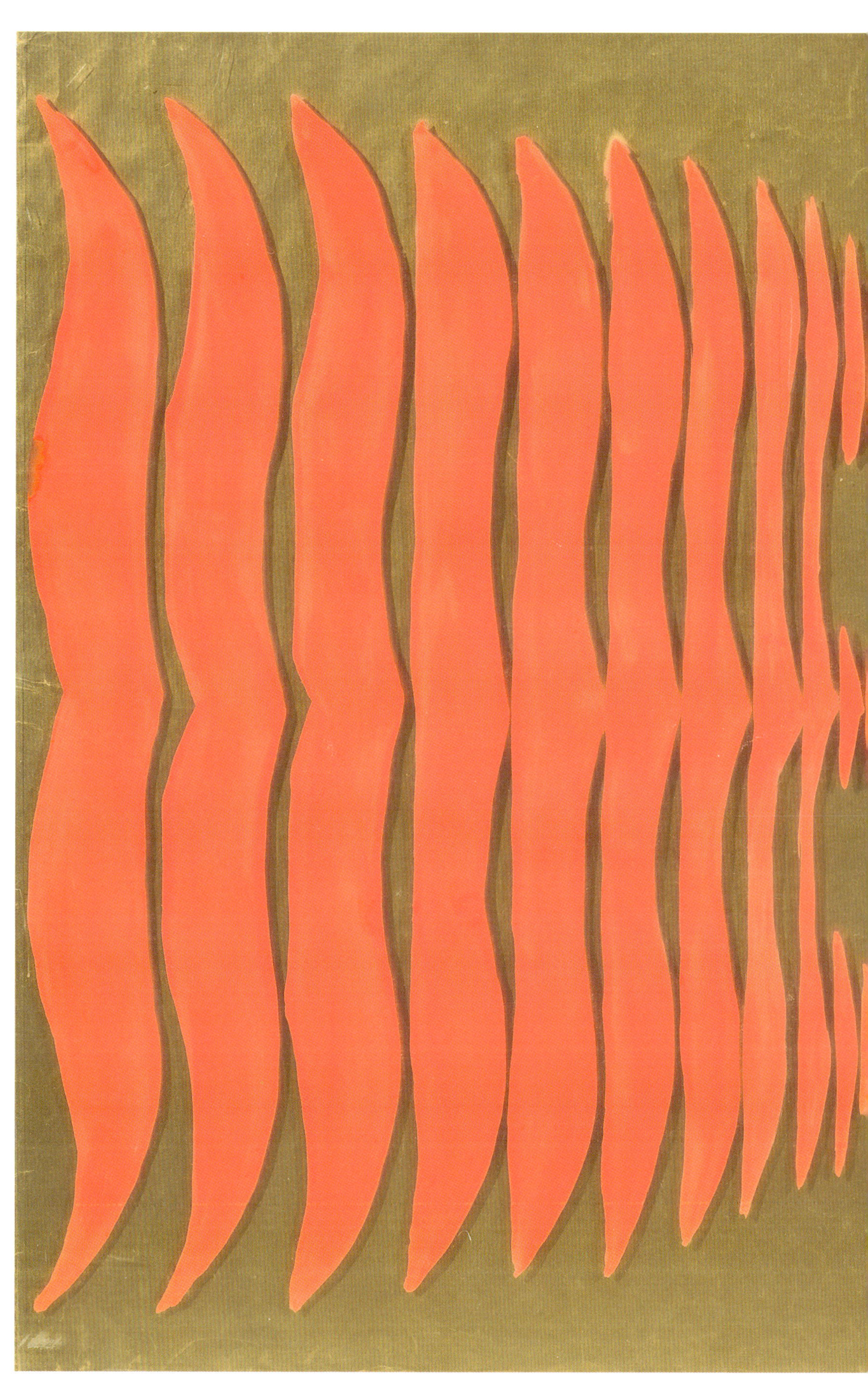

Carla Accardi
Oro arancio, 1967

Varnish on sicofoil and colored cardboard
19 ½ × 25 ⅝ inch
Vernis sur sicofoil et carton coloré
49,5 × 65 cm

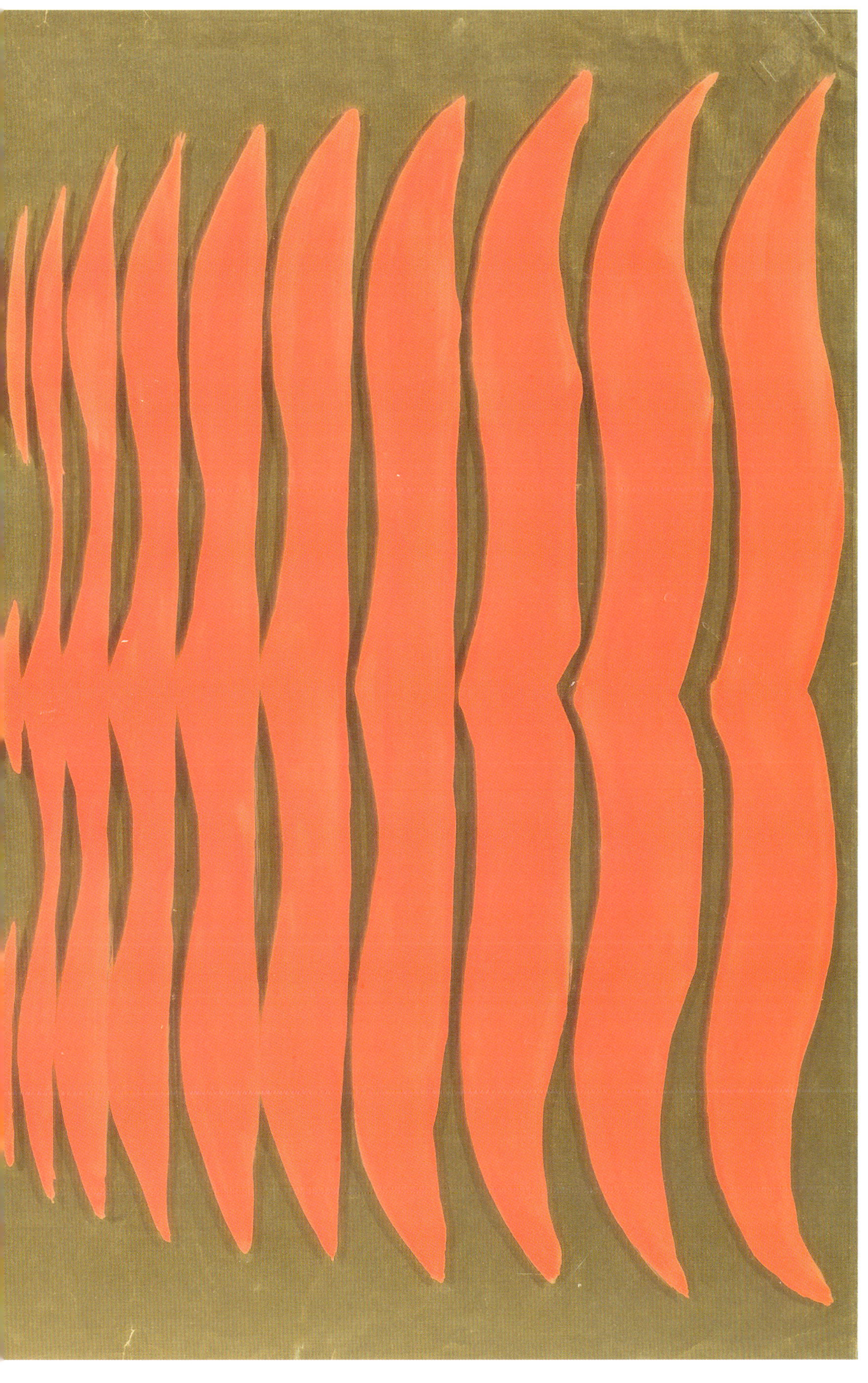

72-73

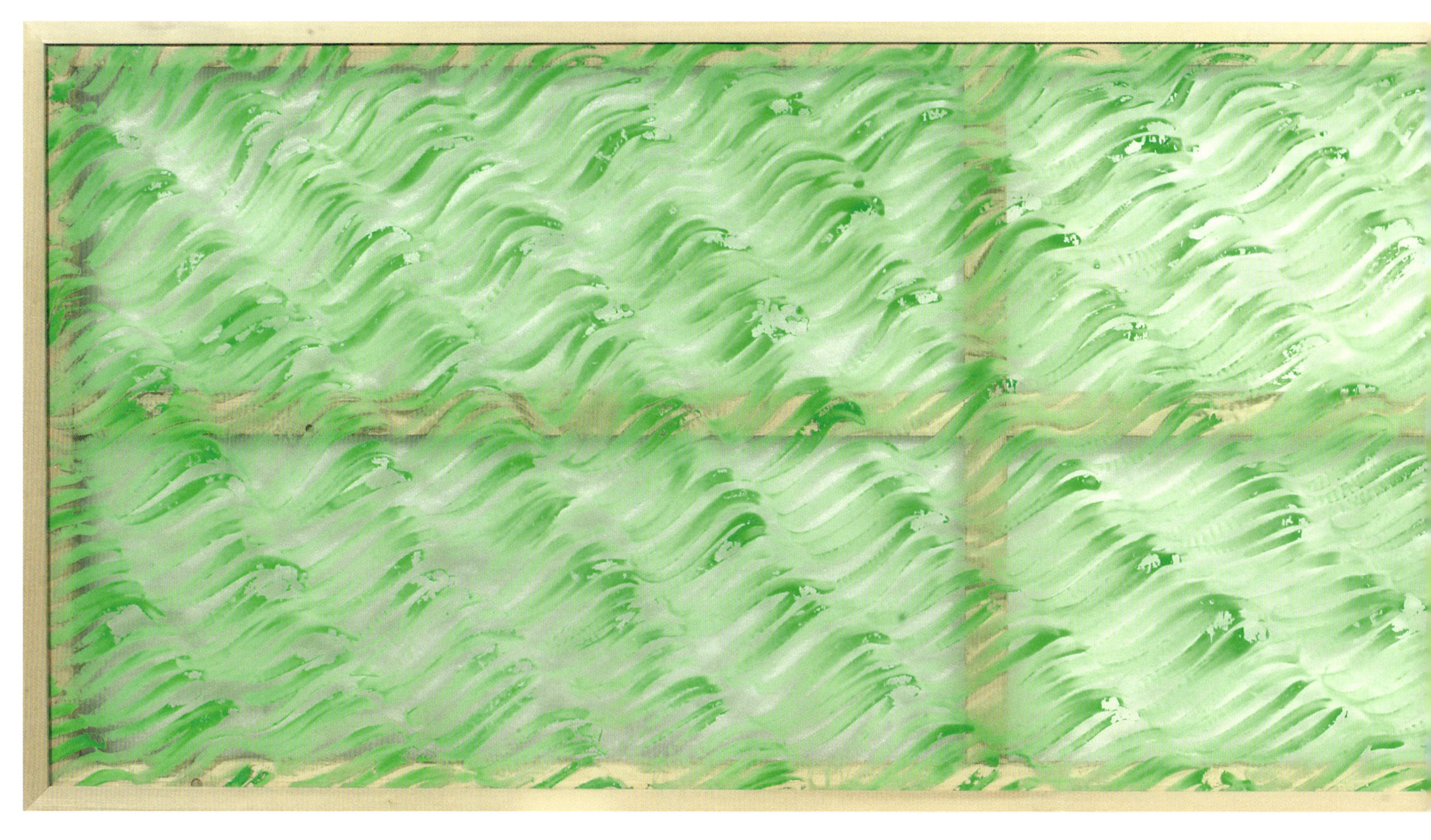

Carla Accardi
Senza titolo, 1967

Varnish on sicofoil
39 ⅜ × 149 ⅝ inch
Vernis sur sicofoil
100 × 380 cm

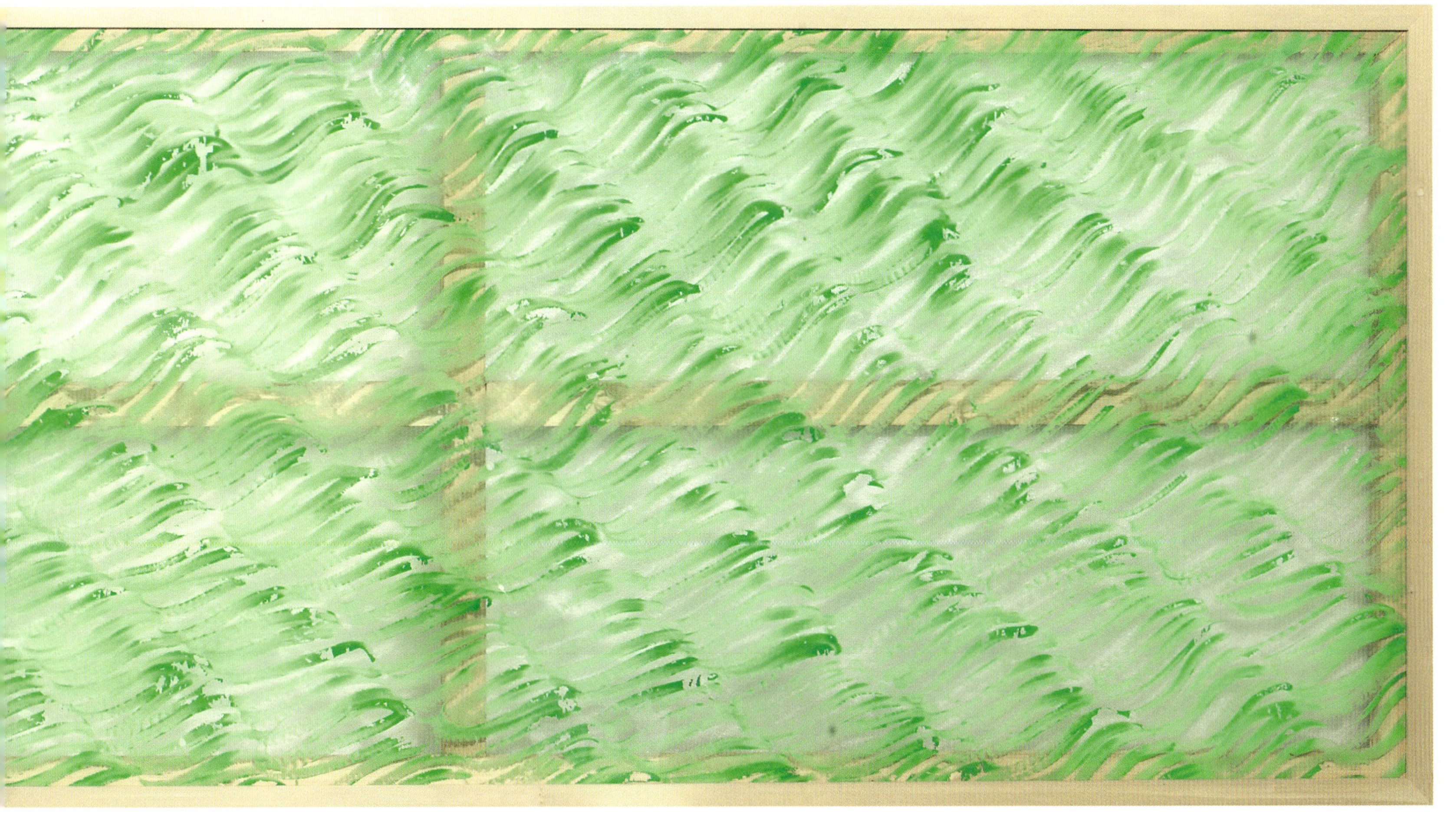

Anne Marie Sauzeau Boetti
"Carla Accardi" in *DATA* n° 20,
March-April 1976, p. 74

"[…] 'spazio' e 'scrittura' non sono più entità distinte: lo spazio viene contemporaneamente tessuto e iscritto a partire dalla materia trasparente spezzata; pasta che affonda in se stessa e scrive la traccia del suo passaggio, nella fasciatura e l'addobbo, il godimento e l'ossessione, l'attesa e la memoria, entro i confini strutturanti del telaio scuro."

"[…] 'space' and 'writing' are no longer separate entities: space is simultaneously woven and inscribed starting from the transparent broken matter; a paste that sinks into itself and leaves trace of its passage, in the strapping and the decoration, the enjoyment and the obsession, the expectation and the memory, within the structuring boundaries of the dark frame."

« […] " espace " et " écriture " ne sont plus des entités distinctes : l'espace est, dans le même temps, tissé et écrit à partir de la matière transparente brisée ; une pâte qui plonge en elle-même et imprime la trace de son passage, dans l'enveloppement et l'ornement, la jouissance et l'obsession, l'attente et la mémoire, dans les limites structurantes du cadre foncé ».

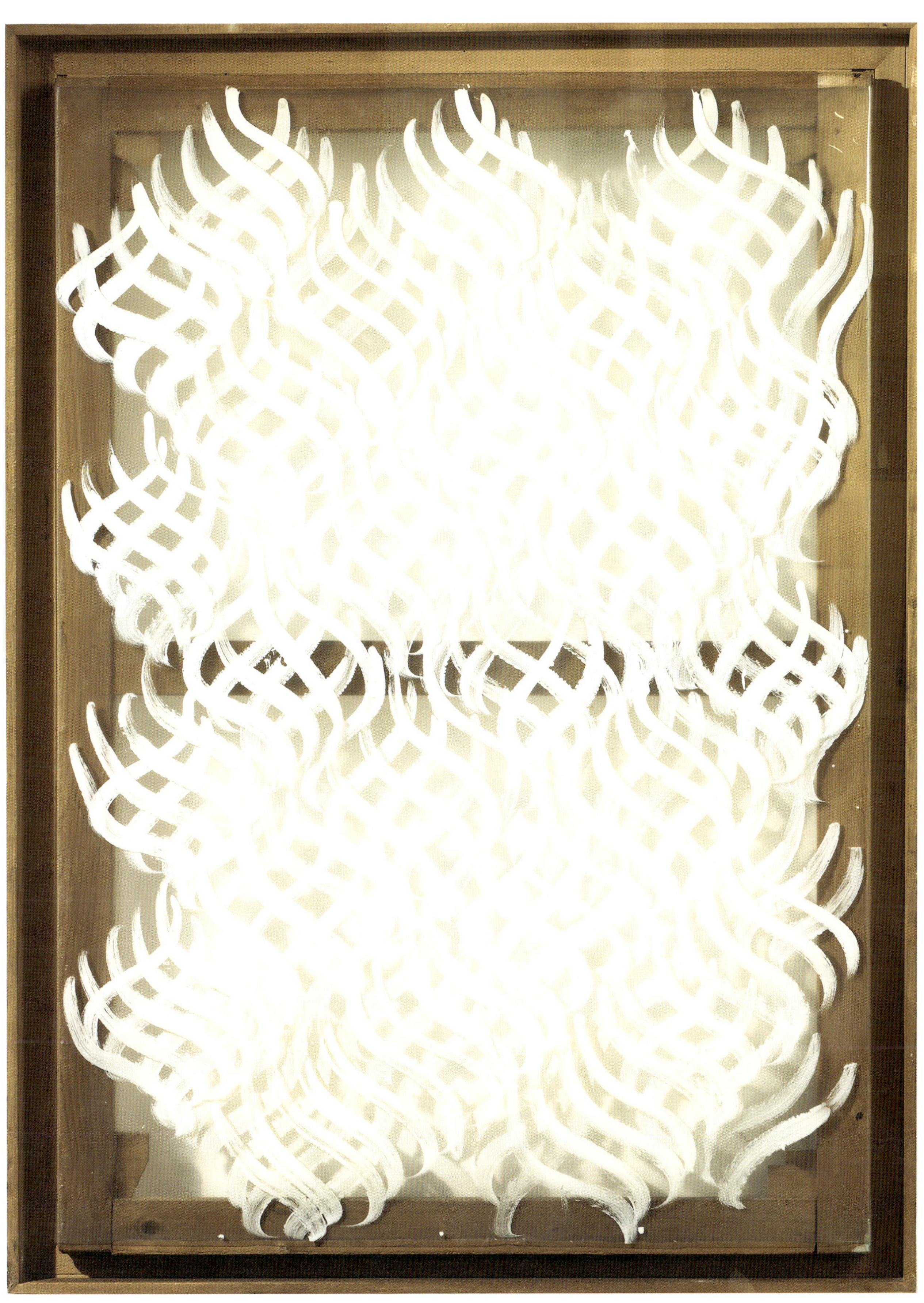

Carla Accardi
Bianco bianco, 1969

Varnish on sicofoil
37 ⅜ × 26 ¾ inch
Vernis sur sicofoil
95 × 68 cm

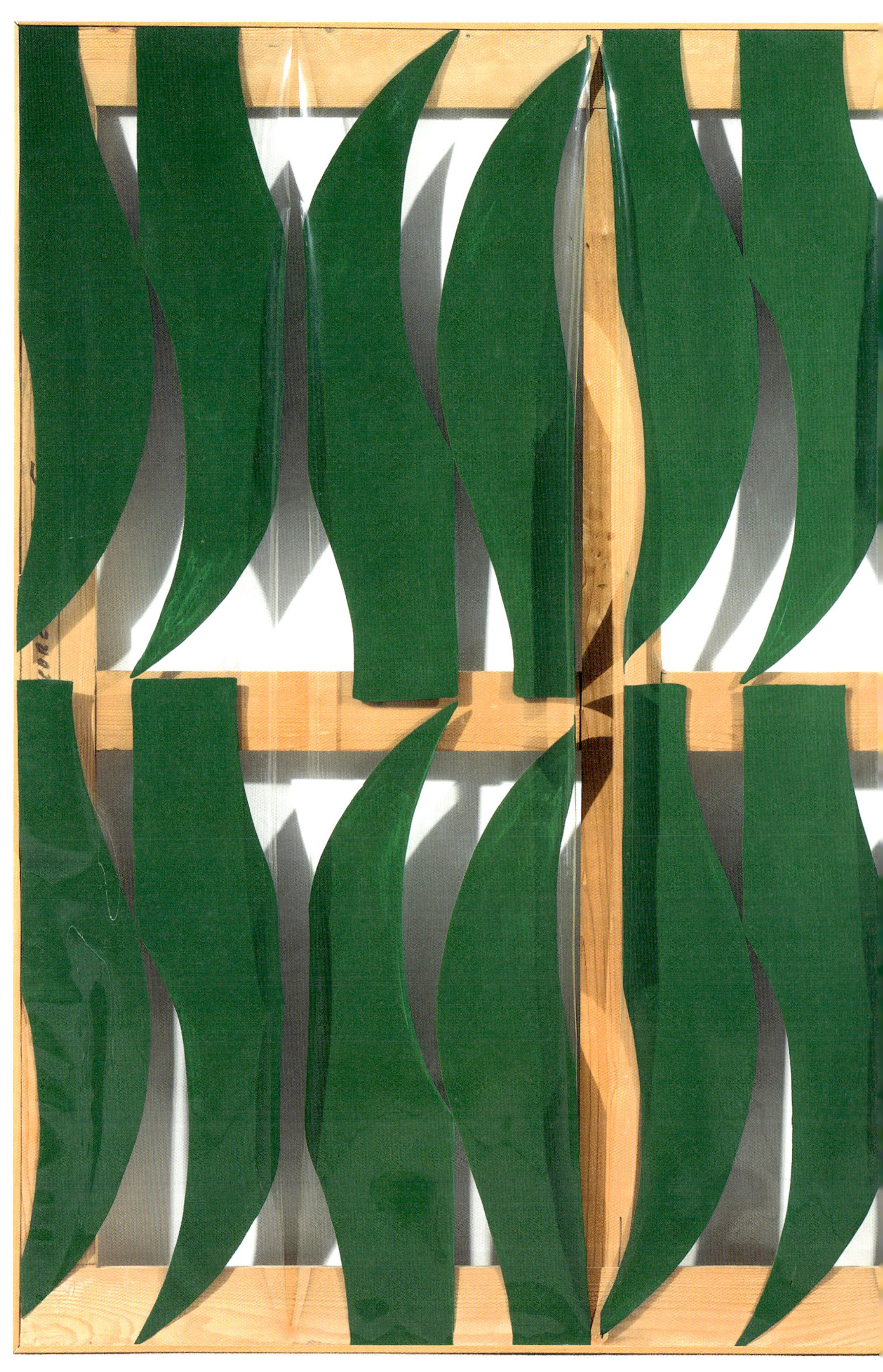

Carla Accardi
Verde grande, 1974

Varnish on sicofoil
57 ½ × 78 ¾ inch
Vernis sur sicofoil
146 × 200 cm

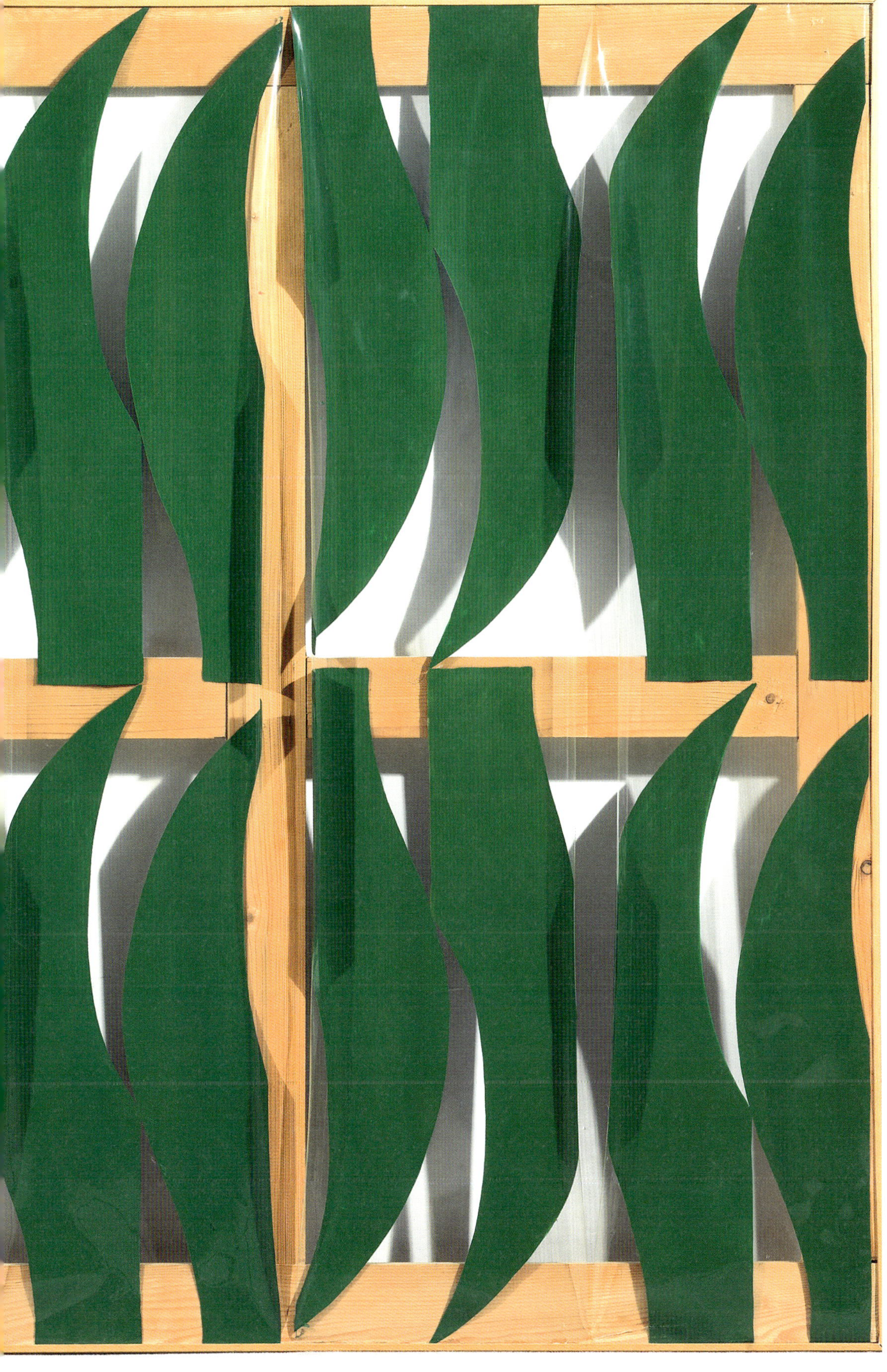

78-79

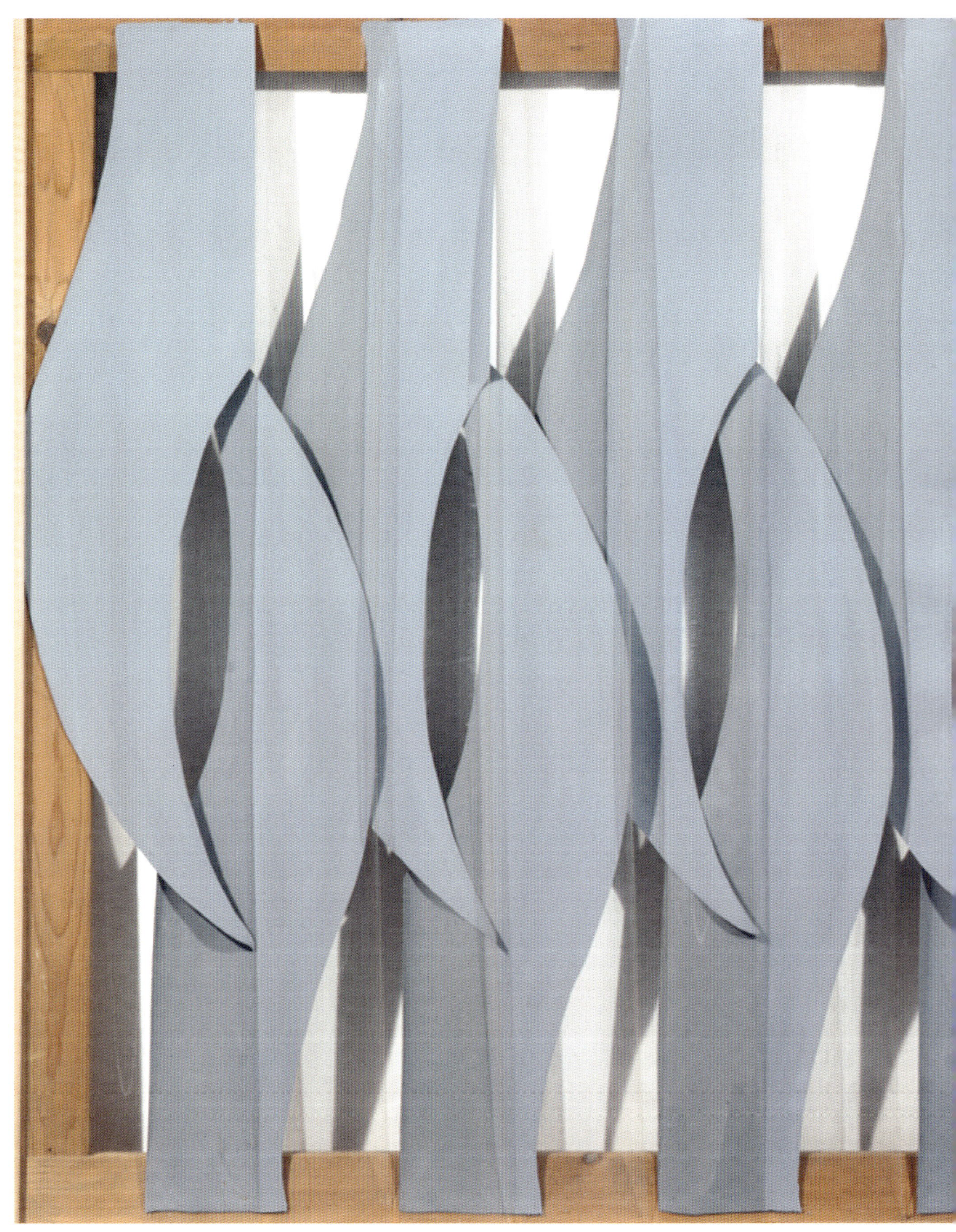

Carla Accardi
Grigio, 1975

Varnish on sicofoil
39 ⅜ × 63 inch
Vernis sur sicofoil
100 × 160 cm

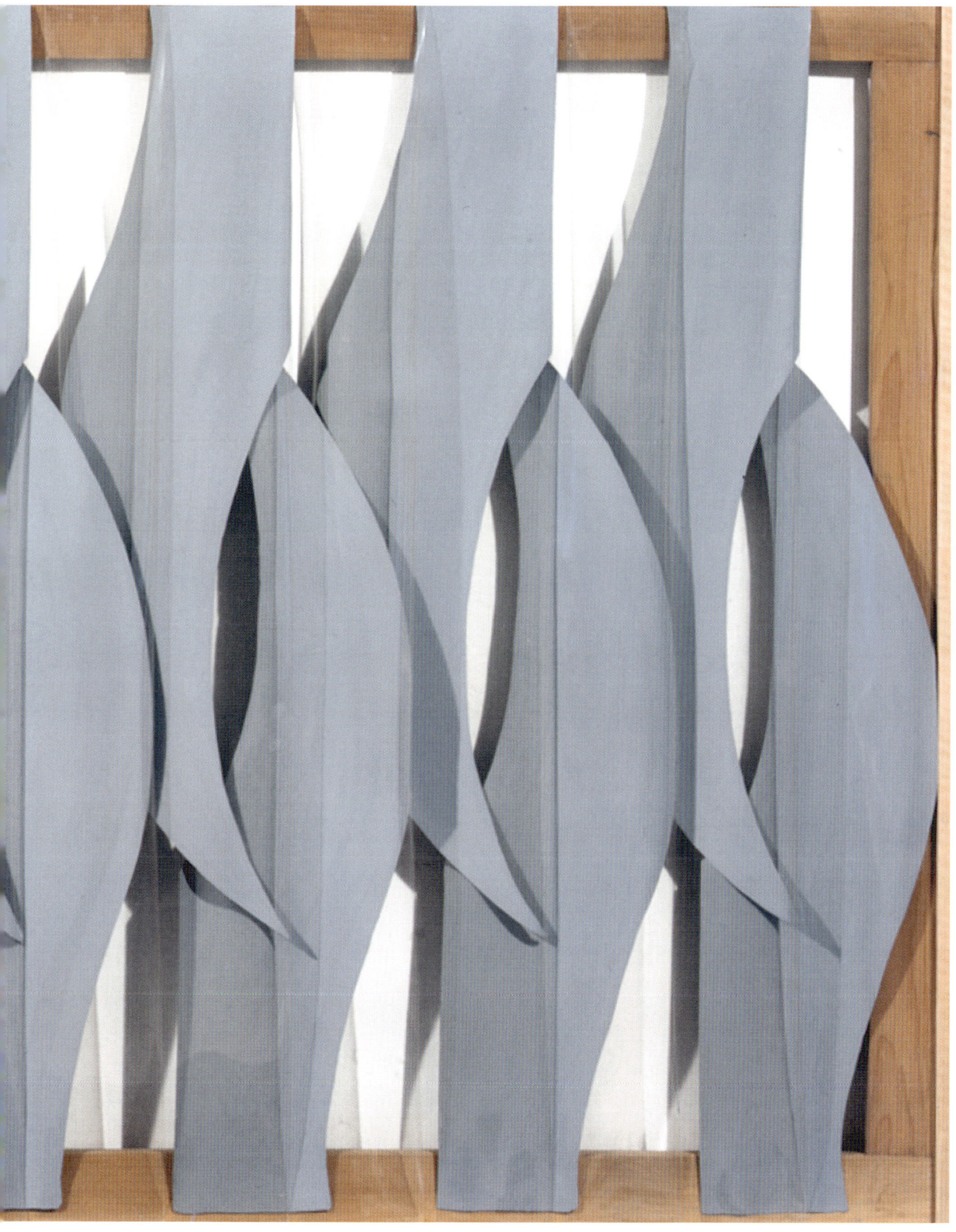

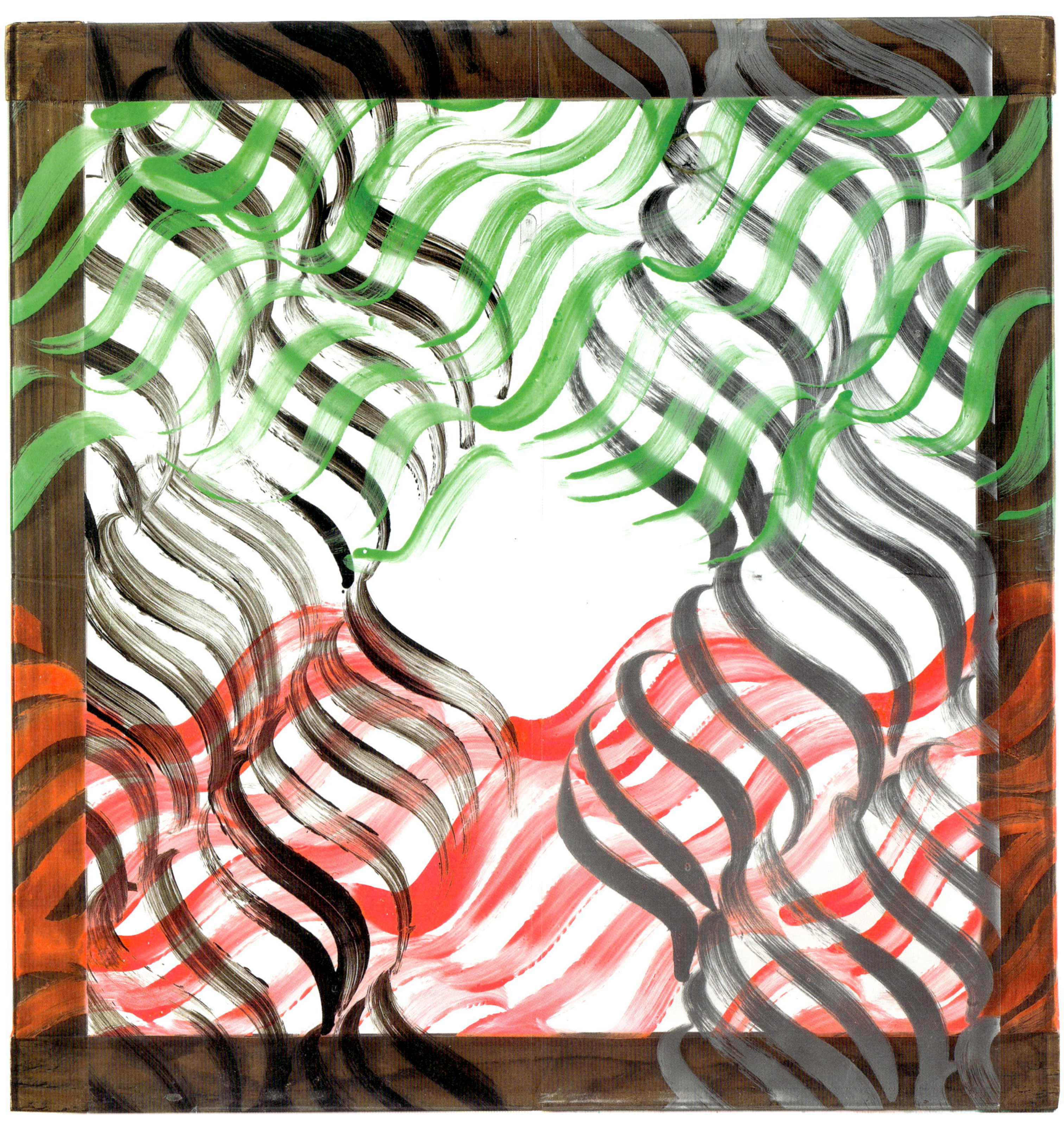

Carla Accardi
Nero-argento-rosso-verde, 1967

Varnish on sicofoil
21 ⅝ × 21 ⅝ inch
Vernis sur sicofoil
55 × 55 cm

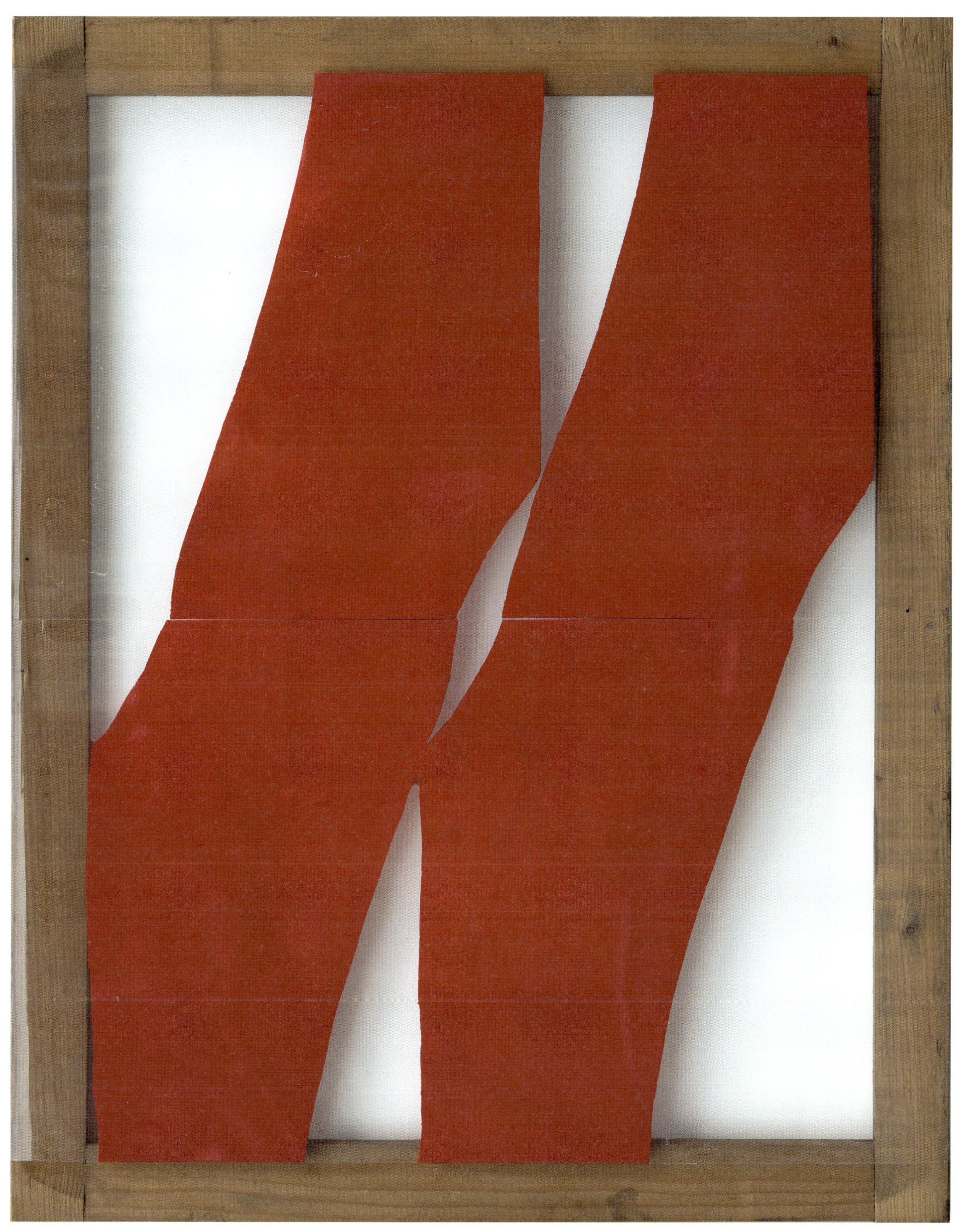

Carla Accardi
Rosso, 1975

Varnish on sicofoil
24 ⅜ × 19 ¾ inch
Vernis sur sicofoil
62 × 50 cm

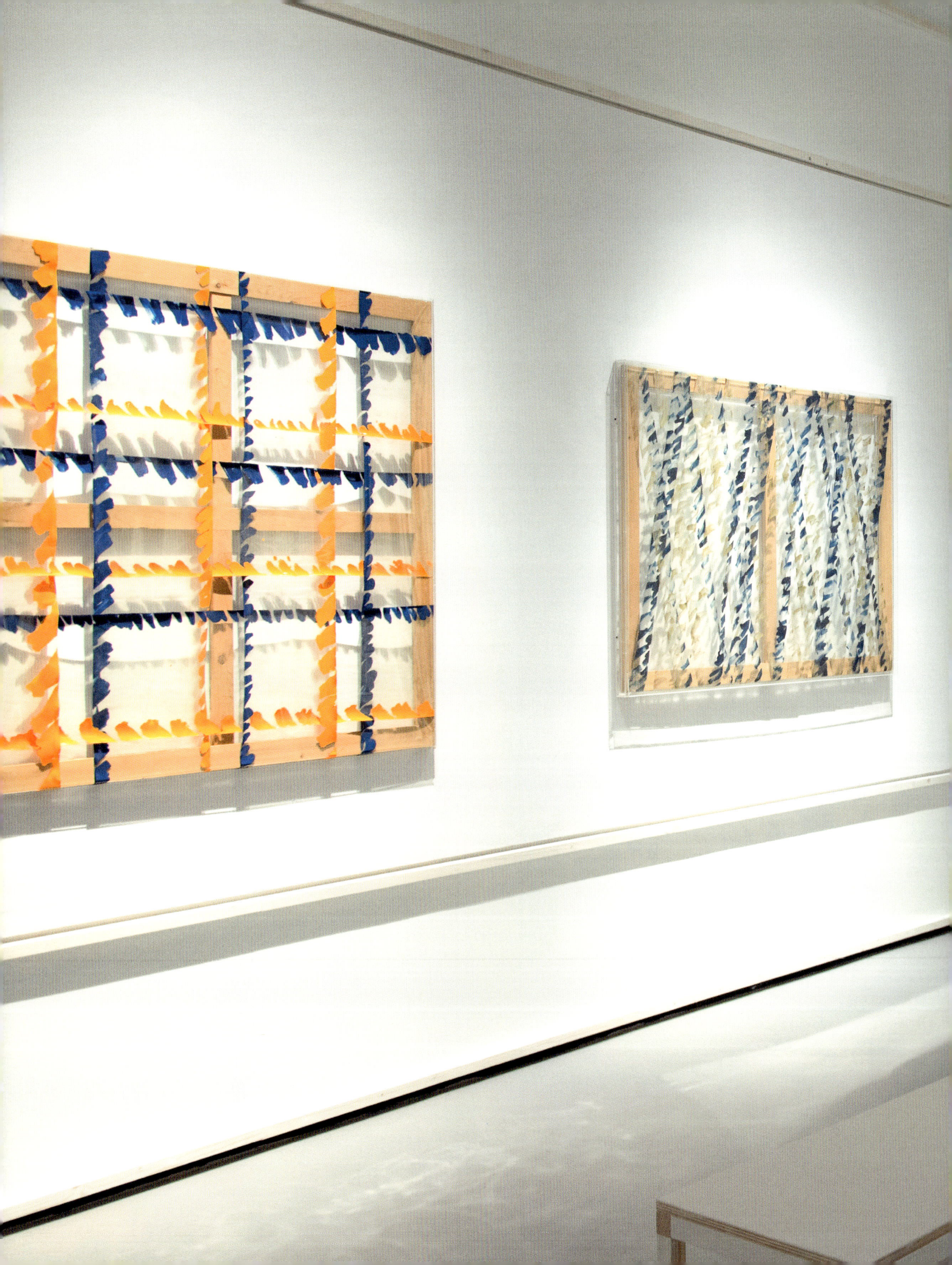

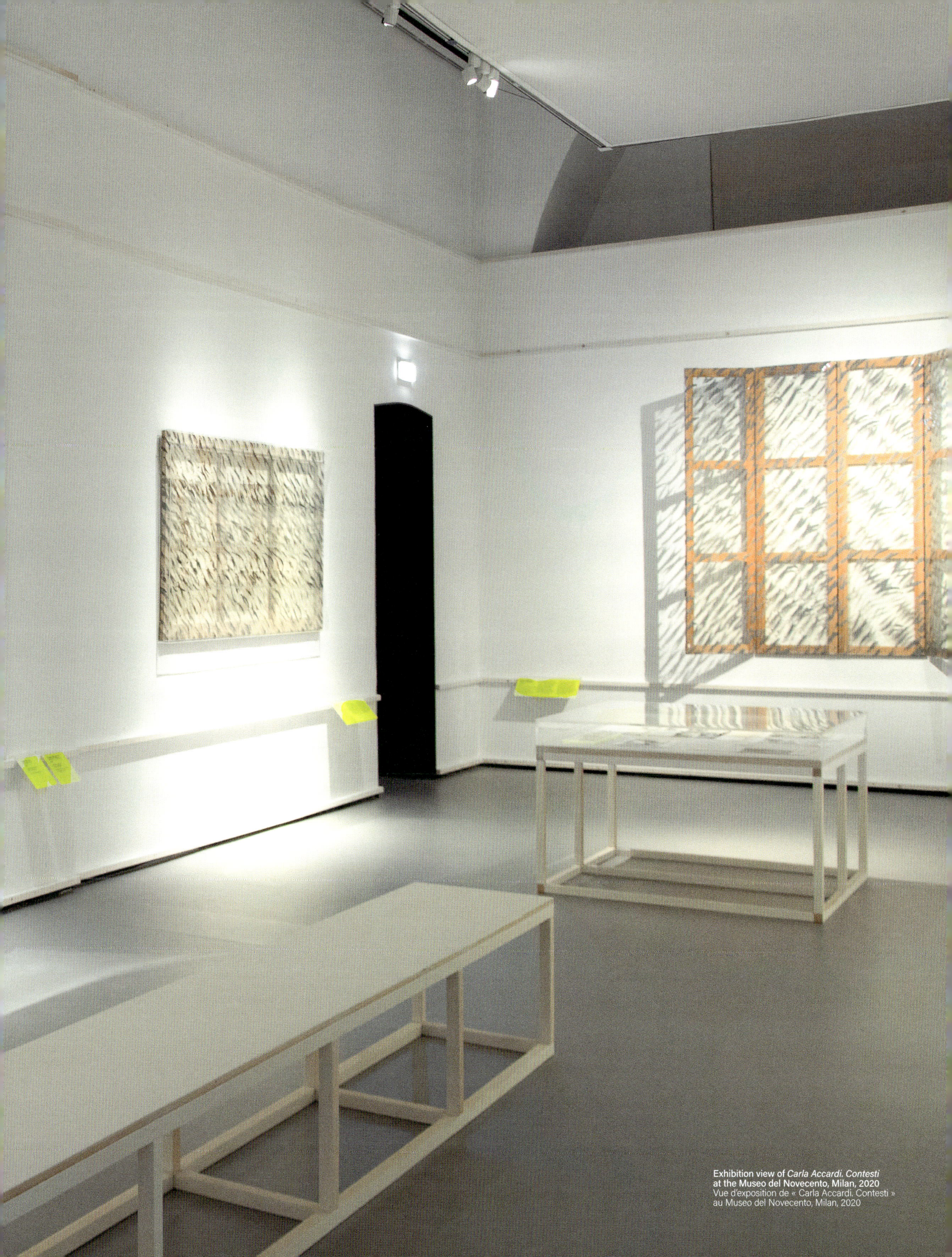

Exhibition view of *Carla Accardi. Contesti*
at the Museo del Novecento, Milan, 2020
Vue d'exposition de « Carla Accardi. Contesti »
au Museo del Novecento, Milan, 2020

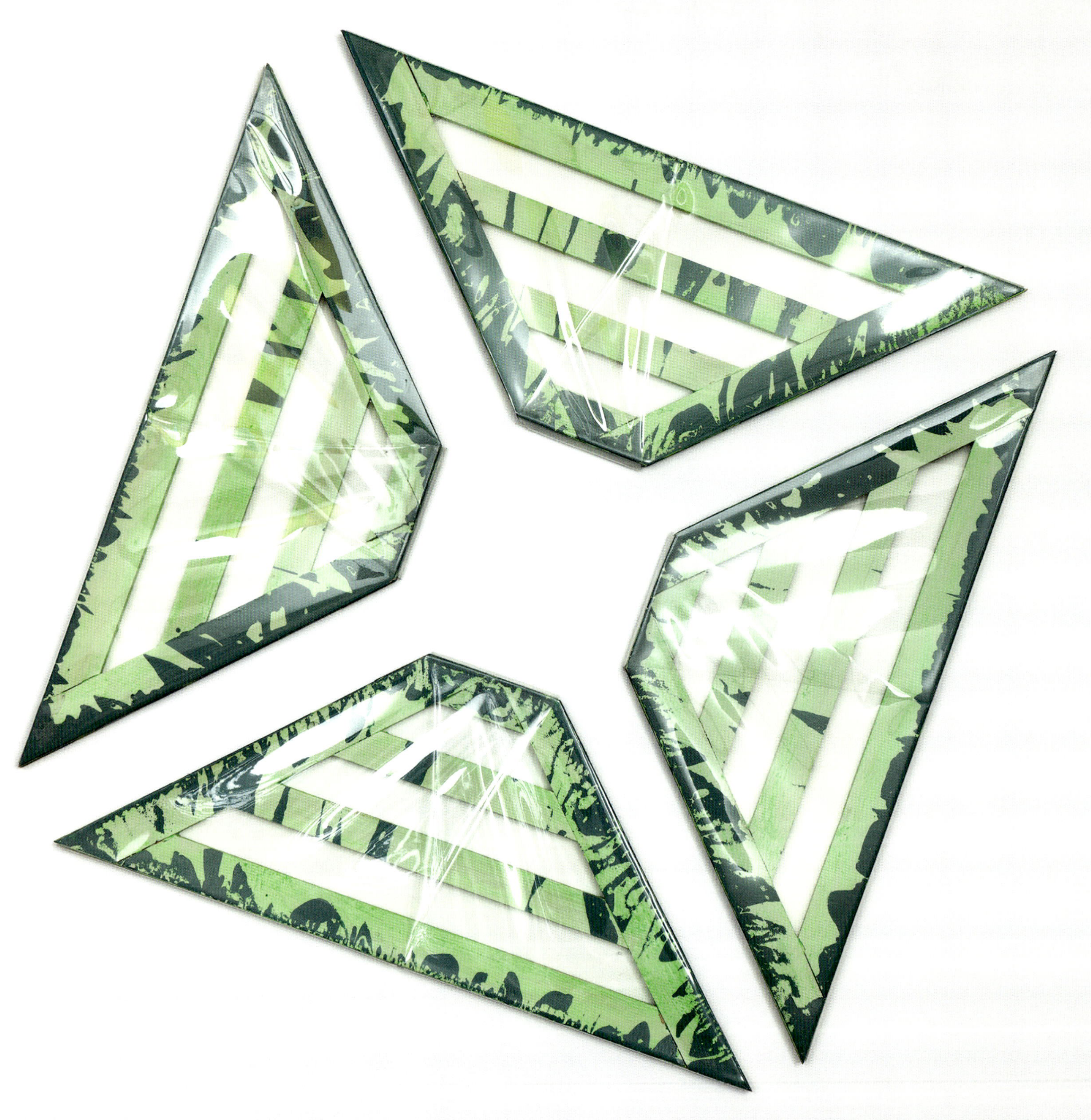

Carla Accardi
Quattro trapezi verdi, 1978

Sicofoil on wooden painted frame
27 ½ × 19 ¾ × 7 ⅞ × 19 ¾ inch (perimeter) each
detail [next page]
Sicofoil sur châssis en bois peint
70 × 50 × 20 × 50 cm (périmètre) chaque élément
détail [page suivante]

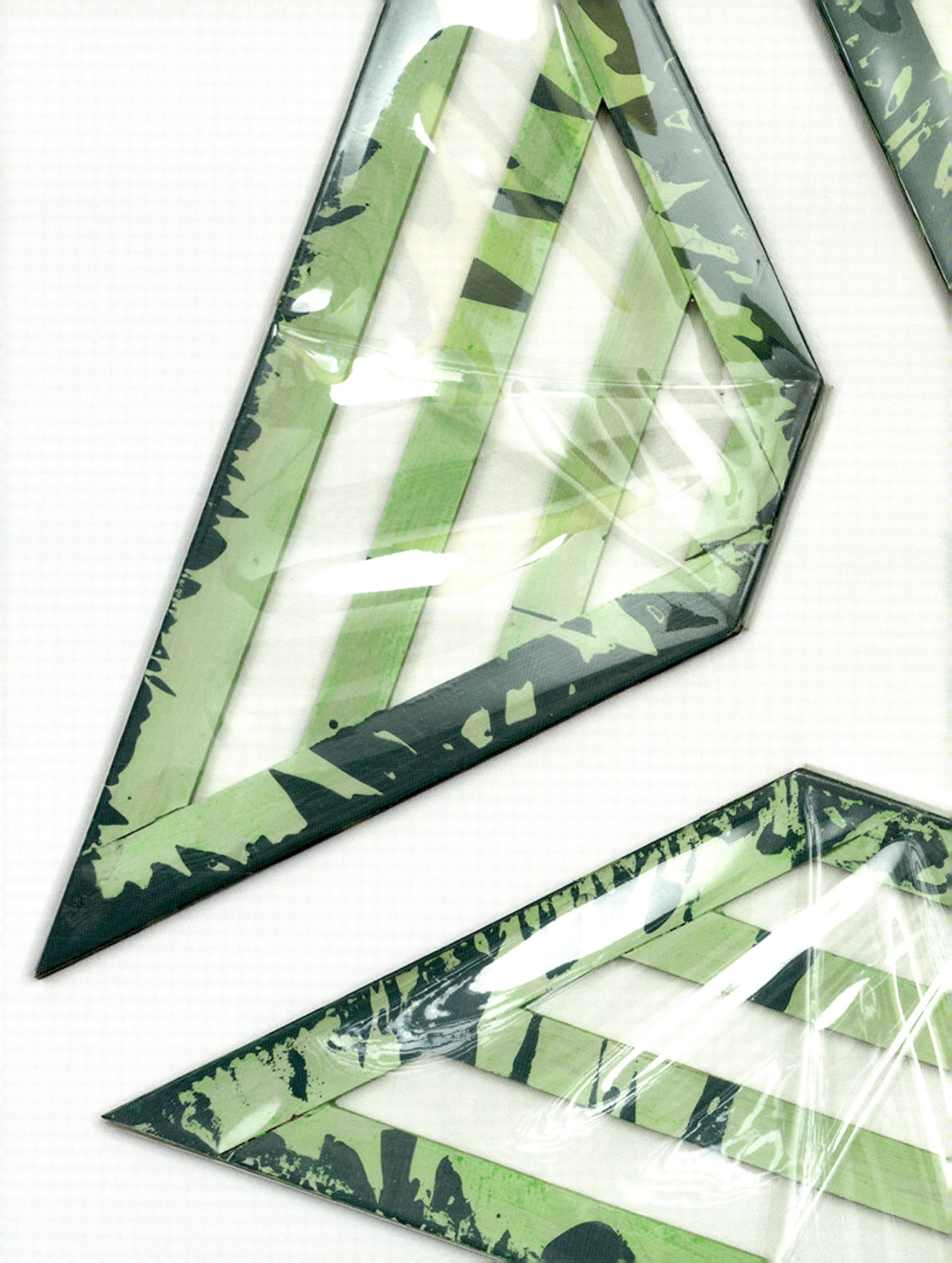

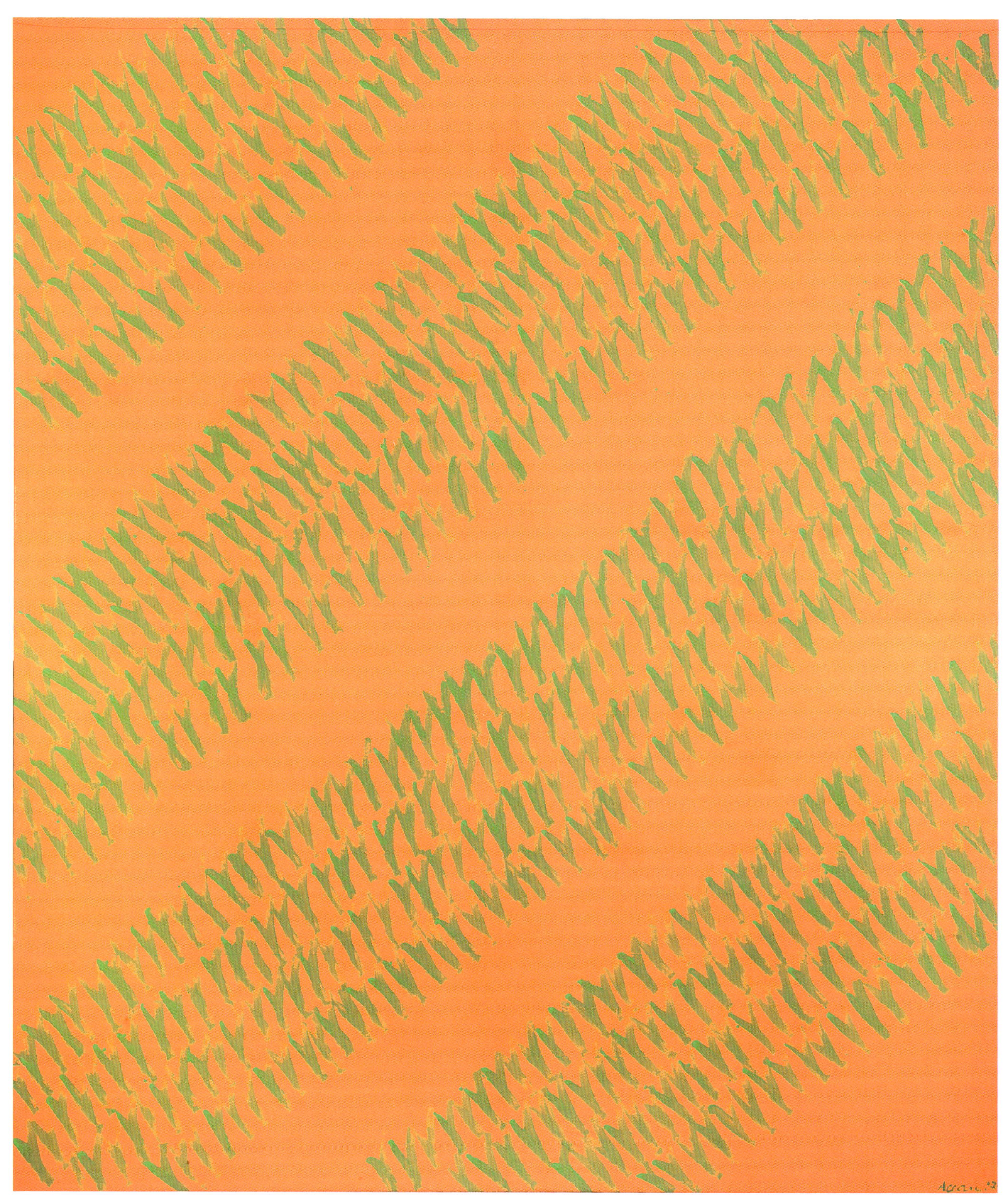

Carla Accardi
Arancioverde (Lenzuolo), 1972-76

Paint on cloth
110 ¼ × 90 ½ inch
Peinture sur tissu
280 × 230 cm

88-89

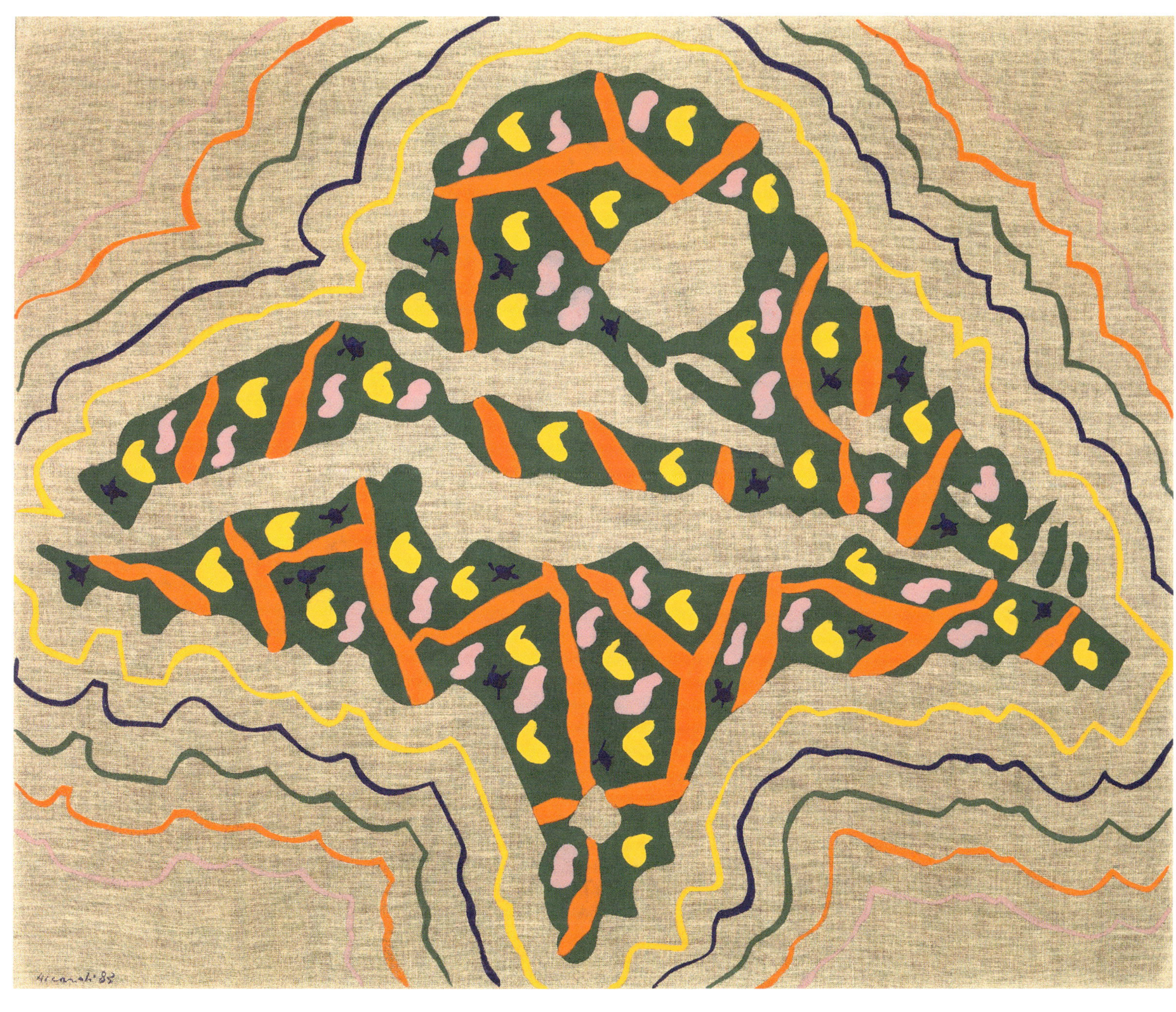

Carla Accardi
Albero verde, 1983

Vinyl tempera on canvas
35 ⅜ × 43 ¼ inch
Tempera à base de vinyle sur toile
90 × 110 cm

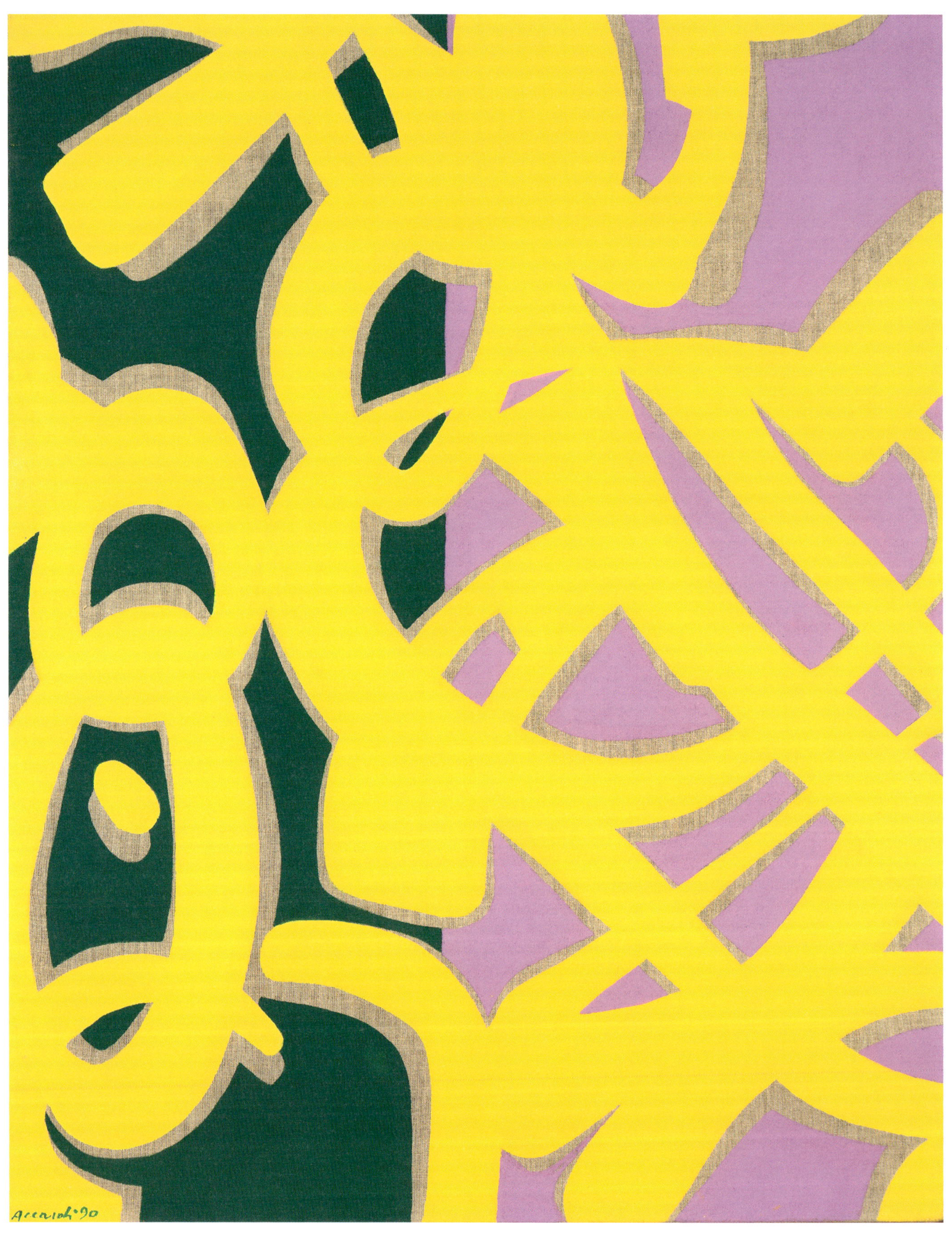

Carla Accardi
Senza titolo, 1990

Vinyl tempera on canvas
39 ⅜ × 31 ½ inch
Tempera à base de vinyle sur toile
100 × 80 cm

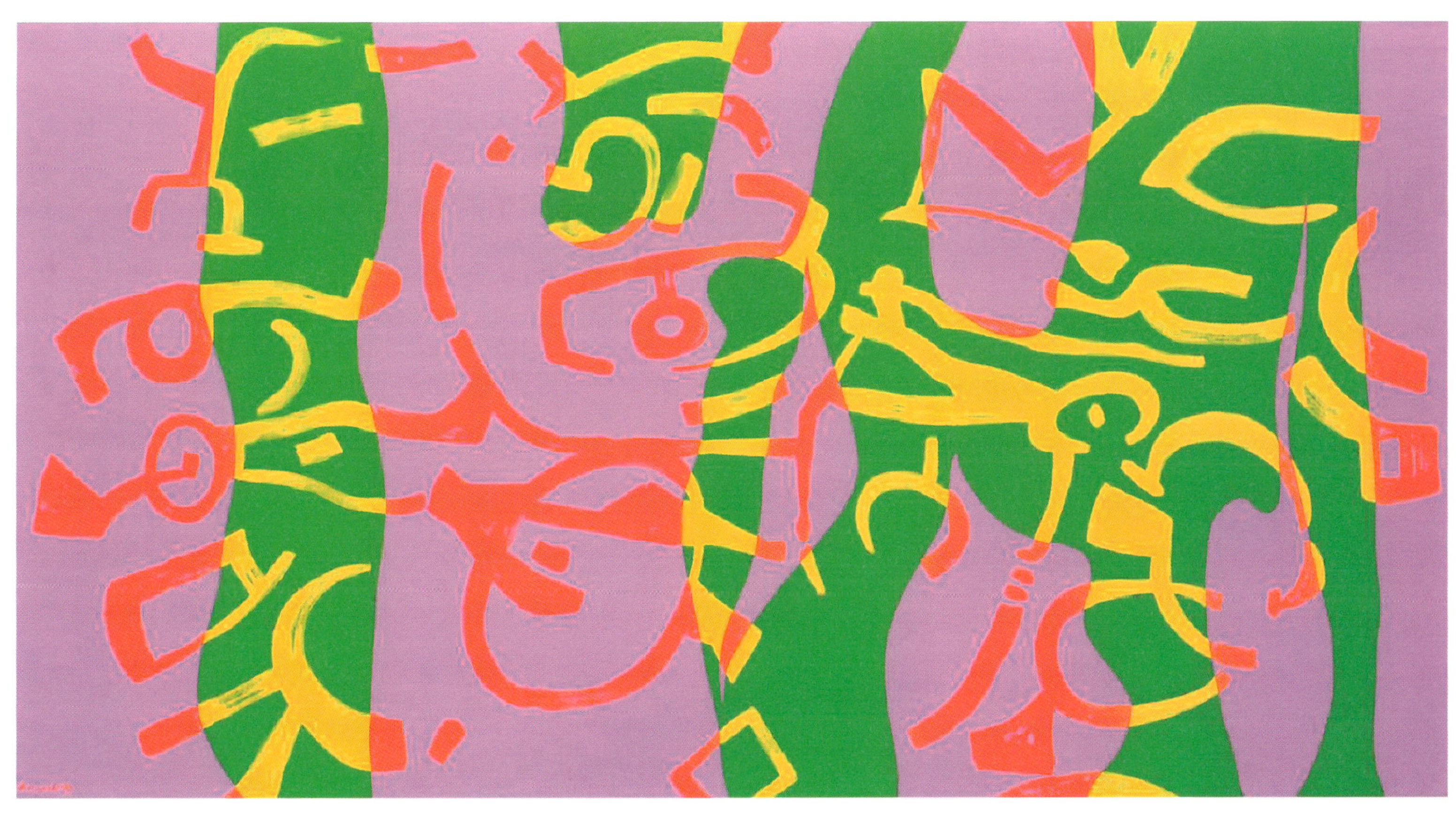

Carla Accardi
Colore beffardo e violetto, 1990

Huile sur toile
47 ¼ × 90 ½ inch
Oil on canvas
120 × 230 cm

Dadamaino: Landscapes of a Rational Unconscious

—

Dadamaino : Paysages d'un inconscient rationnel

Margit
Rowell

On a first encounter with Dadamaino's art, one is struck by a dichotomy between the works from the decade of the 1960s and her later direction, which would determine her artistic identity over the next twenty-five years. After her beginnings as an *informel* painter in the 1950s, in 1958, she created the first of the *Volumi* [Volumes] in which she cut out a major portion of the canvas. These were followed, in 1960-61, by the *Volumi a moduli sfasati* [Volumes made of non-synchronized modules] made by puncturing plastic curtains in vertical columns; and, shortly thereafter, she experimented with "neo-concrete" and kinetic art. These works, and others during this decade, were largely focused on the facts and illusions of visual perception.

After a pause in the late sixties and early seventies, Dadamaino's work underwent a radical transformation. Abandoning the technical complexities of her late 1960s work, she embarked on an extremely minimal mode of expression, based on an invented alphabet, in order to register the invisible movements and moments of existence. In her final series of works, the use of large transparent polyester sheets allowed her to expand her focus to the exploration of an as invisible cosmic world. The graphic systems she perfected in these later cycles of work show a simplicity of means and yet a richness of visual and emotional impact that are singular and unique.

These two periods record a passage: from the exploration of perception in an objective world, to the registration of the impulses and sensations of a more private experience, and finally to an imagined image of the movements of the cosmos. Whereas one might say that the

En découvrant Dadamaino et son parcours, on est frappé par la dichotomie entre ses œuvres des années 1960 et la direction qu'elle prend par la suite, direction qui détermine son identité artistique au cours des vingt-cinq années qui suivent. Après ses débuts de peintre informelle dans les années 1950, elle crée en 1958 le premier de ses *Volumi* [Volumes], dans lequel elle découpe une grande partie de la toile. Cette série est suivie, en 1960-1961, par les *Volumi a moduli sfasati* [Volumes de modules déphasés], réalisés en perforant des rideaux de plastique en colonnes verticales ; et, peu après, elle expérimente l'art « néo-concret » et cinétique. Ces œuvres, comme d'autres au cours de cette décennie, ont pour thématique principale les réalités et les illusions de la perception visuelle.

Après une pause à la fin des années 1960 et au début des années 1970, Dadamaino modifie radicalement son orientation. Abandonnant les complexités techniques de son travail de la fin des années 1960, elle se lance dans un mode d'expression extrêmement minimal, basé sur un alphabet inventé, destiné à enregistrer les mouvements et moments invisibles de l'existence. Dans sa dernière série d'œuvres, l'utilisation de grandes feuilles de polyester transparent lui permet d'étendre son champ d'action à l'exploration d'un monde cosmique tout aussi invisible. Les systèmes graphiques qu'elle perfectionne dans ces cycles plus tardifs révèlent une simplicité de moyens et, en même temps, une richesse d'effets visuels et émotionnels à la fois singuliers et uniques.

Ces deux périodes marquent le passage de l'exploration de la perception dans un monde objectif à l'enregistrement des impulsions et des sensations d'une expérience plus privée, et, enfin, à une image imaginée des mouvements du

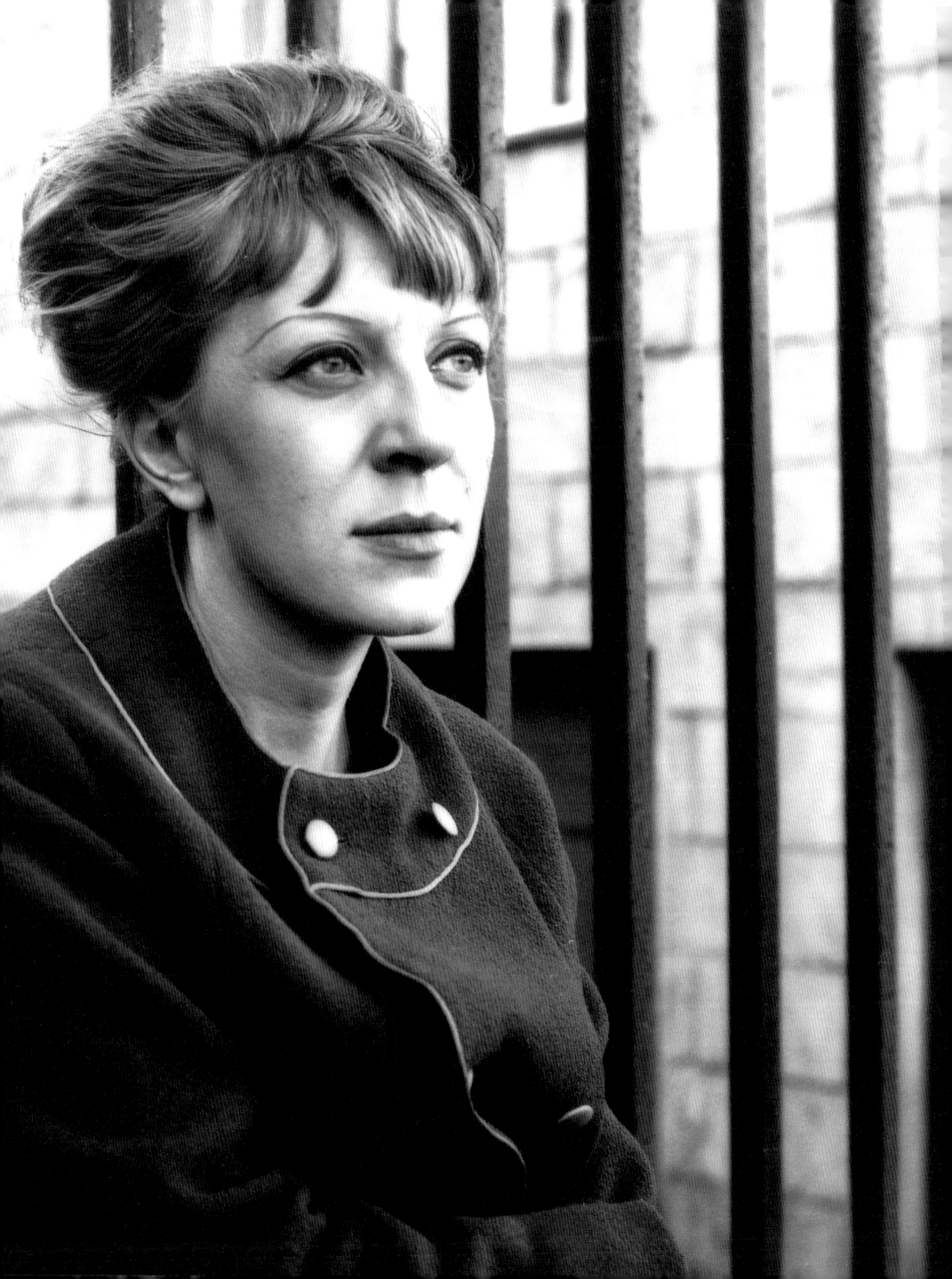

first phase is more centered on objects, and the second on a language of signs, one may nonetheless suggest that the stroke or gesture, as a mute signifier, represents a continuous thread throughout Dadamaino's art.

Born in Milan in 1930, Dadamaino was a contemporary of Piero Manzoni and Enrico Castellani, with whom she had strong professional and personal bonds. This first generation of Italian conceptual artists, turning its back on the *art informel* painting style prominent in the 1950s in France and Italy, adopted a radical *anti-pittura* stance, largely inspired by the presence of Lucio Fontana and his ideas about art as a mental concept and a spatial experience. Through his example, the notion of the work of art as an autonomous and self-referential object, and an aesthetic program promoting industrial materials, anonymous execution, the repetitive or reiterative gesture, and the monochromatic space or surface found its way into many younger Milanese artists' studios.

Dadamaino's *Volumi,* begun in 1958, show an echo of Fontana's slit canvases, the *Attese*, but they are almost more radical still. These monochrome canvases, painted with matte industrial paint, consist of one or several cut-out ovals which almost entirely empty the entire surface plane. The ovals are irregular, because cut out by hand. For Fontana, in his *Attese*, the space made visible by his cutter was an imagined fourth dimension, both physical and metaphysical, and the same could be said of these works by Dadamaino. Since her incursions on the canvas are so large that the empty space or void becomes the work of art, these works, in a sense, reach the zero degree of painting. After realizing that this direction led to a dead end, she switched to making more, and smaller, perforations arranged in vertical columns. Preserving the surface of the canvas, she nonetheless attacked its traditional integrity.

Shortly thereafter, perforation, the repeated gesture, the layered image, and the discovery of a transparent acetate (used for

cosmos. Si la première phase est plutôt centrée sur les objets et la seconde sur un langage des signes, on peut néanmoins suggérer que le trait ou le geste – en tant que signifiant muet – constitue un fil continu dans l'art de Dadamaino.

Née à Milan en 1930, Dadamaino est une contemporaine de Piero Manzoni et d'Enrico Castellani, avec lesquels elle a entretenu des liens professionnels et personnels étroits. Tournant le dos à la peinture informelle, style qui prédomine dans les années 1950 en France et en Italie, cette première génération d'artistes conceptuels italiens adopte une position *anti-pittura* radicale, largement inspirée par la présence de Lucio Fontana et ses idées sur l'art comme concept mental et expérience spatiale. À travers son exemple, la notion d'œuvre d'art comme objet autonome et autoréférentiel, ainsi que son programme esthétique défendant les matériaux industriels, l'exécution anonyme, le geste répétitif ou réitératif, et l'espace ou la surface monochrome, se fraient un chemin dans les ateliers de nombreux jeunes artistes milanais.

Les *Volumi* de Dadamaino, commencés en 1958, font écho aux toiles fendues de Fontana, les *Attese*, mais ils sont presque plus radicaux encore. Dans ces toiles monochromes, peintes avec de la peinture industrielle mate, l'artiste découpe un ou plusieurs ovales – irréguliers, car découpés à la main – qui vident presque entièrement le plan de la surface. Dans les *Attese* de Fontana, l'espace rendu visible par son cutter était une quatrième dimension imaginée, à la fois physique et métaphysique, mais on pourrait en dire autant des œuvres de Dadamaino. Ses interventions sur la toile sont si importantes que le vide devient l'œuvre d'art, dans une sorte de degré zéro de la peinture. Consciente que cette direction menait à une impasse, elle se met à faire des perforations plus nombreuses mais plus petites, disposées en colonnes verticales : elle préserve ainsi la surface de la toile, tout en s'attaquant à son intégrité au sens traditionnel.

Un peu plus tard – à partir de 1960 – la perforation, le geste répété, les images superposées et la découverte d'un acétate transparent (utilisé

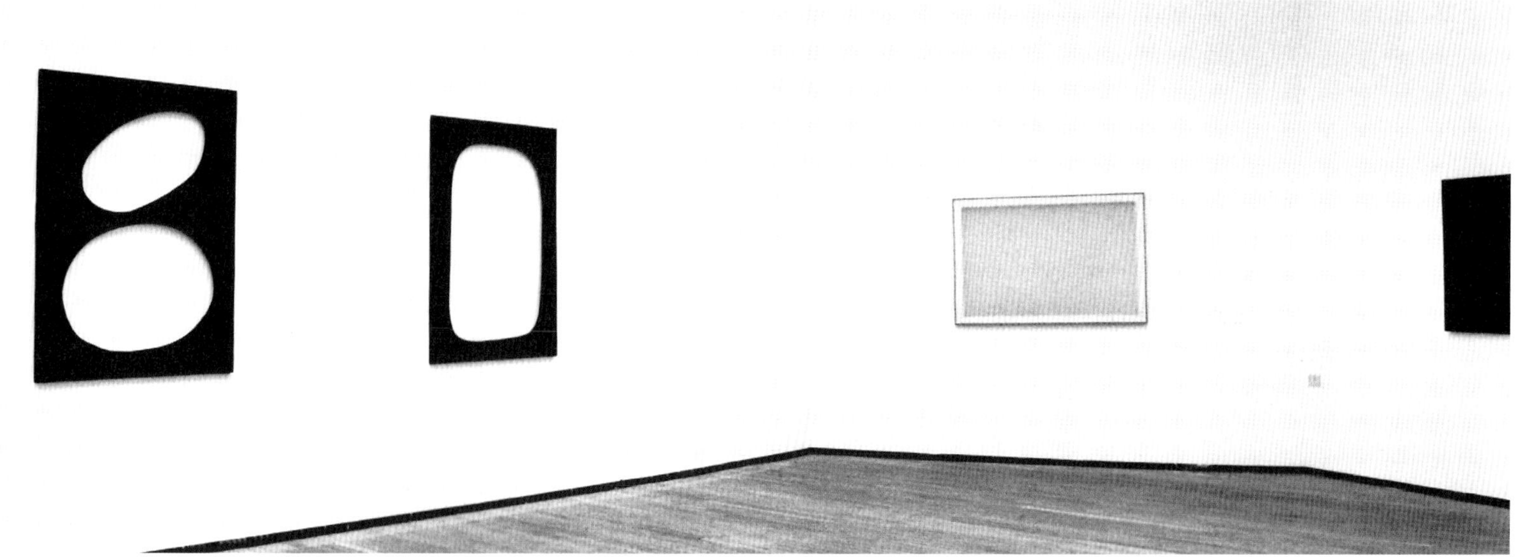

shower curtains), combined to generate a new series of works. The title of these works, from 1960, *Volumi a moduli sfasati*, is explicit. Using a small metal cylinder, Dadamaino punched identically spaced columns of small holes on large vertical lengths of transparent plastic. She then layered them, three sheets at a time, and mounted them on a stretcher. During the manual process of scoring the sheets, and then their assemblage, the warmth of her hand caused the perforations to shift, so that they were no longer synchronized as originally intended. The resulting impression is that of a shimmering screen, confounding the surface and the spatially undetermined dots behind it. At the same time, the blurred focus produces the illusion of a dematerialized object, its reading dissolved by accident or chance.

This series of works served to crystallize several aspects of Dadamaino's philosophy and practice that would govern the subsequent evolution of her art. The first was an awareness that nothing in nature is stable, everything is in constant mutation and susceptible to infinite and unpredictable change. The second, related, concerned her praxis: the creation of an order, only to subvert it (unconsciously or not) in the act of making. The choice of everyday materials and, also, importantly, the involuntary transformation of a mechanical module into an irregular human gesture and a non-linguistic sign, these too prefigure her future work. Finally, the fastidious repetition of the same gesture or sign will also characterize her future practice.

Dadamaino's *Rilievi* [Reliefs], undertaken in 1961, illustrate these premises and, in particular,

pour les rideaux de douche) se combinent pour générer une nouvelle série d'œuvres. Leur titre, *Volumi a moduli sfasati*, est explicite. À l'aide d'un petit cylindre métallique, Dadamaino poinçonne des colonnes de petits trous uniformément espacés sur de grandes longueurs verticales de plastique transparent. Ensuite, elle les superpose, à raison de trois feuilles à la fois, et les monte sur un châssis. Pendant le processus manuel de perforation, puis d'assemblage des feuilles, la chaleur de sa main modifie l'emplacement des trous, qui se trouvent donc décalés. Le résultat crée l'impression d'un écran chatoyant où se confondent la surface et, derrière elle, les points spatialement indéterminés. En même temps, le côté flou produit l'illusion d'un objet dématérialisé, dont la lecture, grâce au hasard, se dissout.

Cette série d'œuvres aide Dadamaino à cristalliser plusieurs aspects de sa philosophie et de sa pratique, qui régiront l'évolution ultérieure de son art. Le premier aspect est la prise de conscience que, dans la nature, rien n'est stable, tout est en constante mutation et susceptible de changements infinis et imprévisibles. Le second, qui lui est lié, concerne sa praxis : créer un ordre pour mieux le subvertir (inconsciemment ou non) dans l'acte de faire. Le choix de matériaux quotidiens et, surtout, la transformation involontaire d'un module mécanique en un geste humain irrégulier et en un signe non linguistique, préfigurent, eux aussi, sa pratique future. Enfin, la répétition fastidieuse d'un même geste ou d'un même signe va créer la structure de base de sa production ultérieure.

Les *Rilievi* [Reliefs], à partir de 1961, illustrent ces prémisses et, en particulier, le

Dadamaino, *Volume a moduli sfasati*, 1960, die-cut transparent plastic canvases, 23 ⅝ × 23 ⅝ × 2 inch, **Philadelphia Museum of Art**
Dadamaino, *Volume a moduli sfasati*, 1960, toiles en plastique perforées, 60 × 60 × 5,1 cm, Philadelphia Museum of Art

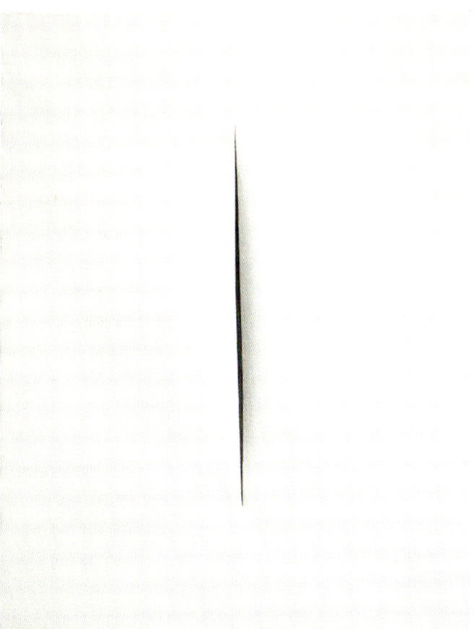

Lucio Fontana, *Concetto Spaziale, Attesa*, 1964, water-based paint on canvas, 25 ⅝ × 21 ¼ inch
Lucio Fontana, *Concetto Spaziale, Attesa*, 1964, peinture à l'eau sur toile, 65 × 54 cm

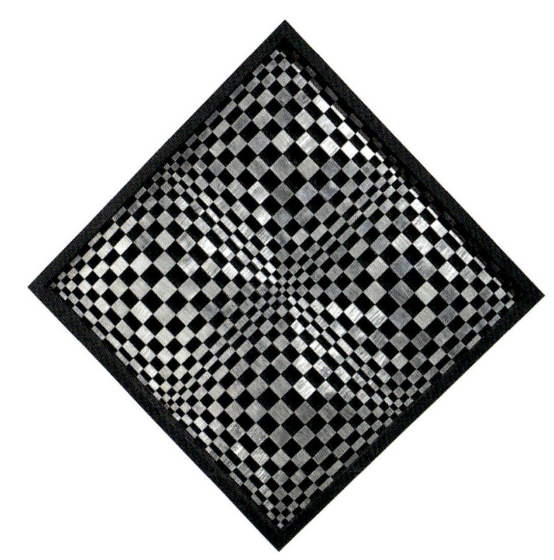

Dadamaino, *Oggetto ottico-dinamico*, 1962-71, milled aluminium plates on nylon threads on wooden structure, diag. 41 ¾ × 41 ¾ inch, **The Levett Collection**
Dadamaino, *Oggetto ottico-dinamico*, 1962-71, plaques d'aluminium sur fils de nylon sur structure en bois, diag. 106 × 106 cm, The Levett Collection

the slippage that occurs between an idea and its execution, thereby subverting a predetermined order. These works on cardboard show a gridded arrangement of small, manually incised and raised, x-like signs. The grid, as an organizational system, appealed to Dadamaino and her generation of artists as an alternative to traditional compositional and metaphoric devices. It was theoretically rigorous, leaving nothing to random or improvisation. Yet, in this case, the handmade facture of the motifs that constituted the grid introduced imperfections that transformed an initially stable order into an unstable pattern of flickering signs.

In the early 1960s in Europe, scientific research in the fields of visual perception and optical illusion, and studies of light, space and time, movement and color were prevalent among a number of artists seeking to distance themselves from *l'art informel.* The groups Gruppo T and Gruppo N, Arte Programmata and Nouvelle Tendance in Italy represented this tendency and Dadamaino, who had always been interested in science and mathematics, informally joined their ranks. Her *Oggetti ottico-dinamici* [Optical Dynamic Objects], starting in 1964, are superb examples of this period. In these works, she began with a rational program, based on algebraic equations, from which she diverged during the manual execution, creating a visual and cognitive instability in the result. Recomposing the small aluminum squares of a flat checkerboard design into patterns of dynamic swirls, she created the illusion of swollen bulb-like or spherical volumes. The subversion of a system, which had occurred

glissement qui se produit entre une idée et son exécution, qui subvertit ainsi un ordre prédéterminé. Ces œuvres sur carton montrent un agencement en grille de petits signes en forme de x, incisés et soulevés manuellement. En tant que système organisationnel, la grille a séduit Dadamaino et les artistes de sa génération comme alternative aux dispositifs traditionnels de composition et aux métaphores. En théorie, elle est rigoureuse, ne laissant rien au hasard ou à l'improvisation. Dans ce cas, pourtant, la facture artisanale des motifs qui constituent la grille introduit des imperfections qui transforment un ordre initialement stable en une vision instable de signes vacillants.

En Europe, au début des années 1960, les recherches scientifiques dans les domaines de la perception visuelle et des illusions d'optique, et les études de la lumière, de l'espace et du temps, du mouvement et de la couleur, occupent une grande place chez un certain nombre d'artistes qui cherchent à prendre leurs distances avec l'art informel. Cette tendance est représentée en Italie par des groupes comme Gruppo T et Gruppo N, Arte Programmata et Nouvelle Tendance ; s'étant toujours intéressée aux sciences et aux mathématiques, Dadamaino rejoint leurs rangs de manière officieuse. Ses *Oggetti ottico-dinamici* [Objets optiques dynamiques], à partir de 1964, sont de superbes exemples de cette période. Dans ces œuvres, elle commence par définir un programme rationnel, basé sur des équations algébriques, dont elle s'éloigne ensuite dans leur exécution manuelle, créant une instabilité visuelle et cognitive. En recomposant les petits carrés d'aluminium d'un damier plat pour en faire des motifs de tourbillons dynamiques, elle crée

DADA MAINO – Gruppo N

"Then we will no longer have to listen to miserly stories about Magellan and Drake. We will hear the stories of travellers who have circumnavigated the Ecliptic and rounded the North Star, as if it were the Cape Horn."

(Melville)

The arrival of new conditions, the surfacing of new problems, calls for new solutions, new methods and new measures: one cannot take to the air by running and leaping, it takes wings; it is not enough to change: the transformation must be complete. This is why we will not be able to understand painters who, even if they say they are interested in modern problems, still continue to stand before the painting as if it were a surface to fill with colors and forms, according to a more or less appreciable, more or less digested, taste. They trace a sign, take a step back, look at their work, leaning their head to one side and squinting, then they leap ahead once again to add another sign, another color of the palette until they have filled the painting and covered the canvas: the painting is finished, a surface with unlimited possibilities is now reduced to a kind of recipient into which unnatural colors and artificial meanings have been forced and compressed.

Why not, on the contrary, free this surface?

Why not try to understand that art history is not a history of "painters" but of discoveries and innovators? Allude, express, represent, abstract: these problems no longer exist. Form, color, dimensions are meaningless: the only problem for the artist is that of conquering the fullest freedom: barriers are a challenge, the physical ones to the scientist just as the mental ones to the artist.

Dada Maino has gone beyond the "issue of painting"; there are other dimensions that inspire her work: her paintings fly the flag of a new world, they introduce a new significance: they are not satisfied with "saying things in another way": they say new things.

Piero Manzoni, Padua, May 20th, 1961

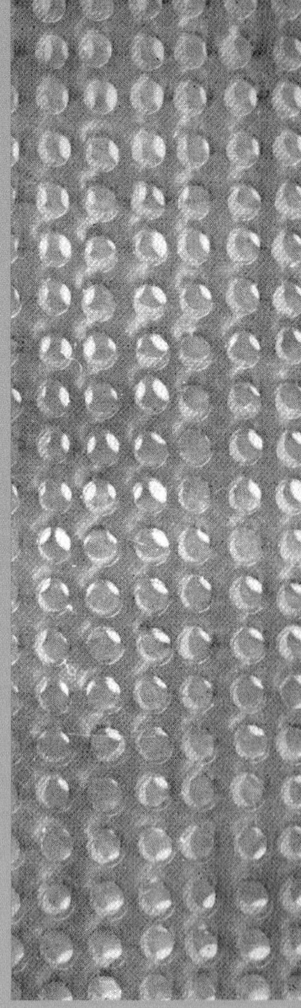

DADA MAINO – Gruppo N

« Alors nous n'entendrons plus les creux bavardages des Magellan et des Drake, mais nous prêterons l'oreille aux voyageurs qui ont contourné l'Ecliptique et l'Etoile polaire comme un simple Cap Horn ».

(Melville)

L'avènement de nouvelles conditions, la venue de nouveaux problèmes impliquent la nécessité de nouvelles solutions, de nouvelles méthodes, de nouvelles mesures : on ne décolle pas de la surface de la terre en courant et en sautant : il faut des ailes ; les modifications ne suffisent pas : la transformation doit être intégrale. C'est pourquoi, pour notre part, nous ne parvenons pas à comprendre les peintres qui, tout en se disant concernés par les problèmes modernes, se posent aujourd'hui devant un tableau comme s'il s'agissait d'une surface à remplir de couleurs et de formes, selon un goût plus ou moins remarquable, plus ou moins convenu. Ils tracent un signe, ils reculent, considèrent leur travail en inclinant leur tête et en plissant les yeux, puis sautent de nouveau en avant, en ajoutant un autre signe, une autre couleur de la palette jusqu'à ce qu'ils aient remplit le tableau et couvert la toile : le tableau est achevé, une surface de possibilités sans fin est désormais réduite à une sorte de récipient dans lequel des couleurs non naturelles sont introduites avec force, sont comprimées.

Pourquoi ne pas libérer cette surface, au contraire ?

Pourquoi ne pas chercher à comprendre que l'histoire de l'art n'est pas une histoire de « peintres », mais plutôt de découvertes et d'innovateurs ? Évoquer, exprimer, représenter, abstraire, ce sont aujourd'hui des problèmes inexistants. La forme, la couleur, les dimensions n'ont pas de sens : il n'y a pour l'artiste que le problème de la conquête de la liberté la plus intégrale : les barrières sont un défi, barrières physiques pour l'homme de science, mentales pour l'artiste.

Dada Maino a dépassé la « problématique picturale » : d'autres mesures donnent forme à son œuvre : ses tableaux sont les drapeaux d'un nouveau monde, sont une nouvelle signification : ils ne se contentent pas de « dire différemment », ils disent quelque chose de nouveau.

Piero Manzoni, Padoue, 20 mai 1961

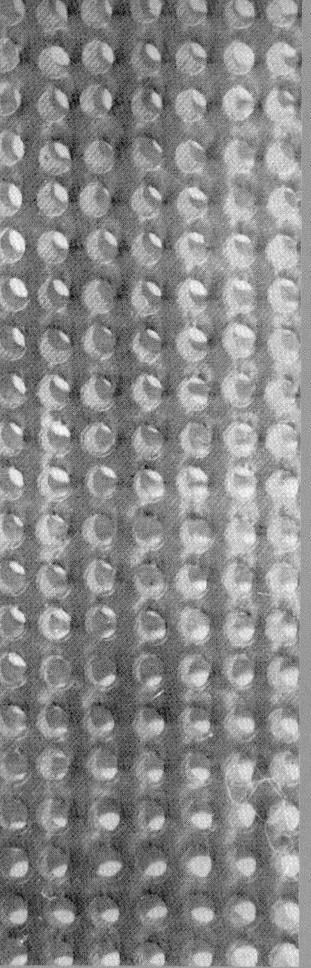

"Allora non udremo piú miseri discorsi su Magellano e su Drake.
Udremo il racconto di viaggiatori che hanno circumnavigato l'Eclit-
tica e doppiato la Stella Polare, come il Capo Horn".

Melville

Il verificarsi di nuove condizioni, il proporsi di nuovi problemi,
comportano con la necessità di nuove soluzioni, nuovi metodi,
nuove misure: non ci si stacca dalla terra correndo e saltando:
occorrono le ali; le modificazioni non bastano: la trasforma-
zione dev'essere integrale. Per questo noi non riusciamo a
capire i pittori che, pur dicendosi interessati ai problemi mo-
derni, si pongono tutt'oggi di fronte al quadro come se questo
fosse una superficie da riempire di colore e di forme, secondo
un gusto piú o meno apprezzabile, piú o meno orecchiato.
Tracciano un segno, indietreggiano, guardano il loro operato
inclinando il capo e socchiudendo gli occhi, poi balzano di
nuovo in avanti aggiungendo un'altro segno, un'altro colore
della tavolozza finché non hanno riempito il quadro e coperta
la tela: il quadro è finito, una superficie d'illimitate possibilità
è ora ridotta a una specie di recipiente in cui sono forzati e
compressi colori innaturali, significati artificiali.
Perché invece non liberare questa superficie?
Perché non cercare di capire che la storia dell'arte non è
storia di "pittori", ma bensi di scoperte e di innovatori?
Alludere, esprimere, rappresentare, astrarre, sono oggi problemi inesistenti. Forma, colore, dimensioni, non hanno senso:
vi è solo per l'artista il problema di conquistare la piú integrale libertà: le barriere sono una sfida, le fisiche per lo scien-
ziato come le mentali per l'artista.
Dada Maino ha superato la "problematica pittorica": altre
misure informano la sua opera: i suoi quadri sono bandiere
di un nuovo mondo, sono un nuovo significato: non si accon-
tentano di "dire diversamente": dicono nuove cose.

Piero Manzoni

GRUPPO N　　　via s. pietro 3, padova

DADA MAINO
dal 20 maggio '61; inaugurazione alle 18

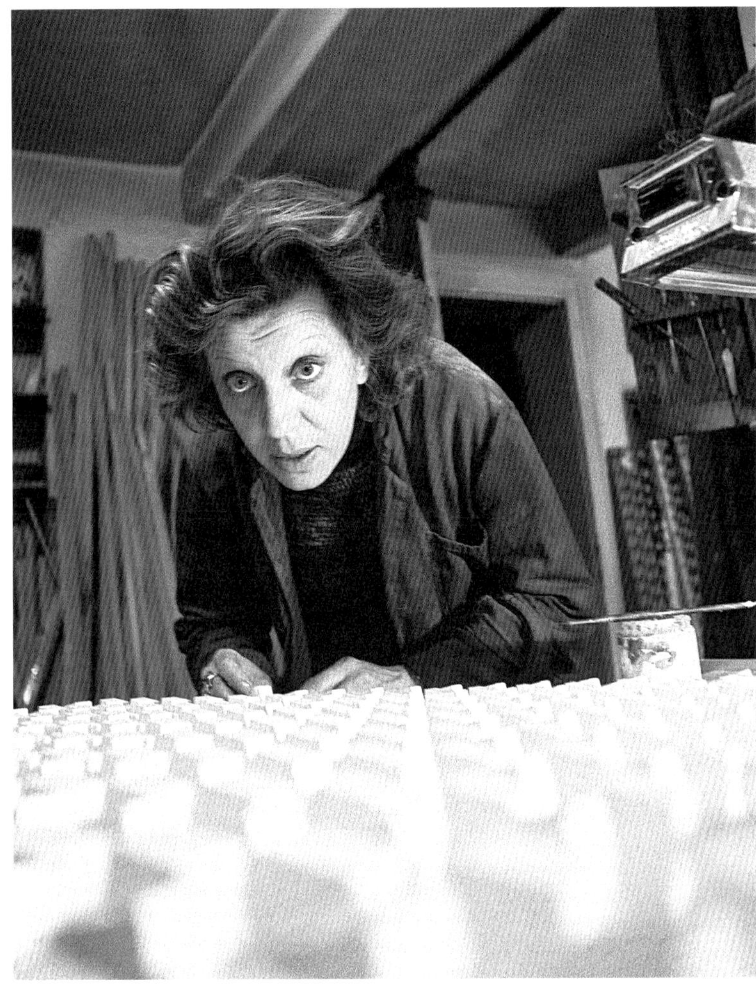 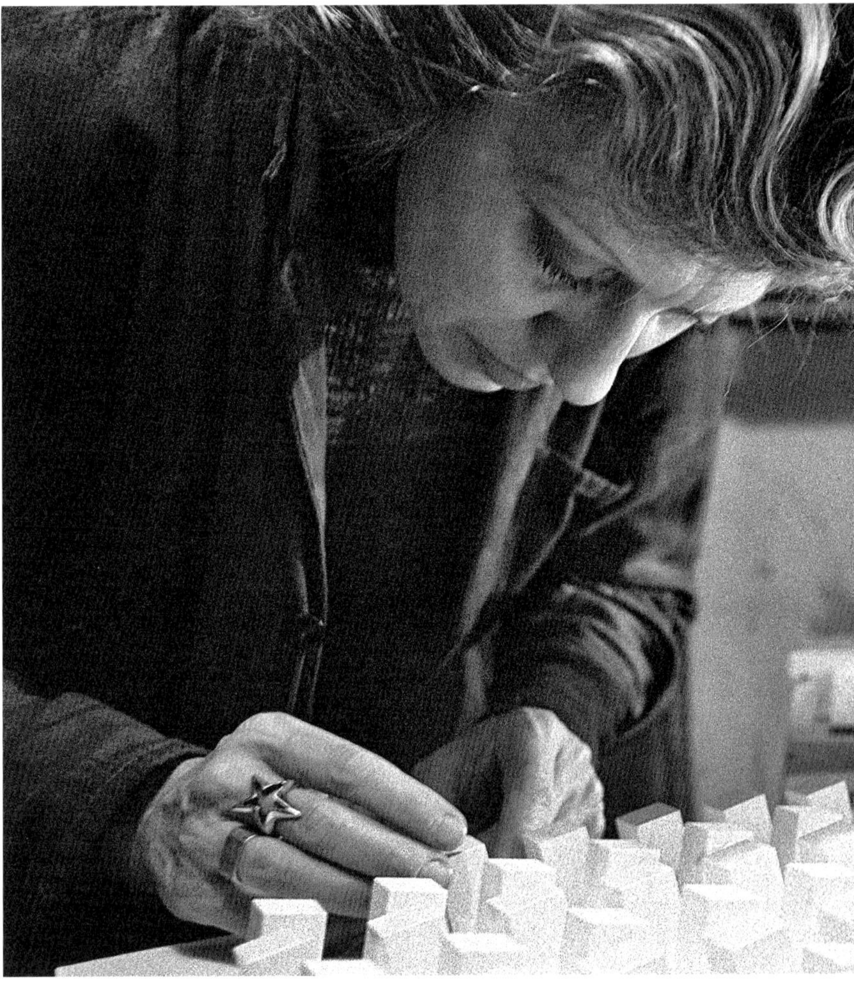

instinctively or accidentally in her earlier projects, here became deliberate, illustrating how the implacable logic of geometry could be challenged and undone.

Despite the commercial success and recognition she received for these works, this period was short-lived. Apparently the constraining procedures in making the works and, perhaps, paradoxically, even their positive reception, did not satisfy her. She continued to pursue her scientific investigations in other series, including in that of *La ricerca del colore* [Research on Color], beginning in 1966, perhaps inspired in part by Josef Albers, whose work she knew, but she would eventually abandon this direction.

Along with a general discontent with capitalist society among the younger generations in the mid to late 1960s, ideas of audience participation and collective experience were very much in the air in the European art world. This cultural climate was compatible with Dadamaino's convictions, in particular, in regard to a non-elitist, inclusive

l'illusion de volumes gonflés en forme de bulbe ou de sphère. La subversion du système, qui se produisait instinctivement ou accidentellement dans ses précédents projets, devient ici délibérée, illustrant comment la logique implacable de la géométrie peut être bousculée et défaite.

Malgré le succès commercial de ces œuvres et la reconnaissance qu'elles valent à l'artiste, cette période est de courte durée. Apparemment, les procédures contraignantes de leur réalisation et, peut-être, paradoxalement, leur accueil positif, ne satisfont pas Dadamaino, qui poursuit ses recherches scientifiques dans d'autres séries, notamment dans *La ricerca del colore* [Recherche sur la couleur], à partir de 1966, peut-être inspirée en partie par Josef Albers, dont elle connaissait le travail. Mais, finalement, elle abandonnera définitivement cette direction.

Parallèlement au désenchantement général des jeunes générations du milieu et de la fin des années 1960, opposées à la société capitaliste, les idées de participation du public et d'expérience collective sont très en vogue dans le monde de l'art européen. Ce climat culturel

100

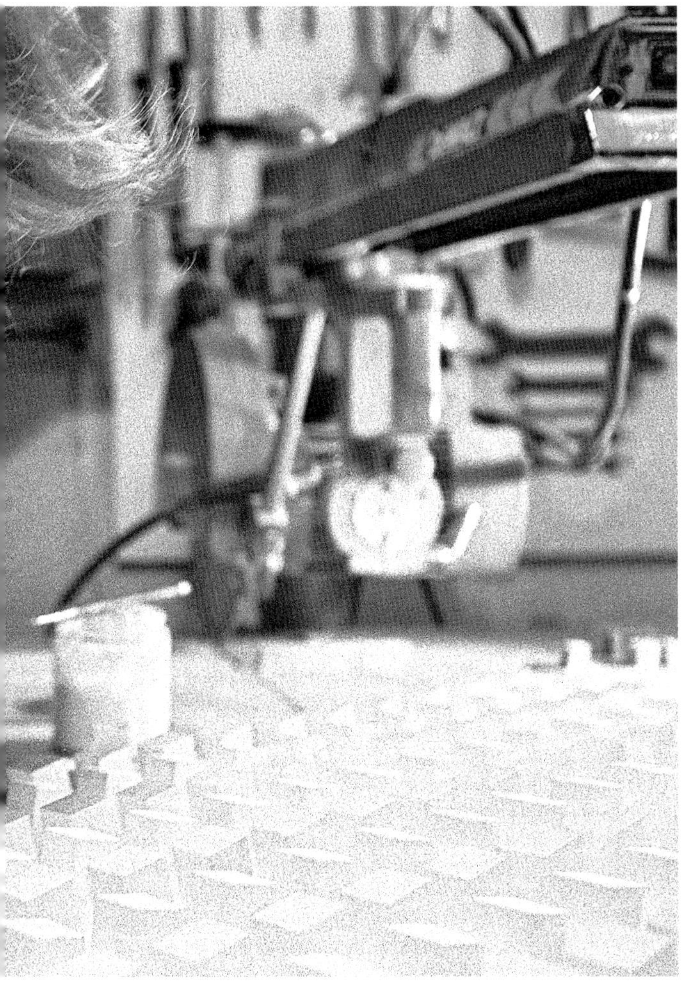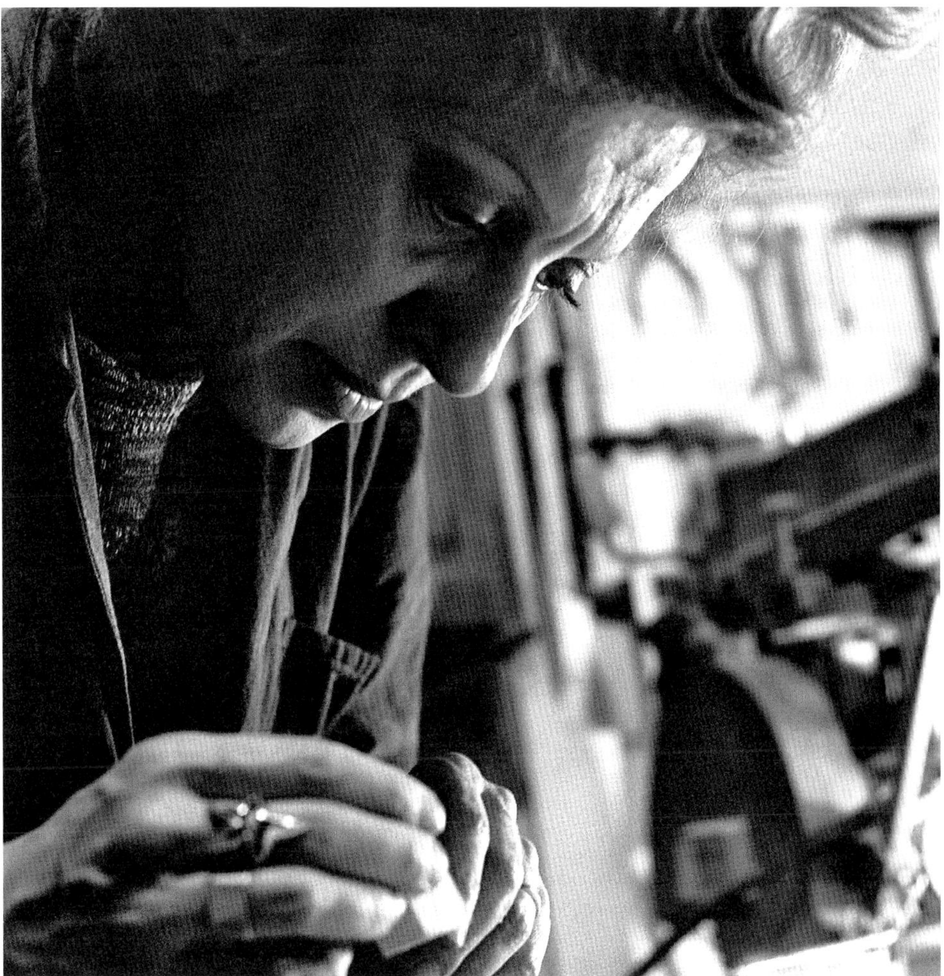

approach to art. Works from the mid to late 1960s, the *Componibili* [Modules] and the *Fluorescenti* [Fluorescents], in which the small geometric components could be reorganized by the viewer, represent this moment; these were followed by installations, public commissions and environmental works. In a sense, Dadamaino was relinquishing the role of the artist as the sole author of a work. Her position was nonetheless contradictory, because if, as she believed, art should transform society, she did not believe in political art.

Between approximately 1969 and 1970, Dadamaino took a pause from art, devoting her energies to a political activism, which coincided with a period of upheaval in Europe and particularly in Italy. From an early age she had been preoccupied by issues of social and ethnic inequality, which she considered one of the great unattended problems of humanity. She recognized that the world was changing, and her priorities were changing as well. Consistent with her long-held ambition to redefine art as a dematerialized concept and

correspond aux convictions de Dadamaino, notamment pour ce qui est de l'approche inclusive et non élitiste de l'art. Les *Componibili* [Modules] et les *Fluorescenti* [Fluorescents], œuvres créées entre le milieu et la fin des années 1960, dans lesquelles les petits composants géométriques peuvent être réorganisés par le spectateur, représentent ce moment ; elles sont suivies par des installations, des commandes publiques et des œuvres environnementales. Dans toutes ces œuvres, Dadamaino renonce au rôle de l'artiste en tant qu'unique auteur d'une œuvre, mais sa position est néanmoins contradictoire, car si elle pense l'art capable de transformer la société, elle ne croit pas pour autant en un art politique.

Entre 1969 et 1970 environ, Dadamaino fait une pause dans son activité artistique pour se consacrer à l'activisme politique, choix qui coïncide avec une période de bouleversements en Europe, et tout particulièrement en Italie. Dès son plus jeune âge, elle s'est préoccupée des questions d'inégalité sociale et ethnique, qui, pour elle, restent l'un des grands problèmes non résolus de l'humanité. Elle reconnaît que le monde change,

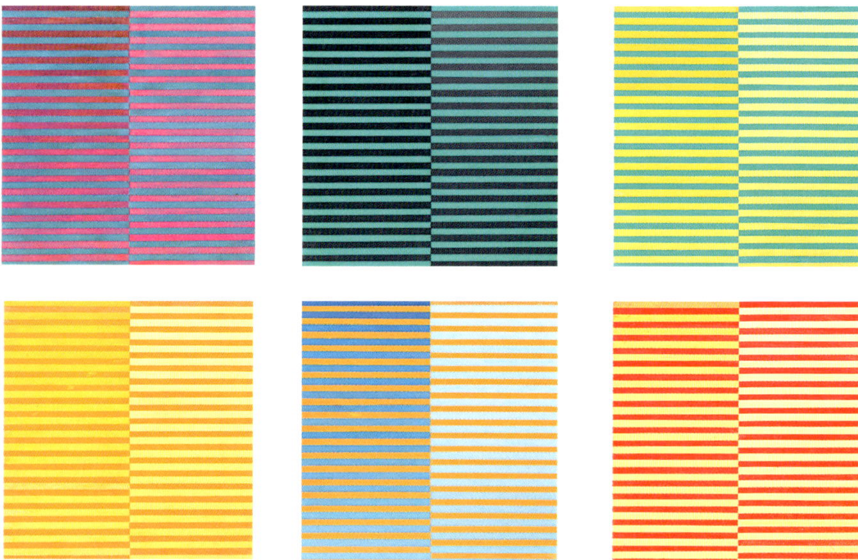

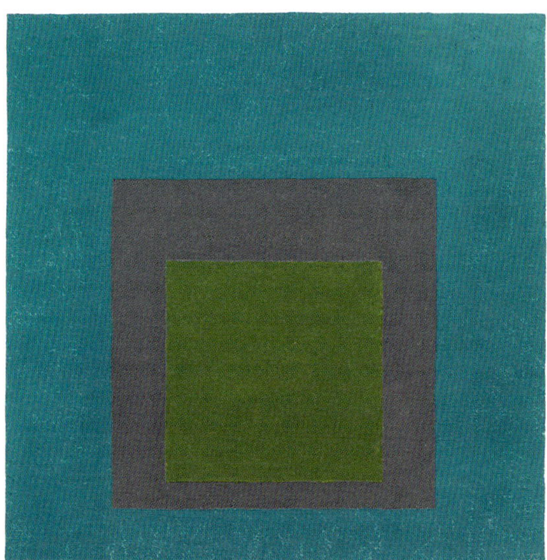

a spiritual value, she aspired to an art that could not be treated as a commodity, nor be bought or sold. In this stance, she remained faithful to the ideals of Manzoni, even though he had expressed them differently, by parodying the art market. Unfortunately, he had died in 1963.

Dadamaino returned to her studio in around 1970, at which point she questioned her dependence on rationality and geometry, which, up to then, had served as guidelines for her art. She asked herself whether the ruler, the compass and the geometric grid were not constraints that prevented her from acting with total freedom and taking absolute risks. She decided that they were. However, abandoning the grid was not that simple, in that the grid was the ultimate abstract schema for expressing the dematerialized world view she sought.

The works that announce a turning point toward a new direction in Dadamaino's production began in around 1970. Transitional works, these *Inconsci razionali* [(works of the) Rational Unconscious] chart her progression from an initial gridded lattice of ruled lines, to the faint freehand tracing of a broken structure, subsequently dissolving into a field of signs. Conceptually reminiscent of Mondrian's church façades and *Pier and Ocean* drawings of 1914 (although these were not her referent), the surfaces of these paintings are covered with tenuous horizontal and vertical lines, and sometimes dots and dashes, resembling, in their regularity, a worn woven fabric (the early works on a dark ground) or a manmade rendition of a star-studded field. The rational template of a grid is so familiar to

et ses priorités aussi changent. Conformément à son ambition de longue date de redéfinir l'art en tant que concept dématérialisé et valeur spirituelle, elle aspire à un art qui ne peut être considéré comme une marchandise, qui ne peut être ni acheté ni vendu. En cela, elle reste fidèle aux idéaux de Manzoni, même si ce dernier les a exprimés différemment, en parodiant le marché de l'art. Malheureusement, Manzoni est mort en 1963.

Dadamaino retrouve son atelier vers 1970 ; à cette date, elle remet en question sa dépendance vis-à-vis de la rationalité et de la géométrie, qui, jusque-là, avait été le fil conducteur de son orientation artistique. Elle se demande si la règle, le compas et la grille géométrique ne sont pas des contraintes qui l'empêchent d'agir en toute liberté et de prendre des risques absolus. Sa réponse est oui. Cependant, l'abandon de la grille n'est pas si simple, dans la mesure où celle-ci est le schéma abstrait ultime par lequel elle peut exprimer la vision dématérialisée du monde qu'elle recherche.

Les premières œuvres qui, dans la production de Dadamaino, annoncent un tournant vers une nouvelle direction datent de 1970. Œuvres de transition, les *Inconsci razionali* [Inconscients rationnels] retracent sa progression depuis un premier grillage de lignes réglées jusqu'au léger tracé à main levée d'une structure brisée, qui se dissout ensuite dans un champ de signes. Rappelant conceptuellement les façades d'église de Mondrian et ses dessins *Pier and Ocean* de 1914 (bien que ceux-ci ne soient pas sa référence), les surfaces de ces peintures sont couvertes de lignes horizontales et verticales ténues, et parfois de points et de tirets qui ressemblent, par leur régularité, à un tissu usé

Dadamaino, *Inconscio razionale*, 1977, tempera on canvas, 39 ⅜ × 39 ⅜ inch, detail
Dadamaino, *Inconscio razionale*, 1977, détrempe sur toile, 100 × 100 cm, détail

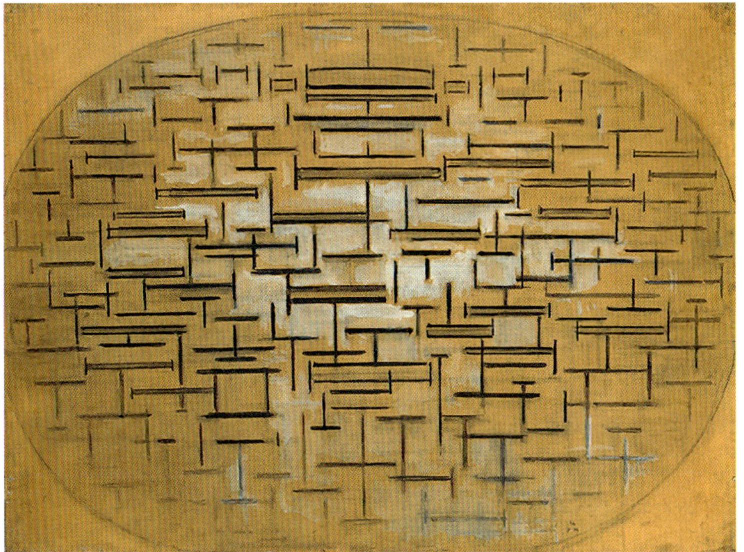

Piet Mondrian, *Pier and the Ocean 5 (Sea and Starry Sky)*, 1914, charcoal and watercolor on paper, 34 ⅝ × 44 inch, MoMA, New York
Piet Mondrian, *Pier and the Ocean 5 (Sea and Starry Sky)*, 1914, fusain et aquarelle sur papier, 87,9 × 111,7 cm, MoMA, New York

all, that it exists in our minds as a sublimated device, and it is this "unconsciously rational" system that Dadamaino intuitively took as her model, its structure reduced to floating signs. Its automatic manual notation shows a synchronism of mind and hand, that had never been so clear, never so simple, and, paradoxically, never so free.

Whereas the grid is an organizing system that is so embedded that one draws it without thinking, another is that of horizontal alignment. In Western cultures, it is the first order of knowledge we learn in childhood. Handwriting from left to right, on consecutive lines, and from top to bottom of a page, becomes, in later life, a subliminal exercise, as natural and automatic as breathing. We may think rationally about content, we do not think about the act of inscribing. Inscription, in this context, is a motor skill, presumably always the same, and yet always different.

The radical turning point in Dadamaino's art would come about in 1976. This was the year of the massacre of Palestinian refugees in Tal al-Zaatar, a camp in Lebanon, an event to which there was little international reaction or response. Indignant and angry, she went to the beach and wrote a message in the sand to the women of Tal al-Zaatar, in solidarity and protest, describing it as a letter to those who suffer. Her "letter" was written with a single repeated abstract sign, consisting of two vertical bars and a cross bar, which may be seen as a unit of a broken, rudimentary grid. The gesture and sign came to her automatically. Later she realized that it could be read as an

(dans les premières œuvres sur fond sombre) ou à une représentation artificielle d'un champ constellé d'étoiles. Le schéma rationnel d'une grille est si familier à tous qu'il existe dans notre esprit comme un dispositif sublimé, et c'est ce système « inconsciemment rationnel » que Dadamaino prend intuitivement pour modèle, en réduisant sa structure à des signes flottants. Sa notation manuelle automatique manifeste un synchronisme de l'esprit et de la main, qui n'a jamais été aussi clair, aussi simple et, paradoxalement, aussi libre.

Si la grille est un mode d'organisation tellement intégré qu'on la dessine sans réfléchir, un autre est celui de l'alignement horizontal. Dans les cultures occidentales, c'est le premier ordre de connaissance que l'on apprend dans l'enfance, et l'écriture de gauche à droite, sur des lignes consécutives, et de haut en bas de la feuille, devient plus tard un exercice subliminal, aussi naturel et automatique que la respiration. On peut penser rationnellement au contenu, mais on ne pense pas au fait d'écrire qui, dans ce contexte, est une compétence motrice, supposée être toujours la même, et pourtant toujours différente.

Le tournant radical dans l'art de Dadamaino se produit en 1976. C'est l'année du massacre des réfugiés palestiniens au camp de Tell-el-Zaatar, au Liban, un événement qui suscite peu de réactions au niveau international. Indignée et en colère, l'artiste se rend sur la plage et écrit dans le sable, en signe de solidarité et de protestation, un message adressé aux femmes de Tell-el-Zaatar, telle une lettre à celles qui souffrent. Elle écrit cette « lettre » au moyen d'un seul signe abstrait répété, composé de deux barres verticales et d'une barre transversale, signe dans lequel on peut voir l'unité

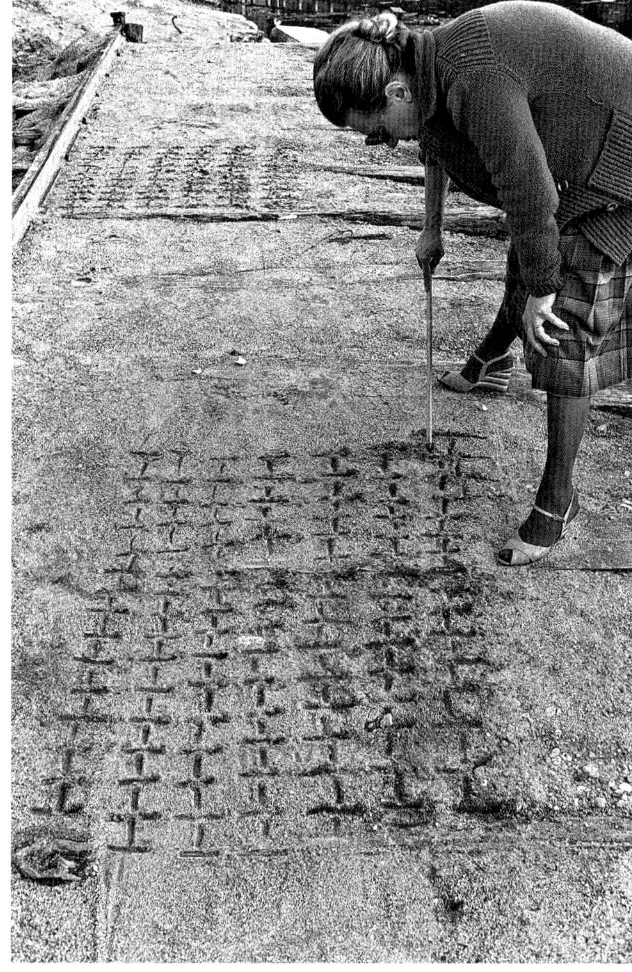

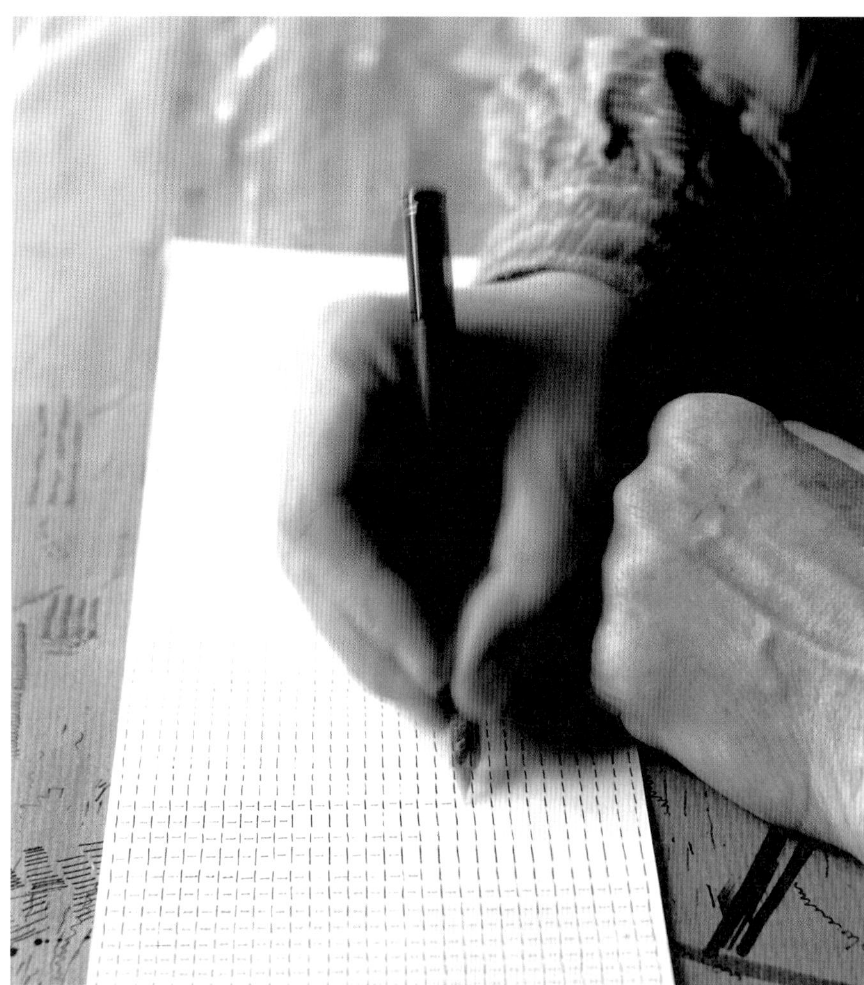

H, a "mute" letter in Italian that one does not pronounce or hear. She understood it as the sign of a voice that cannot be heard.

Sometime later, she filled a blank page with the same sign, inscribed repeatedly in horizontal lines, and became aware of the fact that the result was indeed like a letter or missive. For a year she repeated this process, filling sheets of paper with the same sign. One day, another sign came to her. Eventually she would invent sixteen ciphers or signs, inspired by what she called unimportant moments, jotting them down in an endless repetition, one sign per page, on sheets of paper of different sizes and colors. If the first notation of the sign on the left margin was tall or short, wide or narrow, stiff or rounded, all the signs on that line would follow suit, the errant movements of the hand making each one different nonetheless. There were no conscious accents or inflections. Of course, the inking would change (slightly), between a full pen and a pen running dry. But there was no objective, no message, just the hand infinitely repeating a single gesture and

de base d'une grille brisée et rudimentaire. Le geste et le signe lui sont venus spontanément. Plus tard, elle se rendra compte que l'on peut y voir un H, une lettre « muette » en italien, et elle en fera le signe d'une voix qui ne peut se faire entendre.

Quelque temps plus tard, elle remplit une feuille blanche avec le même signe, répété sur des lignes horizontales, et prend conscience que le résultat ressemble effectivement à une lettre ou à une missive. Pendant un an, elle renouvelle l'opération, remplissant des feuilles de papier avec le même signe. Un jour, un autre signe apparaît, et finalement, elle en inventera seize, inspirés de ce qu'elle appelle des moments sans importance, notés dans une répétition sans fin à raison d'un signe par page, sur des feuilles de papier de différentes tailles et couleurs. Si le premier signe porté sur la marge de gauche est haut ou court, large ou étroit, rigide ou arrondi, tous les signes de cette même ligne sont identiques, exception faite des différences dues aux mouvements involontaires de la main. Il n'y a pas d'accents ni d'inflexions conscients. Bien sûr, la quantité d'encre change (légèrement) entre une plume

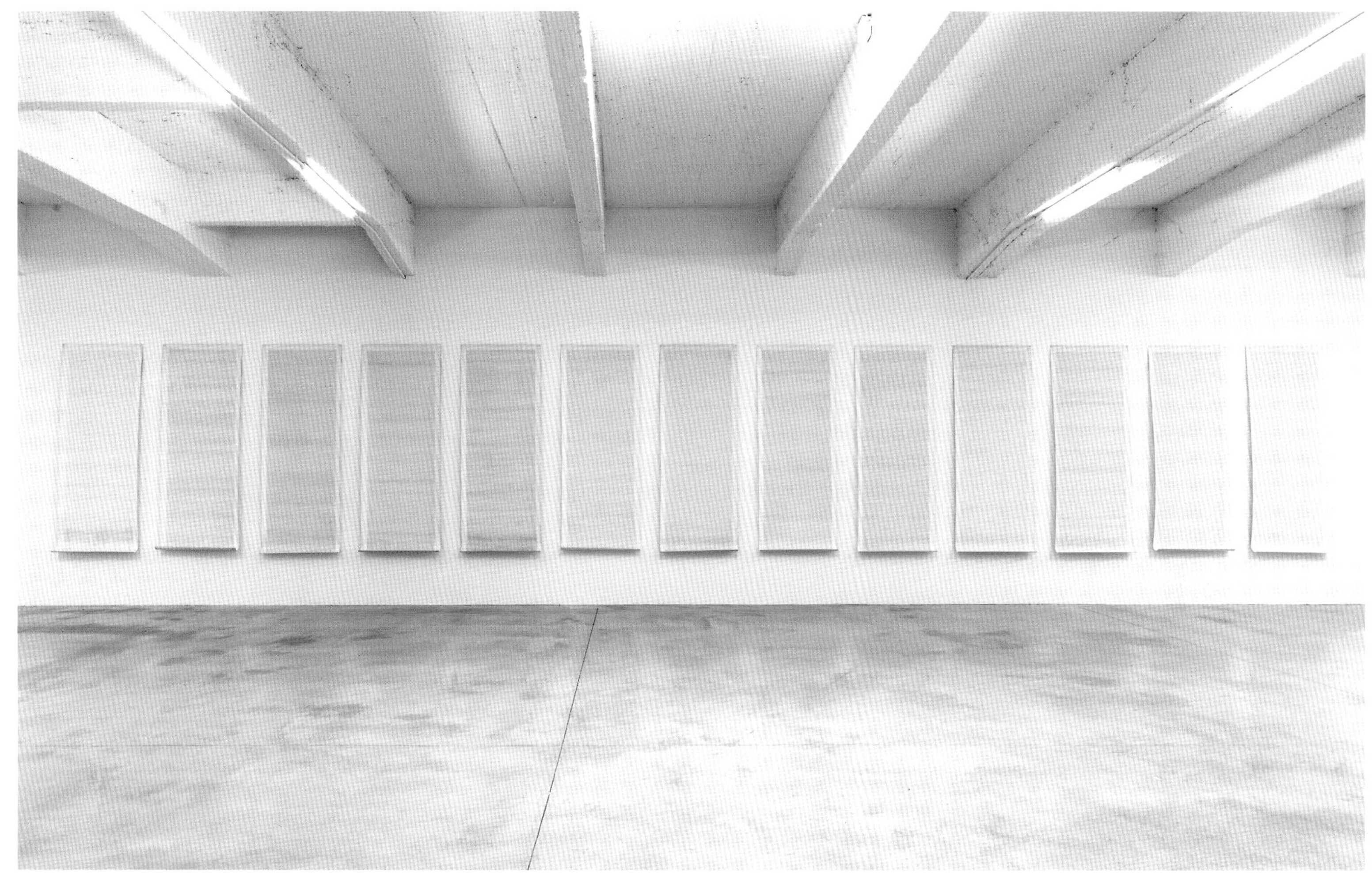

sign. She insisted that these were not diaries of important instances, but just notations of time passing, pulsions and emotions, the rhythmic sameness and difference of each instant. Occasionally she cited moments that had inspired her, of "hope" or "fear," but also of "freedom," "imposed silence" or "censorship". Dadamaino would call this the alphabet of her unconscious, or her *Alfabeto della mente* [Alphabet of the mind].

This series became Dadamaino's political and aesthetic manifesto. It was her manner of going against all cultural expectations, all the rules. It began as an attempt to give a voice to those who cannot be heard, not only political or ethnic minorities but also to women in a man's world. This was something that, in the art world, she was experiencing first hand. Furthermore, it is as though she was seeking to call attention to an underestimated variety of human behavior: the gratuitous gesture, the *acte gratuit,* without an objective, or rather just that of being here: human, generous, and alive. However, deep down inside, Dadamaino's

chargée et une plume qui s'épuise, mais il n'y a aucun message, aucun objectif : juste la main qui répète à l'infini un même geste et un même signe. Dadamaino insiste sur le fait qu'il ne s'agit pas de journaux intimes d'événements importants, mais simplement de notes sur le temps qui passe, sur des pulsions et des émotions, sur les similitudes et les différences rythmiques entre les différents instants. Elle cite parfois des moments qui l'ont inspirée, des moments d'« espoir » ou de « peur », mais aussi de « liberté », de « silence imposé » ou de « censure ». Elle appelle cela l'alphabet de son inconscient, ou son *Alfabeto della mente* [Alphabet de l'esprit].

Cette série devient le manifeste politique et esthétique de Dadamaino, sa manière d'aller à l'encontre de toutes les attentes culturelles, de toutes les règles. Ce fut d'abord une tentative de donner une voix à ceux qui ne peuvent se faire entendre : les minorités politiques ou ethniques, mais aussi les femmes dans un monde d'hommes. C'est une expérience qu'elle vivait personnellement dans le monde de l'art. En outre, elle semblait vouloir attirer l'attention sur un mode sous-estimé

acte was not *gratuit*. During these years, the dimension of social responsibility that had always been present in her life, moved to the forefront of her art. These works may be seen as reminders of her social conscience and engagement, a mute protest in graphic form.

Serial repetition is a manner of organizing the world, a world that made little sense to Dadamaino's generation. Furthermore, her alphabet came from two things: a mistrust of certain forms of art, and a mistrust of language for conveying messages from those who have no voice. In a 1980 interview with Francesco Vincitorio, she said: "I let myself go according to my instinct, the time, the vital rhythms of my day. It is not a diary, it just records everything. [...] It is a reflection on our century where so many experiments have happened and failed: just causes and less just causes. It is a bit the story of my, our life."[1] Around 1978-80, she began hanging the irregular sheets massed together in installations that she appropriately called *I fatti della vita* [The Facts of Life].

If the strategy of repetition corresponds to a world view, it appears that in 1981, Dadamaino's attitude toward the world was changing, causing her to relinquish this regimented epistolary template. Or perhaps the exercise had become too routine. A small series, called the *Interludi* [Interludes], breaks away from this format. An arborescence, a twisted grid, or even star-shaped or bulb-shaped linear patterns organize her signs in curves, in an open, dilated space. The sign used here is still and always the H shaped figure, the mute sign, the sign of her original anger. Strangely, from a distance, the loose chains of tiny inked ciphers, jotted quickly on large sheets of cardboard, resemble short poems or phrases (one is reminded of Apollinaire's *Calligrammes*), teasing the eye and the mind, as though, finally, the voiceless could almost speak.

The *Interludi* were immediately followed by the *Costellazioni* [Constellations], works in colored inks on large sheets of paper or cardboard. In both these series, an attention

de comportement humain, à savoir le geste gratuit, l'acte gratuit, sans objectif sinon celui d'être juste là : humain, généreux et vivant. Mais, au plus profond, l'acte de Dadamaino n'est pas gratuit. À l'époque, la dimension de la responsabilité sociale, qui avait toujours été présente dans sa vie, passe au premier plan dans son art. Ces œuvres peuvent donc être considérées comme des rappels de sa conscience sociale et de son engagement, une protestation muette sous forme graphique.

La répétition sérielle est une manière d'organiser le monde, un monde qui n'a guère de sens pour la génération de Dadamaino. De plus, son alphabet s'explique par une double méfiance : à l'égard de certaines formes d'art, et à l'égard de la capacité du langage à transmettre les messages de ceux et celles qui sont sans voix. Dans un entretien accordé en 1980 à Francesco Vincitorio, elle déclarait : « Je me laisse aller à mon instinct, au temps, aux rythmes vitaux de ma journée. Ce n'est pas un journal intime, tout y est noté. [...] C'est une réflexion sur notre siècle, où tant d'expériences ont échoué : des causes justes et des causes moins justes. C'est un peu l'histoire de ma, de notre, vie[1] ». Vers 1978-1980, elle commence à accrocher ces feuilles irrégulières dans des installations très denses qu'elle appelle à juste titre *I fatti della vita* [Les faits de la vie].

Si la stratégie de la répétition correspond à une vision du monde, il semble que Dadamaino, en 1981, change justement d'attitude envers le monde et renonce finalement à ce schéma épistolaire trop strict. Ou peut-être l'exercice est-il devenu trop routinier. Une petite série, appelée *Interludi* [Interludes], se détache de ce format. Une arborescence, une résille, ou encore des motifs linéaires en forme d'étoile ou de bulbe organisent ses signes en courbes, dans un espace ouvert et dilaté. Le signe utilisé ici est encore et toujours la figure en forme de H, le signe muet, le signe de sa colère originelle. De loin, curieusement, les chaînes de minuscules codes encrés, griffonnés rapidement sur de grandes feuilles de carton, ressemblent à des phrases ou à de courts poèmes (on pense aux *Calligrammes* d'Apollinaire), taquinant l'œil et

[PP. 108-109] *I fatti della vita*, 1978-1980 at
the 39th Venice Biennale, Giardini di Castello,
Italian Pavillion
[PP. 108-109] *I fatti della vita*, 1978-1980 à la
XXXIXᵉ Biennale de Venise, Giardini di Castello,
Pavillon italien

to movement and space takes precedence over the individual sign. The *Costellazioni* are larger than any of her works to date, sometimes measuring as much as 1.56 × 2.06 m. Each work in this group is composed of a single repeated gesture, that of a tiny diagonal dash, sprinkled in many directions, creating the impression of a pulsating field. What appear as visual tears in the fabric of the field, jagged areas filled with denser patterns of lines, presumably refer to galactic bodies. Sometimes these silhouettes resemble elongated invertebrates (à la Henri Michaux, except for the scale), twisting and turning in the sky. Dadamaino would claim that these works, which enjoy a new compositional freedom, were the fruit of her unconscious mind. The diaphanous haze of the grounds, produced by their pointilliste treatment, brings us closer to the vision of immateriality she had been seeking since the early 60s, and had found momentarily in the *Volumi a moduli sfasati*. Whereas her infinitesimal reiterative gesture may still derive from automatic impulses, the focus is no longer on the here and now rooted in an everyday existence but on the imagined image of another sphere of experience, a macrocosmic model, infinitely moving and expanding, without temporal or spatial boundaries.

Dadamaino's final period is a synthesis and culmination of much if not all that went before. Starting in 1987, the titles *Il movimento delle cose* [The Movement of Things] and *Passo dopo passo* [Step by Step] clearly indicate that motion itself was her primary concern. These late works were executed on fairly thick polyester sheets on which she worked with special inks. Her stroke of the pen is quick, cursive, short, directional and always the same. Unlike her other works since 1972 in which the ciphers were spontaneous, disconnected, and sometimes crude, here they are graded and sequenced, creating illusions of shading and of volumes in motion, as in a swell. The resulting configurations are totally abstract, depicting sensations of pure motion, through effects of rising and falling, of overlapping, or of tunneling perspectives. These

l'esprit, comme si, enfin, les sans-voix pouvaient presque trouver leur voix.

Les *Interludi* sont immédiatement suivis par les *Costellazioni* [Constellations], exécutés avec des encres de couleur sur de grandes feuilles de papier ou de carton. Dans ces deux séries, l'attention portée au mouvement et à l'espace prime sur le signe individuel. Les *Costellazioni* sont les plus grandes de toutes ses œuvres jusqu'alors, mesurant parfois jusqu'à 156 × 206 cm. Dans ce groupe, chaque œuvre est composée d'un seul geste répété, celui d'un minuscule trait en diagonale, dispersé dans plusieurs directions, créant l'impression d'un champ animé par des pulsations. Ce qui apparaît comme des déchirures visuelles dans le tissu de ce champ, des zones irrégulières remplies de lignes plus denses, fait probablement référence à des corps galactiques. Parfois, ces silhouettes ressemblent à des invertébrés allongés (à la manière d'Henri Michaux, sauf pour les dimensions), qui se tordent et se retournent dans le ciel. Dadamaino affirmait que ces œuvres, qui jouissent d'une nouvelle liberté de composition, sont le fruit de son inconscient. La brume diaphane des fonds, produite par leur traitement pointilliste, nous rapproche de la vision de l'immatérialité que l'artiste recherchait depuis le début des années 1960, et qu'elle avait trouvée momentanément dans les *Volumi a moduli sfasati*. Si son geste répétitif infinitésimal peut encore provenir d'impulsions automatiques, l'attention ne se porte plus sur le *hic et nunc* enraciné dans une existence quotidienne, mais sur l'image imaginée d'une autre sphère d'expérience, un modèle macrocosmique, infiniment mouvant et en expansion, sans limites temporelles ou spatiales.

La dernière période de Dadamaino est une synthèse et un point culminant de beaucoup de ses tentatives précédentes, sinon de toutes. À partir de 1987, les titres *Il movimento delle cose* [Le mouvement des choses] et *Passo dopo passo* [Pas à pas] expriment clairement que le mouvement est sa principale préoccupation. Ces œuvres tardives sont réalisées sur des feuilles de polyester épaisses et transparentes, avec des encres spéciales. Son coup de plume est rapide,

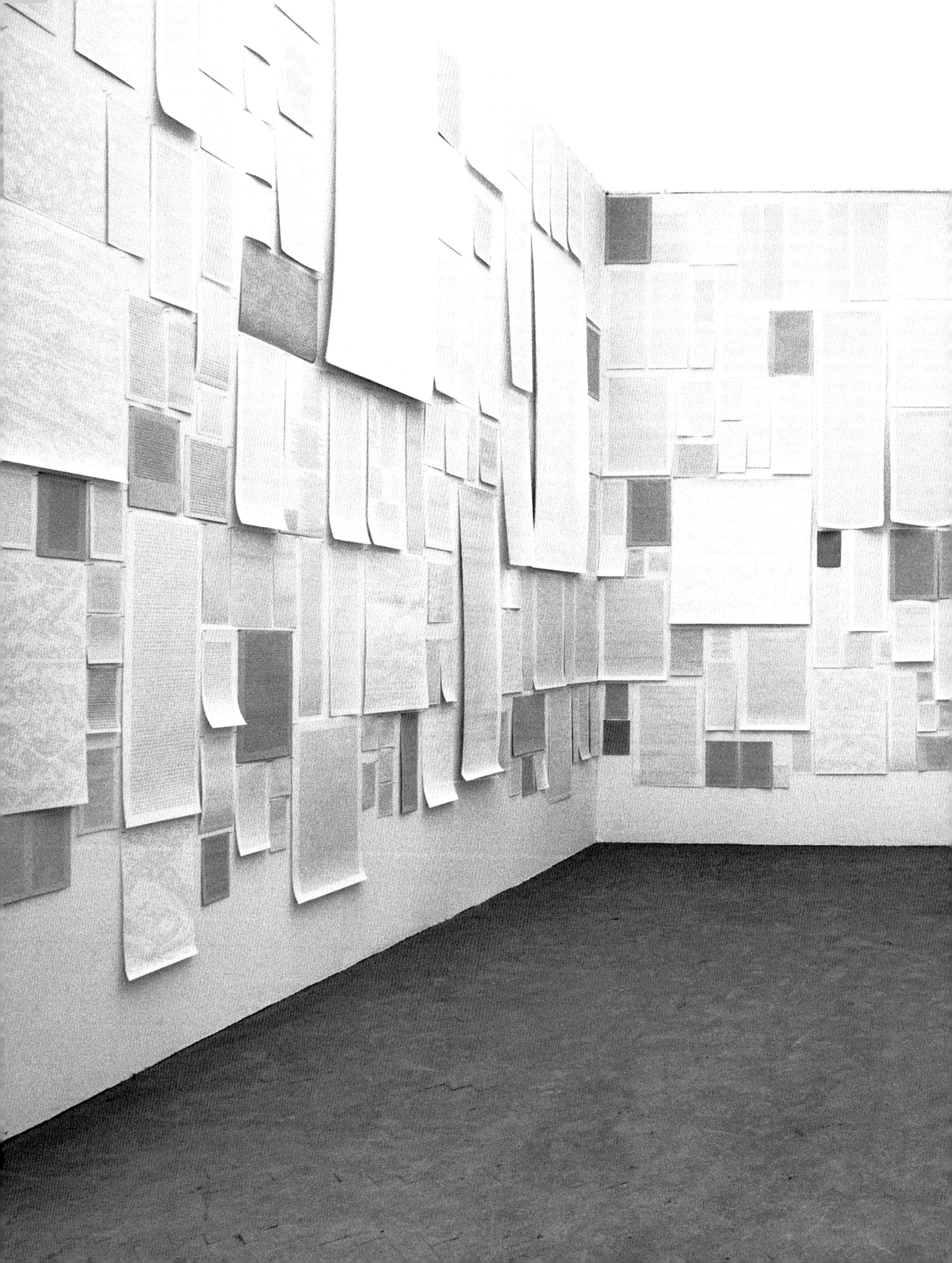

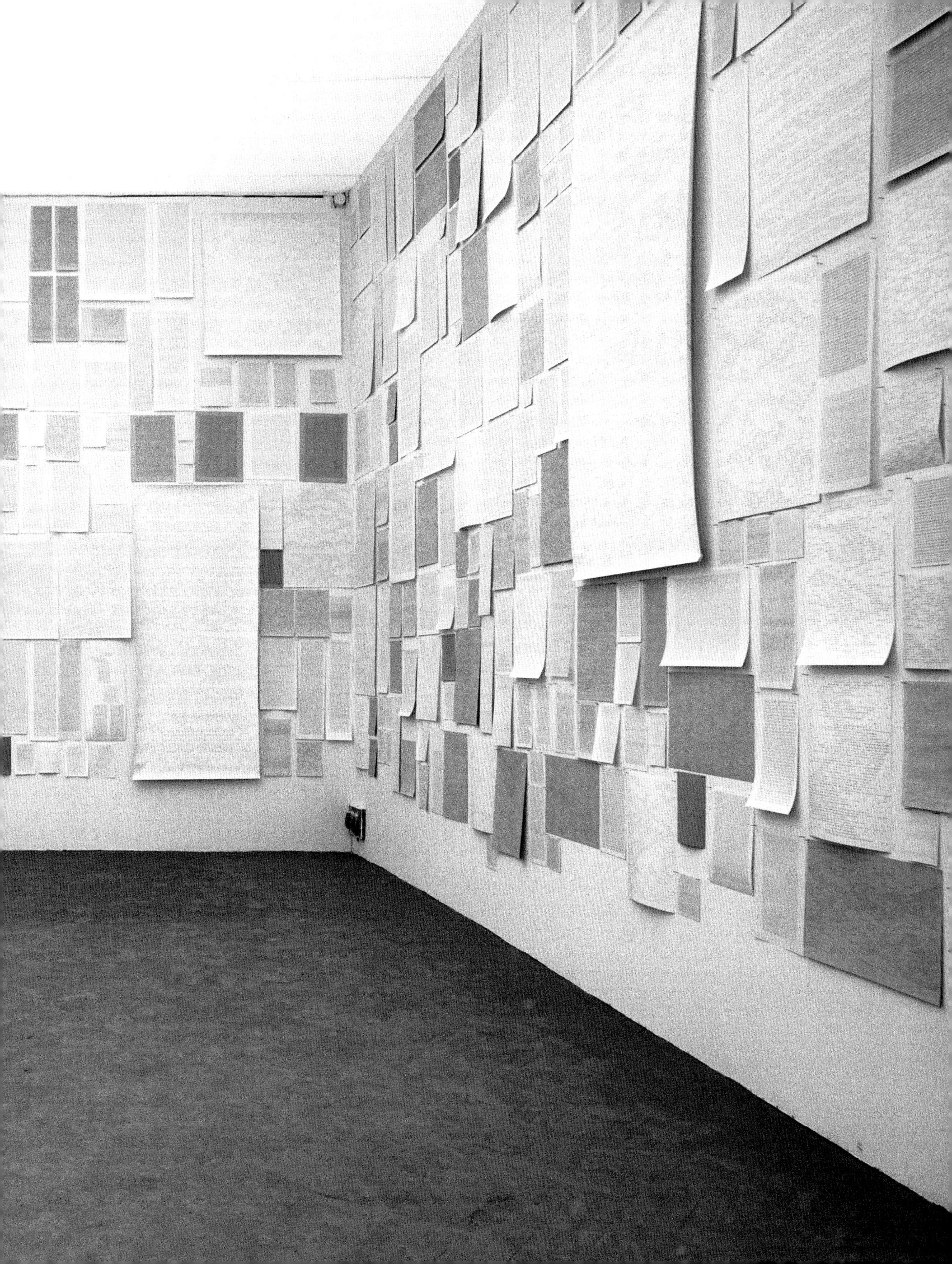

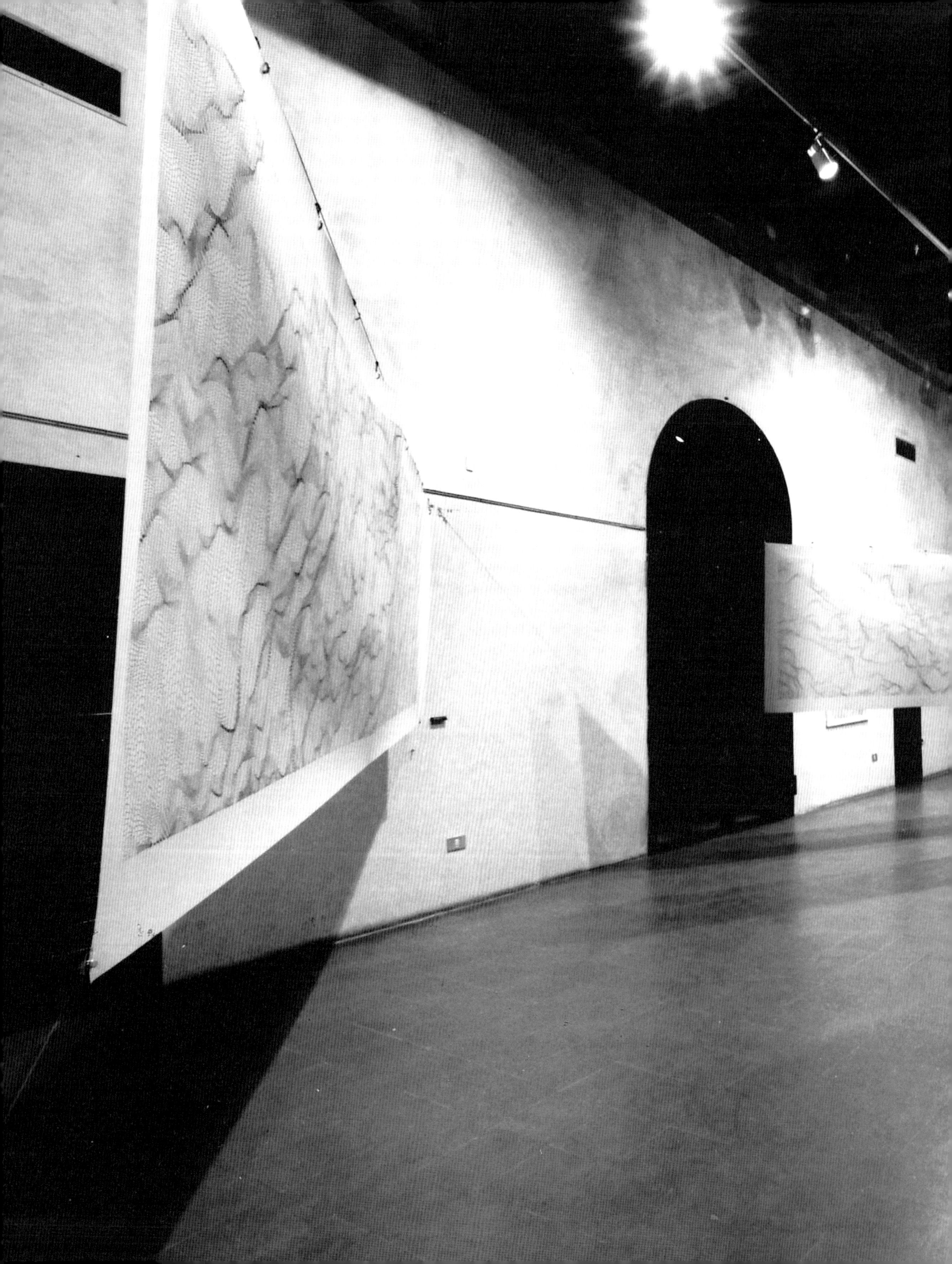

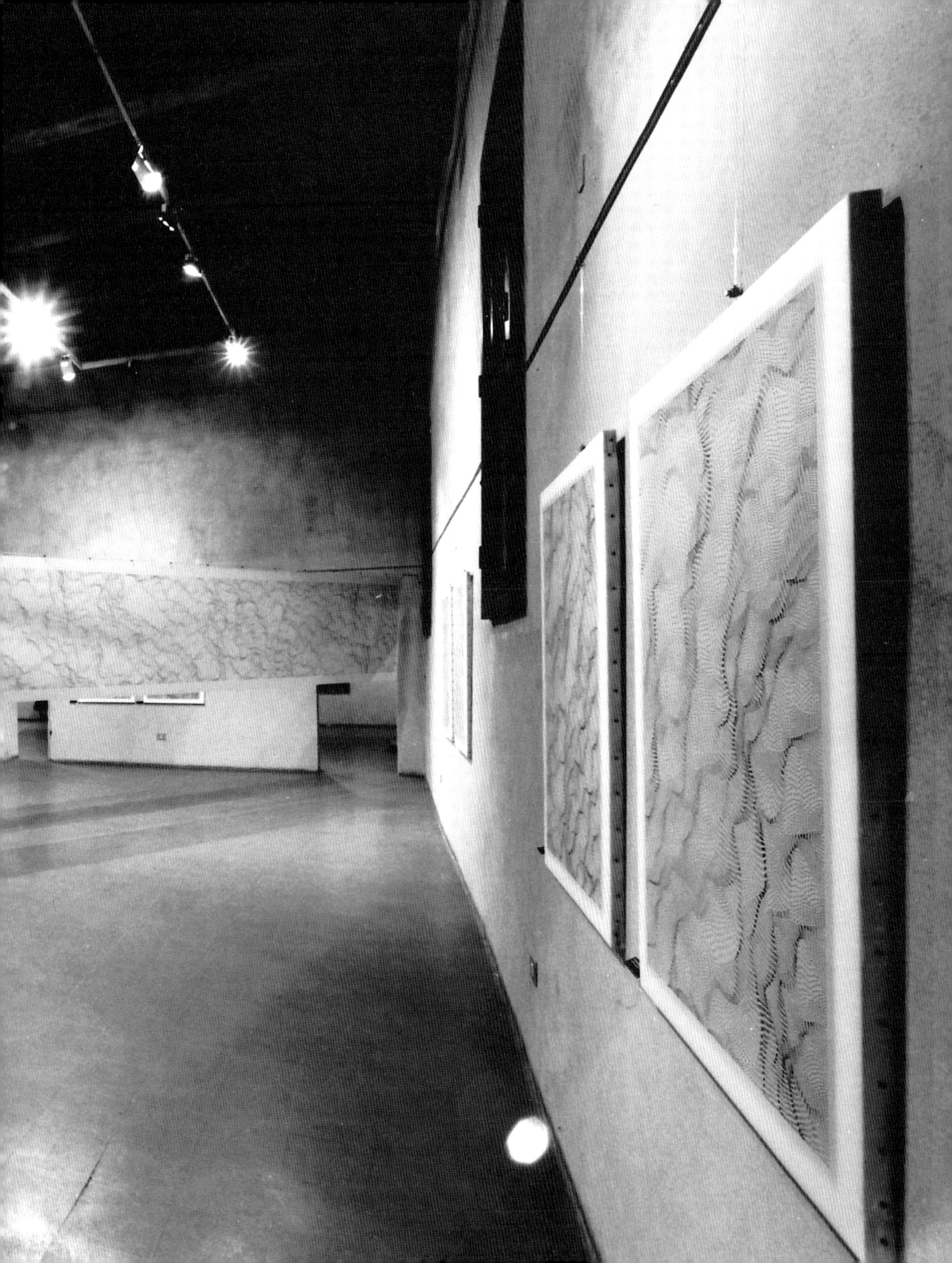

effects are supported by reminiscences or "ghost images" that evoke twists and folds in a gauze-like fabric, the crests and falls of a rolling tide, ripples of organic lava. And yet, there is no gauze, no tide, no lava. It is as though Dadamaino were writing on air, on nothingness, on a void. The result has the elegance and airiness of Chinese landscape painting.

At first, it is hard to imagine that the perfectly gauged dashes and signs, creating vectors of motion, were executed automatically, without a conscious intention to achieve such delicate and dramatic effects. However, at the same time, one might imagine that after years – comprising hours, days and nights, weeks and months – of inscribing gestures or signs on a ruled or gridded surface, and then loosening them to float on boundless fields, each quirk of the mind and each stroke of the hand would know and find its place.

The precision of Dadamaino's spatial cues and their meticulous execution are astounding, particularly when one considers the scale of her ambition in the late 1990s. The standard height of the polyester sheet was always the same (1.20 m), but, since it was marketed in rolls, she could extend it infinitely, according to her desires. Thus, after the early works, which measured approximately 2 × 1.20 m, she embarked on works measuring 1.20 × 18 m and a final work that measured thirty meters long. Whereas the early "Alphabet" works, on small sheets of paper, could be realized in one long or one short day's time, the scale of these late works on polyester demanded a sustained mental and manual tension over many months, sometimes years. The monumental sheets were executed in segments, so that a global vision of the complete work during its realization was impossible. As a result, they embody an infinite exercise of unpredictability, and each stroke a leap into the void.

Dadamaino's art incarnates a dialectical relation between discipline and adventure, rationality and impulse, which, according to those who knew her, mirrored her character

cursif, court, directionnel et toujours identique. Contrairement à ses autres œuvres depuis 1972, dans lesquelles les signes sont spontanés, déconnectés et parfois bruts, ici ils sont gradués et séquencés, créant des illusions d'ombres et de volumes en mouvement, comme dans une houle. Totalement abstraites, les configurations qui surgissent représentent des sensations de mouvement pur, par des effets de montée et de descente, de chevauchement ou de fuites plongeantes. Ces effets sont soutenus par des réminiscences ou des « images fantômes » évoquant les torsions et les plis d'une étoffe de gaze, les crêtes et les rouleaux d'une marée montante, les rides d'une lave organique. Et pourtant, il n'y a ni gaze, ni marée, ni lave. Comme si Dadamaino écrivait sur l'air, sur le néant, sur le vide. Le résultat a l'élégance et la légèreté de la peinture de paysage chinoise.

Au début, il est difficile d'imaginer que les tirets et les signes parfaitement calibrés, qui créent des vecteurs de mouvement, ont été exécutés automatiquement, sans intention consciente d'obtenir des effets aussi délicats et spectaculaires. En même temps, on pourrait imaginer qu'après des années – c'est-à-dire des heures, des jours et des nuits, des semaines et des mois – passés à reporter des gestes ou des signes sur une surface réglée ou quadrillée, puis à les libérer pour qu'ils flottent sur des fonds sans limites, chaque caprice de l'esprit et chaque geste de la main reconnaitrait et trouverait sa place.

Il y a quelque chose de stupéfiant dans la précision des indices spatiaux de Dadamaino et dans la minutie de leur exécution, surtout si l'on considère l'ampleur de son ambition à la fin des années 1990. La feuille de polyester avait toujours la même hauteur standard (120 cm), mais, comme elle était commercialisée en rouleau, l'artiste pouvait l'étendre à l'infini, selon ses désirs. Ainsi, après ses premières œuvres, qui mesuraient environ 200 × 120 cm, elle s'est lancée dans des dimensions plus grandes (120 × 1.800 cm), avec une œuvre finale mesurant trente mètres de long. Alors que les premières œuvres de l'*Alphabet*, sur de petites feuilles de papier, pouvaient être

and her life. Known for being spontaneous, eccentric, generous, and excessive, she also maintained an ironclad discipline, working long hours every day, and sometimes weeks, months, and years on end, to realize the often herculean tasks that she created for herself. One is tempted to say that this identification of her life with her labor was an existential choice. The work, both the act and the object, reflected her understanding of the rhythms of human existence, and of spatial and temporal experience, from their most intimate to their most infinite representations in our unconscious. As she said herself, "It is a bit the story of my, our life."[2] Of her life and our own.

réalisées en une journée de travail plus ou moins longue, l'échelle de ces œuvres tardives sur polyester exigeait une tension mentale et manuelle soutenue durant de nombreux mois, parfois des années. Les feuilles monumentales étaient travaillées par segments, de sorte qu'il était impossible d'avoir une vision globale de l'œuvre complète en cours de réalisation. De ce fait, elles incarnent un exercice infini d'imprévisibilité, où chaque trait est un saut dans le vide.

L'art de Dadamaino représente une relation dialectique entre la discipline et l'aventure, la rationalité et l'impulsion, relation qui, pour ceux qui ont fréquenté l'artiste, reflète son caractère et sa vie. Connue pour sa spontanéité, son excentricité, sa générosité et ses excès, elle a maintenu aussi une discipline de fer, travaillant de longues heures chaque jour, parfois durant des semaines, des mois ou des années pour accomplir les tâches souvent herculéennes qu'elle s'était fixées. On est tenté de dire que cette identification de sa vie à son travail était un choix existentiel. Son travail, comme processus et comme produit, manifeste sa compréhension des rythmes de l'existence humaine et de l'expérience spatiale et temporelle, dans leurs représentations les plus intimes comme les plus infinies de notre inconscient. Comme elle l'a dit elle-même, « C'est un peu l'histoire de ma, de notre vie[2] ». De la sienne et de la nôtre.

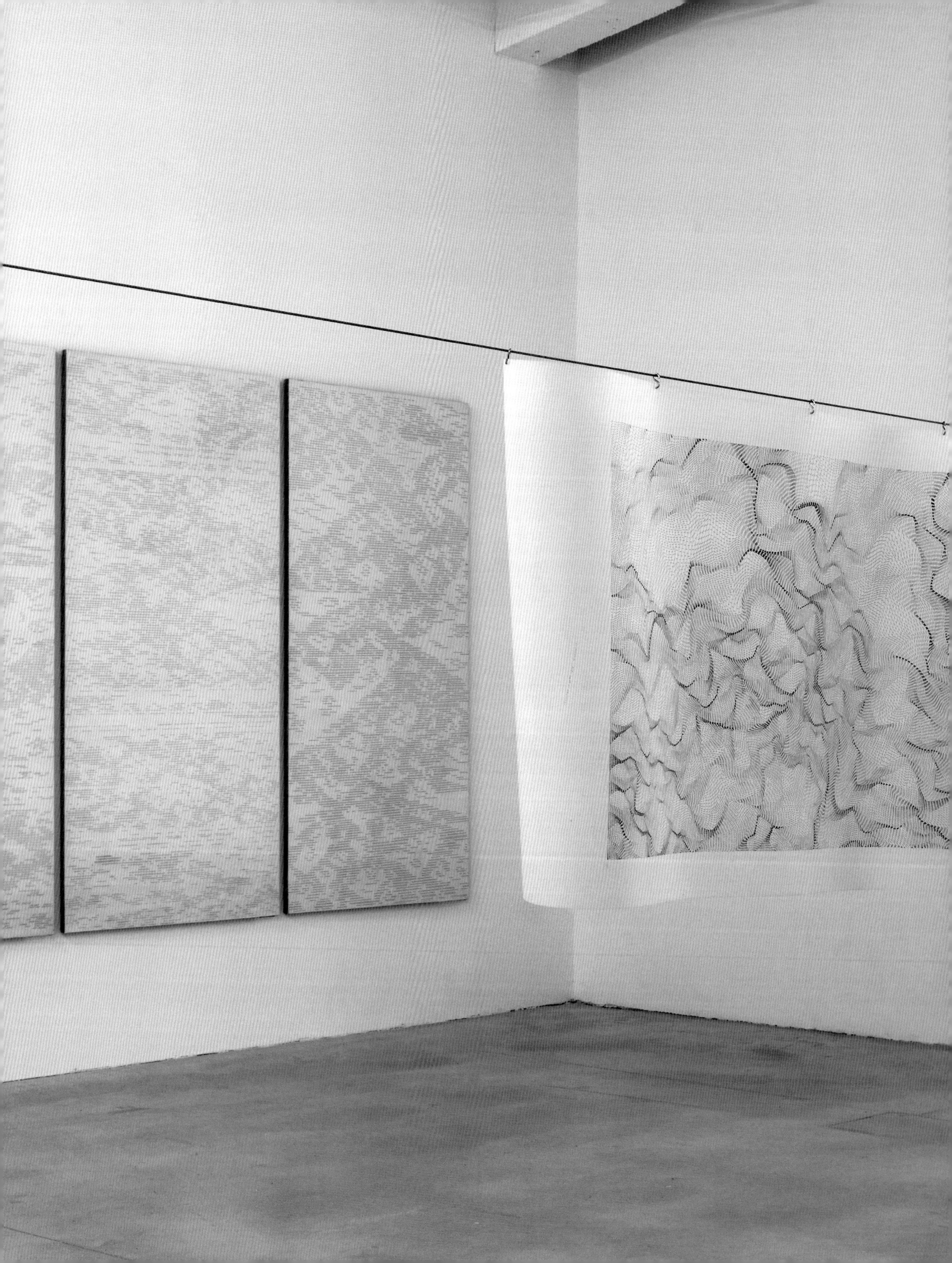

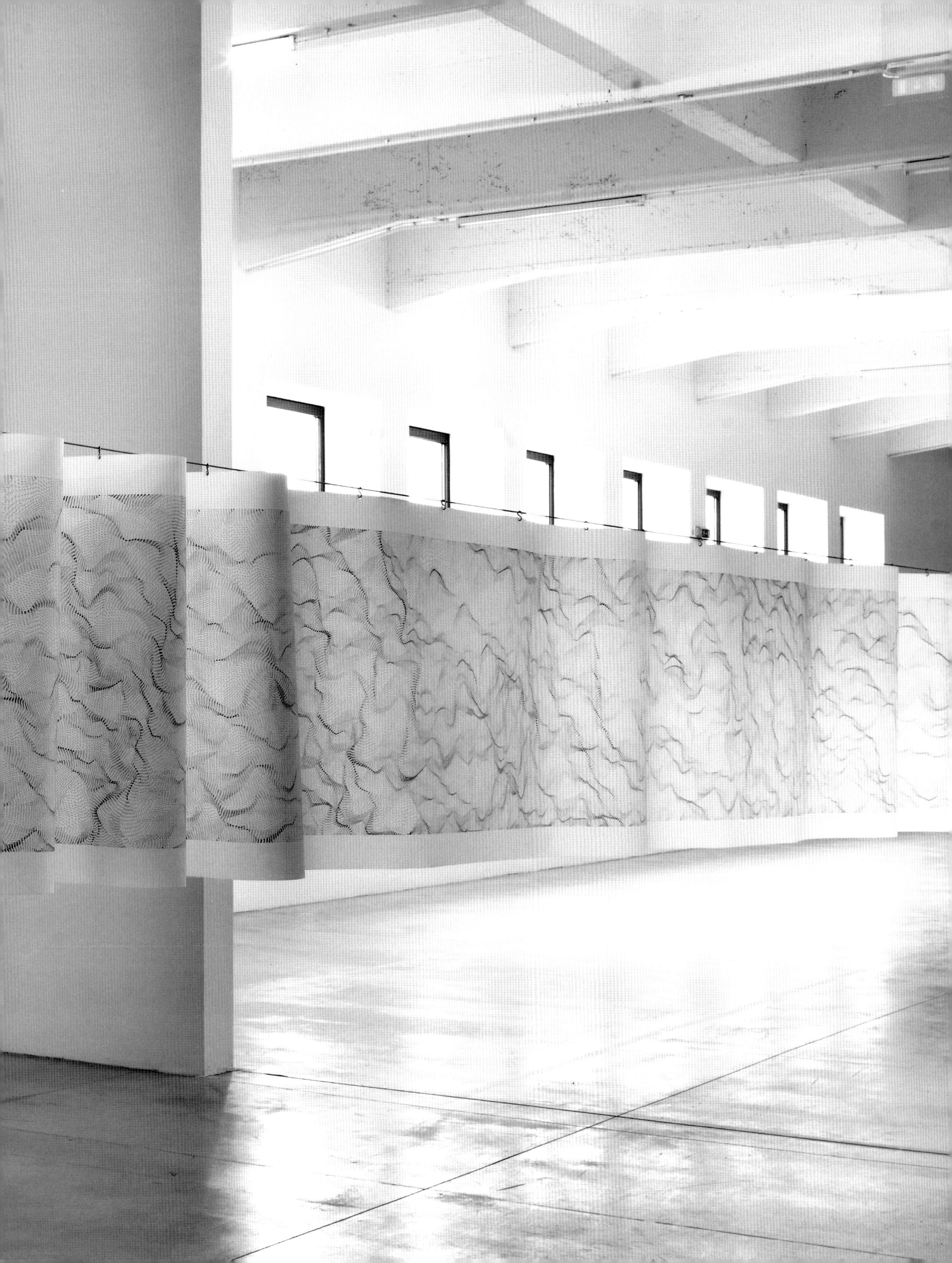

1. Vincitorio, F., (September 9, 1980). "Dice Dadamaino", in *L'Espresso*, n° 36, Rome.
2. *Ibid.*, p. 8 above and note 1.

1. Vincitorio, F., (9 septembre 1980). « Dice Dadamaino », in *L'Espresso*, n° 36, Rome.
2. *Ibid.*, p. 8 au-dessus et note 1.

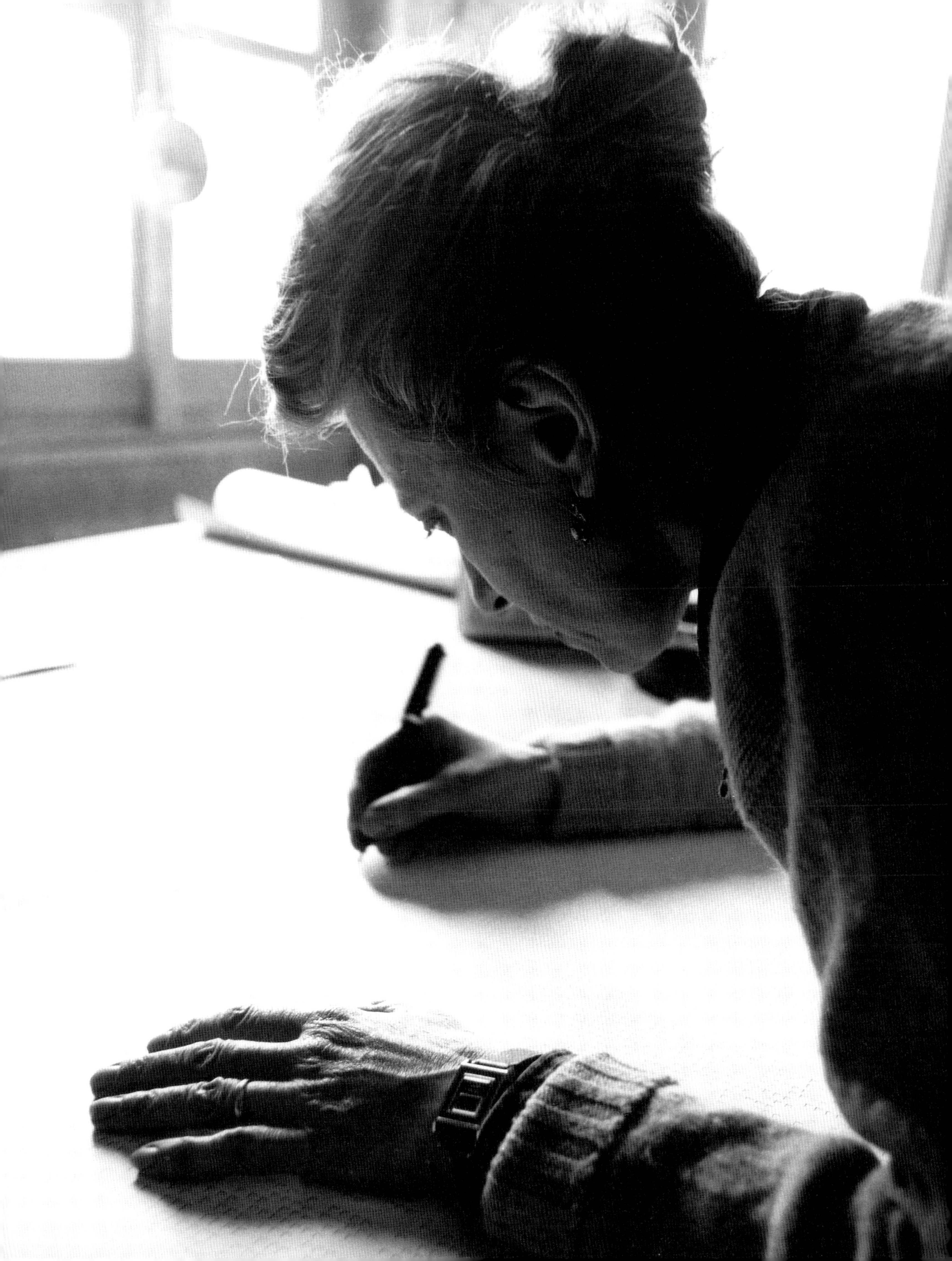

Luca Massimo Barbero
"Dadamaino. Un'intervista tra vita e pensieri...",
Dadamaino. L'alfabeto della mente,
Museo Virgiliano, Virgilio, 2003

"Volevo trasparenza e l'ho trovata in un materiale industriale che per molti era d'uso domestico... avevo fatto un reticolo fitto di fori ed avevo bisogno di trasparenza... mi interessava lo sfasamento della tramatura, l'alternarsi del ritmo... creavo una serie trasparente di immagini sovrapposte ma leggermente alterate in prospettiva/spazio, sfasate."

"I wanted transparency and I found it in an industrial material that for many is used for domestic purposes... I had made a dense network of holes and I needed transparency... I was interested in the shifting of the weave, the alternation of rhythm... I created a transparent series of overlapping images but slightly altered in perspective/space, out of phase."

« Je voulais de la transparence et je l'ai trouvée dans un matériau industriel qui, pour beaucoup, était destiné à un usage domestique... J'avais créé un réseau dense de trous et j'avais besoin de transparence... le décalage de la trame, l'alternance du rythme m'intéressaient... Je créais une série transparente d'images superposées, mais légèrement altérées dans la perspective/espace, décalées ».

Dadamaino
Volume a moduli sfasati, 1960

Die-cut transparent plastic canvases
39 ⅜ × 27 ½ inch
Toiles en plastique perforées
100 x 70 cm

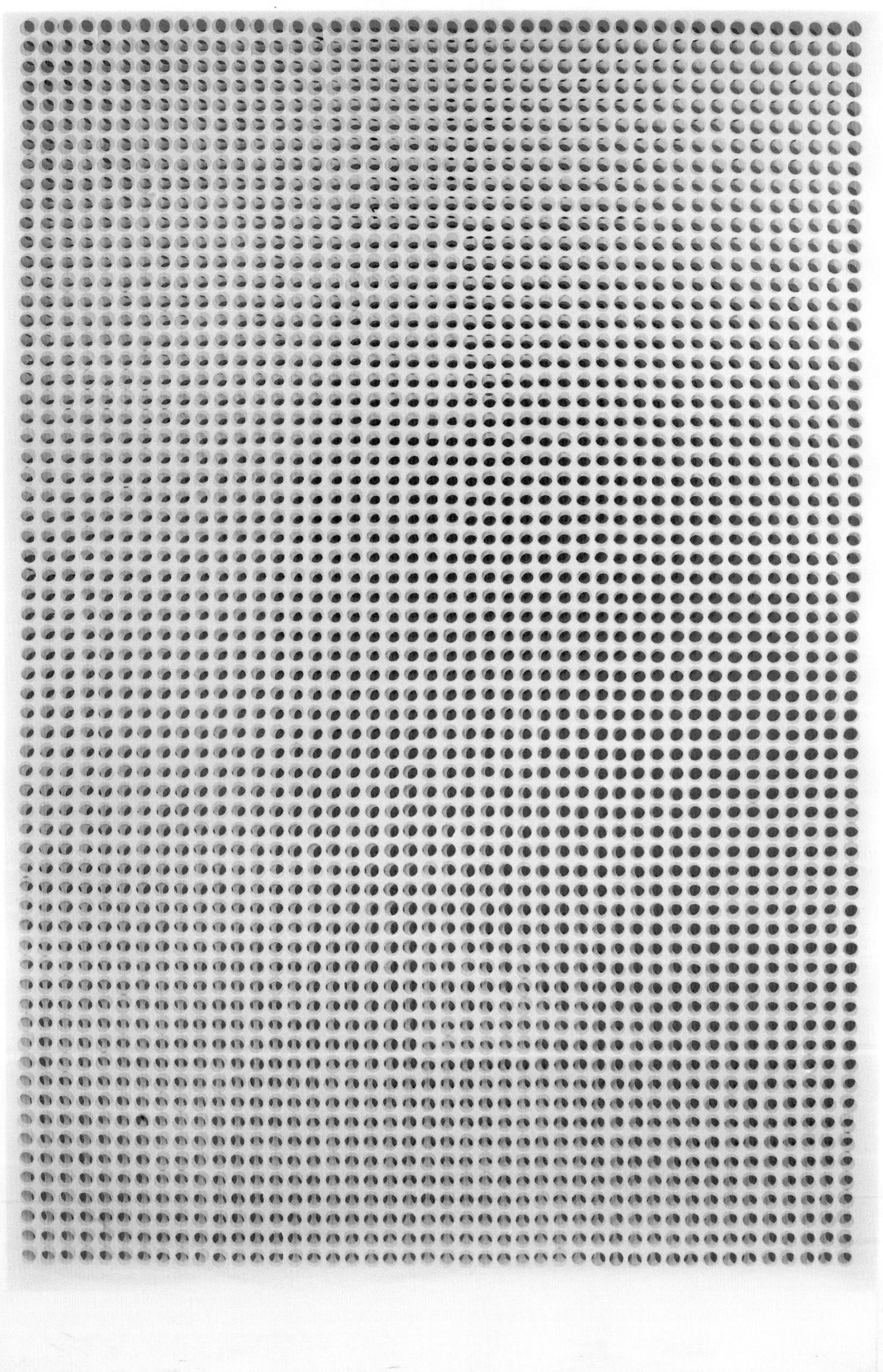

Dadamaino
Volume a moduli sfasati, 1960

Die-cut transparent plastic canvases
59 × 43 ¼ inch
Toiles en plastique perforées
150 × 110 cm

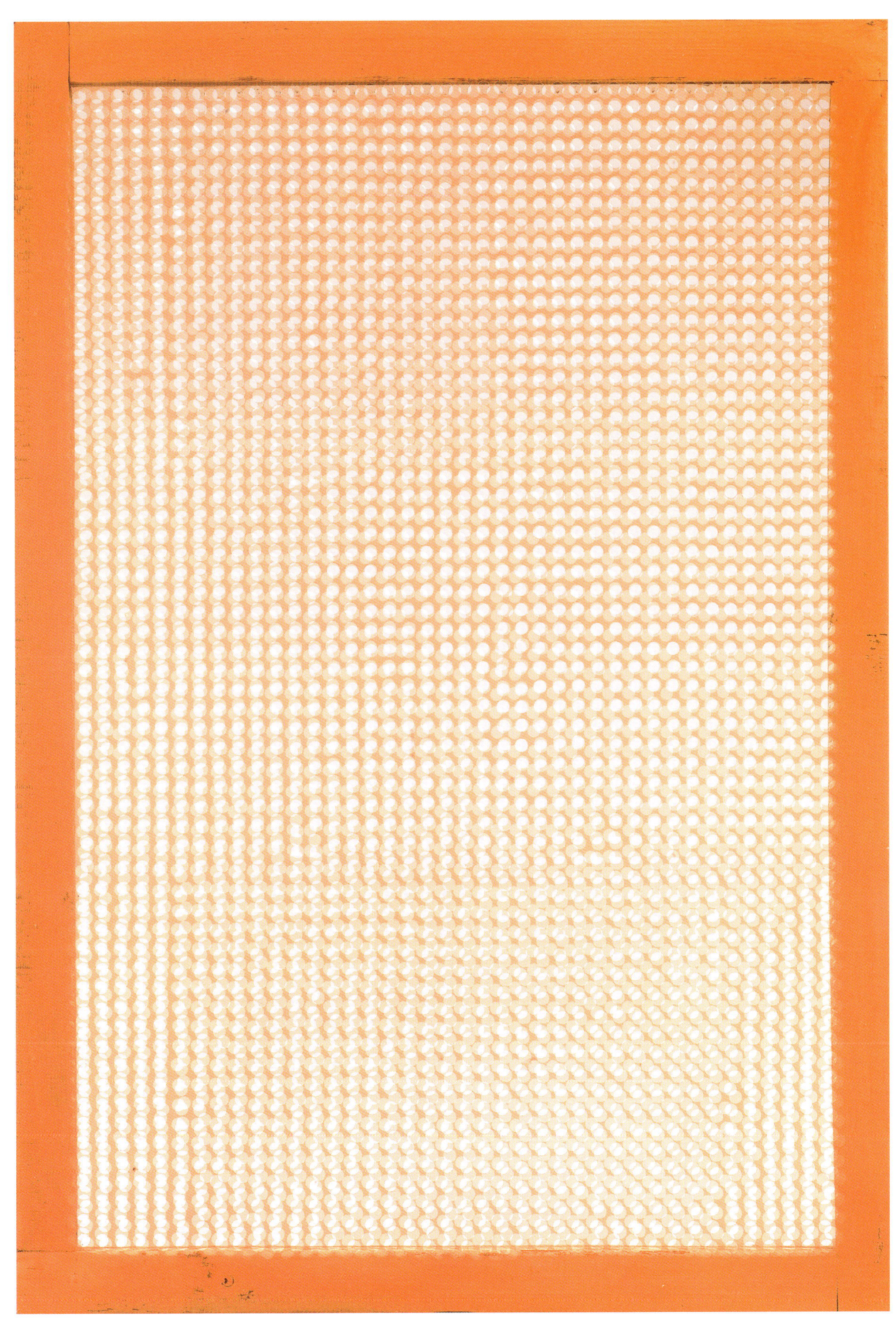

Dadamaino
Volume a moduli sfasati, 1960

Die-cut transparent plastic canvases
39 ⅜ × 27 ½ inch
Toiles en plastique perforées
100 × 70 cm

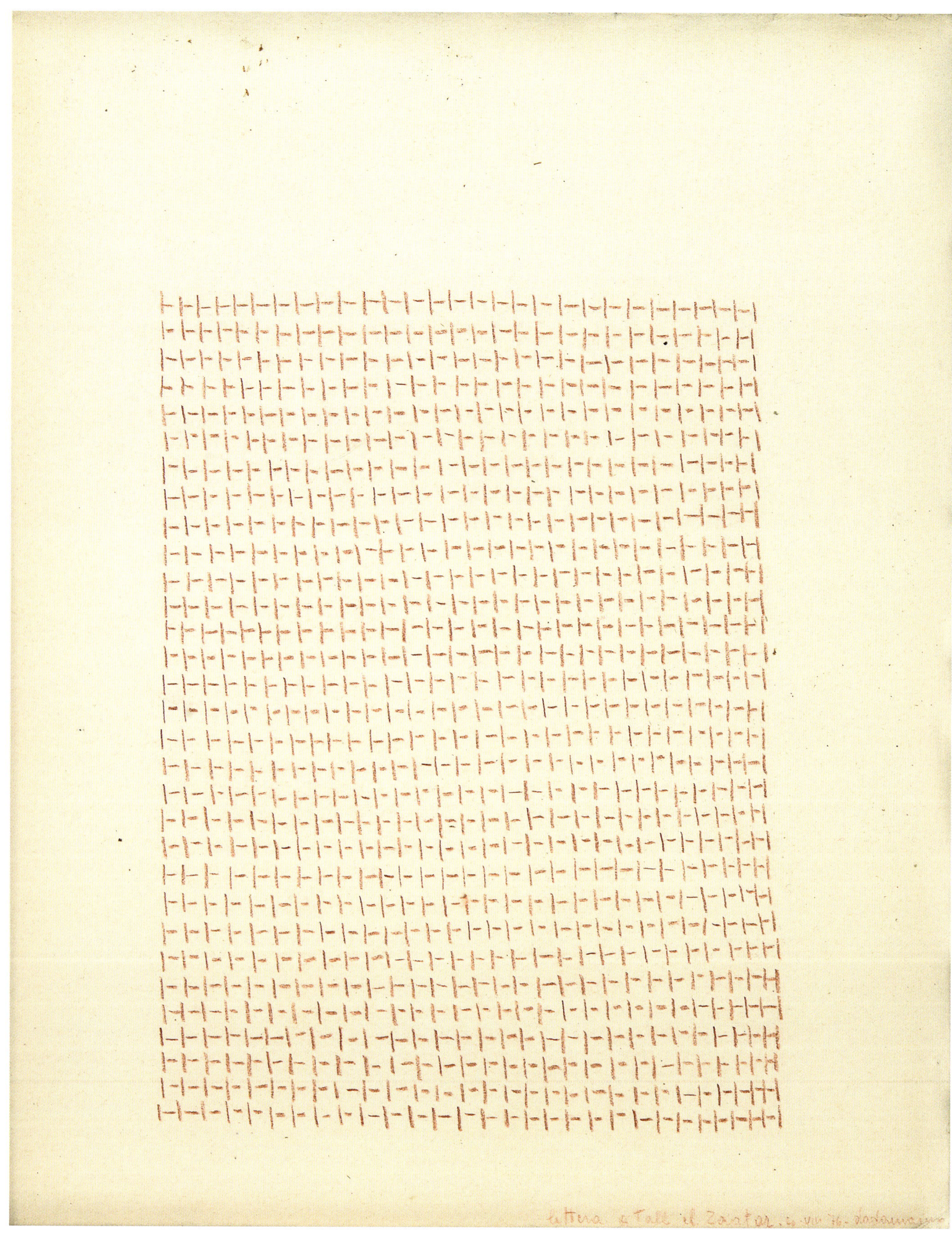

Dadamaino
Lettera a Tall el Zaatar, 1976

Pencil on paper
13 ¾ × 11 inch
Crayon sur papier
35 × 28 cm

Dadamaino
Inconscio razionale, 1977

Ink on canvas
31 ½ × 31 ½ inch
Encre sur toile
80 × 80 cm

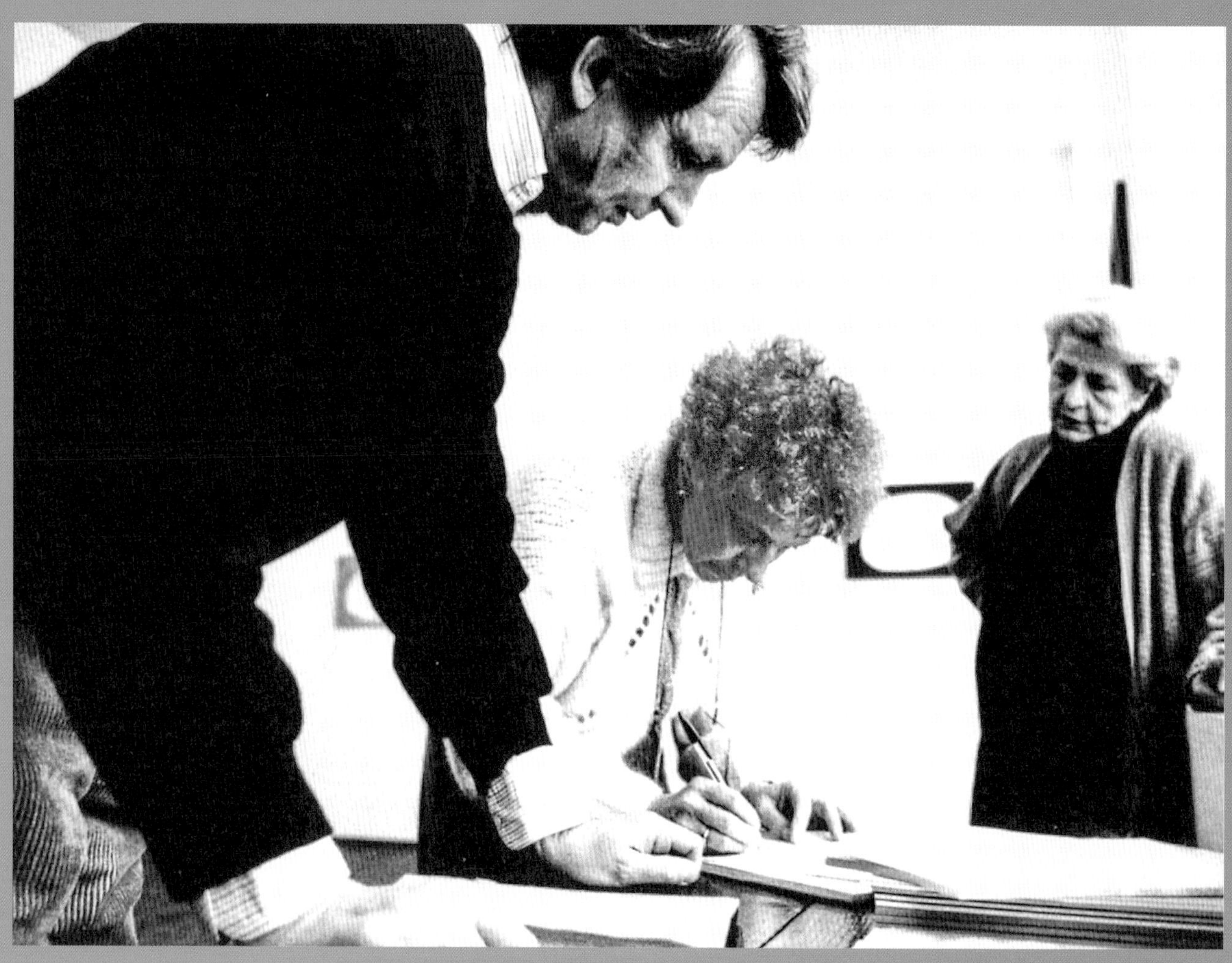

Dadamaino probably with Anceschi
Dadamaino probablement avec Anceschi

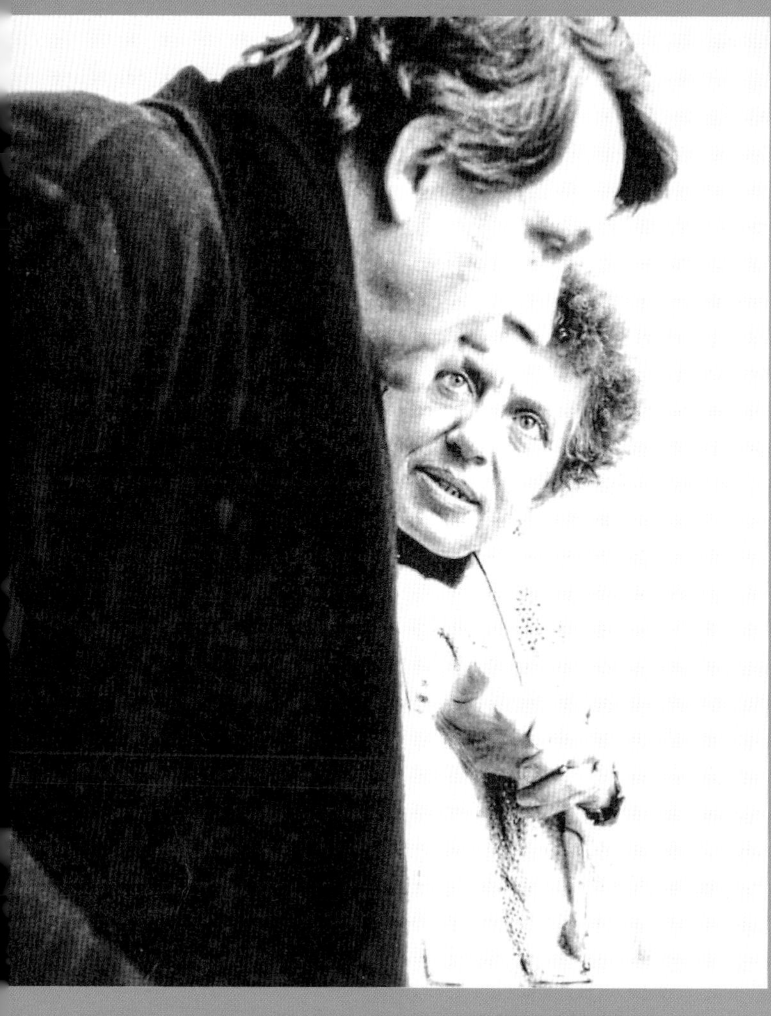 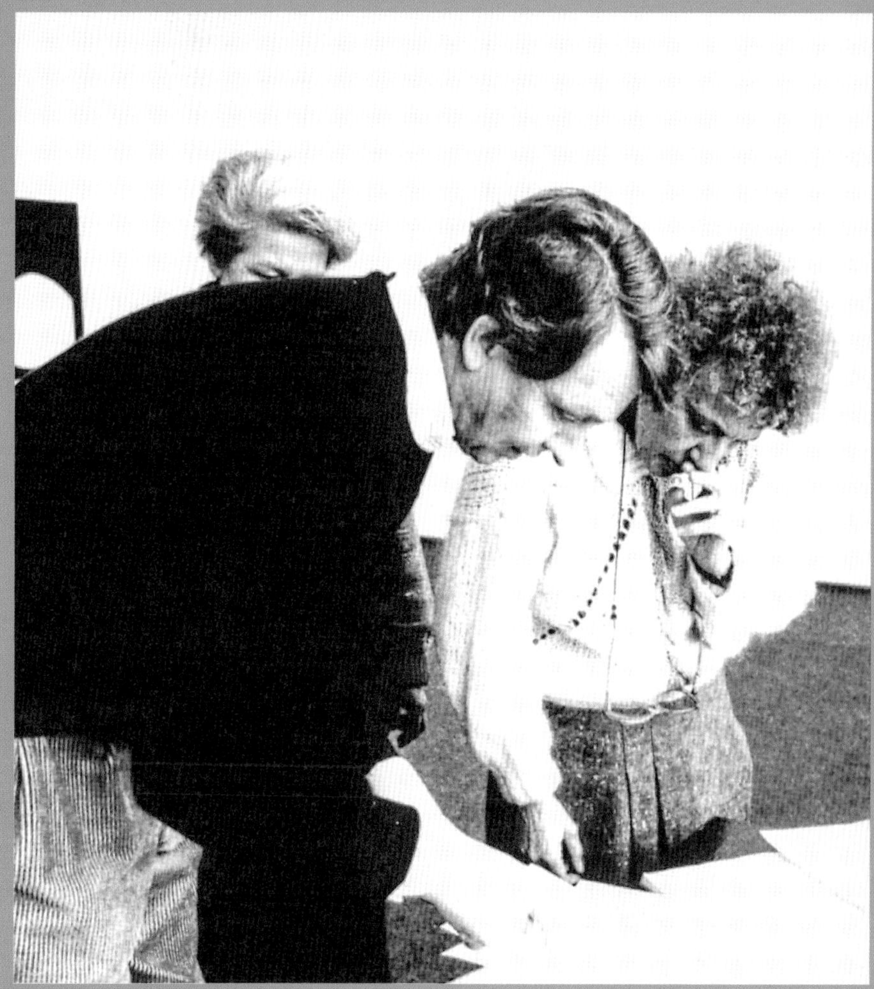

Dadamaino
Alfabeto della mente, lettera 6, 1978

Ink on cardboard
28 ¾ × 20 ⅛ inch
detail [next page]
Encre sur carton
72,9 × 51,1 cm
détail [page suivante]

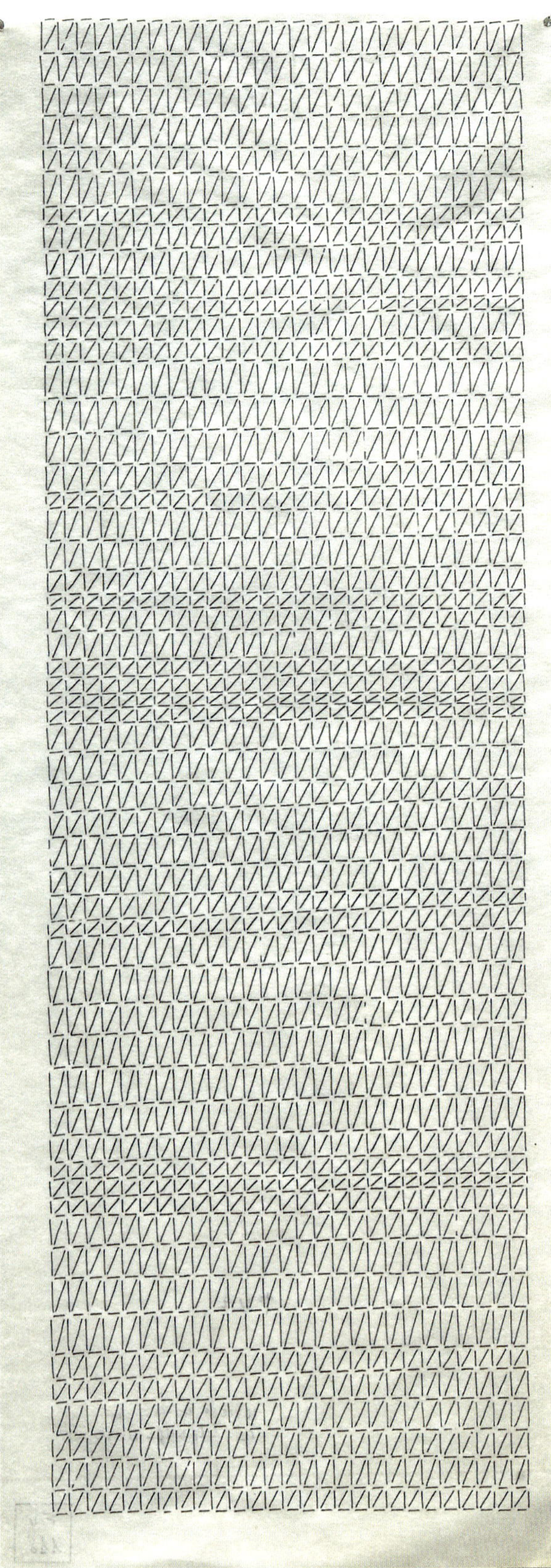

Dadamaino
Alfabeto della mente, lettera 4, 1979

Ink on paper
16 ⅞ × 6 ¼ inch
detail [next page]
Encre sur papier
42,8 × 15,9 cm
détail [page suivante]

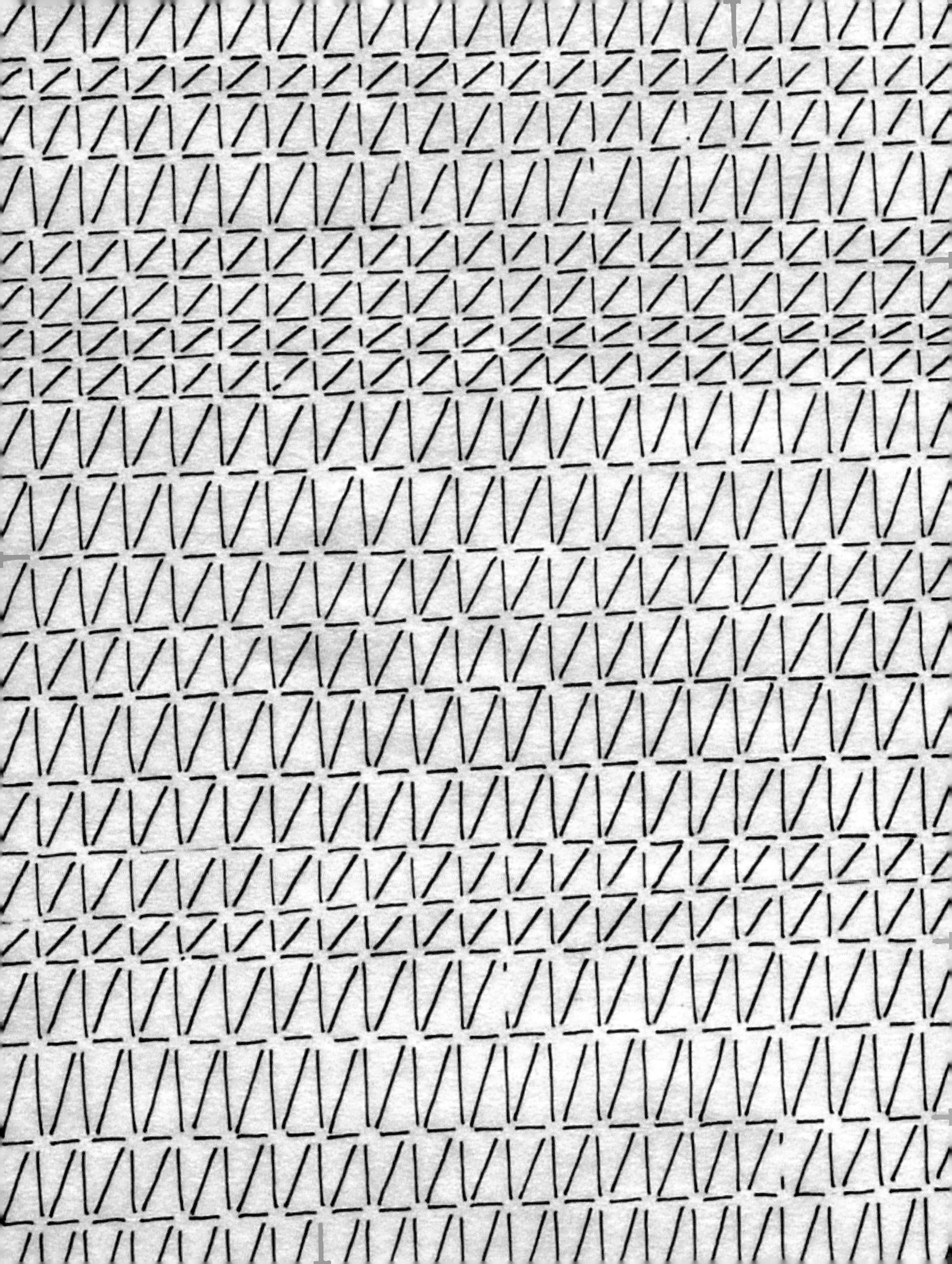

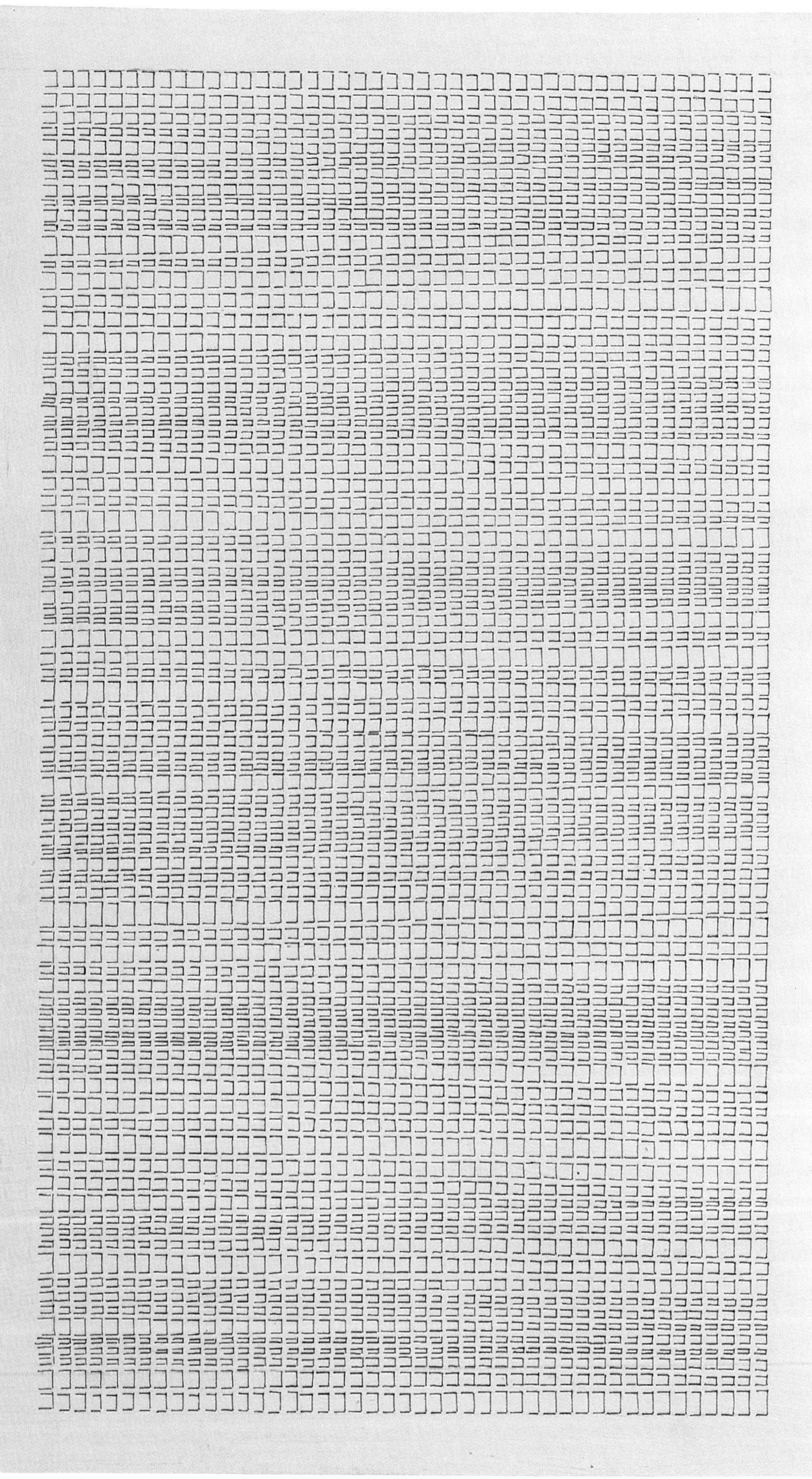

Dadamaino
Alfabeto della mente, lettera 9, 1979

Ink on canvas
17 ⅜ × 10 ¼ inch
detail [next page]
Encre sur toile
44 × 26 cm
détail [page suivante]

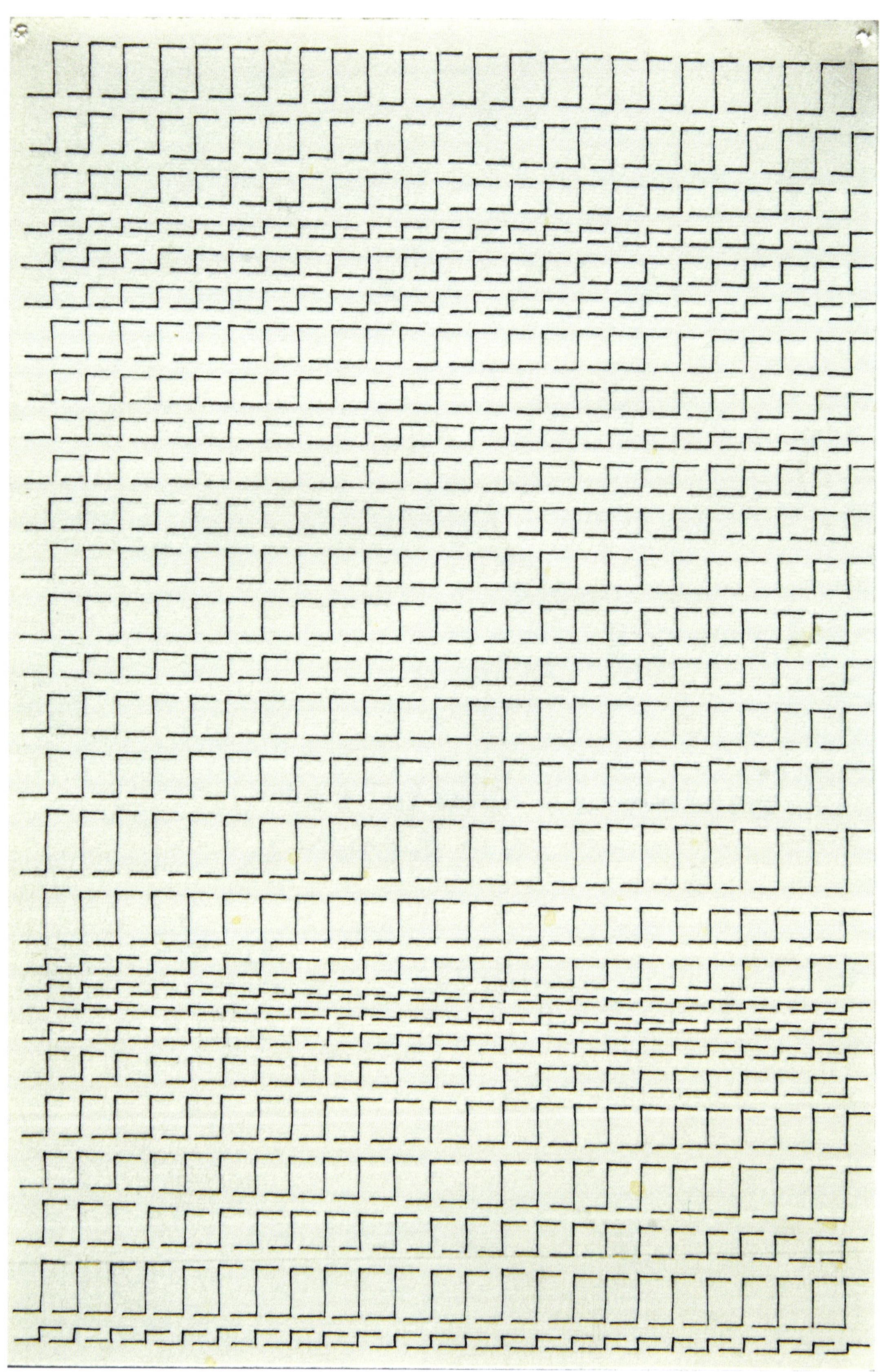

Dadamaino
Alfabeto della mente, lettera 11, 1979

Ink on cardboard
5 ⅞ × 3 ⅞ inch
Encre sur carton
14,8 × 9,8 cm

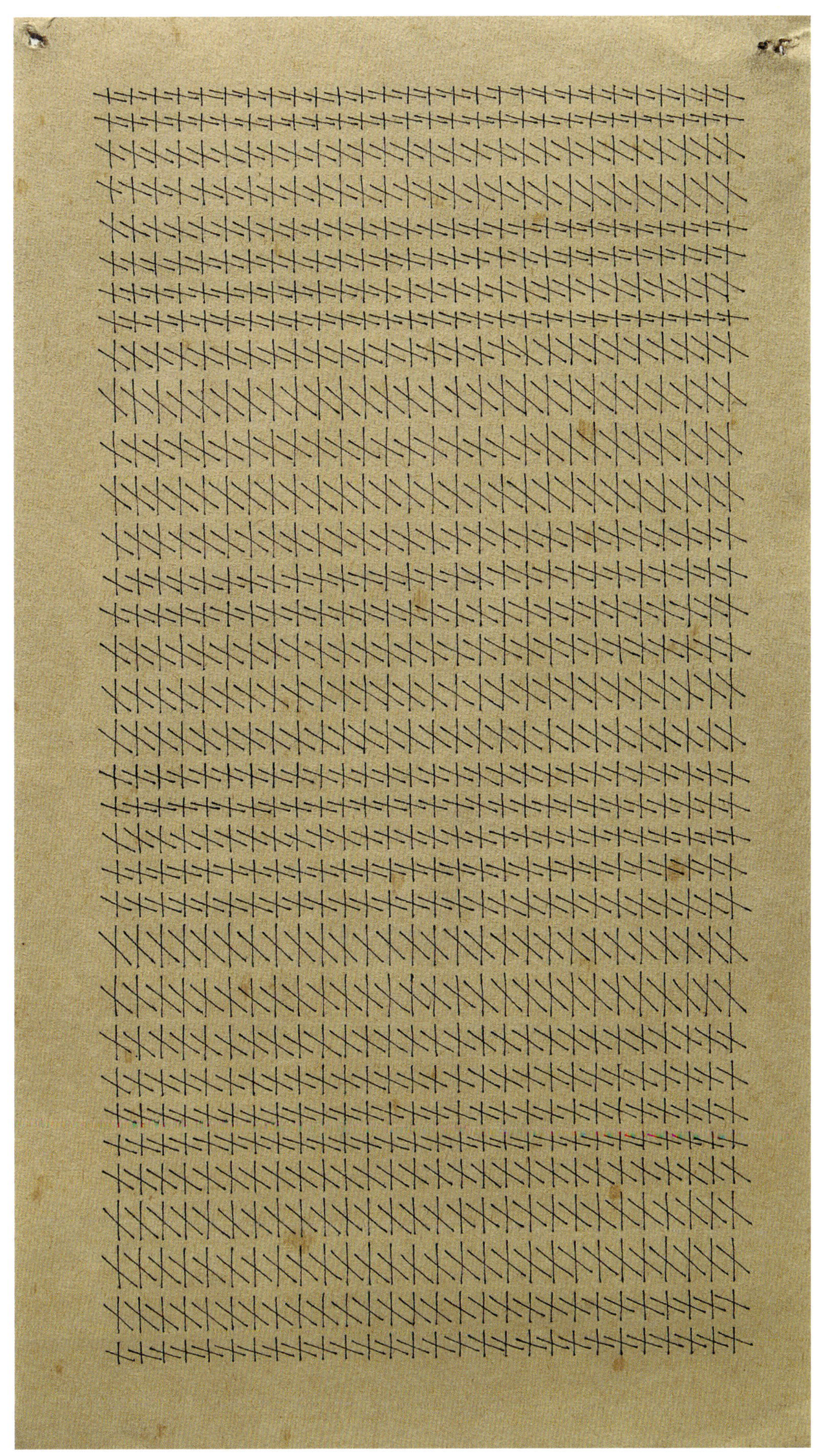

Dadamaino
Alfabeto della mente, lettera 13, 1979

Ink on cardboard
9 ¾ × 5 ½ inch
Encre sur carton
24,8 × 13,9 cm

Dadamaino
"Dall'inconscio razionale
all'alfabeto della mente 1975-1977",
Galleria Salone Annunciata, Milan, 1977

"Riempio fogli e tele di questi segni [...]. Posso lavorare per ore ed ore e giorni senza smettere ed anzi, quasi incapace di smettere. Ripeto un solo segno per superficie, perché lo ritengo sufficiente senza legarlo ad alcuno degli altri cinque [...]. Impercettibili tensioni corporee fanno scattare la penna, imprimendo segni leggermente distorti o tremolanti. [...] Per ora questi segni li chiamo *L'alfabeto della mente* perché ritengo siano codici di un linguaggio personale."

"I fill sheets and canvases with these signs [...]. I can work for hours and hours and days without stopping and, indeed, I'm almost unable to stop. I repeat only one sign per surface, because I consider it sufficient without linking it to any of the other five [...]. Imperceptible bodily tensions make the pen take off, imprinting slightly distorted or trembling marks. [...] For now I call these signs *The alphabet of the mind* because I believe they are the codes of a personal language."

« Je remplis de ces signes des feuilles et des toiles [...]. Je peux travailler pendant des heures et des jours sans m'interrompre, ou plutôt comme si j'étais incapable de m'arrêter. Je ne répète qu'un seul signe par surface, car j'estime qu'il se suffit à lui-même sans devoir le relier à aucun des cinq autres [...] D'imperceptibles tensions corporelles entraînent le stylo, qui imprime des signes légèrement distors ou tremblés. [...] Pour l'instant, j'appelle ces signes *L'alphabet de l'esprit*, car je les considère comme les codes d'un langage personnel ».

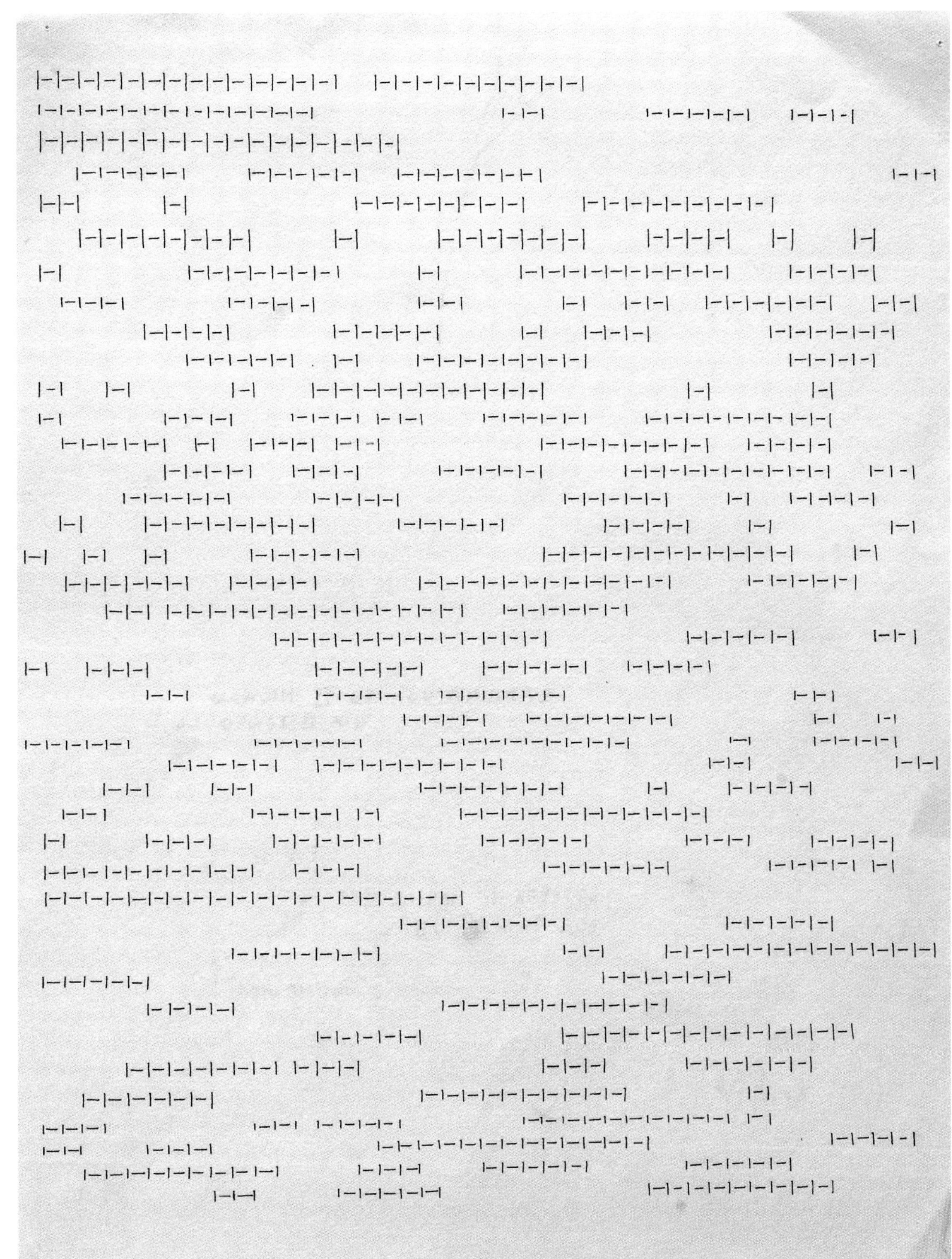

Dadamaino
Alfabeto della mente, lettera 1, 1980

Ink on cardboard
9 ⅜ × 7 ⅛ inch
Encre sur carton
23,9 × 18 cm

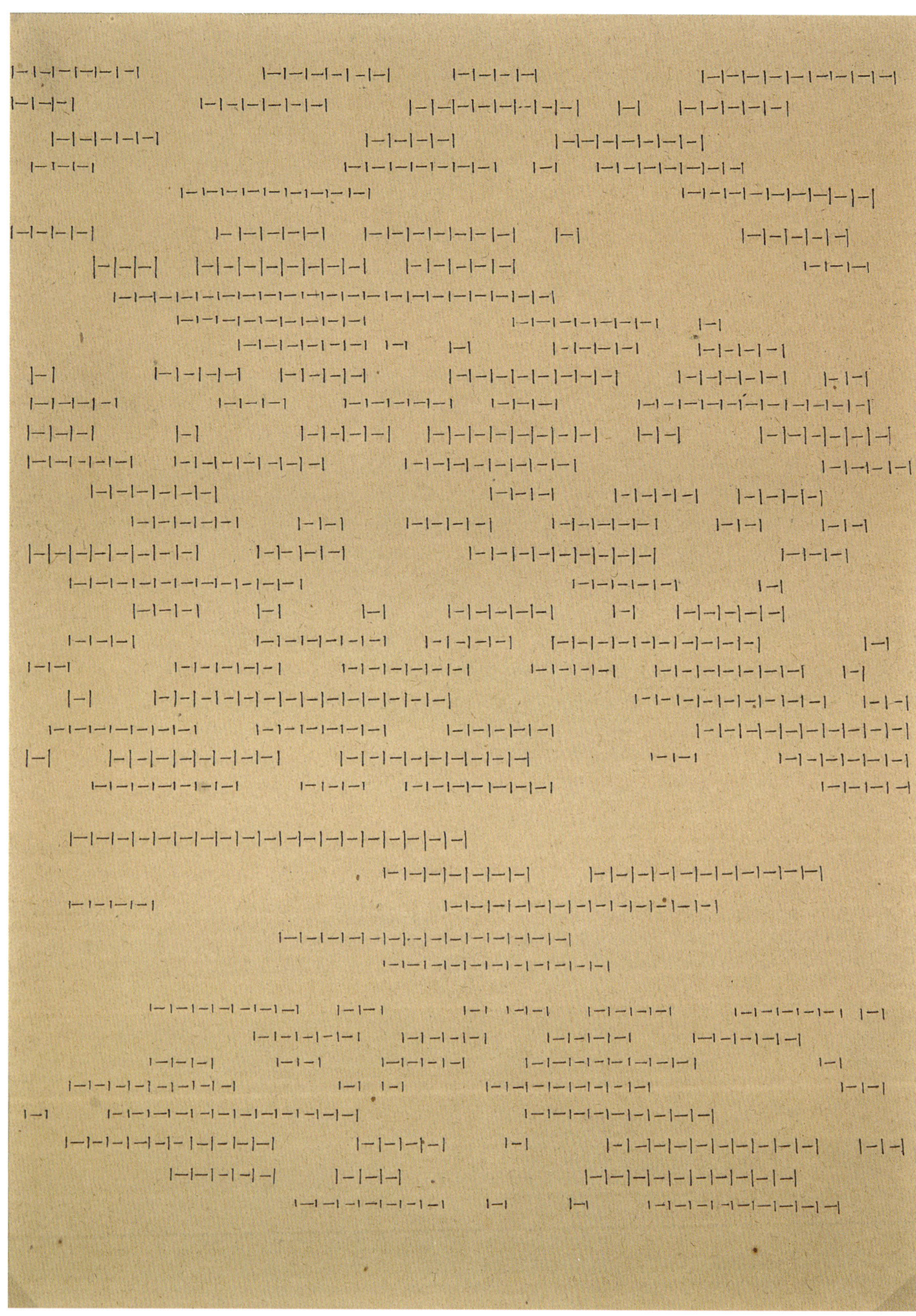

Dadamaino
Alfabeto della mente, lettera 1, 1980

Ink on cardboard
9 ½ × 6 ⅞ inch
Encre sur carton
24,2 × 17,6 cm

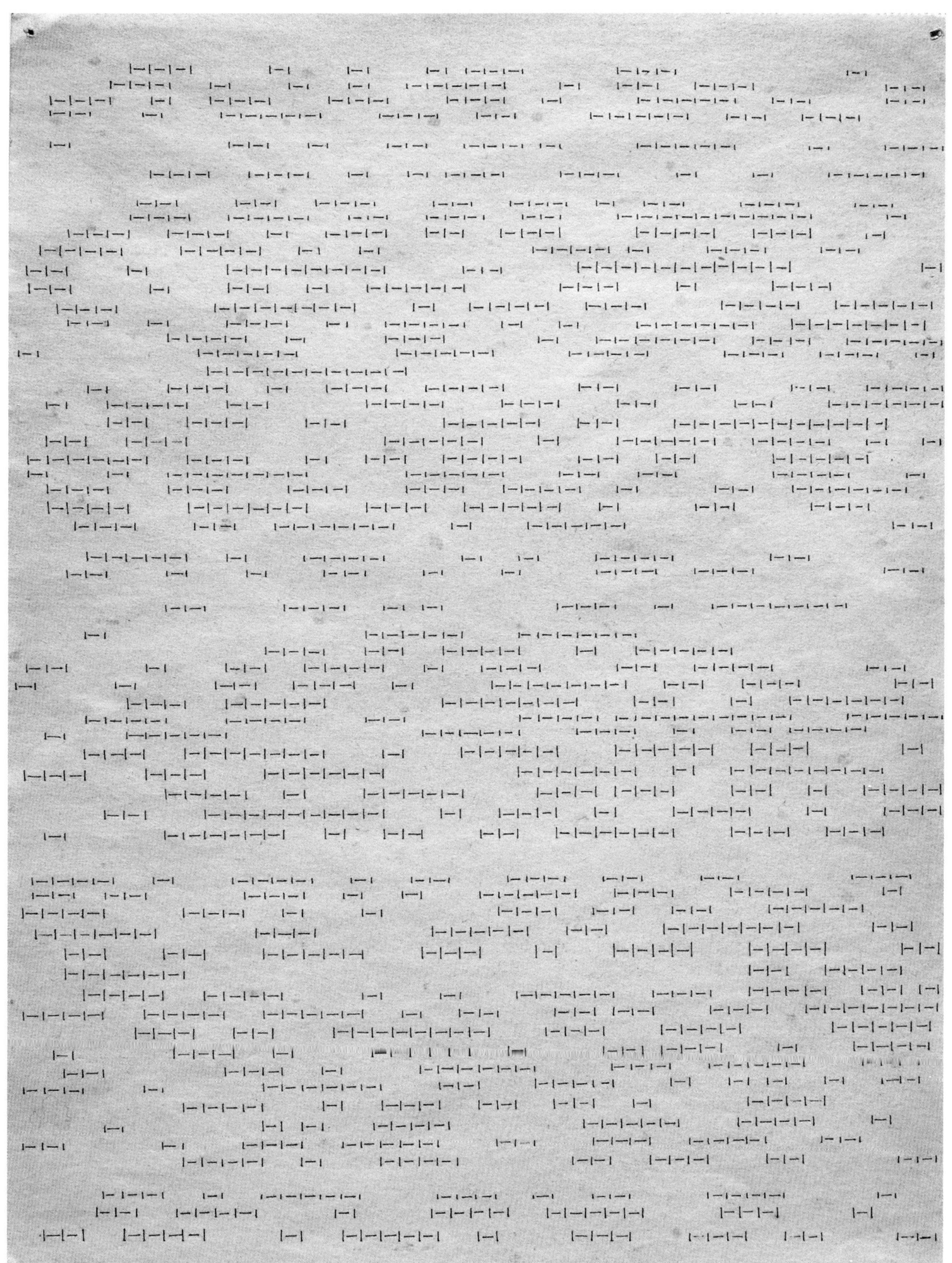

Dadamaino
Alfabeto della mente, lettera 1, 1980

Ink on cardboard
12 ⅞ × 9 ½ inch
Encre sur carton
32,8 × 24,1 cm

Dadamaino
Alfabeto della mente, lettera 4, 1980

Ink on cardboard
13 ¾ × 7 ⅝ inch
detail [next page]
Encre sur carton
35 × 19,5 cm
détail [page suivante]

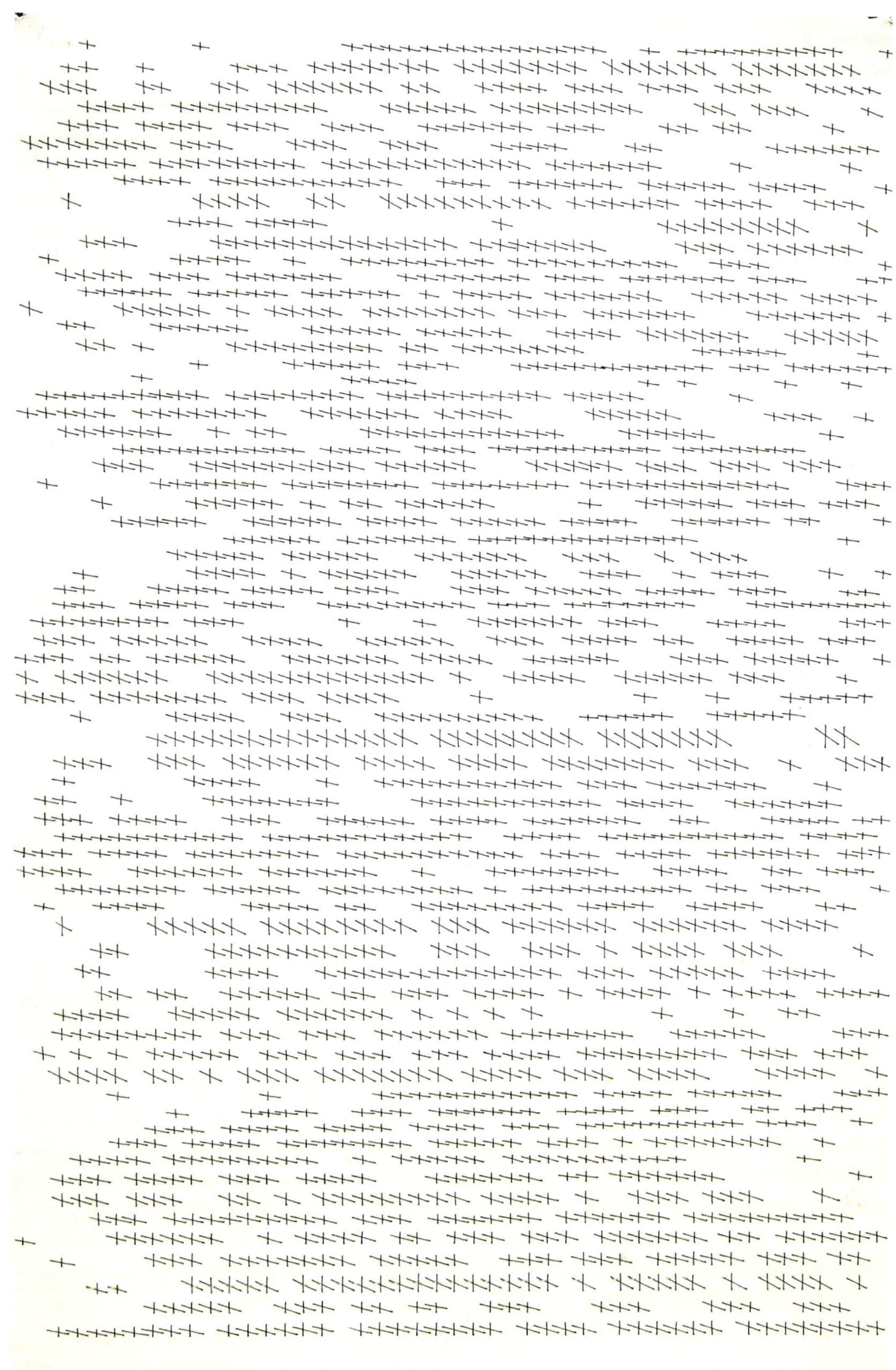

Dadamaino
Alfabeto della mente, lettera 13, 1980

Ink on cardboard
14 ⅛ × 9 ⅜ inch
detail [next page]
Encre sur carton
35,9 × 23,8 cm
détail [page suivante]

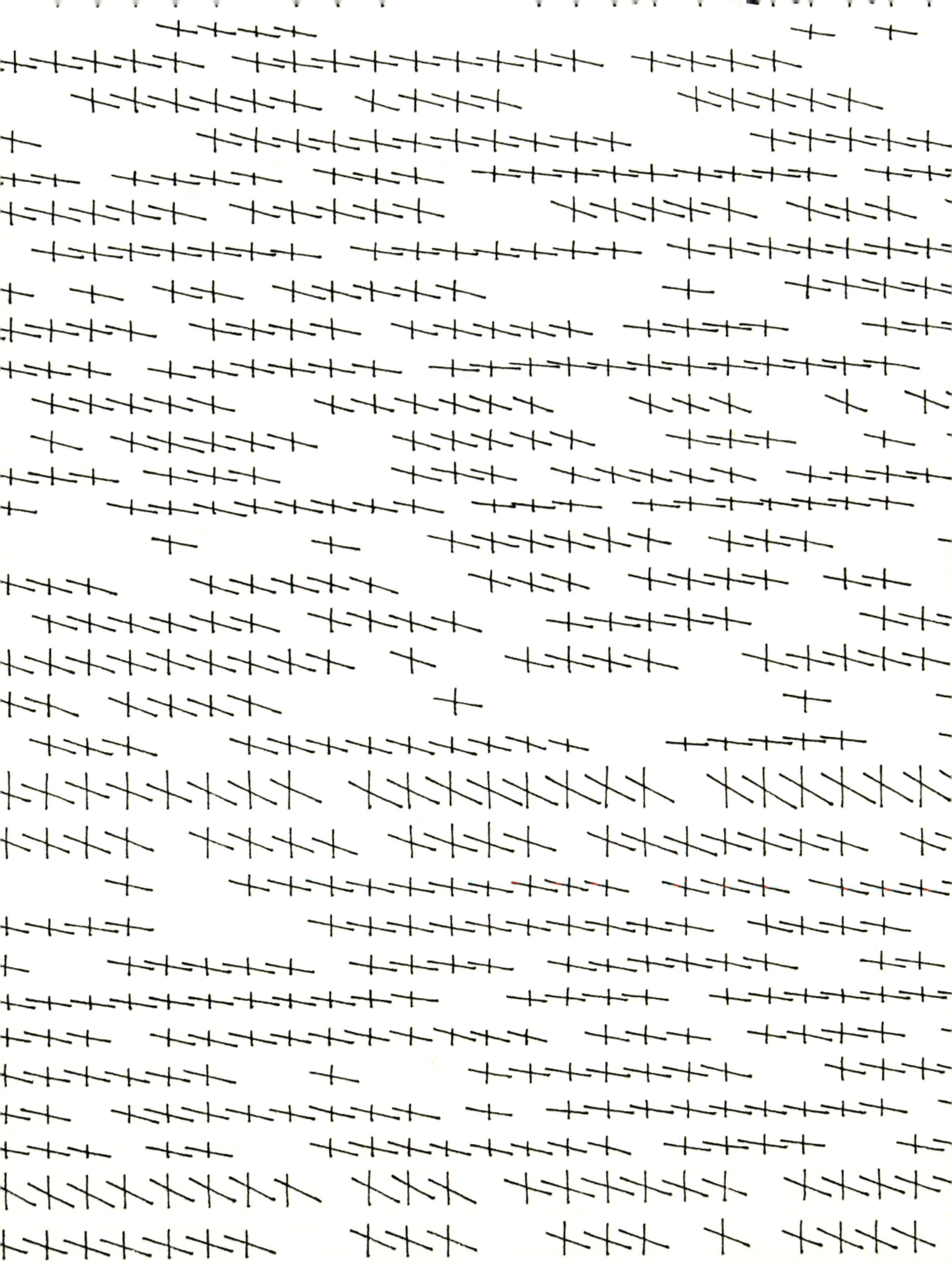

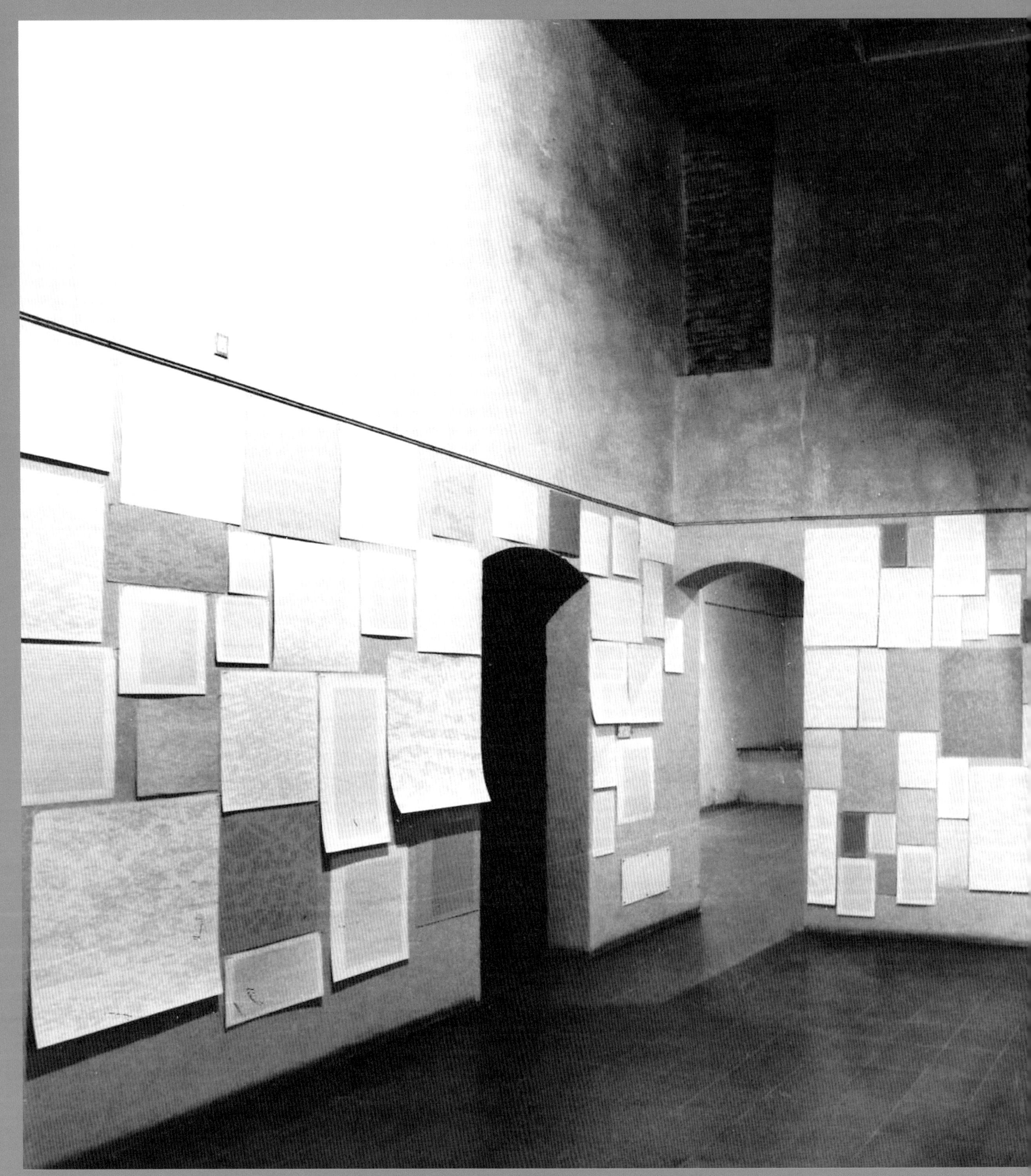

Exhibition view of *Dadamaino.*
Opere 1958-1993, Casa del Mantegna, Mantua
Vue de l'exposition « Dadamaino.
Opere 1958-1993 », Casa del Mantegna, Mantoue

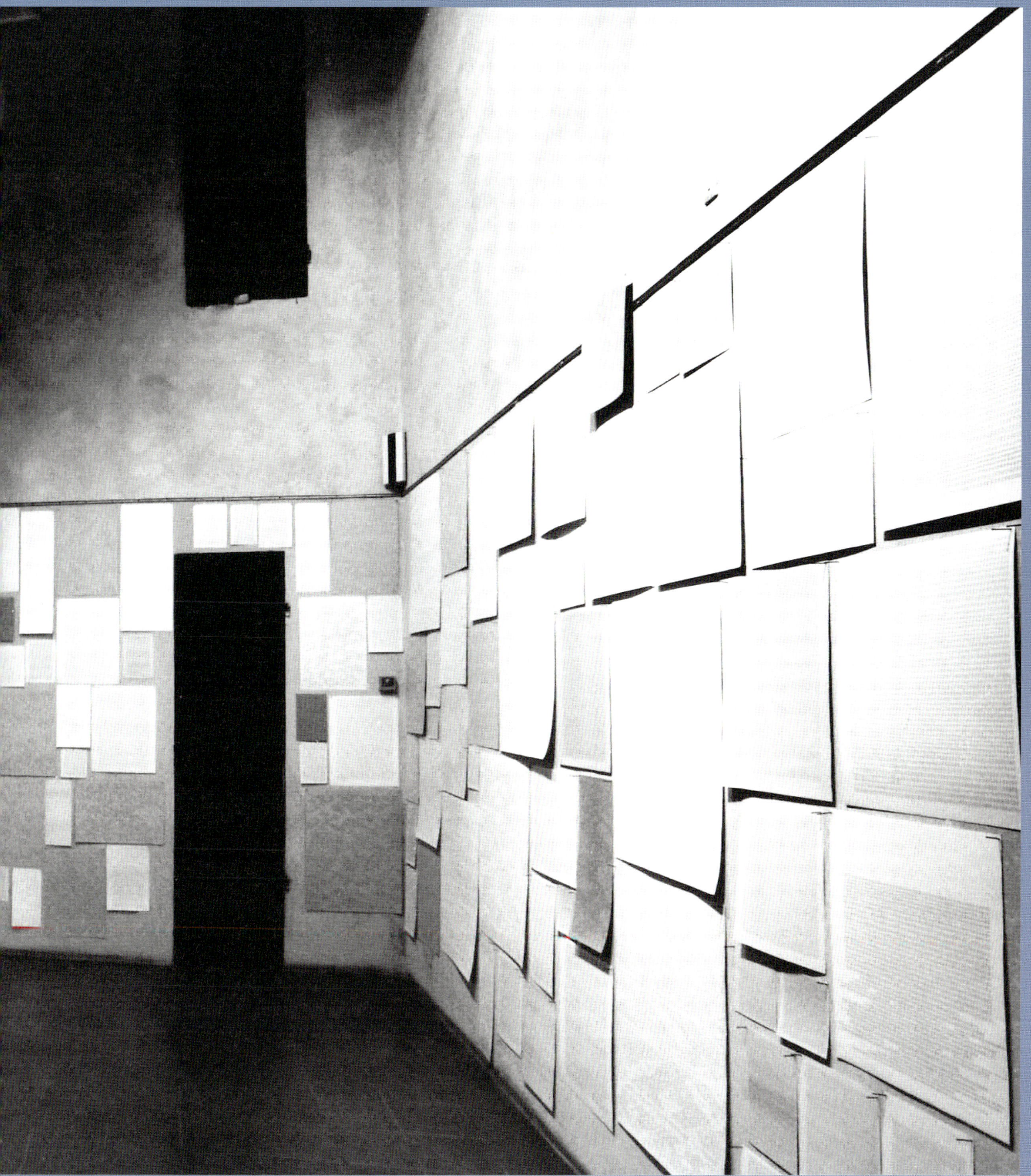

Dadamaino
Interludio, 1981

Ink on cardboard
24 ⅝ × 18 ⅞ inch
detail [next page]
Encre sur carton
62,5 × 48 cm
détail [page suivante]

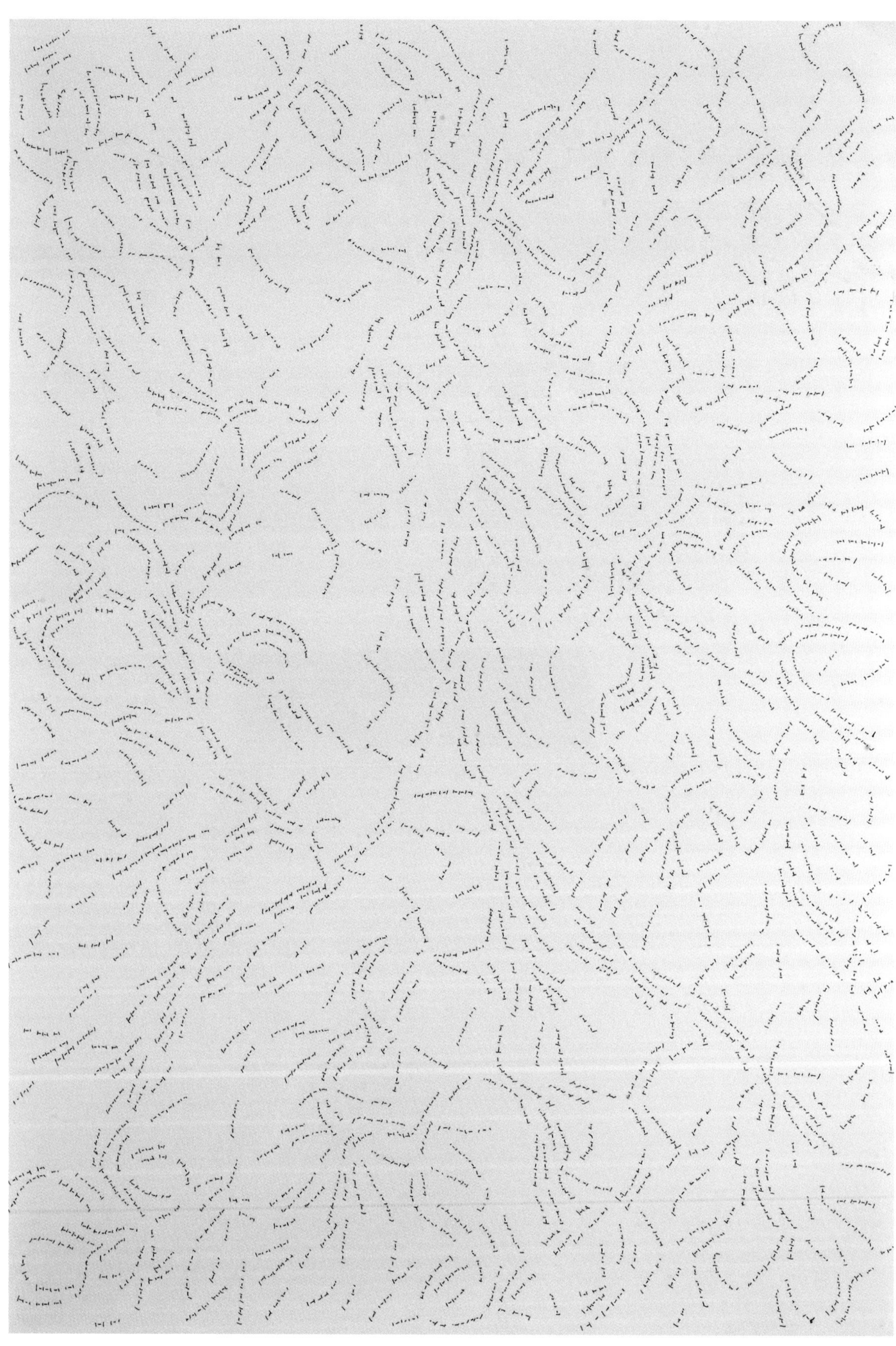

Dadamaino
Interludio, 1981

Ink on cardboard
19 ¾ × 13 ¾ inch
Encre sur carton
50 × 35 cm

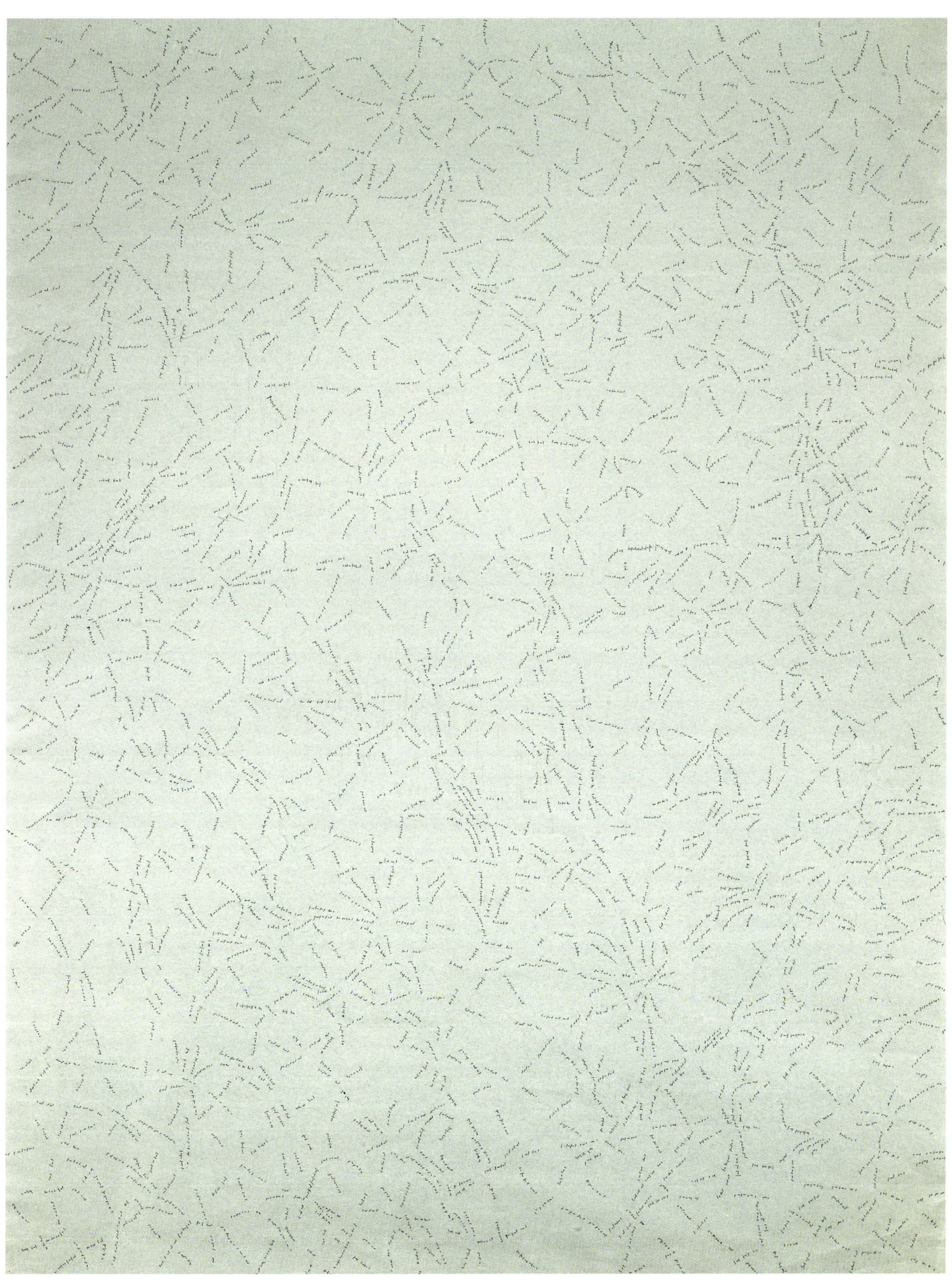

Dadamaino
Interludio, 1981

Ink on cardboard
24 ⅝ × 19 ⅛ inch
Encre sur carton
62,5 × 48,5 cm

Dadamaino
Interludio pastrocchio, 1981

Ink on cardboard
39 ⅜ × 27 ½ inch
detail [next page]
Encre sur carton
100 × 70 cm
détail [page suivante]

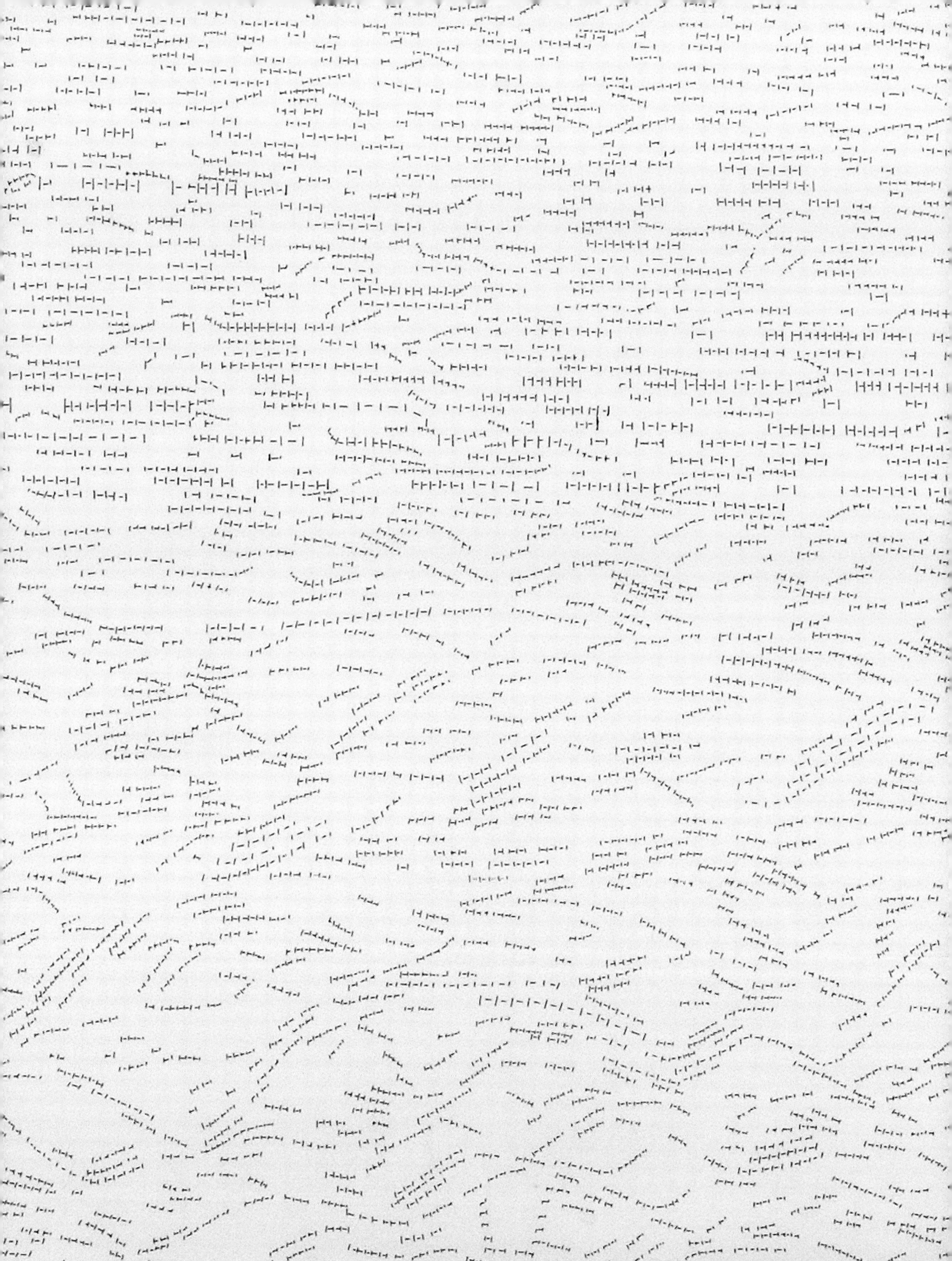

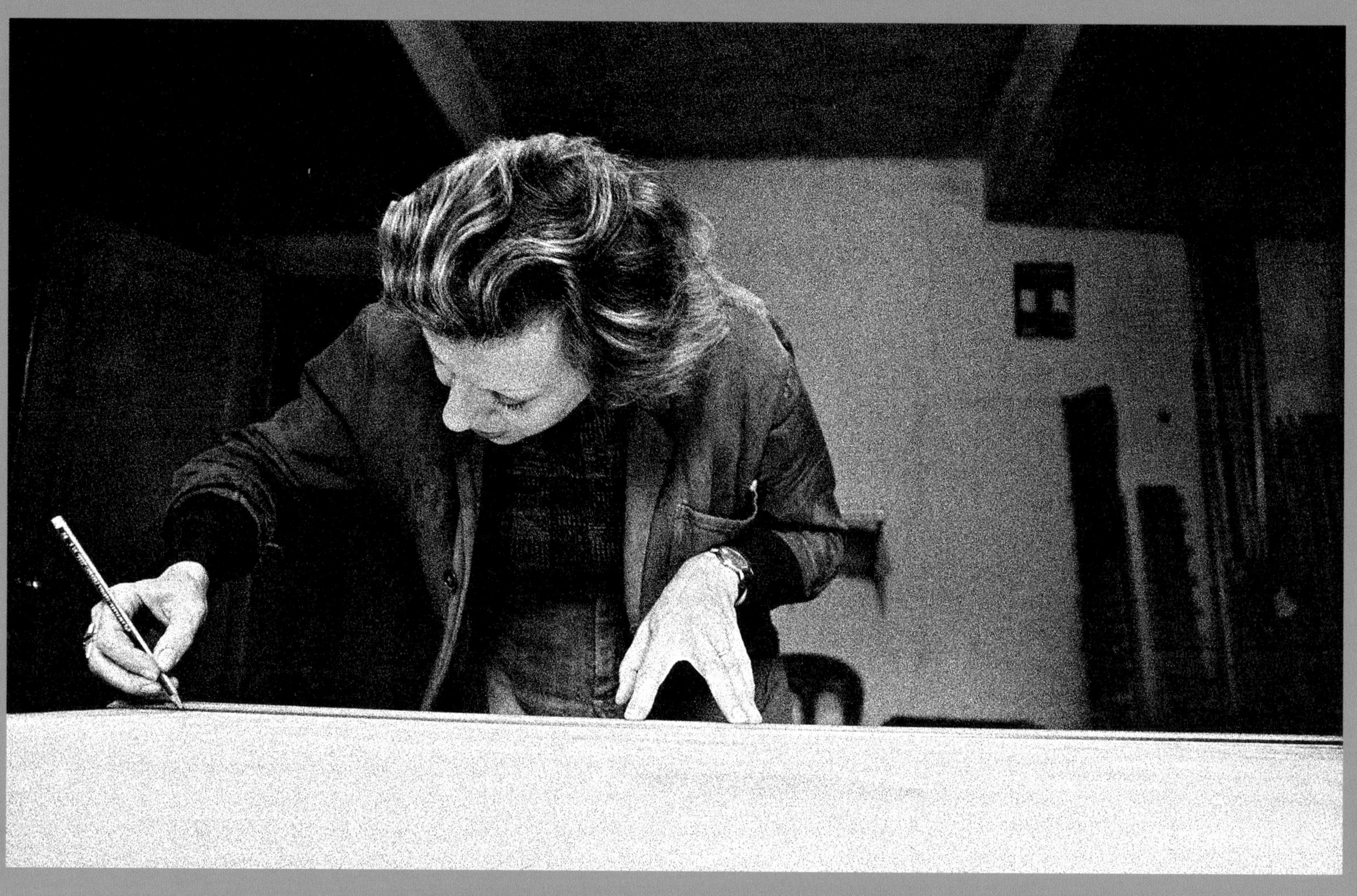

Dadamaino working in her studio, 1975
Dadamaino travaillant dans son atelier, 1975

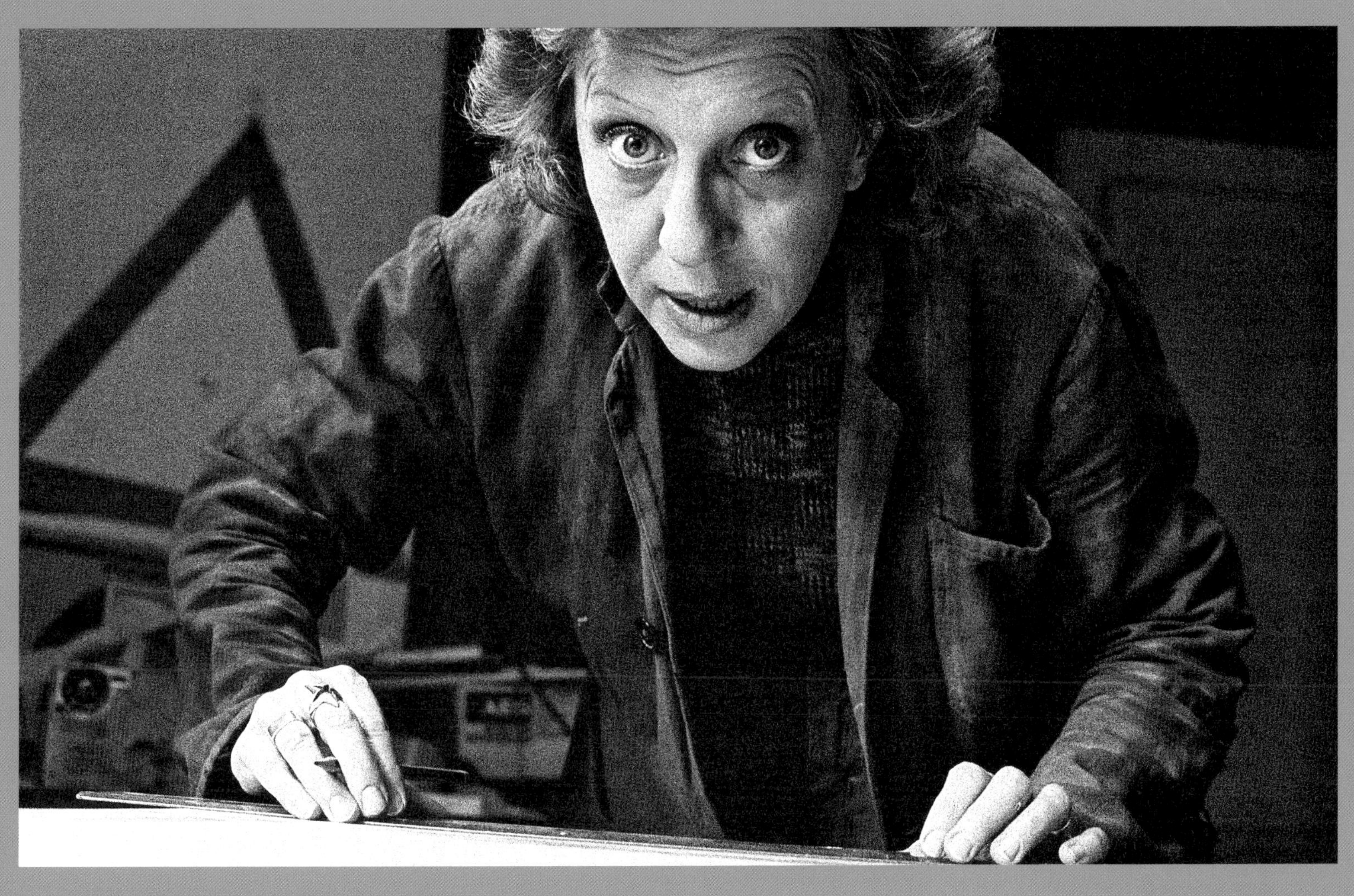

Dadamaino
Costellazioni, 1982

Ink on linen paper
78 ¾ × 34 ¼ inch
Encre sur papier de lin
200 × 87 cm

Dadamaino
Costellazioni, 1984

Ink on canvas
59 ⅞ × 81 ⅛ inch
Encre sur toile
152 × 206 cm

Dadamaino
Passo dopo passo, 1988

Mordant on polyester
27 ½ × 39 ⅜ inch
Mordant sur polyester
70 × 100 cm

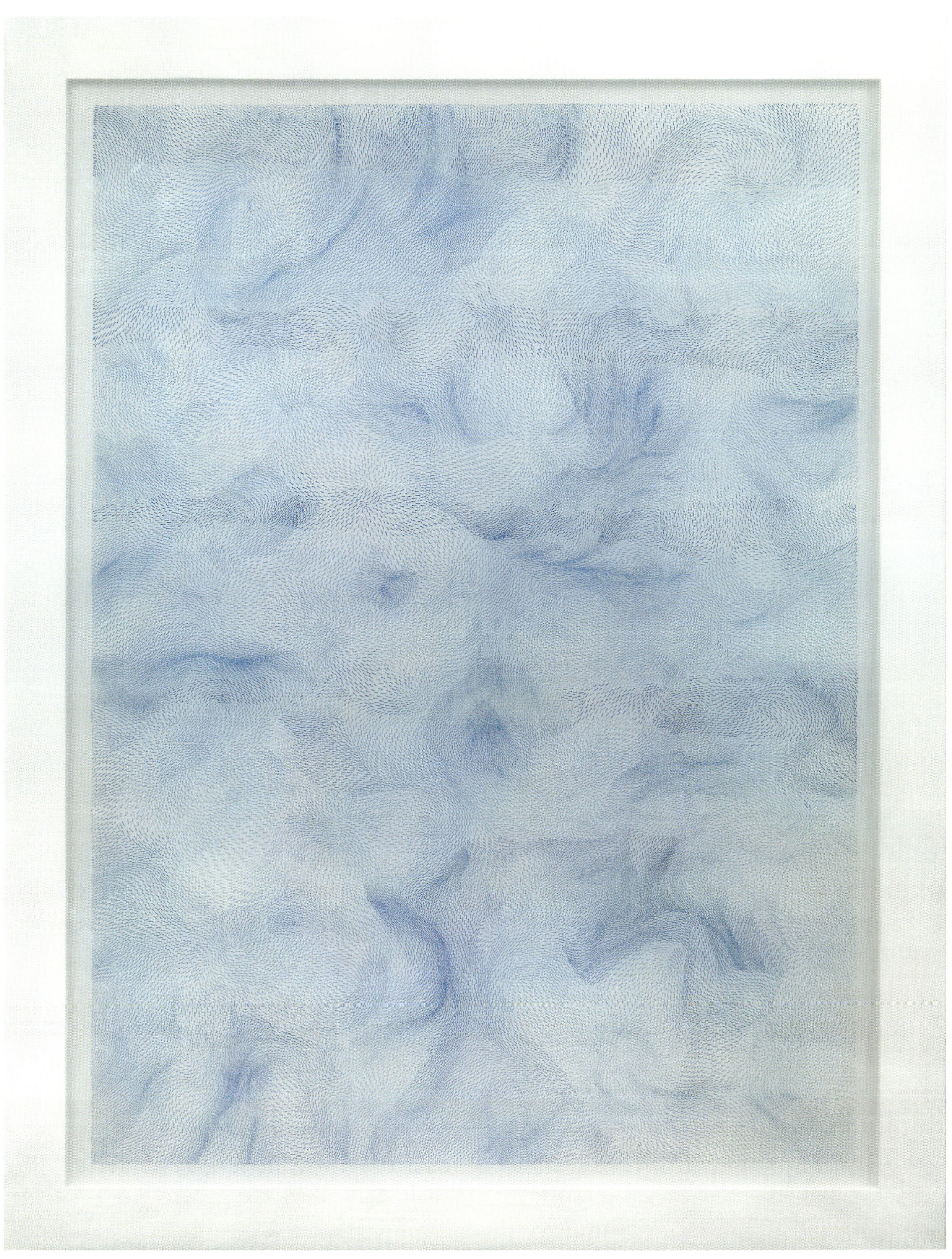

Dadamaino
Passo dopo passo, 1989

Mordant on polyester
59 ½ × 45 ⅝ inch
Mordant sur polyester
151 × 116 cm

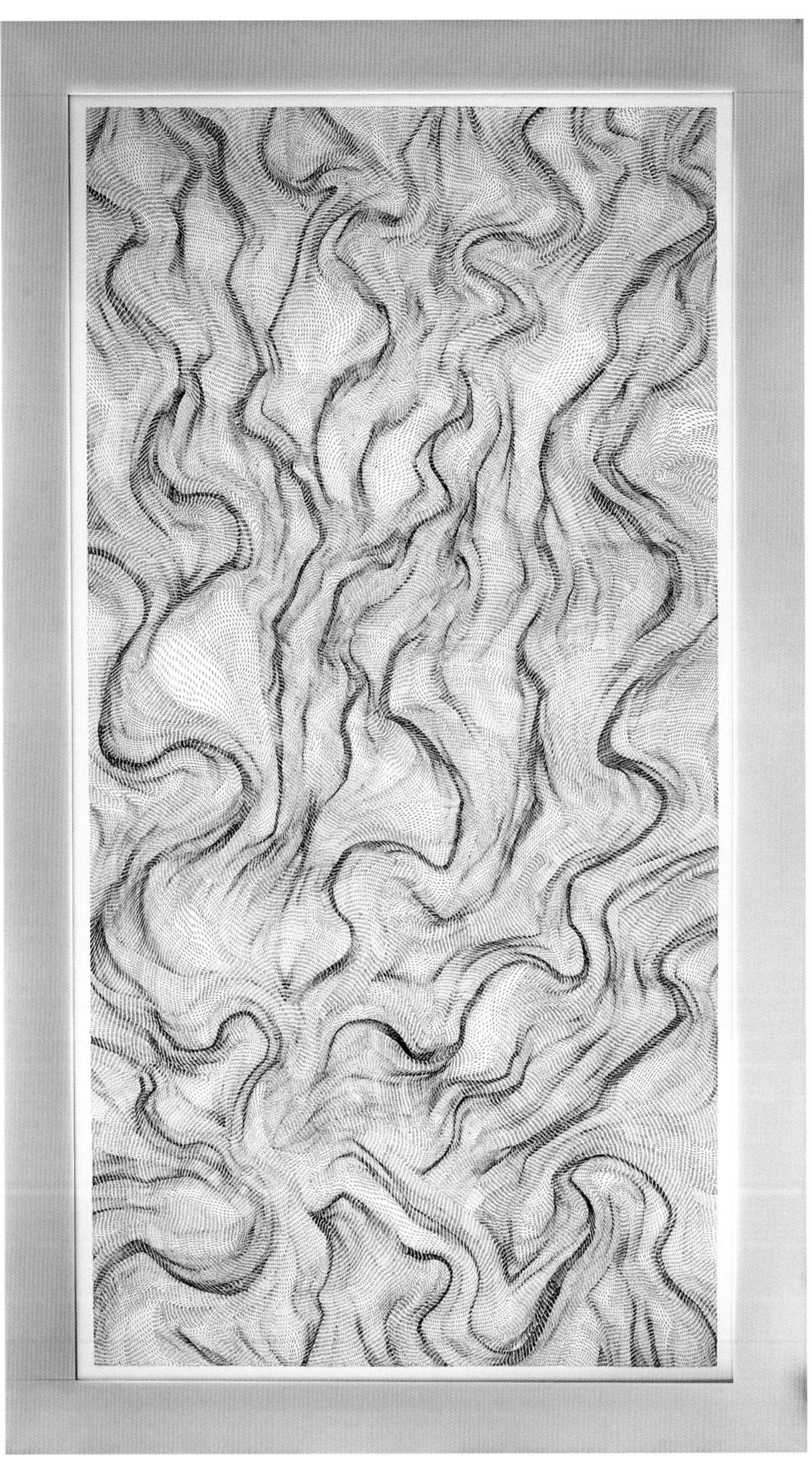

Dadamaino
Il movimento delle cose - Passo dopo passo n° 8, 1989

Mordant on polyester
78 ¾ × 45 ⅝ inch
detail [next page]
Mordant sur polyester
200 × 116 cm
détail [page suivante]

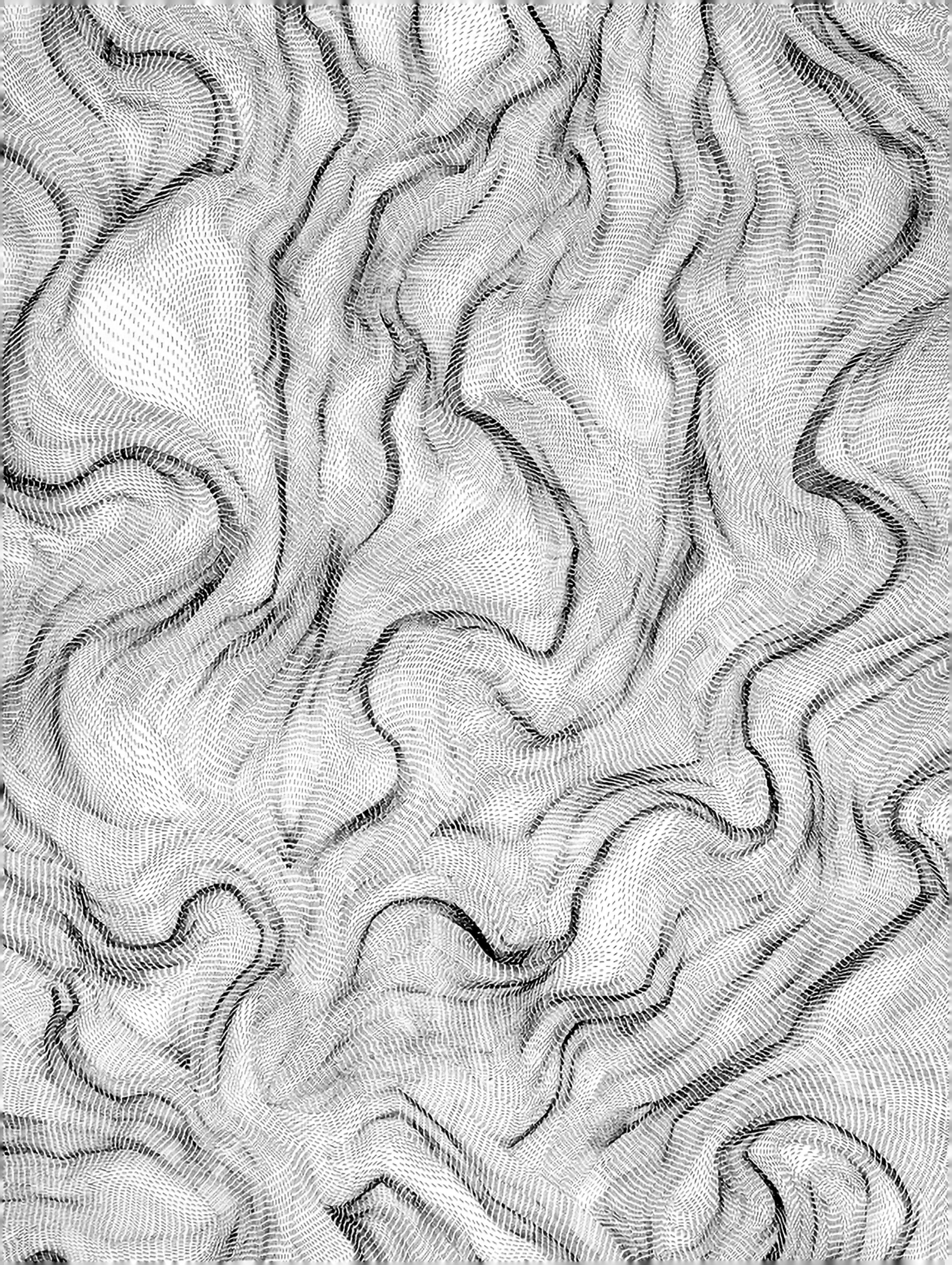

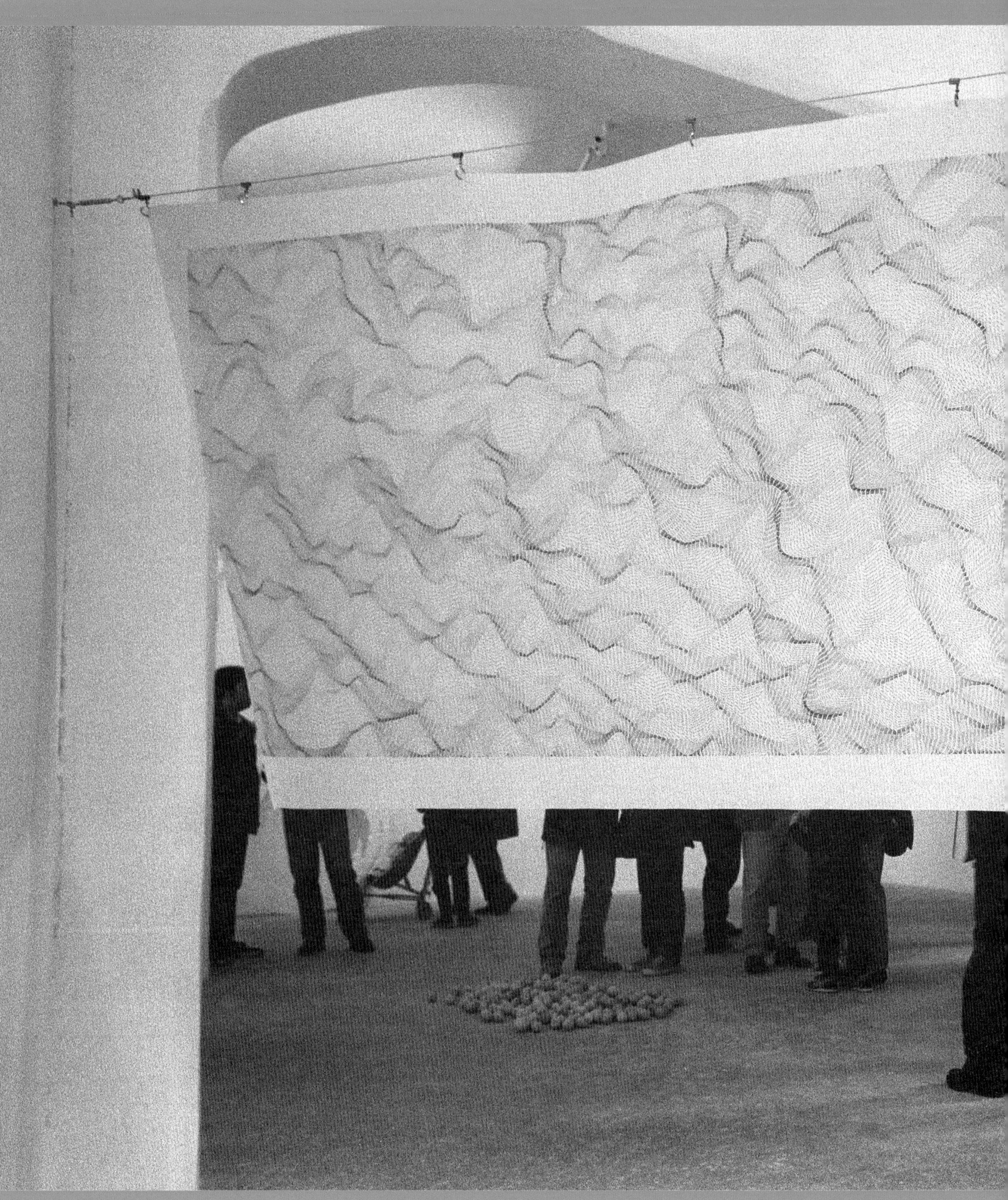

Il movimento delle cose, 1994, Spazio Careof,
Cusano Milanino
Il movimento delle cose, 1994, Spazio Careof,
Cusano Milanino

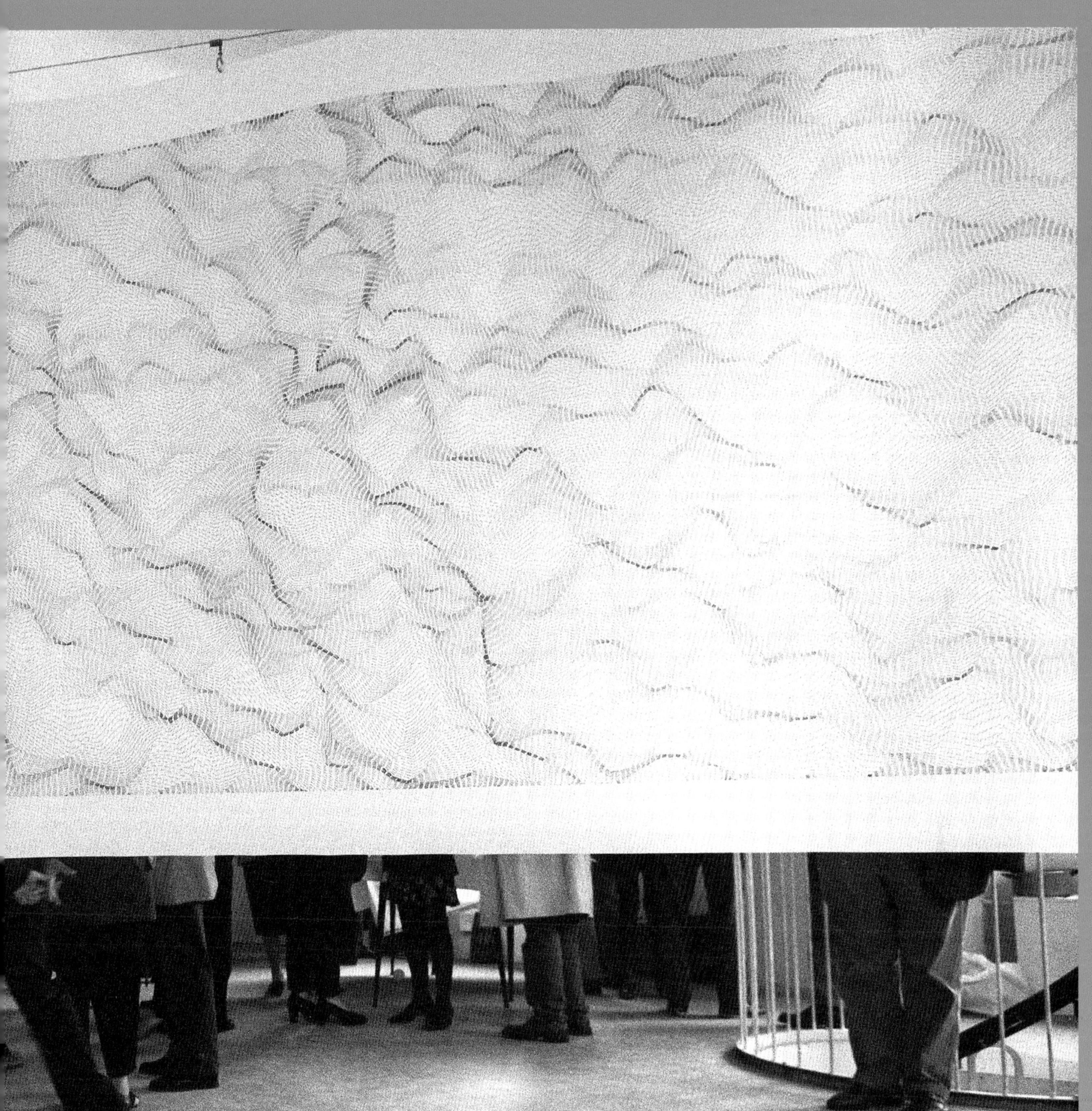

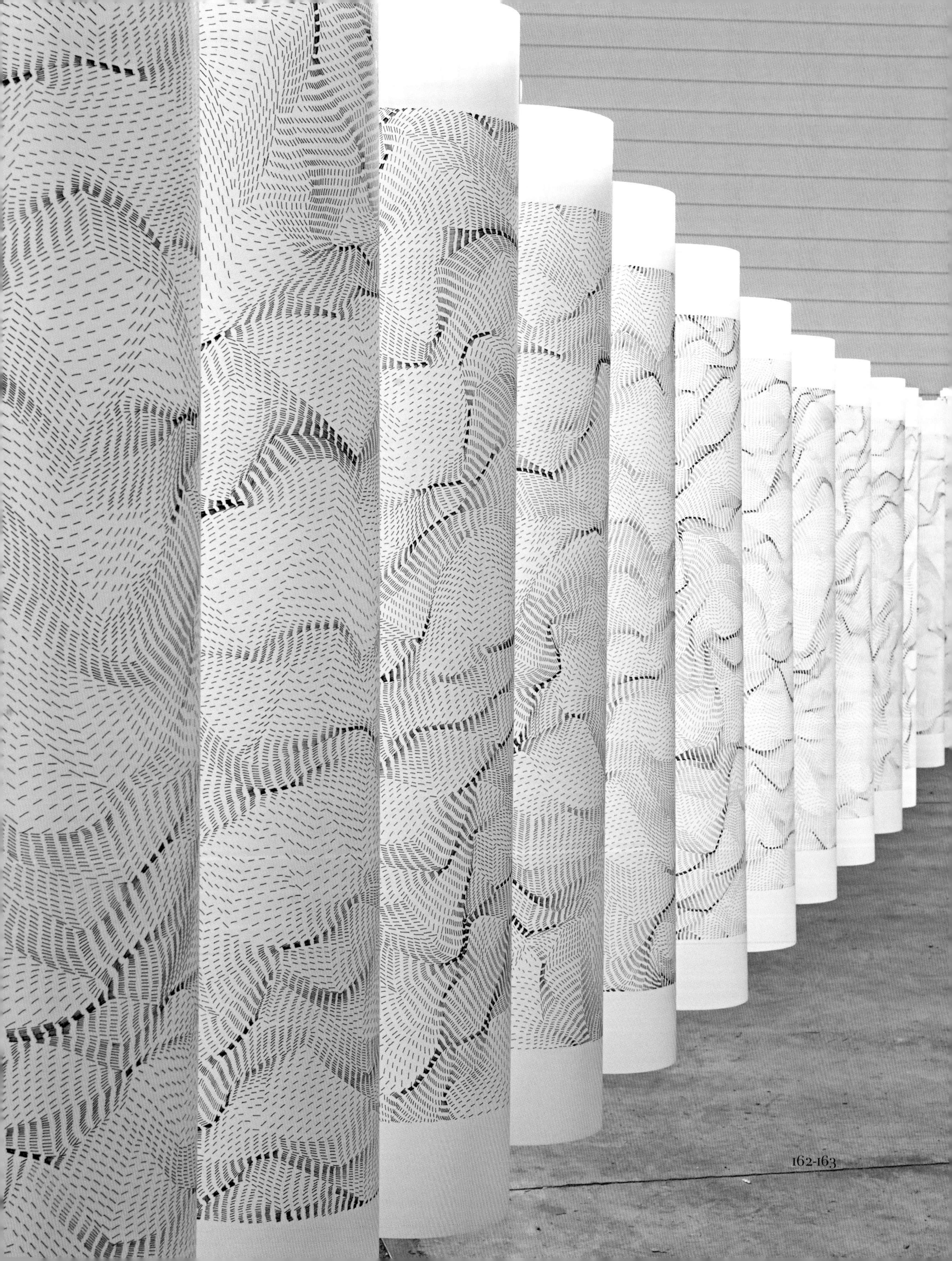

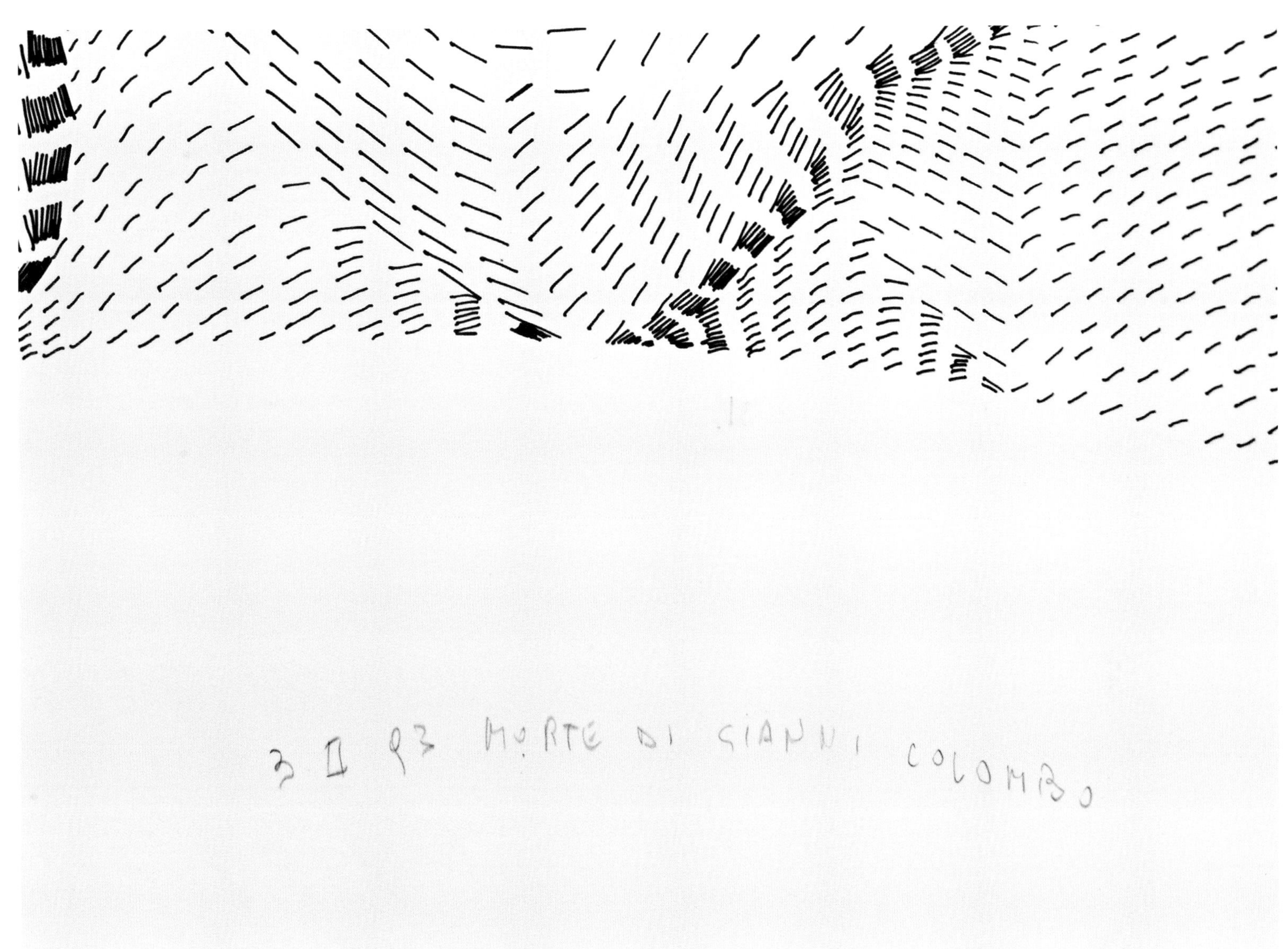

Dadamaino
Il movimento delle cose, 1993

Mordant on polyester
48 × 1181 ⅛ inch
detail [above]
Mordant sur polyester
122 × 3000 cm
détail [ci-dessus]

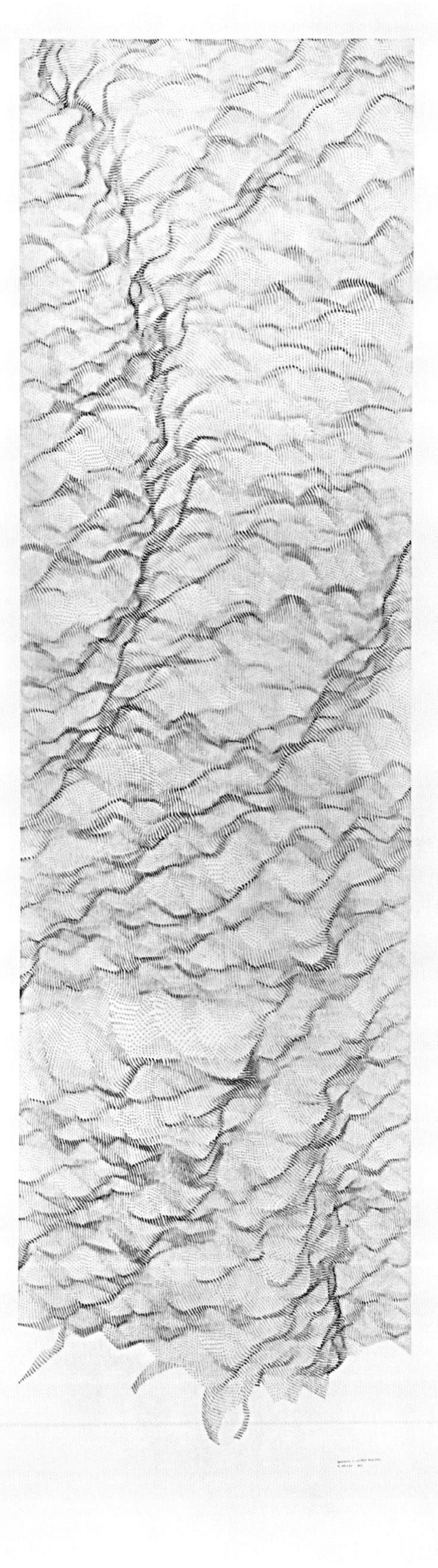

Dadamaino
Il movimento delle cose, 1995

Mordant on polyester
192 ⅛ × 48 inch
detail [next page]
Mordant sur polyester
438 × 122 cm
détail [page suivante]

DADAMAINO - IL MOVIMENTO DELLE COSE „

cm. 438 x 122 - 1995

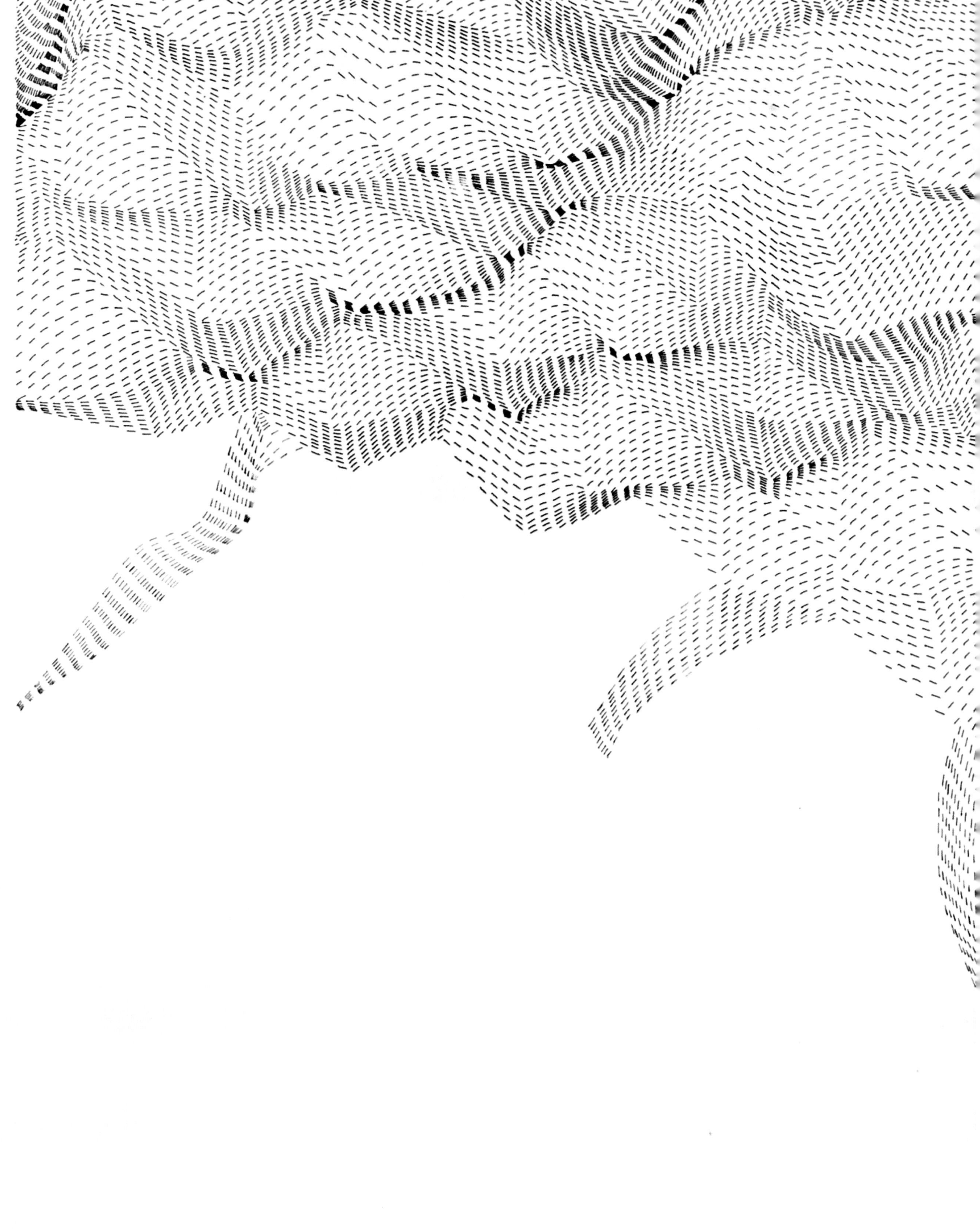

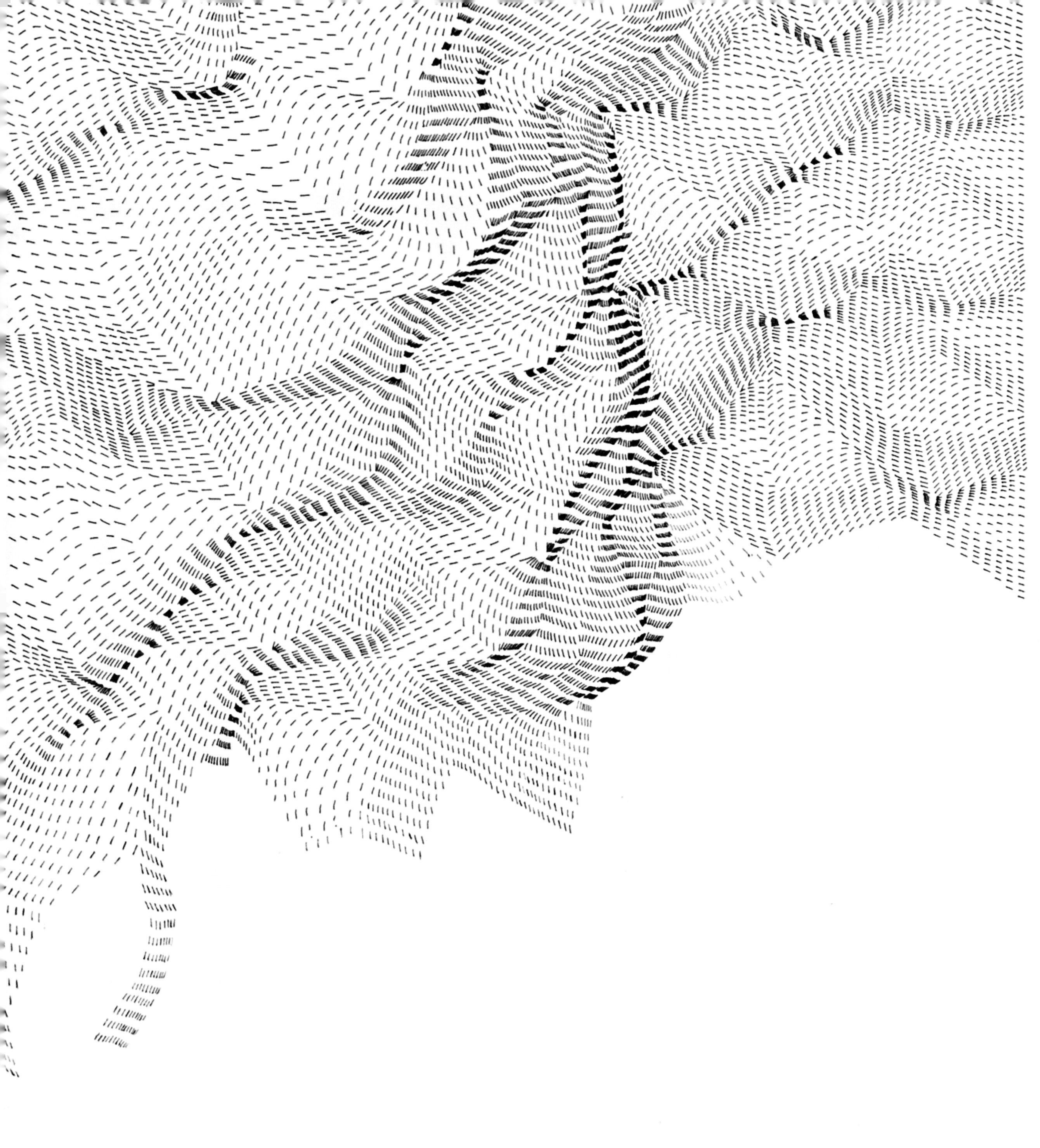

DADAMAINO - IL MOVIMENTO DELLE COSE...
cm 458 x 122 - 1996

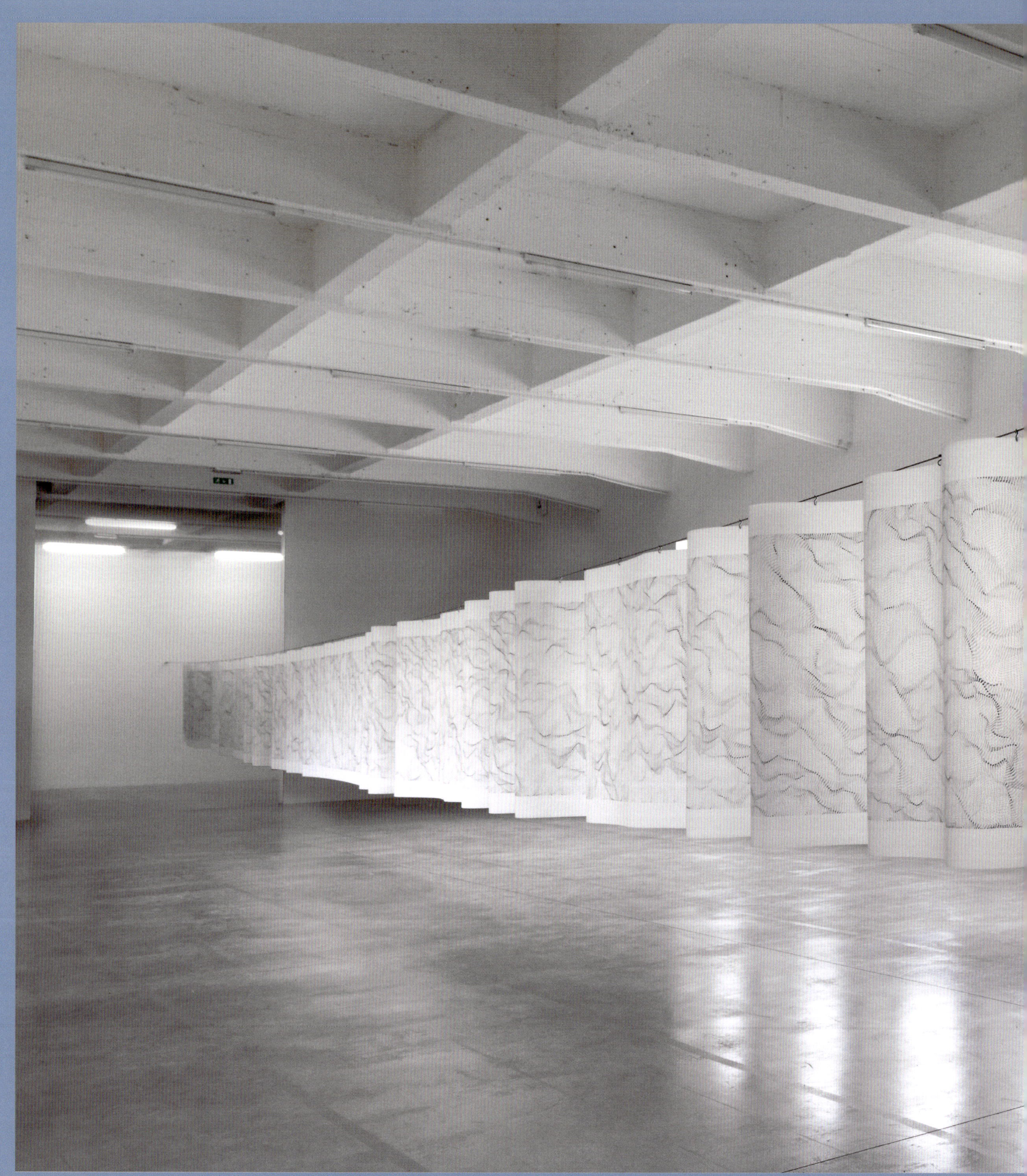

Exhibition view of *Dadamaino* at the
Consortium Museum (Dijon, France),
May 3rd–September 29th 2013
Vue de l'exposition « Dadamaino » au
Consortium Museum (Dijon, France),
3 mai - 29 septembre 2013

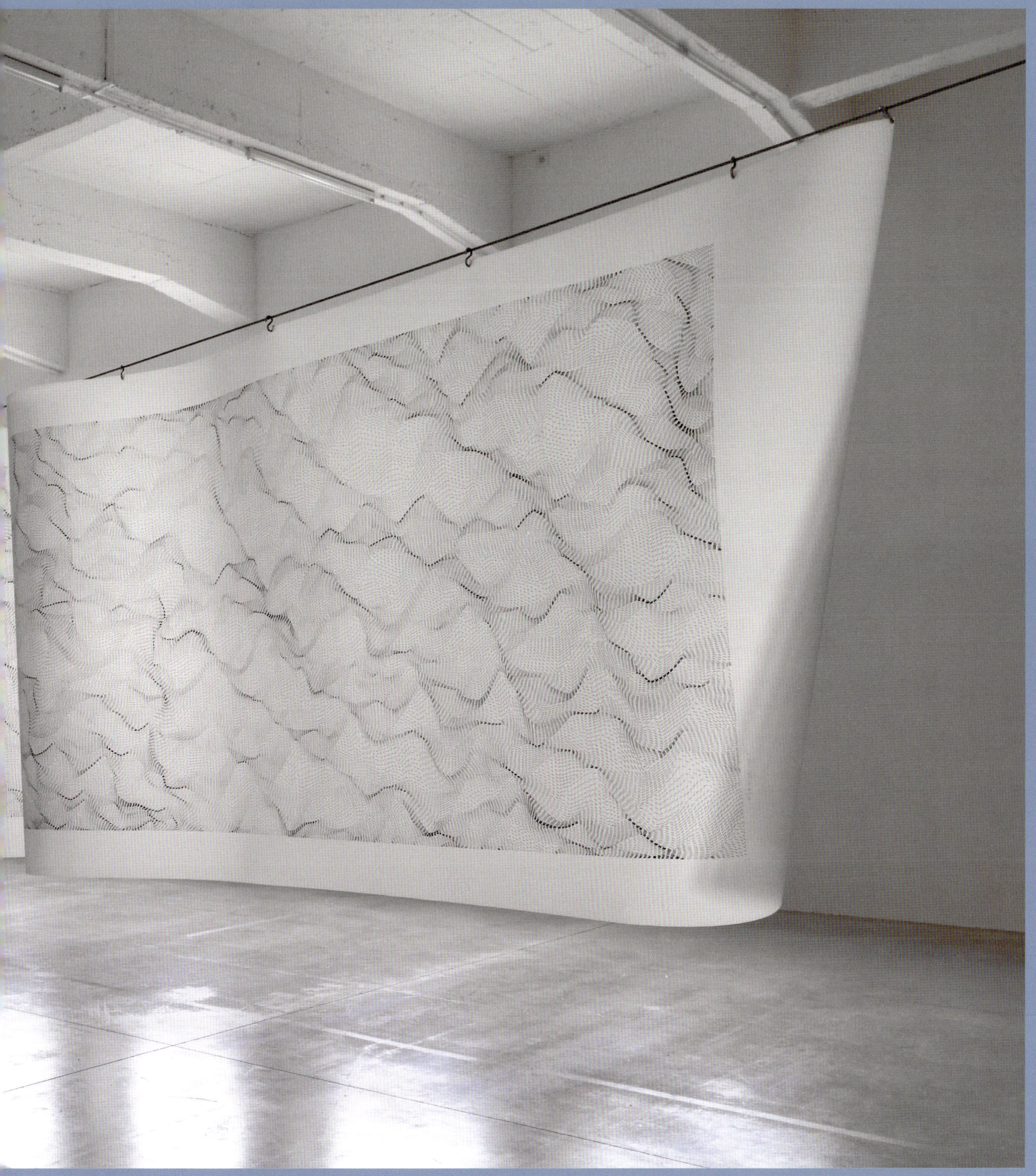

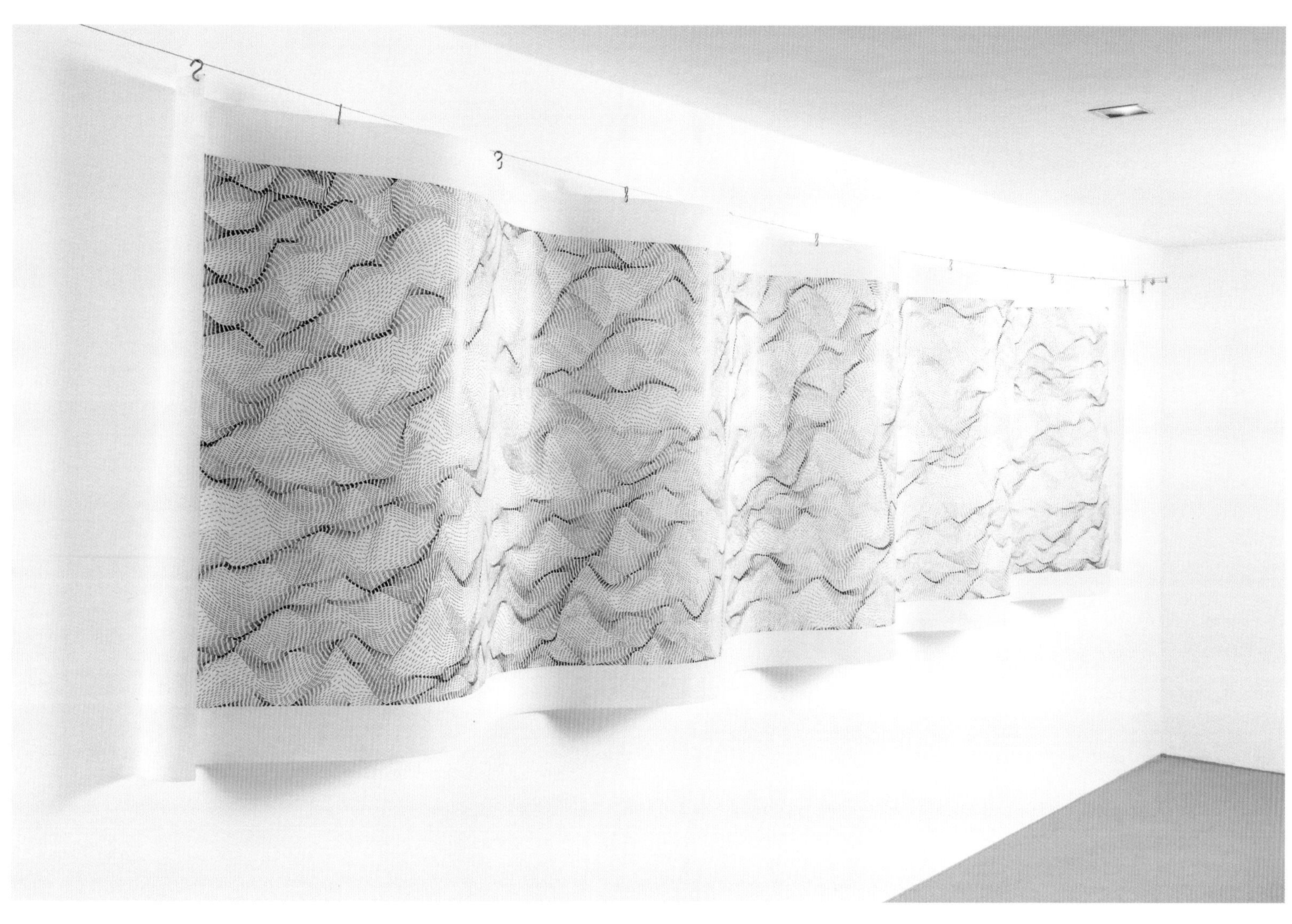

Dadamaino
Il movimento delle cose, 1996

Mordant on polyester
47 ¼ × 216 ½ inch
detail [next page]
Mordant sur polyester
120 × 550 cm
détail [page suivante]

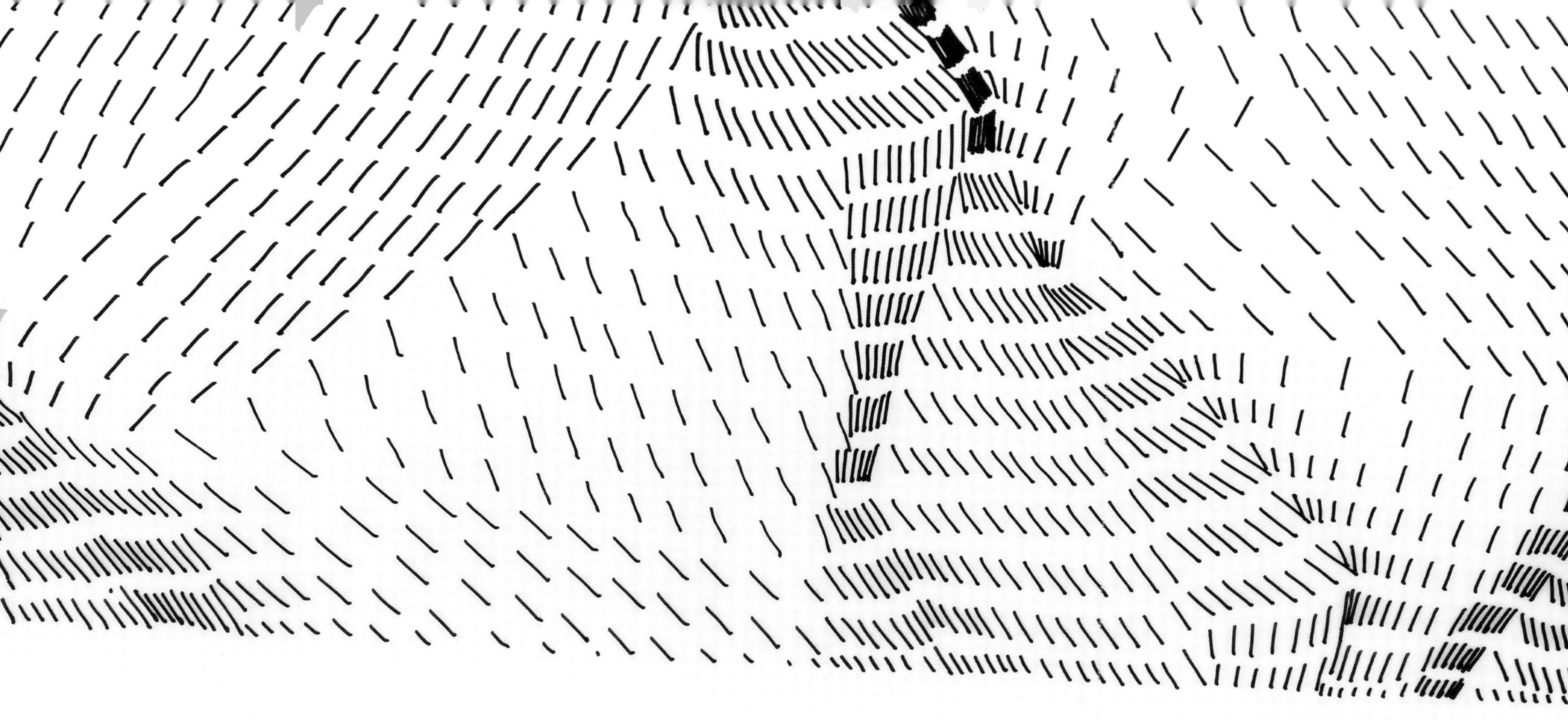

DADAMAINO - IL MOVIMENTO DELLE COSE
cm 570 x122 - 1996

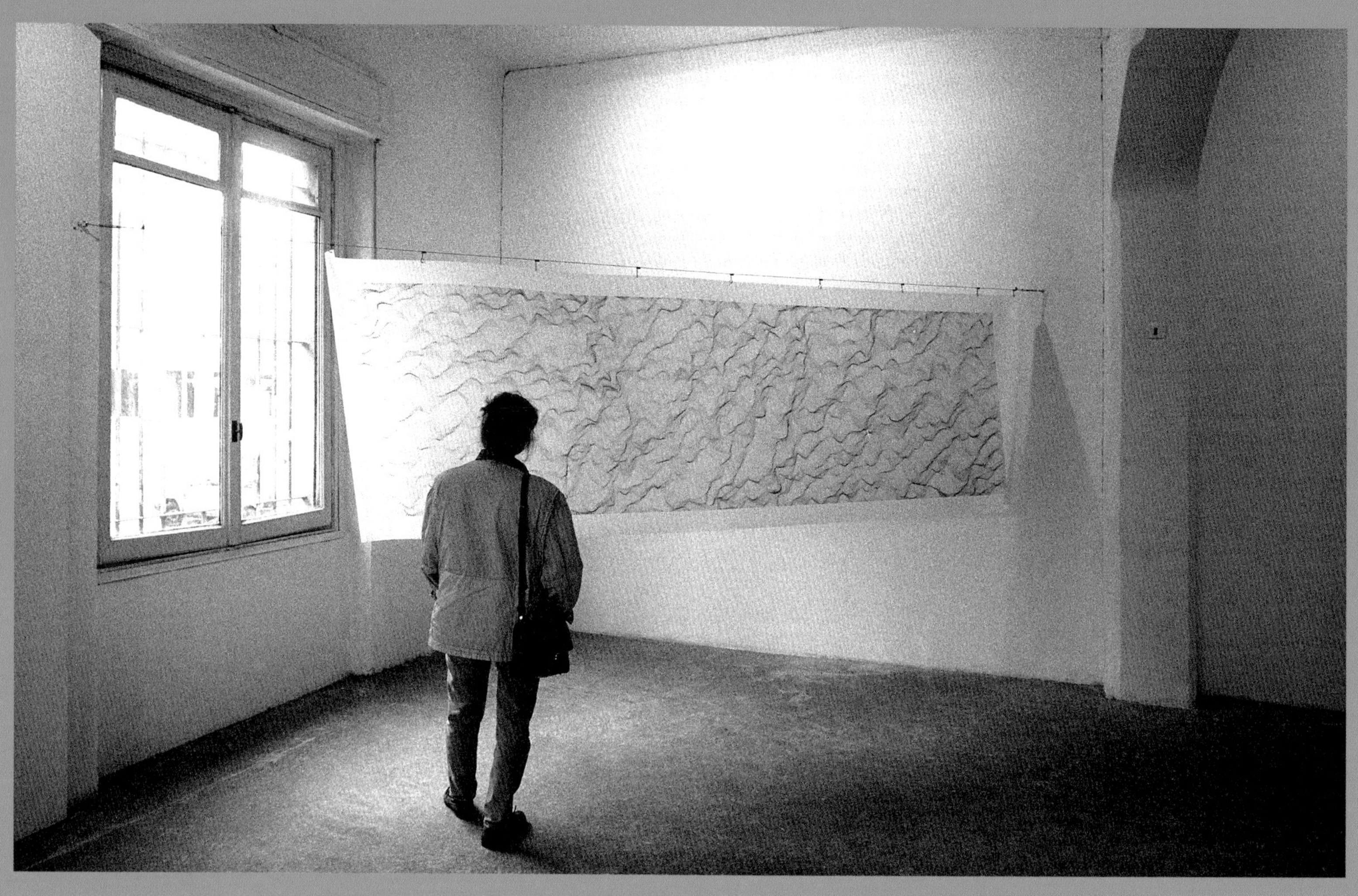

Il movimento delle cose, 1994, Spazio Careof,
Cusano Milanino
Il movimento delle cose, 1994, Spazio Careof,
Cusano Milanino

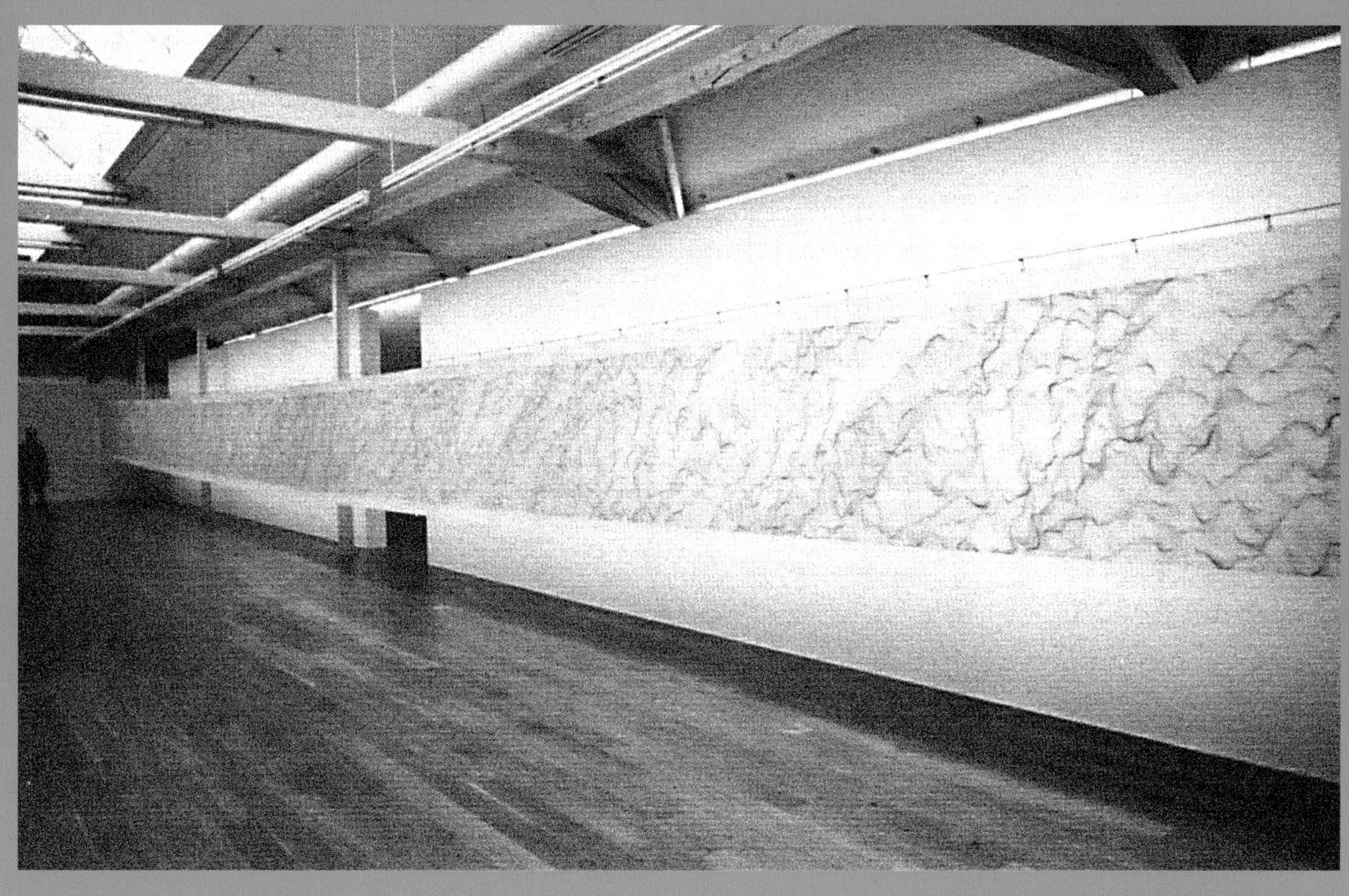

Il movimento delle cose, solo exhibition at
Stiftung für Konkrete Kunst, Reutlingen, 1993
Il movimento delle cose, exposition personnelle à
la Stiftung für Konkrete Kunst, Reutlingen, 1993

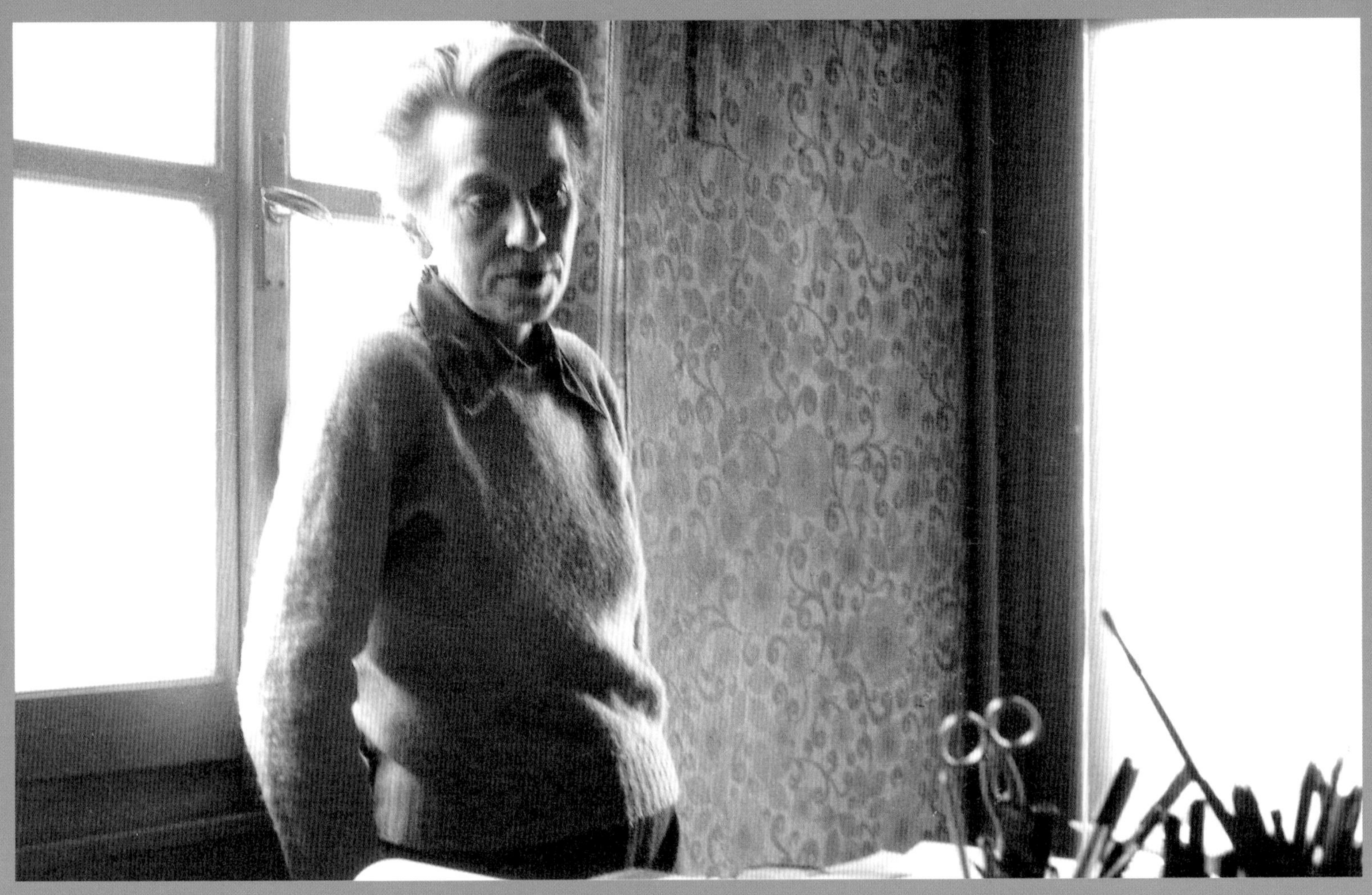

Dadamaino in her studio, 1979
Dadamaino dans son atelier, 1979

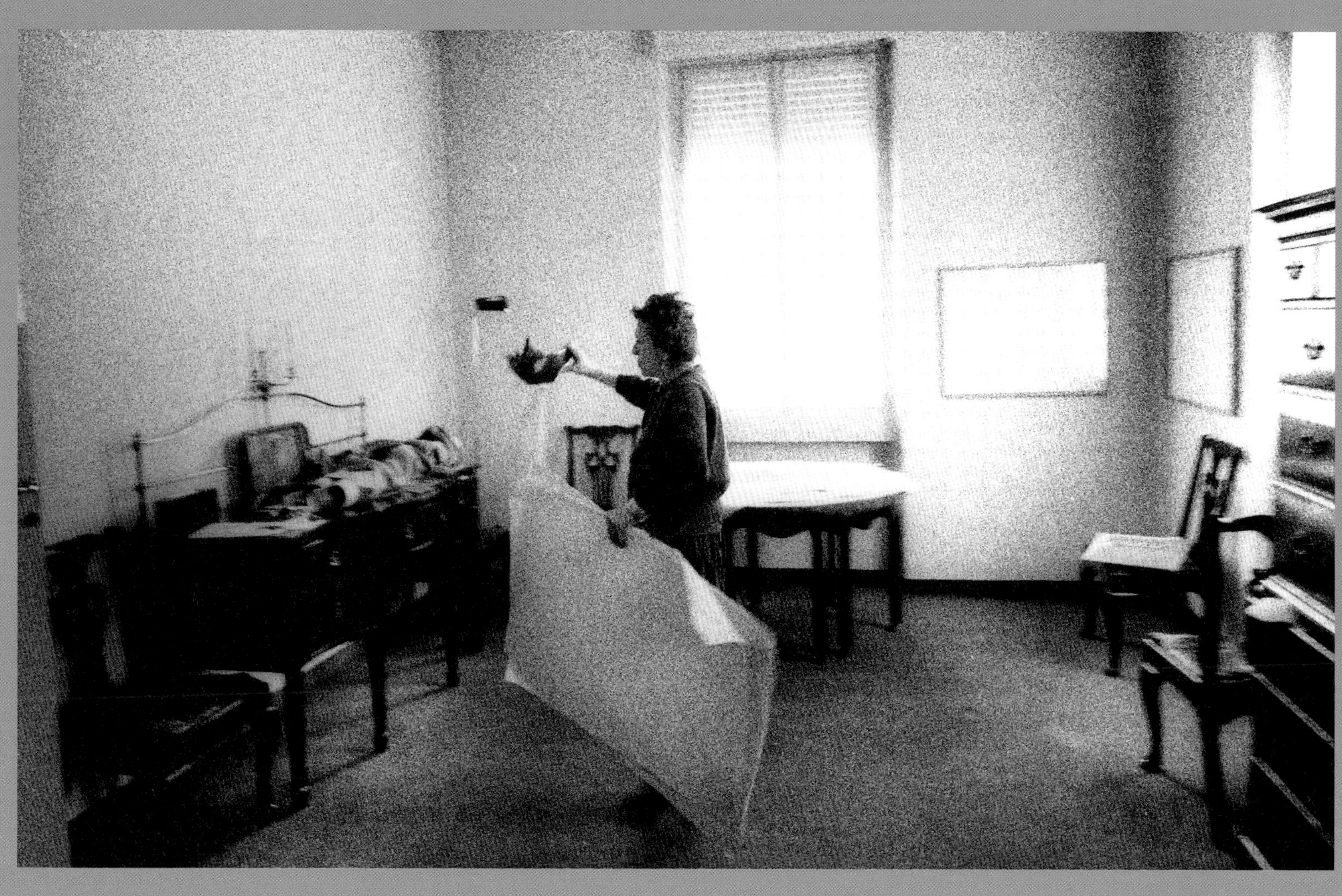

Dadamaino in her studio, Milan, 1990
Dadamaino dans son atelier, Milan, 1990

Dadamaino
Il movimento delle cose. La malattia, 1996

Ink on cardboard
27 ½ × 16 ⅛ inch
detail [next page]
Encre sur carton
70 × 40,9 cm
détail [page suivante]

176-177

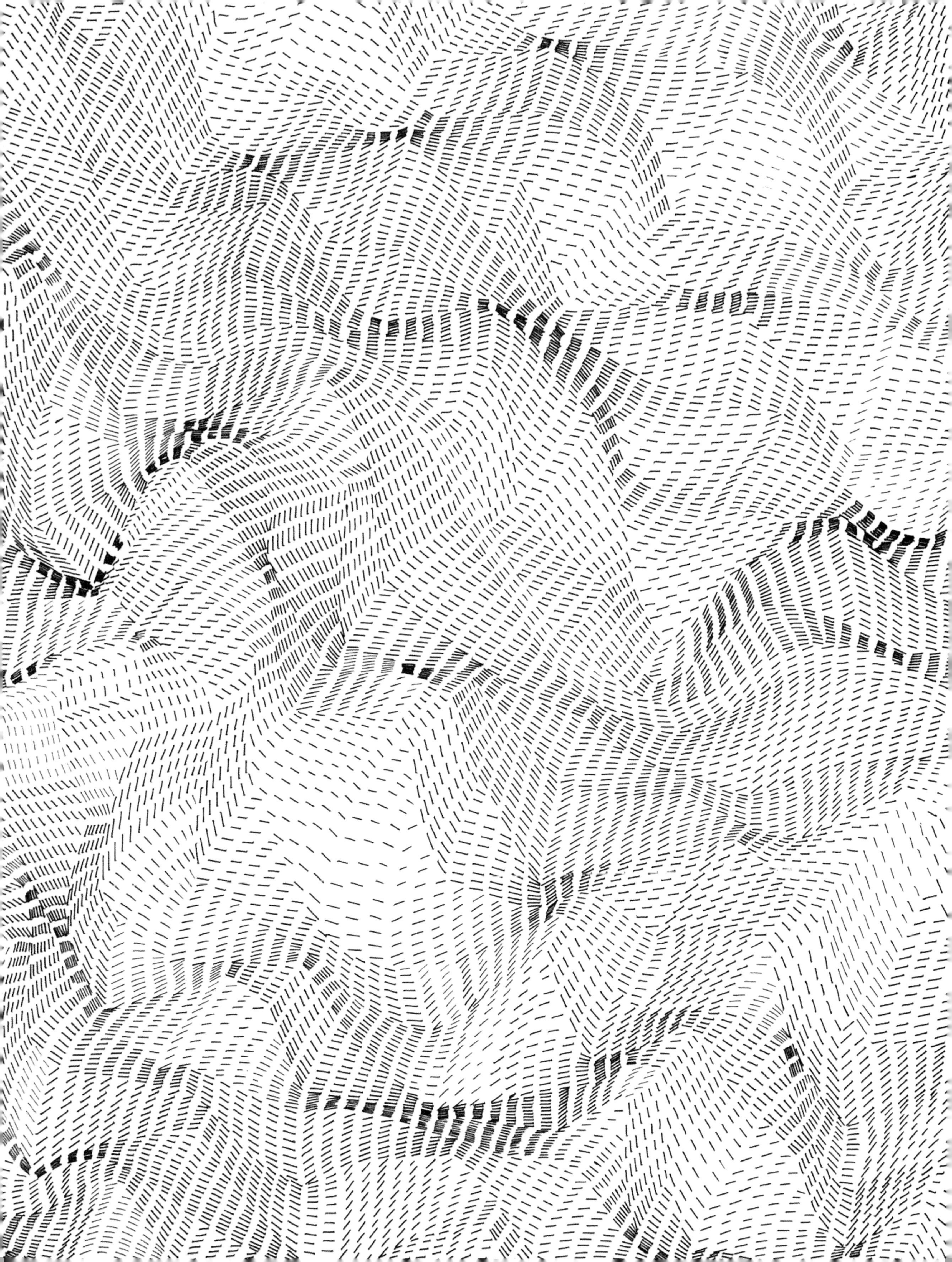

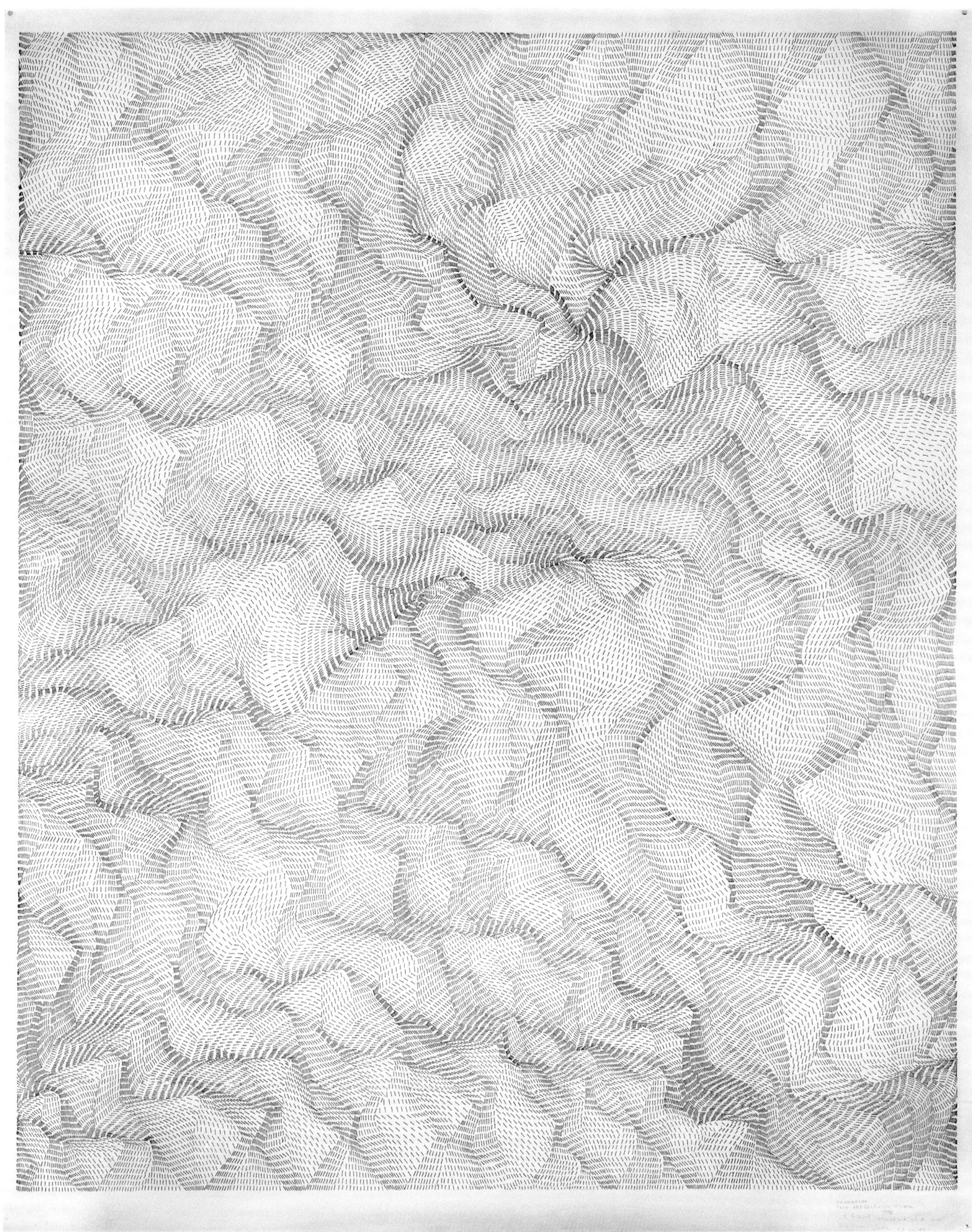

Dadamaino
Il movimento delle cose, 1998

Ink on coated cardboard
48 × 39 ⅜ inch
Encre sur carton
122 × 100 cm

Luca Massimo Barbero
"Dadamaino. Un'intervista tra vita e pensieri...",
Dadamaino. L'alfabeto della mente,
Museo Virgiliano, Virgílio, 2003

"*Il movimento delle cose* mi ha fatto guadagnare lo spazio, ho in qualche modo conquistato lo spazio, un attraversamento grazie anche al materiale [...] e poi ho avuto come un grande desiderio… volevo disegnare nell'aria… volevo disegnare nell'immateriale… [...] è questo senso continuo del lavoro come se fosse un discorso… un piccolo pezzo non vorrebbe dire niente… è un segno che si muove… poi il segno naturalmente cambia, la mia mano, la pressione, la traccia del sudore, alle volte è più mosso, si muove…"

"*Il movimento delle cose* has allowed me to gain space; I have in some way conquered space, a breakthrough made possible also thanks to the material [...] and then I had a great desire…, I wanted to draw in the air… I wanted to draw in the intangible… [...] it's this continuous sense of work as if it were a discourse… a small piece wouldn't mean anything… it is a sign that moves… how we move undergoes change… the meaning lay in doing, in being able to do so much every day… then the sign naturally changes, my hand, the pressure, the trace of sweat, sometimes it shows more movement, it moves…"

« *Il movimento delle cose* m'a permis de gagner de l'espace, en quelque sorte j'ai conquis l'espace, une traversée également rendue possible par le matériau [...] Et puis un grand désir s'est fait jour en moi… Je voulais dessiner l'air… Je voulais dessiner dans l'immatériel… [...] C'est ce sens continu du travail qui s'écoule comme un discours… un petit morceau ne signifierait rien… c'est un signe qui avance… comme nous avançons, il est en devenir… le sens était de faire, de pouvoir faire tant chaque jour… puis le signe change naturellement, ma main, la pression, la trace de la sueur, il est parfois plus mouvementé, il bouge… ».

Thinking Through Making. Accardi and Dadamaino's Matrixes of Meaning

—

Penser par le faire. Les Matrices de sens de Accardi et Dadamaino

Elizabeth
de Bertier

Walking along one of Dadamaino's monumental *Movimento delle Cose* [Movement of Things] works (1987-96) one can easily get lost in thought. Following the undulating patterns created by thousands of hand-drawn segments repeated over several metres of polyester, the only interruptions are the shadows of fellow visitors walking on the other side of the work. Like bars on sheet music, their silhouettes punctuate the semi-transparent support, gently recalling viewers from their abstract musings to the materiality of the work. In Carla Accardi's famous *Tenda* [Tent] (1965-66), the first of the artist's large-scale immersive environments, the experience is more static, though no less transportive. Standing inside the structure, the dizzying effect of the brightly colored waves painted onto the plastic sheeting immerses the viewer, leading her on a journey through the painting, as well as her own consciousness.

By bringing together the works of Accardi and Dadamaino for the first time, the exhibition held presently at Tornabuoni Art invites us to interrogate one artist's work through that of the other. Covered in what have been described as each artist's "personal alphabet" or "algorithm", these see-through structures act like nets of potential meaning; they are filters through which to rethink the other artworks in the room.[1] Indeed, if as Teresa Kittler argues, Accardi's *Tende* are capable of re-contextualising the space and people around them by becoming "a function of viewing that space," then Dadamaino's suspended *Movimento delle Cose* might similarly be tasked with the ability to encourage in the spectator a desire for "seeing things differently."[2]

Lorsqu'on se promène le long de l'oeuvre monumentale *Movimento delle Cose* [Le Mouvement des choses] (1987-1996) de Dadamaino on se perd facilement dans ses pensées. En suivant les motifs ondulés formés de milliers de segments tracés à la main et répétés sur plusieurs mètres de polyester, les seules interruptions sont les ombres de visiteurs de l'autre côté de l'œuvre. Telles les mesures d'une partition, leurs silhouettes ponctuent un cadre semi-transparent, tirant doucement les promeneurs de leurs songeries abstraites sur la matérialité de l'œuvre. Quoique l'expérience se veuille plus statique, on est non moins transporté dans la célèbre *Tenda* [Tente] (1965-66) de Carla Accardi, son premier environnement immersif de grande échelle. Debout dans la structure, le visiteur est invariablement submergé par l'effet vertigineux des vagues aux couleurs vives peintes sur des bâches en plastique, qui le promènent aussi bien à travers la peinture qu'à travers sa propre conscience.

En rapprochant les œuvres d'Accardi et de Dadamaino pour la première fois, l'exposition qui se tient actuellement à Tornabuoni Art nous invite à nous interroger sur l'œuvre d'une artiste à travers celle d'une autre. Recouvertes par ce qui a été décrit comme un « alphabet personnel » ou un « algorithme » propre à chacune des deux artistes, les structures transparentes fonctionnent comme des filets de signification potentielle, des filtres à travers lesquels toutes les œuvres de la pièce sont à réinterpréter.[1] En effet, si comme l'affirme Teresa Kittler, les *Tende* d'Accardi sont capables de recontextualiser l'espace et les personnes qui les entourent en devenant une « fonction de visualisation de l'espace » , alors on pourrait attribuer au *Movimento delle Cose* suspendu

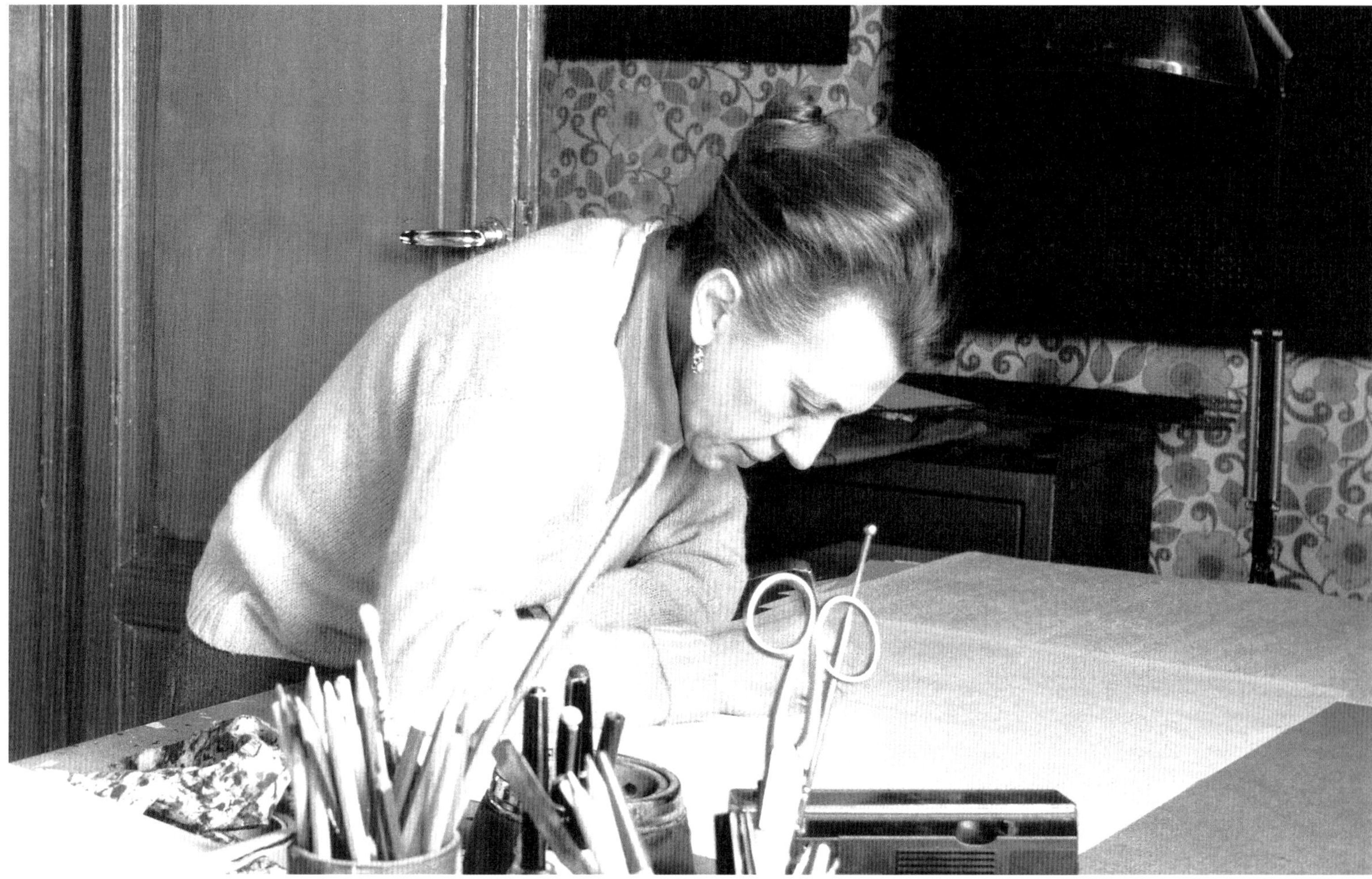

Despite starting their careers ten years apart, both Accardi and Dadamaino were driven throughout their lives by a desire to create a fairer society. Far from being incompatible with an artistic practice, as has sometimes been claimed, their activism is indissociable from their work.[3] This does not mean that each artwork should be read as a political statement on the part of the artist, but rather that their practice is inscribed within a particular world view in which it must find its place. Much like the works themselves, feminist and Marxist concepts associated with Accardi and Dadamaino's respective practices will thus serve as theoretical frameworks through which to discuss both artists' creative processes. But it is the phenomenological analysis of Accardi's so-called "sign-paintings" and what we might call Dadamaino's "letter-drawings" that will guide our study. For, rather than a "socially relevant style of painting," I would argue that it is through a shared mode of making that both artists articulate the potential for abstract art to uniquely contribute to society.[4]

de Dadamaino la même capacité à susciter chez le spectateur un désir de « voir les choses différemment ».[2]

Bien qu'ayant commencé leurs carrières à dix ans d'intervalle, Accardi et Dadamaino ont été mues par un désir de contribuer à une société plus juste. Loin d'être incompatible avec une pratique artistique, comme certains l'affirment, leur activisme est indissociable de leur œuvre.[3] Cela ne signifie toutefois pas que leur travail doive être interprété comme un positionnement politique, mais plutôt que leur pratique s'inscrit dans une vision particulière du monde, où elle devra s'efforcer de trouver sa place. Tout comme les œuvres, les concepts féministes et marxistes associés aux pratiques respectives d'Accardi et de Dadamaino serviront ainsi de cadres théoriques pour aborder les processus créatifs des deux artistes. Mais c'est avant tout l'analyse phénoménologique des soi-disant « peintures-signes » et ce que nous pourrions appeler les « dessins-lettres » de Dadamaino qui guideront notre étude. Car, plutôt qu'un « style de peinture socialement pertinent », je dirais que c'est à travers

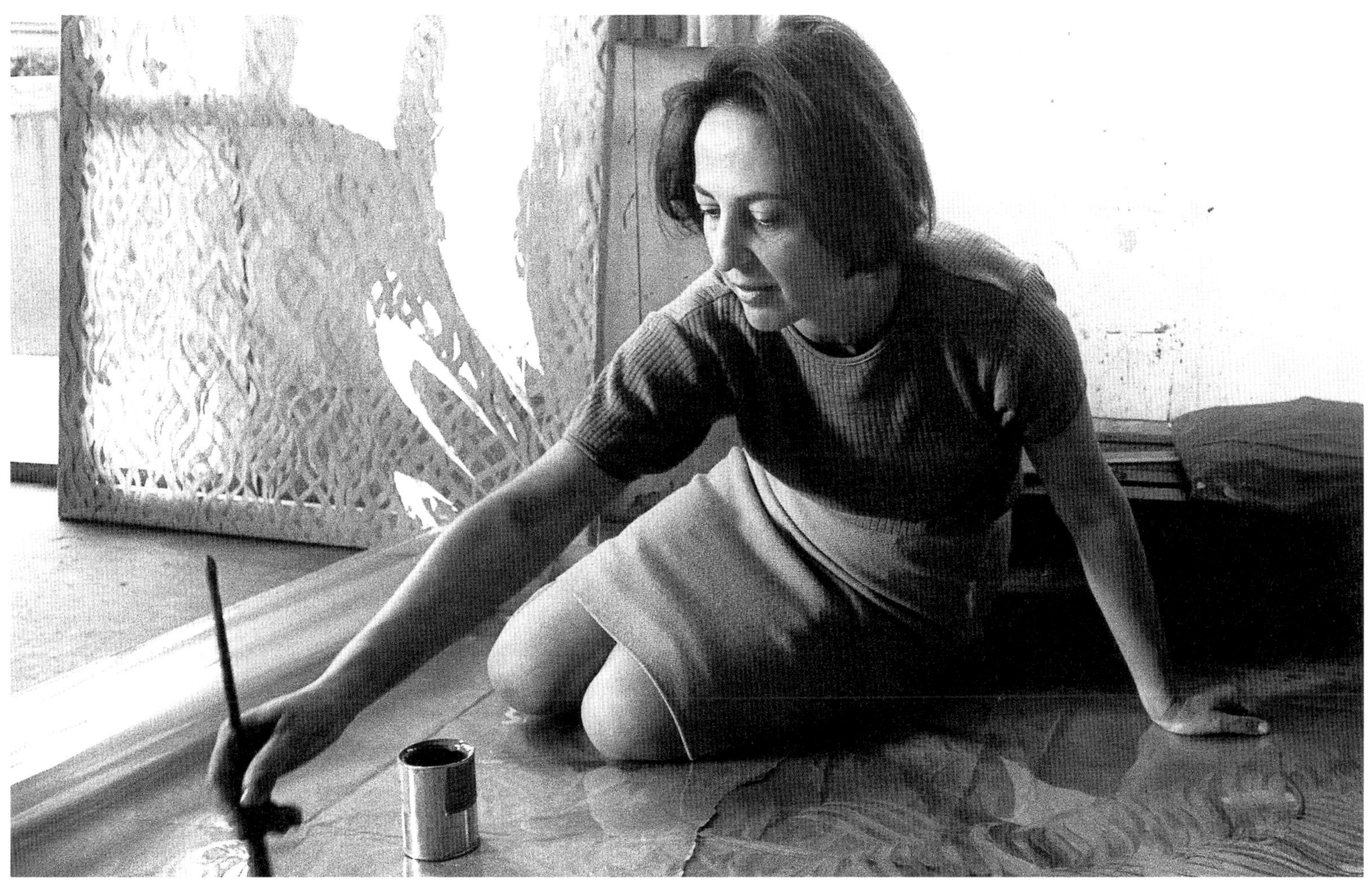

In her 2011 essay titled "Spaces of Self-Consciousness," which revisits Carla Accardi's contribution to the Italian feminist movement, Leslie Cozzi attributes the variations in the artist's practice to a desire to "renew the social purchase of her unremitting abstraction."[5] "Accardi had always been a politically involved painter," writes Cozzi, "and even her earliest abstract paintings were meant as concrete acts of post-Fascist social and artistic Emancipation."[6] In a similar way, I would argue that the stark stylistic changes that punctuate Dadamaino's career were guided by the artist's desire to find a place for abstraction within the socialist project, which she was engaged with throughout her life.[7] In particular, the latter phase of Dadamaino's production marks a significant departure from the artist's previous work. Throughout the 1960s, Dadamaino had been preoccupied with objectivity, seeking to demystify the figure of the artist and the status of the artwork by preferring words like "researcher" and *fruitore* [user] to describe herself and the spectator, that would allow

une même approche au travail et à la création que les deux artistes expriment la possibilité que l'art abstrait puisse contribuer de façon unique à la société.[4]

Dans son essai de 2011, « *Spaces of Self-Consciousness* » [« Les espaces de conscience de soi »], qui revient sur la contribution de Carla Accardi au mouvement féministe italien, Leslie Cozzi attribue les variations de sa pratique artistique à un désir de « renouveler l'adhésion sociale à son abstraction implacable ».[5] « Accardi a toujours été une peintre engagée politiquement », écrit Cozzi, « et même ses premières toiles abstraites étaient conçues comme des actes concrets d'émancipation sociale et artistique post-fasciste ».[6] De même, c'est le désir de trouver une place pour l'abstraction au sein du projet socialiste dans lequel l'artiste était engagée tout au long de sa vie qui a guidé les changements stylistiques drastiques qui ponctuent la carrière de Dadamaino.[7] En particulier, la dernière phase de sa production marque un changement de direction considérable par rapport à son travail antérieur. Tout au long des années 1960,

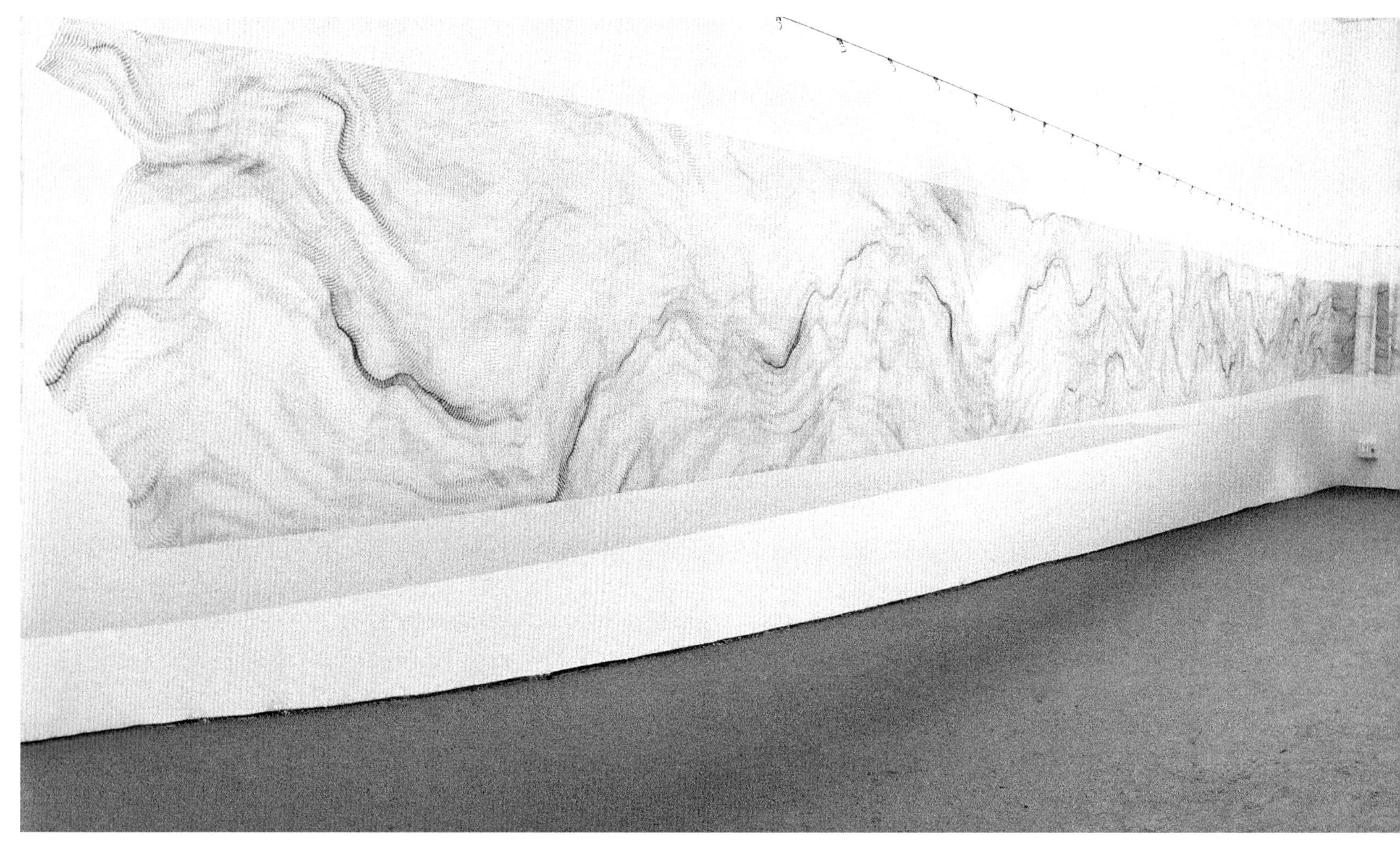

her to "discuss her work in the same way one would discuss problems in the factory."[8] In other words, she was looking to eliminate what Walter Benjamin and Theodor Adorno refer to as the "magical element [of] the bourgeois work of art."[9]

In contrast to the scientific vocabulary the artist had favoured up to this point, in 1975 Dadamaino began a series of works on paper titled *Inconscio Razionale* [Rational Unconscious]. If their name suggests an uncharacteristic nod to the artist's subjectivity, the medium of ink on paper adopted by Dadamaino marks a return to more traditional forms of drawing from the three-dimensional mechanisms she had been constructing throughout the 1960s out of plastic, wood and aluminium. Followed by the *Alfabeto della Mente* [Alphabet of the Mind] (1976-77) and *I fatti della vita* [The Facts of Life] series (1978-82), *Inconscio Razionale* marks the beginning of a more introspective approach that would henceforth characterise Dadamaino's work, culminating in the large-scale *Movimento delle Cose* [Movement of Things] (1987-96) and

Dadamaino avait été absorbée par l'objectivité, cherchant à démystifier la figure de l'artiste et la catégorisation en tant qu'œuvre d'art et leur préférant des mots comme « chercheuse » et « *fruitore* » (utilisateur) pour se décrire et pour décrire le spectateur. Elle souhaitait ainsi « parler de son travail comme on parlerait de problèmes dans une usine ».[8] Autrement dit, elle cherchait à éliminer ce que Walter Benjamin et Theodor Adorno appelaient « l'élément magique dans l'œuvre d'art bourgeoise ».[9]

En 1975, allant à contre-courant du vocabulaire scientifique qu'elle avait privilégié jusqu'alors, Dadamaino entama une série d'œuvres sur papier intitulées « *Inconscio Razionale* » [L'inconscient rationnel]. Si leur nom suggère une reconnaissance peu caractéristique de la subjectivité de l'artiste, le medium d'encre sur papier adopté par Dadamaino marque un retour à des formes plus traditionnelles de dessin par rapport aux mécanismes tridimensionnels en plastique, bois et aluminium qu'elle avait construits dans les années 1960. Suivi par les séries *Alfabeto della Mente* [L'Alphabet de l'esprit]

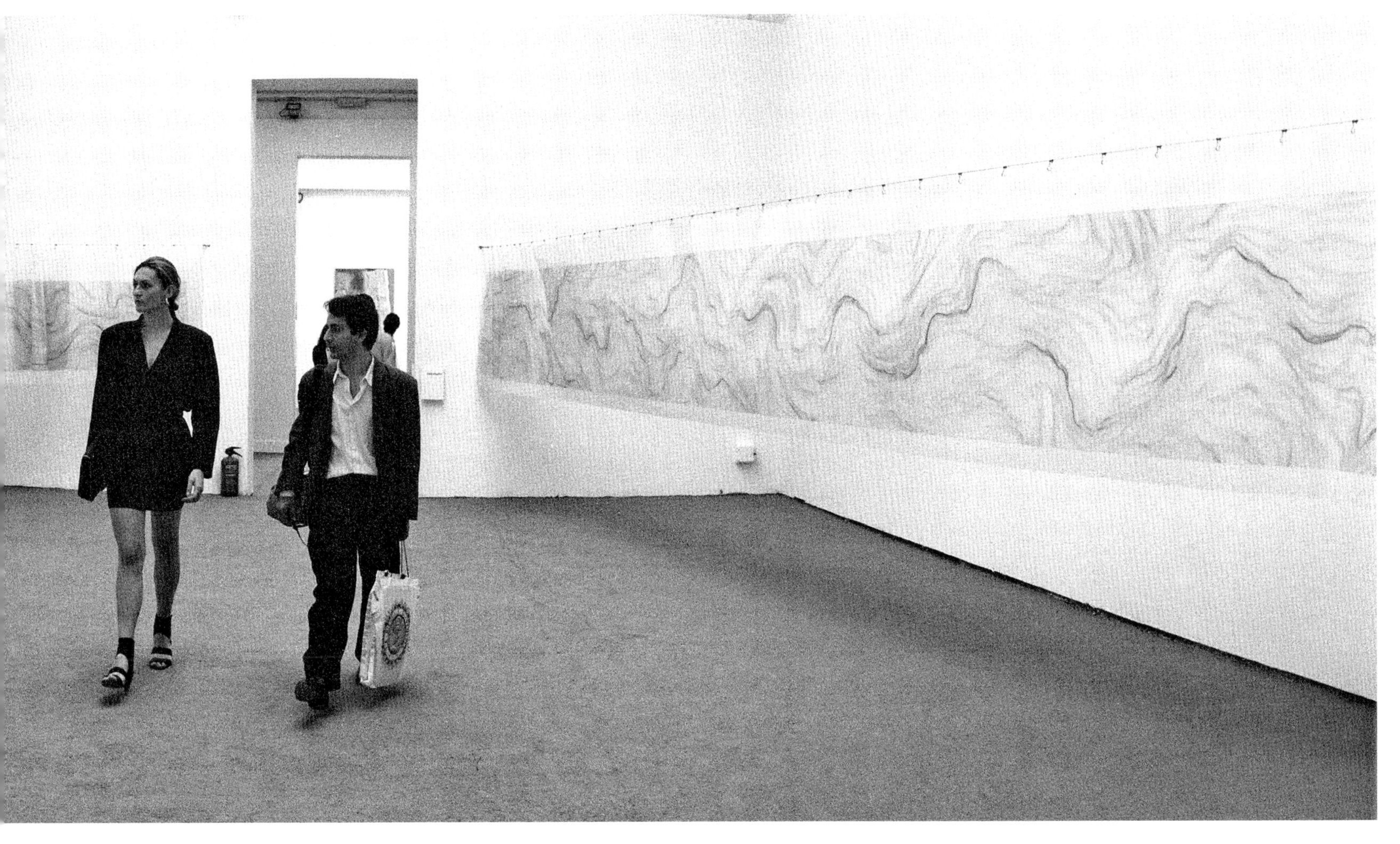

Sein un Zeit [Being and Time] (1996-2003) series. Taking on various dimensions, colors and supports, Dadamaino would spend the second half of her career painstakingly tracing thousands of minute segments she calls *"segni"* ("signs" or "marks"), inventing a different kind of manual visual language – somewhere between drawing and writing – that is more personal, though, as we will see, no less socially relevant.

Carla Accardi, who had started working with signs two decades earlier, similarly describes the shift that occurred in her practice following the 1952 Venice Biennale as an "abandonment to the unconscious."[10] The 26th edition of the exhibition saw a clash of styles between the abstract works of the avant-garde and the figurative paintings hailed by the Italian Communist Party (PCI) as the only form of art capable of contributing to society. Those who, like Accardi, claimed to be "formalists and Marxists" were confronted with accusations of "decadence," "degeneration" and "cosmopolitism."[11] As Maria Grazia Messina

(1976-77) et *I fatti della vita* [Les faits de la vie] (1978-82), *Inconscio Razionale* marque le début d'une approche plus introspective qui caractérisera dorénavant le travail de Dadamaino, aboutissant aux séries à grande échelle, *Movimento delle Cose* [Mouvement des choses] (1987-1996) et *Sein und Zeit* [Être et Temps] (1996-2003). À partir de dimensions, de couleurs et de supports variés, Dadamaino allait passer la seconde moitié de sa carrière à tracer minutieusement des milliers d'infimes segments qu'elle appelait « *segni* » (« signes » ou « marques »), inventant ainsi un nouveau langage visuel manuel, entre dessin et écriture, qui se veut plus personnel, sans pour autant être moins socialement pertinent, comme nous le verrons.

De la même façon, Carla Accardi, qui travaillait à partir de signes depuis vingt ans, a qualifié le changement qui s'est produit dans sa pratique artistique lors de la Biennale de Venise de 1952 d'« abandon à l'inconscient ».[10] La 26e édition de l'exposition fut l'occasion d'un choc de styles entre les œuvres abstraites de l'avant-garde et les peintures figuratives célébrées par

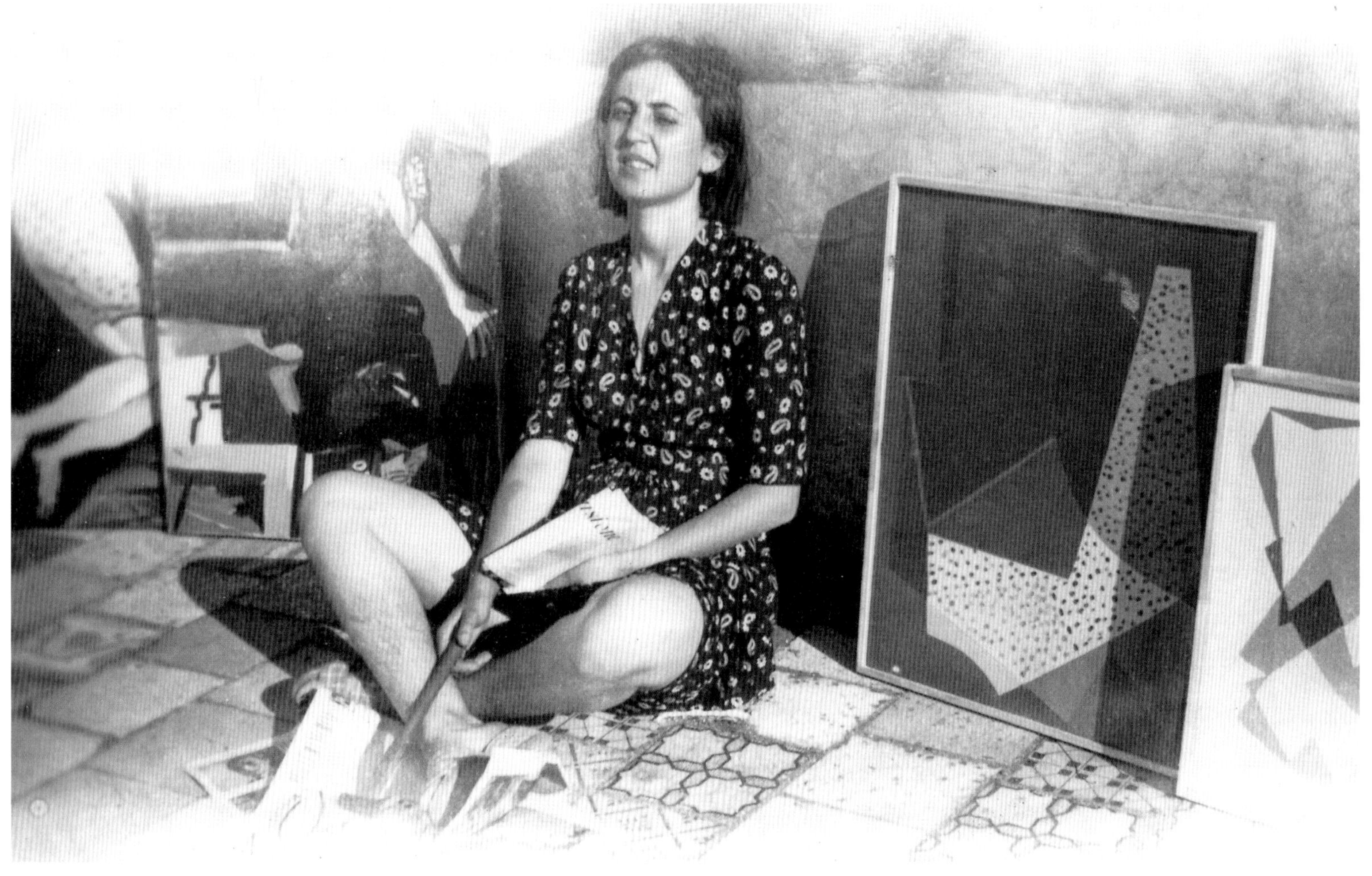

recounts, 1953 was for the artist a period of "silence and crisis," during which Accardi removed herself from the art world; but it was also a time of intense experimentation.[12] Demonstrating her determination to work through the contradictions that had been brought to light at the Biennale, Accardi produced many studies and drawings, kickstarting a gradual shift in the appearance of her works from the *Scomposizioni* [Decompositions] of the late 1940s, in which the surface of the canvas is divided into geometric planes, to clusters of colorful shapes and forms that from one work to the other gradually became black and white "fragments" or "signs."[13]

"Repetition," Briony Fer tells us "sets in train a self-reference so intense that it is like an interior monologue."[14] Therein lies the "unconscious" or "subconscious" process that for both Accardi and Dadamaino resulted in the creation of their language of signs. Far from the gestural painting of the 1950s, in which "man pitted himself against the abyss, the unconscious, or the ravages of history with every stroke" or indeed the surrealist

le Parti Communiste Italien (PCI) comme étant la seule forme d'art en mesure de contribuer à la société. Ceux qui, comme Accardi, se disaient « formalistes et marxistes », furent confrontés à des accusations de « décadence », de « dégénération » et de « cosmopolitisme ».[11] D'après Maria Grazia Messina, 1953 fut pour l'artiste une période de « silence et de crise » durant laquelle Accardi se retira du monde de l'art ; mais ce fut aussi une période d'expérimentations intenses où le nombre d'étude et dessins produit par l'artiste révèle sa détermination à trouver une issue aux contradictions qui avaient été révélées par la Biennale.[12] Accardi entame ainsi une transformation graduelle de ses œuvres, passant des *Scomposizioni* [Décompositions] de la fin des années 1940, dans lesquelles la surface de la toile était divisée en plans géométriques, à des grappes de formes et de silhouettes colorées qui au fil des œuvres devinrent des « fragments » ou des « signes » noirs et blancs.[13]

Briony Fer explique que « la répétition met en place un système d'auto-référence si intense qu'il ressemble à un monologue intérieur ».[14]

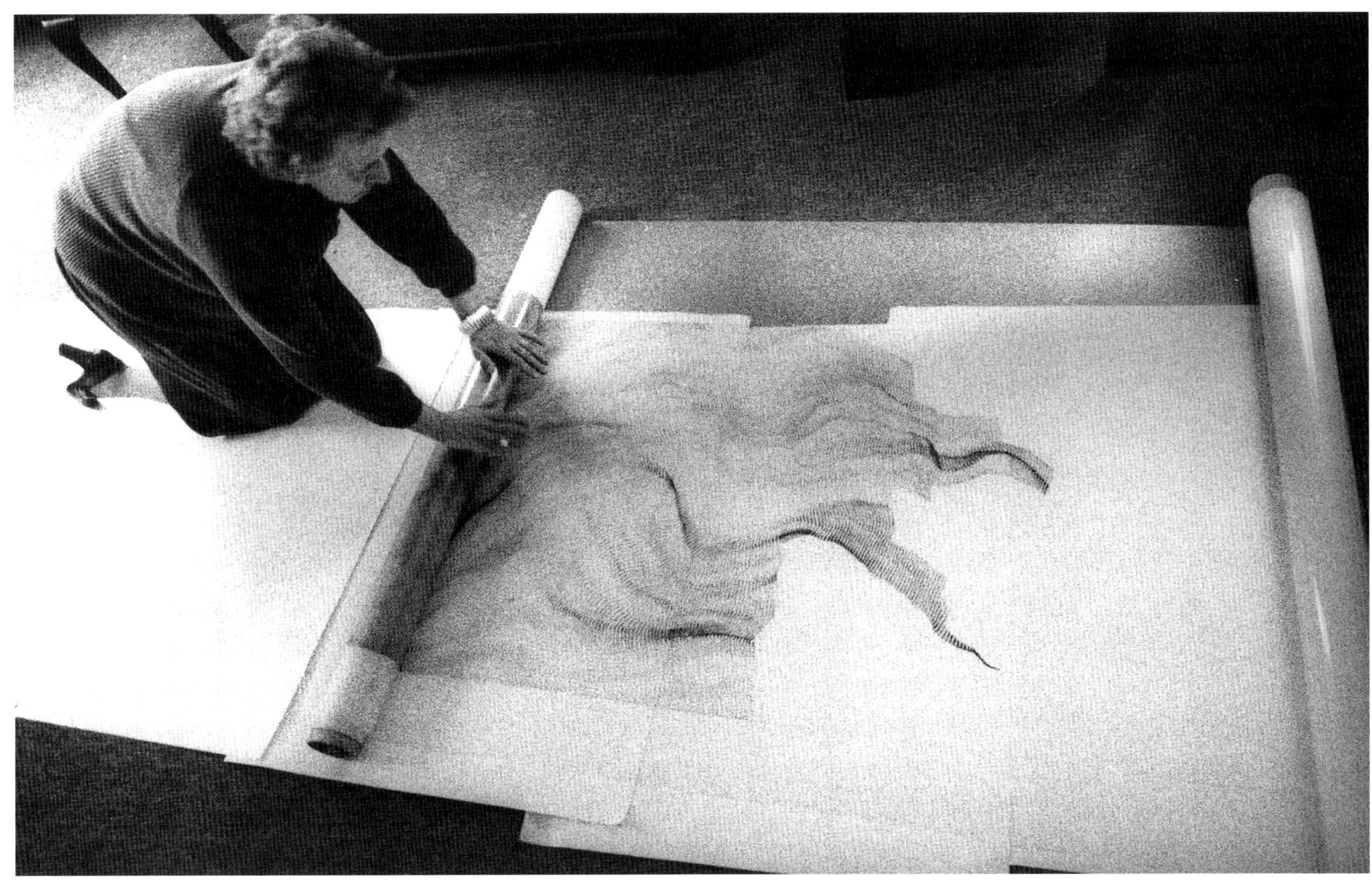

practice of automatic writing, where signs are a spontaneous expression of the artist's subconscious thoughts, ideas emerge from the work itself.[15] Thus when Accardi states that "sign-painting came out of [her] desire for a *tabula rasa*," she describes a different way of creating meaning, one that resembles a progressive untangling of a "*garbuglio*" of signs, as Messina puts it, that in works like *Verderosso* [Green red] (1963-70) appear to be "knitted" across the surface of the canvas [PP. 64-65].[16]

Working across the weft of the paper with her pencil like a shuttle or a needle, Dadamaino adopts a mode of making that, like for Accardi, is more akin to weaving than traditional forms of painting or drawing. Though she never ascribed to the feminist movement that took shape in Italy in the early 1970s, Dadamaino describes her *Alfabeto della Mente* series as originating in a moment of frustration against 'men' and the 'final solutions' that she felt were all they were capable of offering.[17] In 1976, shocked by the massacre of Palestinian refugees that took place in Tel al-Zaatar in

C'est toute la problématique du processus « inconscient » ou « subconscient » qui, tant pour Accardi que pour Dadamaino, a donné lieu à la création de leur langage de signes. Loin de la peinture gestuelle des années 1950, dans laquelle « l'homme se dressait contre l'abysse de l'inconscient ou les ravages de l'histoire à chaque coup de pinceau », ou même de la pratique surréaliste de l'écriture automatique, dans laquelle les signes sont une expression spontanée des pensées du subconscient de l'artiste, les idées émergent de l'ouvrage même.[15] Ainsi, quand Accardi déclare que « la peinture-signe a surgi de [son] désir de *tabula rasa* », elle décrit une façon différente de signifier, de créer un sens, qui s'apparente à un démêlage progressif de ce que Messina appelle un « *garbuglio* » [« enchevêtrement »] de signes, qui deviennent comme des « maillons » tricotés sur la surface de la toile dans des œuvres comme *Verderosso* [Vert rouge] (1963-70) [PP. 64-65].[16]

Parcourant la trame du papier avec son crayon, tel une navette ou une aiguille, Dadamaino adopte une façon de travailler qui, comme pour

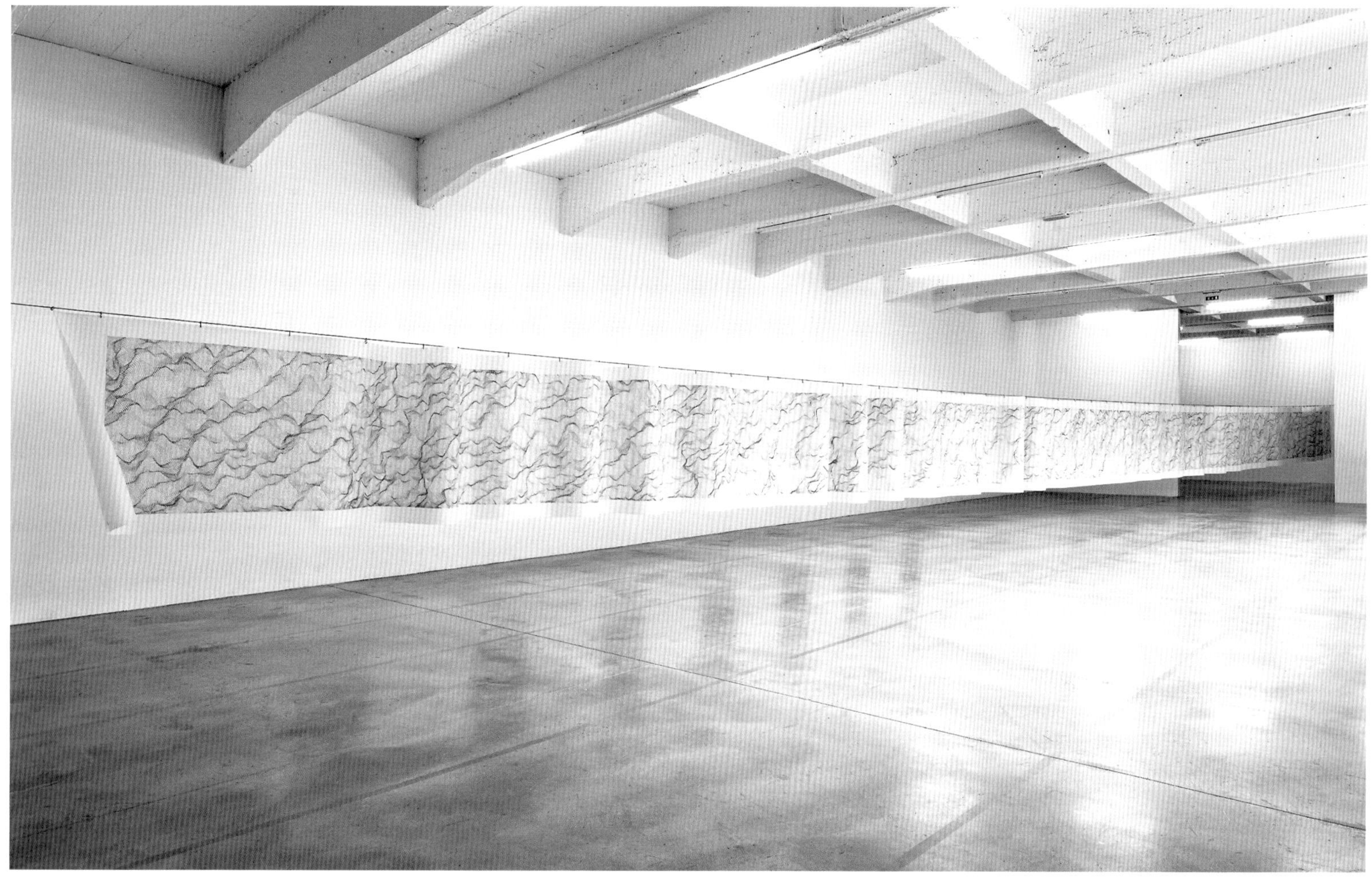

Lebanon, the artist recounts that she felt compelled to write a letter asking women to "prevent [such things] through the strength of their different conscience."[18] Upon reading it back, however, Dadamaino deemed the letter a futile exercise in communicating "inane solidarity" to like-minded women and promptly discarded it.[19] Words were found by the artist to be lacking the power to make meaningful change and she picked up instead a piece of paper on which she began drawing a sequence of alternating vertical and horizontal lines.[20]

"I worked for hours and hours and days," remembers Dadamaino, "obsessively" covering several sheets of paper in the same single spontaneous cypher as though "unable to stop."[21] The grief and emotion behind the creation of the work is palpable in Dadamaino's description of her process. And yet the resulting drawing belies the painful events that prompted it – the artist's subjectivity imperceptible save for a few haptic modulations in the tightening and loosening of the rows of signs. The symbol itself remains indecipherable and the discursive

Accardi, s'apparente davantage au tissage qu'à des formes traditionnelles de peinture ou de dessin. Bien qu'elle ne se soit jamais apparentée au mouvement féministe qui prit forme en Italie au début des années 1970, Dadamaino attribue l'origine de sa série, l'*Alfabeto della Mente*, à une période de frustration contre « les hommes » et leurs « solutions finales », qui étaient selon elle tout ce qu'ils étaient capables d'offrir.[17] En 1976, choquée par le massacre de réfugiés palestiniens à Tell-el-Zaatar, au Liban, l'artiste raconte qu'elle se sentit obligée d'écrire une lettre demandant aux femmes « d'empêcher, par la force de leur conscience unique, que [de telles choses] se produisent ».[18] Mais en la relisant, Dadamaino trouva que la lettre n'avait été qu'un futile exercice de communication de « solidarité inepte » avec des femmes qui partageaient les mêmes valeurs et la rejeta.[19] L'artiste jugea que les mots n'ont pas le pouvoir d'effectuer de véritables changements. Elle s'arma alors d'une feuille de papier, sur laquelle elle se mit à dessiner une séquence de lignes verticales et horizontales.[20]

« Je travaillais pendant des heures et des heures, des journées entières », se souvient

188

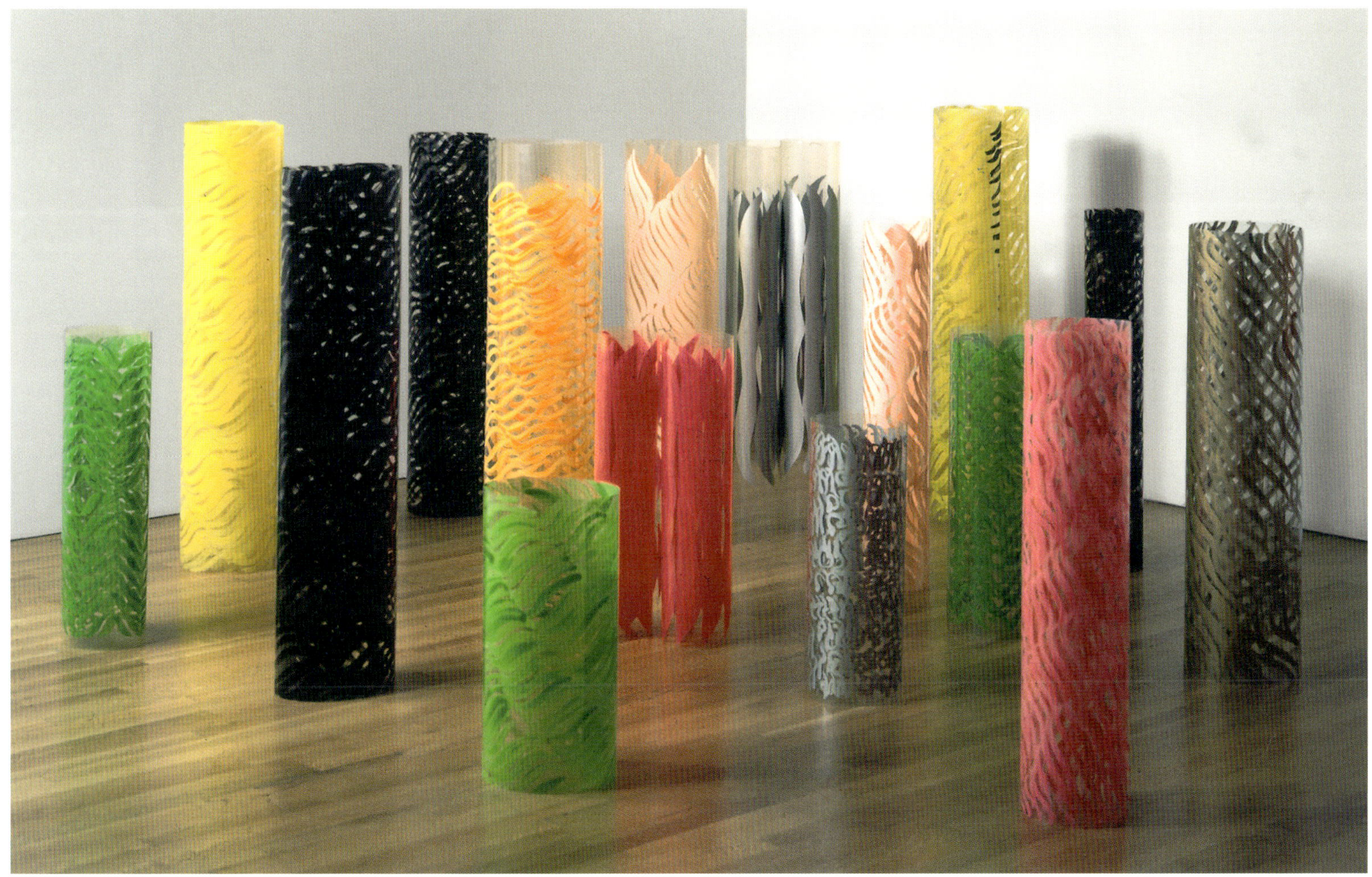

potential of what started as a letter becomes superseded by the grid-like appearance of the work, harnessing what Rosalind Krauss describes as the "antihistorical," "antinarrative" properties of the grid.[22] Repeated every time the artist suffered a traumatic event such as a loss or the illness of a close friend, the process resulted in 16 *Lettere* [Letters], all realised between 1976 and 1979, each a different cypher that together formed what the artist called her *Alfabeto della Mente* or "Alphabet of the Mind."[23] Despite the title, which seems to tease the viewer with a key to the artist's subconscious, the aim of Dadamaino's *Lettere* is not to convey a message from the artist to the viewer, but rather to provide a space for the artist to quite literally work through her emotions. Each of Dadamaino's letter-drawings becomes a site for self-expression – not in the gestural way of expressive forms of abstraction, which with every stroke seek to convey the artist's intention, but rather through what Briony Fer describes as "the loss of oneself in the infinite fabric of surface."[24]

Dadamaino, « de façon obsessionnelle », recouvrant plusieurs feuilles du même cryptogramme spontané, comme « incapable de m'arrêter ».[21] Le chagrin et l'émotion à l'origine de la création de cette œuvre sont palpables dans la description de son processus. Et pourtant le dessin qui en résulte ne révèle rien des événements éprouvants à son origine. La subjectivité de l'artiste reste imperceptible, si ce n'est dans quelques modulations haptiques du resserrement et du relâchement de ses rangées de signes. Quant au symbole, il demeure indéchiffrable. Le potentiel discursif de ce qui était au départ une lettre est remplacé par le quadrillage de l'œuvre, exploitant ce que Rosalind Krauss appelle les propriétés « anti-historiques » et « anti-narratives » de la grille.[22] Répété lors de chaque événement traumatique, tels le décès ou la maladie d'un proche, le processus entraîna seize *Lettere* [Lettres], réalisées entre 1976 et 1979, chacune un cryptogramme différent qui ensemble forment ce que l'artiste appela son *Alfabeto della Mente*, ou « Alphabet de l'esprit ».[23] Malgré ce titre, qui semble évoquer l'existence d'une clé

189

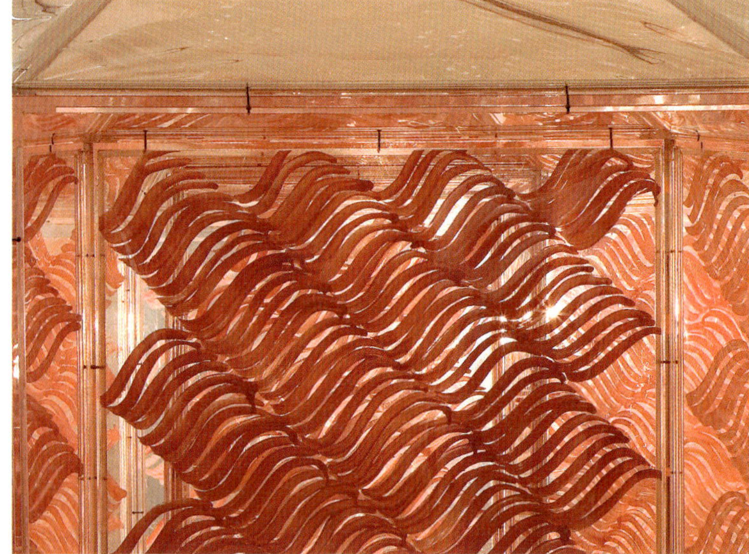

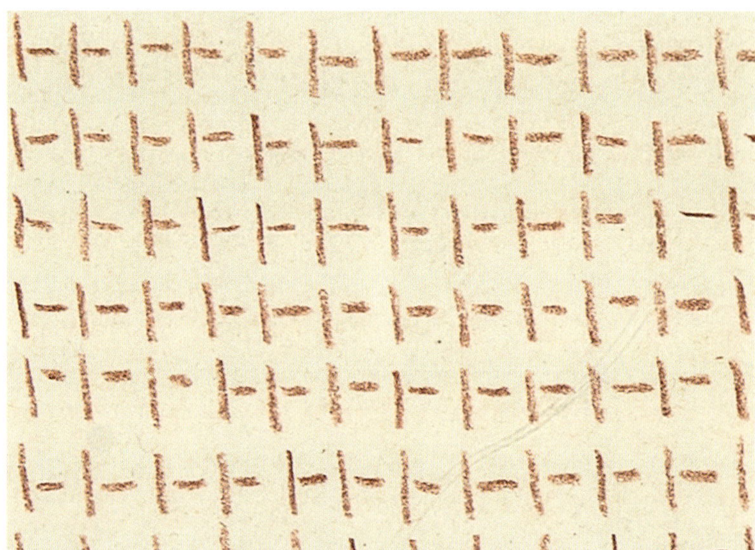

A similar emphasis on the time of making can be found in Accardi's description of her own process: "my paintings took a long time to make," she wrote, recalling long hours spent sitting on the floor, working on the sheets of Sicofoil "like a rug."[25] In 1965, Accardi spent an entire summer bent over the material, tracing the same wave-like shapes, green on one side, pink on the other, until they formed a criss-cross pattern through the plastic; a kind of psychedelic tartan that she then draped over a perspex structure in the shape of a tent. Though Cozzi refers to the signs that cover Accardi's *Tenda* (1965-66) as the artist's "symbolic alphabet," these remain as indecipherable as Dadamaino's "alphabet of the mind."[26] Rather than sentences, the endlessly repeated patterns form a weft of color that moves and mutates in the eyes of the beholder, turning from signs into scurrying creatures, electrical impulses or simply stitches woven in and out of the plastic support.

Meaning is not imposed on the work by the artist, but rather emerges through the work, in much a similar way as "textile images" – as Sadie Plant reminds us in her paradigm-shifting book *Zeros + Ones: Digital Women* (1998) – "are never imposed on the surface of the cloth: their patterns are always emergent from an active matrix, implicit in a web which makes them immanent to the process from which they emerge."[27] Thus for Accardi, it is by working through her series of black and white works in the second half of the 1950s that she began to reflect on sexual difference. "When I discovered that my crowded black and white signs were always signs of interpenetration," she wrote

donnant au spectateur accès au subconscient de l'artiste, l'objectif des *Lettere* de Dadamaino n'était pas de transmettre un message, mais de créer un espace dans lequel elle pourrait vivre ses émotions à travers le travail. Chaque lettre-dessin de Dadamaino devient ainsi un espace d'auto-expression – non pas au moyen d'une forme d'abstraction expressive gestuelle qui chercherait à transmettre son intention à chaque trait, mais à travers ce que Briony Fer décrit comme « la perte de soi dans le tissu infini de la surface ».[24]

Décrivant son travail, Accardi met le même accent sur le temps de la création : « mes peintures me demandaient beaucoup de temps », écrit-elle, se souvenant de longues heures assise par terre à travailler sur ses feuilles de sicofoil « comme s'il s'agissait d'un tapis ».[25] En 1965, Accardi passa l'été entier penchée sur ce support, à tracer les mêmes formes ondulées, vertes d'un côté, et roses de l'autre, jusqu'à ce qu'elles forment un motif croisé à travers le plastique, une sorte de tartan psychédélique qu'elle drapa ensuite sur une structure en perspex en forme de tente. Bien que Cozzi appelle les signes de la *Tenda* (1965-66) d'Accardi son « alphabet symbolique », ils n'en restent pas moins aussi indéchiffrables que « l'alphabet de l'esprit » de Dadamaino.[26] Plus que des phrases, ces motifs répétés à l'infini forment une trame de couleur mobile qui se transforme sous le regard du spectateur, passant de signes en créatures hâtives, en impulsions électriques ou simplement en points tissés à même le support en plastique.

Le sens de l'œuvre n'est pas imposé par l'artiste, mais transparaît dans l'œuvre même, de même que les « images textiles », comme nous le rappelle Sadie Plant dans son livre révolutionnaire,

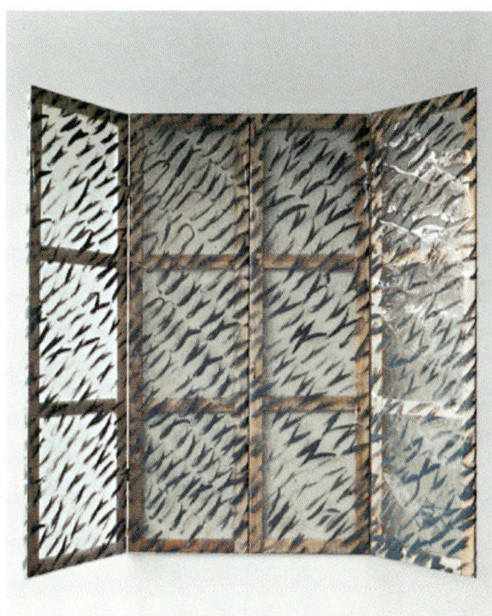

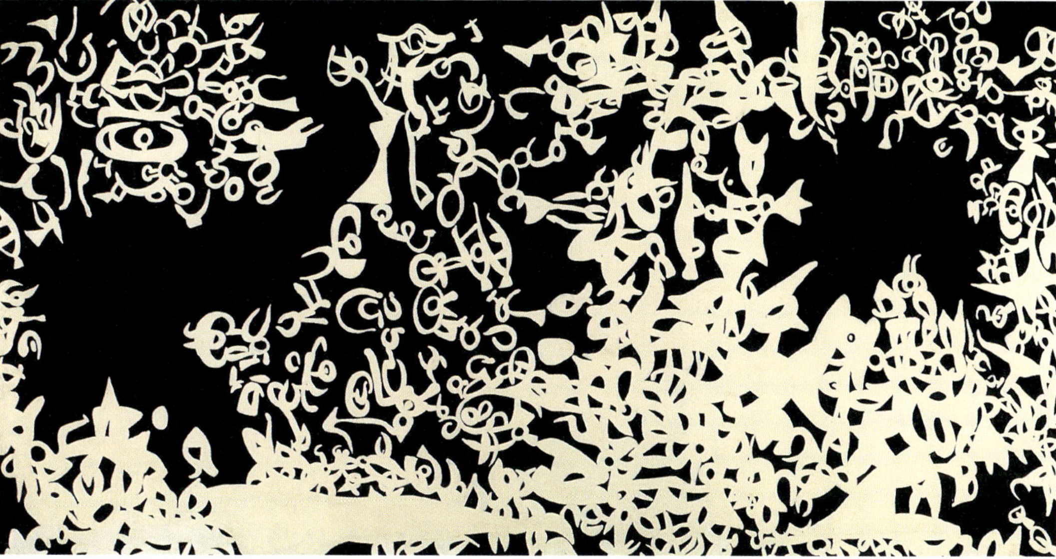

in 1975, "I understood the feminine condition for millennia."[28] In the same way, it is only after stepping back from her *Lettera a Tall el Zaatar* [Letter to Tel al-Zaatar] (1976) that Dadamaino recognised a dislocated letter 'H' among the patterns she had created – the "mute letter," as the artist puts it – powerfully evoking the idea of an impotent cry of frustration at the injustices of the world.[29] Indeed, as Sadie Plant writes "a piece of work so absorbing as a cloth is saturated with the thoughts of the people who produced it [...] it carries memories of an intensity that completely escape the written word."[30]

Rooted in long, repetitive labour, Accardi and Dadamaino's shared process sets itself against male paradigms of meaning production, drawing instead on what Kittler describes as "a mode of working long associated with the conditions of female oppression."[31] Through repetition, the potential symbolism of the artistic gesture, which had become, like the pattern according to Plant, "as individual and unique as their artists and authors," is diluted, just like a word spoken too many times becomes detached from that to which it refers.[32] Deployed in a single artwork or over a series, repetition allows the artist to lose herself in the work, eschewing the myth of the artist as creator and transposing both painting and drawing onto the mutating, fluid matrix of the weave; speaking rather than signifying.

For Theodor Adorno, who was perhaps the foremost proponent of abstraction among post-war Marxist thinkers, the notion of immanence is at the heart of art's potential to contribute to society.

Zeros + Ones: Digital Women (1998) « ne sont jamais imposées sur la surface du tissu : leurs motifs émergent toujours d'une matrice active, implicite dans une trame qui les rend immanents au processus d'où ils émergent ».[27] C'est donc en travaillant sur sa série d'œuvres noires et blanches, pendant la deuxième moitié des années 1950, qu'Accardi commença à contempler la différence sexuelle. « Lorsque j'ai découvert que ma saturation de signes noirs et blancs avaient toujours été des signes d'interpénétration », écrit-elle en 1975, « j'ai compris ce qu'avait été la condition féminine pendant des millénaires. »[28] De même, ce n'est qu'après avoir pris du recul par rapport à sa *Lettera a Tell-el-Zaatar* [Lettre à Tel al-Zaatar] (1976) que Dadamaino put distinguer un « H » disloqué parmi ses motifs – l'appelant sa « lettre muette » – qui évoquait un cri de frustration impuissant face aux injustices du monde.[29] Comme l'écrit Sadie Plant « une œuvre aussi absorbante qu'un tissu est saturée par les pensées de ceux qui l'ont produite [...] elle porte des mémoires dont l'intensité échappe totalement à l'écrit ».[30]

Ancré dans un travail long et répétitif, le processus partagé d'Accardi et de Dadamaino se dresse contre des paradigmes masculins d'intention derrière la production, puisant plutôt dans ce que Kittler appelle « un mode de travail depuis longtemps associé aux conditions d'oppression féminine ».[31] Par le biais de la répétition, tout symbolisme potentiel du geste artistique, qui était devenu, comme l'affirme Plant à propos du motif, « aussi individuel et unique que leurs artistes et auteurs » est dilué, de même un mot répété trop souvent se détache de son référent.[32] Qu'elle soit déployée à travers une seule

"Artworks," he writes, "are alive in that they speak in a fashion that is denied to natural objects and the subjects who make them. They speak by virtue of the communication of everything particular in them. Thus they come into contrast with what simply exists. Yet it is precisely as artefacts, as products of social labour, that they also communicate with the empirical experience that they reject and from which they draw their content [Inhalt]."[33]

In other words, when meaning arises directly from the way an artwork is made, rather than through discourse, art becomes a vehicle for thinking differently, unfettered by the structures of language which are the product of the same social norms one is trying to escape. As artefacts, they are immediately revealed as constructs; the result of a visible process of production which encourage us to reflect on the hidden paradigms that structure society. While Adorno's theory of aesthetics is often criticised for its scope that would make all non-narrative art capable of effecting social change, Accardi and Dadamaino's sign-paintings exemplify the kind of autonomous artwork that becomes a *locus* for a different way of thinking. Through repetition and self-reference, they approach what Adorno calls "the state of freedom" that characterises "something that can be consciously produced and made."[34] Indeed, I would go so far as to argue that Accardi and Dadamaino's works reveal to us that weaving as a mode of making, regardless of the medium, is perhaps the condition for the existence of the autonomous work of art.

"We know that women work with repetition," writes Accardi, and indeed weaving has in the western tradition been similarly associated with female experience.[35] As meaning emerges immanently from the methods of production that underpin the artworks, one might therefore draw a comparison between Accardi and Dadamaino's mode of working and the Italian feminist practice of *autocoscienza*. This was a method established by the Rivolta Femminile collective, of which Accardi was a co-founder alongside art critic Carla Lonzi, where women sought a space separate from men to discuss their common experience in the search for a collective identity.[36] Woman, Lonzi theorised, is a "creature defined by her [...] functionality in regards to man", and thus in

ou une série d'œuvres, la répétition permet à l'artiste de s'y perdre, rejetant le mythe de l'artiste créateur pour transposer la peinture et le dessin dans la matrice fluide et mutable de la trame – non pas en signifiant, mais en exprimant.

Pour Theodor Adorno, qui fut peut-être le principal promoteur de l'abstraction parmi les intellectuels marxistes de l'après-guerre, la notion d'immanence se trouve au cœur du potentiel de l'art pour contribuer à la société.

« Les œuvres sont vivantes en tant qu'elles parlent d'une manière qui est refusée aux objets naturels et aux sujets qui les produisent. Elles parlent, en vertu de la communication en elles de tout particulier. Par là, elles forment contraste avec la dispersion du simple Étant. Mais précisément, comme artefacts, produits du travail social, elles communiquent également avec la réalité empirique qu'elles renient et dont elles tirent leur contenu [Inhalt] ».[33]

Ainsi, lorsque le sens émerge directement de la façon dont une œuvre est créée, plutôt qu'au moyen de discours, l'art devient une façon de penser différemment, libéré des structures du langage qui sont issues des mêmes normes sociales dont on cherche à se défaire. En tant qu'artéfacts, ces structures se révèlent immédiatement être des constructions, le résultat d'un processus visible de production qui nous encourage à réfléchir aux paradigmes cachés à la base de la société. Bien que la théorie d'Adorno sur l'esthétique soit souvent critiquée pour sa large application, qui voudrait que tout art non narratif soit capable d'engendrer un changement social, les peintures-signes d'Accardi et de Dadamaino illustrent le type d'œuvre autonome qui devient un *locus* pour une façon différente de penser. À travers la répétition et l'auto-référence, elles atteignent ce qu'Adorno appelle « l'état de liberté » qui caractérise « une chose pouvant être produite et fabriquée de façon consciente ».[34] Je dirais même que les œuvres d'Accardi et de Dadamaino nous révèlent que le tissage en tant que mode de création, indépendamment du medium, peut être considéré comme la condition même de l'existence d'une œuvre d'art autonome.

« Nous savons que les femmes font appel à la répétition », écrit Accardi. En effet, dans la tradition occidentale, le tissage a aussi été associé à une expérience féminine.[35] Dans la

need of a new consciousness to redefine herself beyond the paradigms of patriarchal society.[37] Museums and galleries were seen as inadequate places for such conversations to take place, and "absence" from the artistic sphere was the only gesture that Lonzi capable of acknowledging the paradigms that underpinned these institutions.[38]

And yet though he might prefer the term "bourgeois" to "patriarchal," Adorno reminds us that discourse – which was the medium for Lonzi's version of *autocoscienza* – is itself a result of unseen social constructs. Emerging directly from the repetitive process of weaving ink and paint Accardi and Dadamaino's alphabets act more like musical notes that, according to Adorno, are "to be imitated, not decoded," than like words.[39] Through their sign-paintings, the artists present us with a potentially transformative role for art in society: a way of thinking through making that is founded on female experience and might ultimately allow us to, as Kittler argues, "see differently" and thus "live differently"; but only as a result of thinking differently.[40]

mesure où le sens est issu de façon immanente des méthodes de production qui sous-tendent les œuvres d'art, l'on pourrait faire un parallèle entre le mode de travail d'Accardi et de Dadamaino et la pratique féministe italienne de l'*autocoscienza* [connaissance de soi]. Il s'agit de la méthode établie par le collectif *Rivolta Femminile*, dont Accardi était la cofondatrice aux côtés de la critique d'art Carla Lonzi et où les femmes cherchaient un espace à l'écart des hommes pour parler de leur expérience commune à la recherche une identité collective.[36] Lonzi postulait que la femme est une « créature définie par sa […] fonctionnalité par rapport à l'homme », nécessitant par conséquent une nouvelle conscience pour se redéfinir au-delà des paradigmes de la société patriarcale.[37] Les musées et les galeries étaient perçus comme des endroits inadaptés à de telles conversations, l' « absence » des femmes de la sphère artistique était donc pour Lonzi le seul geste capable de refléter une prise de conscience des paradigmes à l'origine de ces institutions.[38]

Et pourtant, bien qu'il préfère l'appellation « bourgeois » à « patriarcal », Adorno nous rappelle que le discours – qui était le support pour la version d'*autocoscienza* de Lonzi – est lui-même le résultat de constructions sociales invisibles. Issus directement du processus répétitif d'un maillage d'encre et de peinture, les alphabets d'Accardi et de Dadamaino agissent davantage comme des notes de musique qui, selon Adorno, sont « à imiter, et non pas à décoder » que comme des mots.[39] À travers leurs peintures-signes, les artistes nous présentent un rôle potentiellement transformateur pour l'art dans la société : une façon de réfléchir à travers le travail, fondée sur l'expérience féminine et qui pourrait nous permettre, comme l'affirme Kittler, de « voir différemment » et ainsi, de « vivre différemment » ; mais seulement en pensant différemment.[40]

Carla Accardi and her *Tenda*, 1965-66, varnish on sicofoil and plexiglass, 84 ⅝ × 86 ⅝ × 55 ⅛ inch, Galleria Notizie, Turin
Carla Accardi et sa *Tenda*, 1965-66, vernis sur sicofoil et plexiglass, 215 × 220 × 140 cm, Galleria Notizie, Turin

[P. 196] Carla Accardi in her studio in Rome, 1983
[P. 196] Carla Accardi dans son atelier à Rome, 1983

[P. 197] Dadamaino in front of a *Volume*
[P. 197] Dadamaino devant un *Volume*

1. Cozzi, L., "Spaces of Self-Consciousness: Carla Accardi's Environments and the Rise of Italian Feminism" in *Women & Performance: A Journal of Feminist Theory 21*, n° 1 (March 2011), p. 83; Messina, M.G.; Montaldo, A.M., *Carla Accardi. Contesti*, exhibition catalogue, (Milan: Electa, 2020), p. 118.
2. Kittler, T., "Living Differently, Seeing Differently: Carla Accardi's Temporary Structures (1965–1972)", in *Oxford Art Journal 40*, n° 1 (1 March 2017), p. 106.
3. Gualdoni, F., "Questions d'Engagement", in *Dadamaino*, Carron, N., and Gautherot, F., eds., (Dijon: Presses du réel, 2013), p. 69.
4. Cozzi, L., "Spaces of Self-Consciousness: Carla Accardi's Environments and the Rise of Italian Feminism", op. cit., p.70.
5. *Ibid.*
6. *Ibid.*
7. Gualdoni, F., "Questions d'Engagement", op. cit., p. 69.
8. Handwritten comments by Dadamaino on the artist's copy of the 1963 exhibition catalogue *L'instabilité and Dadamaino*, "La Tendenza Dell'artista a Sentirsi Coinvolto Nella Politica", in *Arte e Società*, n° 3 (June 1972), p. 68.
9. Adorno, T.W., Benjamin, W., Bloch, E., Brecht, B., and Lukács, G., *Aesthetics and Politics*, edited by Frederic Jameson, (new ed. London: Verso, 2010), p. 121.
10. Author's translation, original reads: "un abbandono all'inconscio." Messina, M.G., *Carla Accardi*, op. cit., p. 114
11. Messina, M.G., and Montaldo, A.M., *Carla Accardi. Contesti*, op. cit., p. 113 and the 1947 "Manifesto del Gruppo Forma I", published in the same catalogue, on p. 25.
12. Messina, M.G., and Montaldo, A.M., *Carla Accardi. Contesti*, exhibition catalogue, (Milan, 2020), p. 113.
13. *Ibid.*
14. Fer, B., *The Infinite Line: Re-Making Art After Modernism*, (New Haven et Londres: Yale University Press, 2004), p. 56.
15. Cozzi, L., "Spaces of Self-Consciousness: Carla Accardi's Environments and the Rise of Italian Feminism", op. cit., p. 76.
16. Messina, M.G., and Montaldo, A.M., *Carla Accardi. Contesti*, op. cit., p. 114.
17. Cited in Blistène, B., and Gualdoni, F., *Dadamaino*, (Florence: Forma, 2013), p. 46.
18. *Ibid.*
19. *Ibid.*
20. *Ibid.*
21. Archivio Dadamaino, "I Cicli di Dadamaino": www.archiviodadamaino.it
22. Krauss, R., in *Grid. October 9*, (1979), p. 64.
23. Archivio Dadamaino, "I Cicli di Dadamaino": www.archiviodadamaino.it
24. Fer, B., *The Infinite Line: Re-Making Art after Modernism*, op. cit., p. 58.
25. Cited in Kittler, T., "Living Differently, Seeing Differently: Carla Accardi's Temporary Structures (1965–1972)", op. cit., p. 104.
26. Cozzi, L., "Spaces of Self-Consciousness: Carla Accardi's Environments and the Rise of Italian Feminism", op. cit.
27. Plant, S., *Zeros + Ones: Digital Women + the New Technoculture*, op. cit., p. 67.
28. Cited in Cozzi, L., "Spaces of Self-Consciousness: Carla Accardi's Environments and the Rise of Italian Feminism", op. cit., p. 78.
29. Archivio Dadamaino, "I Cicli di Dadamaino": www.archiviodadamaino.it.
30. Plant, S., *Zeros + Ones: Digital Women + the New Technoculture*, op. cit., p. 66.
31. Kittler, T., "Living Differently, Seeing Differently: Carla Accardi's Temporary Structures (1965–1972)", op. cit., p. 104.
32. Plant, S., *Zeros + Ones: Digital Women + the New Technoculture*, op. cit., p. 68.
33. Adorno, T.W., *Aesthetic Theory*, edited by Adorno, G., and Tiedeman, R.,(London: Athlone Press, 1997). Originally published in 1970, p. 6.
34. Adorno, T. W., Benjamin, W., Bloch, E., Brecht, B., and Lukács, G., *Aesthetics and Politics*, op. cit., p. 122.
35. Cited in Kittler, T., "Living Differently, Seeing Differently: Carla Accardi's Temporary Structures (1965–1972)", op. cit., p. 104.
36. Zapperi, G., (20 juin 2017). "Towards an Autonomous Feminist Institution: Carla Lonzi and *Autocoscienza*", Lecture given at Transit, Prague Czech Republic on 20 June 2017. Available online: https://artycok.tv/38982/towards-an-autonomous-feminist-institution-carla-lonzi-and-autocoscienza.
37. Author's translation, original reads: "La donna non vede l'inganno, poiché come creatura definita sulla base della sua destinazione vaginale, della sua funzionalità all'uomo" Lonzi, C., and Rivolta Femminile, "Significato dell'Autocoscienza nei Gruppi Femministi". Pensiero Femminista Radicale (blog), 1972. www.femrad.blogspot.com/2013/08/significato-dellautocoscienza-nei.html.
38. Lonzi, C., "Assenza della donna dai momenti celebrativi della manifestazione creativa maschile" *Sputiamo su Heigel, La Donna clitoridea e la donna vaginale e altri scritti*, (Milan: Rivolta Femminile), 1974. www.skuola.net/universita/dispense/assenza-della-donna-dai-momenti-celebrativi-della-manifestazione-creativa-maschile-carla-lonzi.
39. Adorno, T.W., and Gillespie, S., "Music, Language, and Composition" *The Musical Quarterly 77*, n° 3, (1993), p. 403.
40. Kittler, T., "Living Differently, Seeing Differently: Carla Accardi's Temporary Structures (1965–1972)", op. cit., p. 87.

1. Cozzi, L., (mars 2011). « Spaces of Self-Consciousness: Carla Accardi's Environments and the Rise of Italian Feminism » *Women & Performance: A Journal of Feminist Theory*, n° 1, p. 83 ; Messina, M.G., et Montaldo, A.M., (2020), *Carla Accardi. Contesti*, catalogue d'exposition, (Milan : Electa), p. 118.
2. Kittler, T., (1er mars 2017). « Living Differently, Seeing Differently: Carla Accardi's Temporary Structures (1965-1972) », *Oxford Art Journal 40*, n° 1, p. 106.
3. Gualdoni, F. (2013). « Questions d'Engagement ». *Dadamaino*, Natacha Carron et Franck Gautherot, éd. (Dijon : Presses du réel), p. 69.
4. Cozzi, L., « Spaces of Self-Consciousness: Carla Accardi's Environments and the Rise of Italian Feminism », op. cit., p. 70.
5. *Ibid.*
6. *Ibid.*
7. Gualdoni, F., « Questions d'engagement », op. cit., p. 69.
8. Commentaires manuscrits de Dadamaino sur sa copie du catalogue de l'exposition de 1963, *L'instabilité et Dadamaino*. (juin 1972). « La Tendenza Dell'artista a Sentirsi Coinvolto Nella Politica », *Arte e Società*, n° 3, p. 68.
9. Adorno, T.W., Benjamin, W., Bloch, E., Brecht, B., et Lukács, G., (2010), *Aesthetics and Politics* [Esthétique et politique de l'émancipation], Frederic Jameson, éd., (Londres : Verso), p. 121.
10. Traduction de l'auteur. Texte d'origine : « un abbandono all'inconscio ». Messina, M.G., *Carla Accardi*, op. cit., p. 114.
11. Messina, M.G., et Montaldo, A.M., *Carla Accardi. Contesti*, op. cit., p. 113 et « Manifesto del Gruppo Forma I » de 1947, publié dans le même catalogue, à la p. 25.
12. Messina, M.G. and Montaldo, A.M., (2020), *Carla Accardi. Contesti*, catalogue d'exposition, (Milan), p. 113.
13. *Ibid.*
14. Fer, B., (2004) *The Infinite Line: Re-Making Art After Modernism*, (New Haven et Londres : Yale University Press), p. 56.
15. Cozzi, L., « Spaces of Self-Consciousness: Carla Accardi's Environments and the Rise of Italian Feminism », op. cit., p. 76.
16. Messina, M.G., et Montaldo, A.M., *Carla Accardi. Contesti*, op. cit., p. 114.
17. Cité dans Blistène, B., et Gualdoni, F., (2013). *Dadamaino*, (Florence : Forma Edizioni), p. 46.
18. *Ibid.*
19. *Ibid.*
20. *Ibid.*
21. Archivio Dadamaino, « I Cicli di Dadamaino » : www.archiviodadamaino.it
22. Krauss, R., (1979). « Grid ». *October 9*. pp. 51-64, p. 64.
23. Archivio Dadamaino, « I Cicli di Dadamaino » : www.archiviodadamaino.it
24. Fer, B., (2004) *The Infinite Line: Re-Making Art After Modernism*, op. cit., p. 58.
25. Cité dans Kittler, T., « Living Differently, Seeing Differently: Carla Accardi's Temporary Structures (1965-1972) », op. cit., p. 104.
26. Cozzi, L., « Spaces of Self-Consciousness : Carla Accardi's Environments and the Rise of Italian Feminism », op. cit., p. 83.
27. Plant, S., (1998), *Zeros + Ones: Digital Women + the New Technoculture*, (Londres : Fourth Estate), p. 67.
28. Cité dans Cozzi, L., « Spaces of Self-Consciousness : Carla Accardi's Environments and the Rise of Italian Feminism », op. cit., p. 78.
29. Archivio Dadamaino, « I Cicli di Dadamaino » : www.archiviodadamaino.it
30. Plant, S., *Zeros + Ones : Digital Women + the New Technoculture*, op. cit., p. 66.
31. Kittler, T., « Living Differently, Seeing Differently : Caral Acardi's Temporary Structures (1065-1972) », op. cit., p. 104.
32. Plant, S., *Zeros + Ones : Digital Women + the New Technoculture*, op. cit., p. 68.
33. Adorno, T.W., *Aesthetics Theroy*, éd. par Adorno, G., et Tiedeman, R., (1997), (Londres : Athlone Press). Première édition 1970, p. 6.
34. Adorno, T.W., Benjamin, W., Bloch, E., et Lukács, G., *Aesthetics and Politics*, op. cit., p. 122.
35. Cité dans Kittler, T., « Living Differently, Seeing Differently : Carla Accardi's temporary Structures (1965-1972) », op. cit., p. 104.
36. Zapperi, G., (20 juin 2017). « Towards an Autonomous Feminist Institution: Carla Lonzi and Autocoscienza », conférence donnée à Transit, Prague, République tchèque. Disponible en ligne : www.artycok.tv/38982/towards-an-autonomous-feminist-institution-carla-lonzi-and-autocoscienza
37. Traduction de l'auteur. Texte d'origine : « La donna non vede l'inganno, poiché come creatura definita sulla base della sua destinazione vaginale, della sua funzionalità all'uomo » Lonzi, C., et Rivolta Femminile, (1972), « Significato dell'Autocoscienza nei Gruppi Femministi ». Pensiero Femminista Radicale, (blog), http://femrad.blogspot.com/2013/08/significato-dellautocoscienza-nei.html.
38. Lonzi, C., (1974), « Assenza della donna dai momenti celebrativi della manifestazione creativa maschile » *Sputiamo su Heigel, La Donna clitoridea e la donna vaginale e altri scritti*, (Milan : Rivolta Femminile). www.skuola.net/universita/dispense/assenza-della-donna-dai-momenti-celebrativi-della-manifestazione-creativa-maschile-carla-lonzi.
39. Adorno, T.W., et Gillespie, S., (1993) « Music, Language, and Composition » *The Musical Quarterly 77*, n° 3, p. 403.
40. Kittler, T., « Living Differently, Seeing Differently: Carla Accardi's Temporary Structures (1965-1972) », op. cit., p. 87.

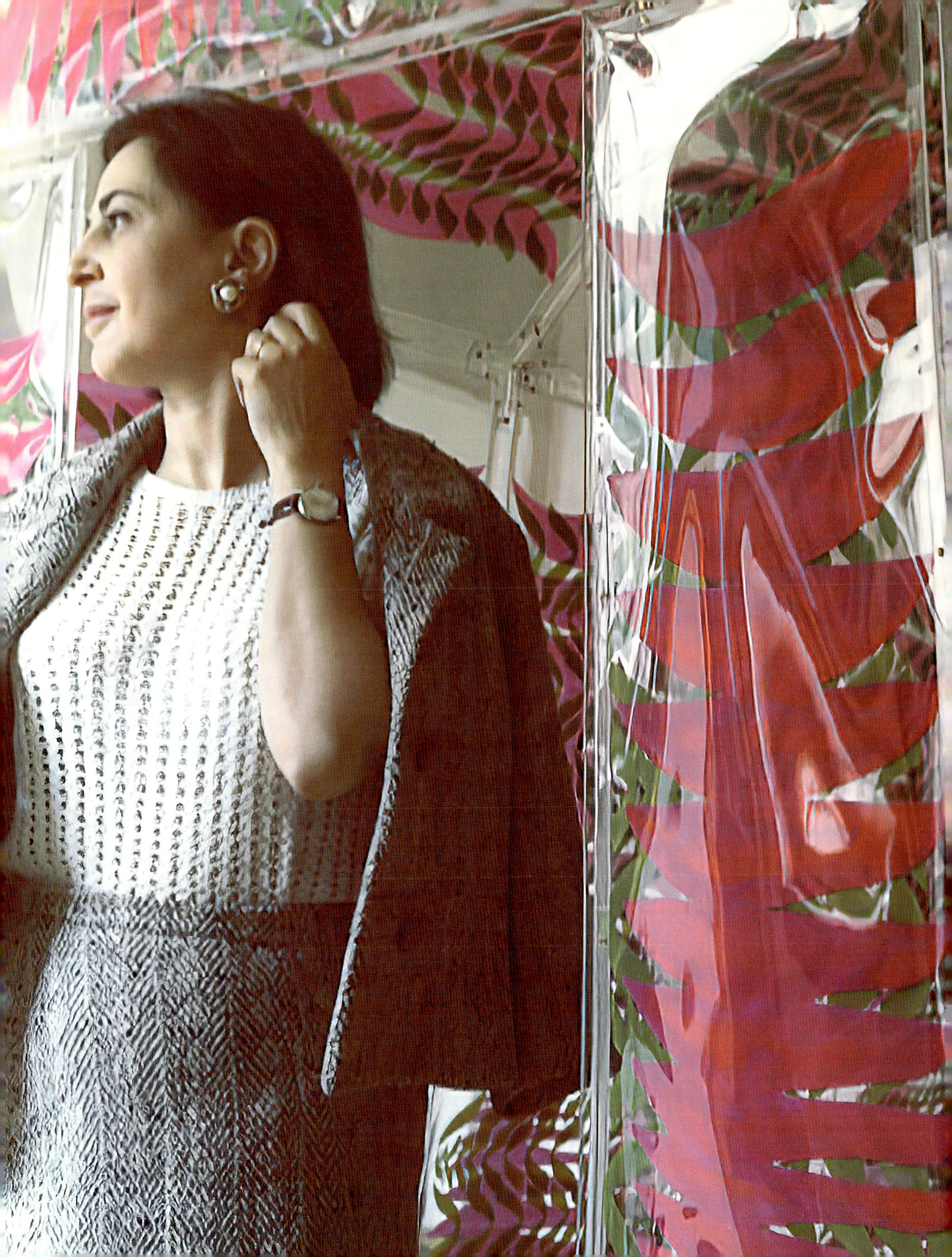

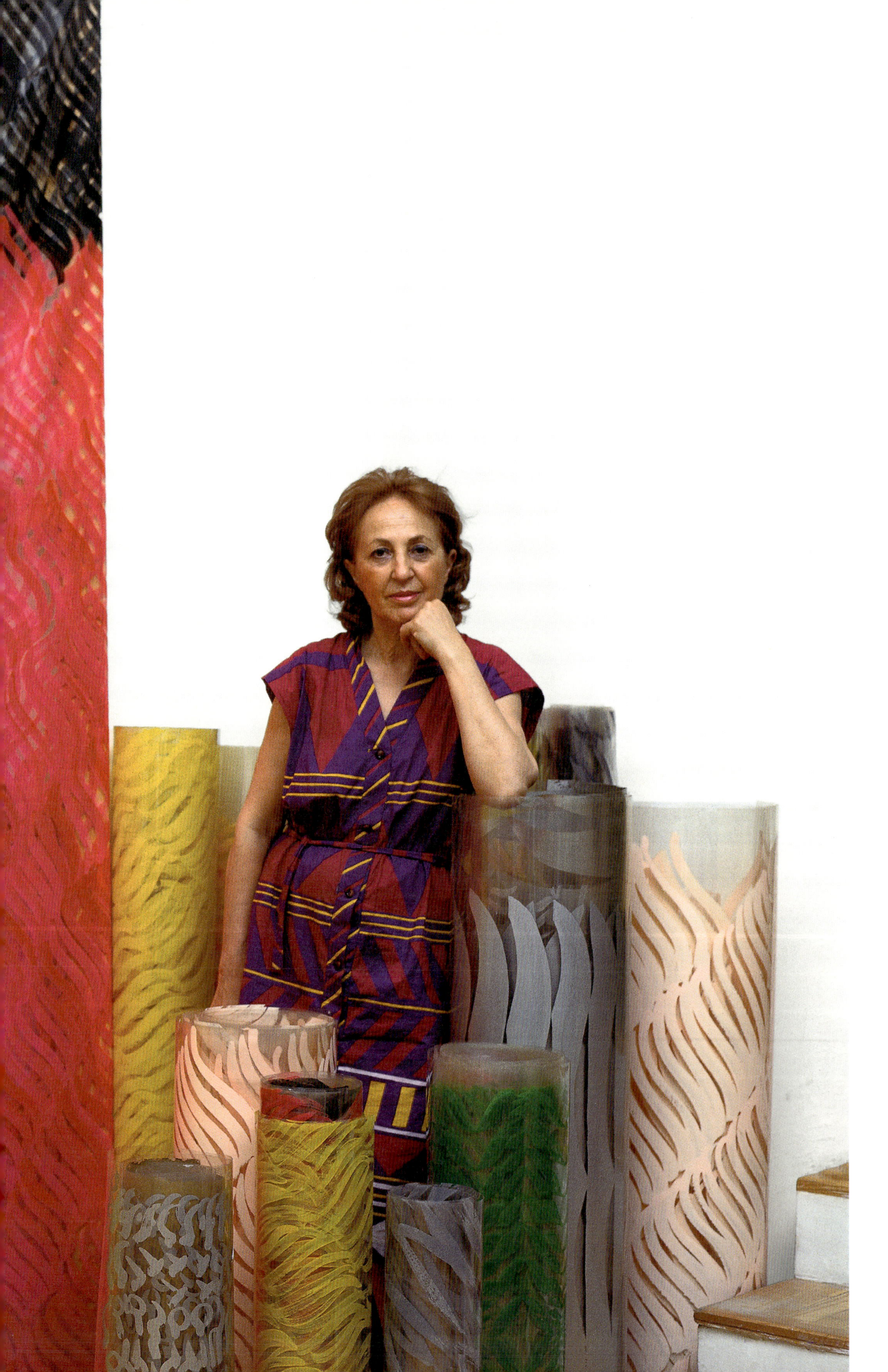

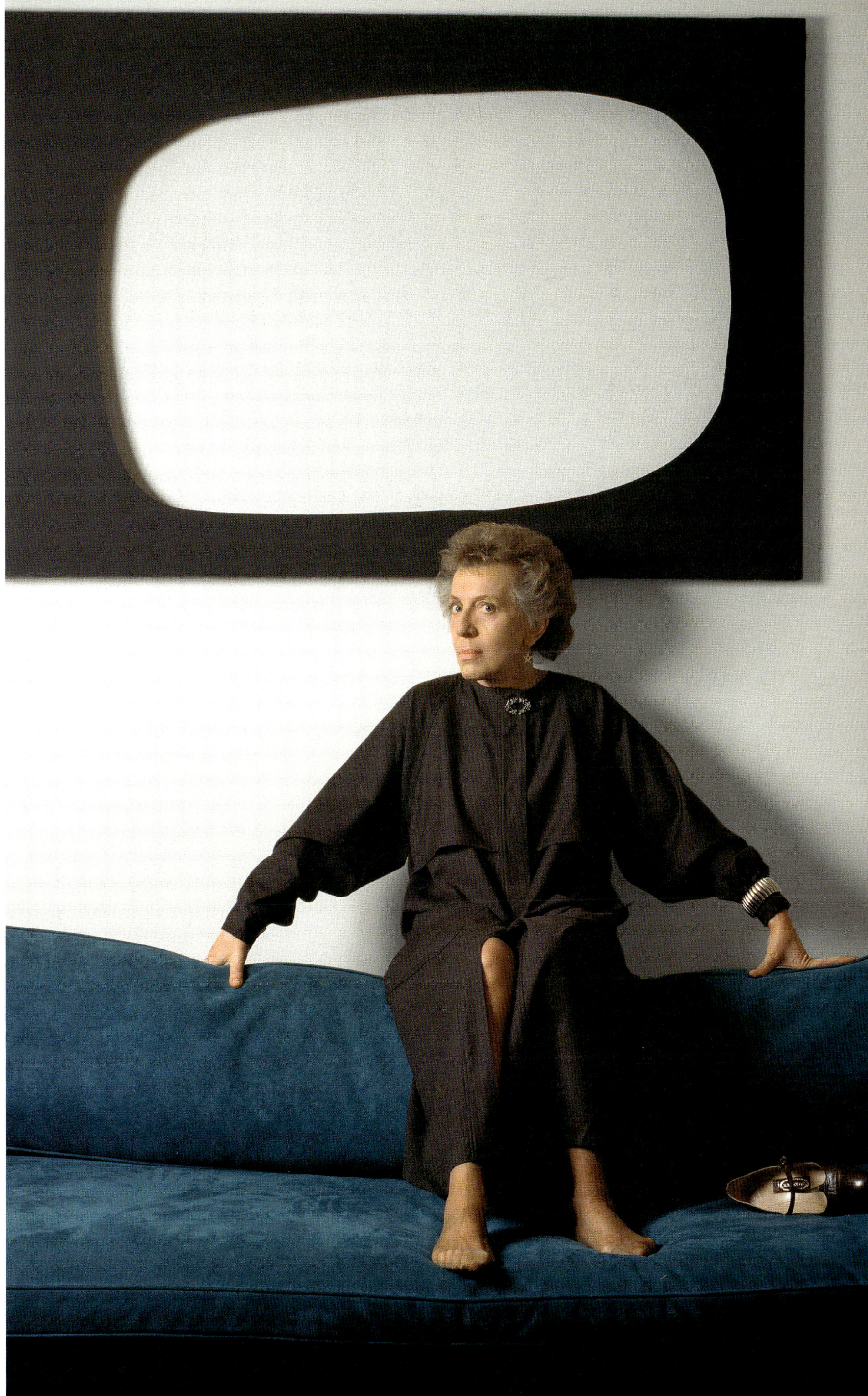

Carla Accardi

Trapani, 1924
Rome, 2014

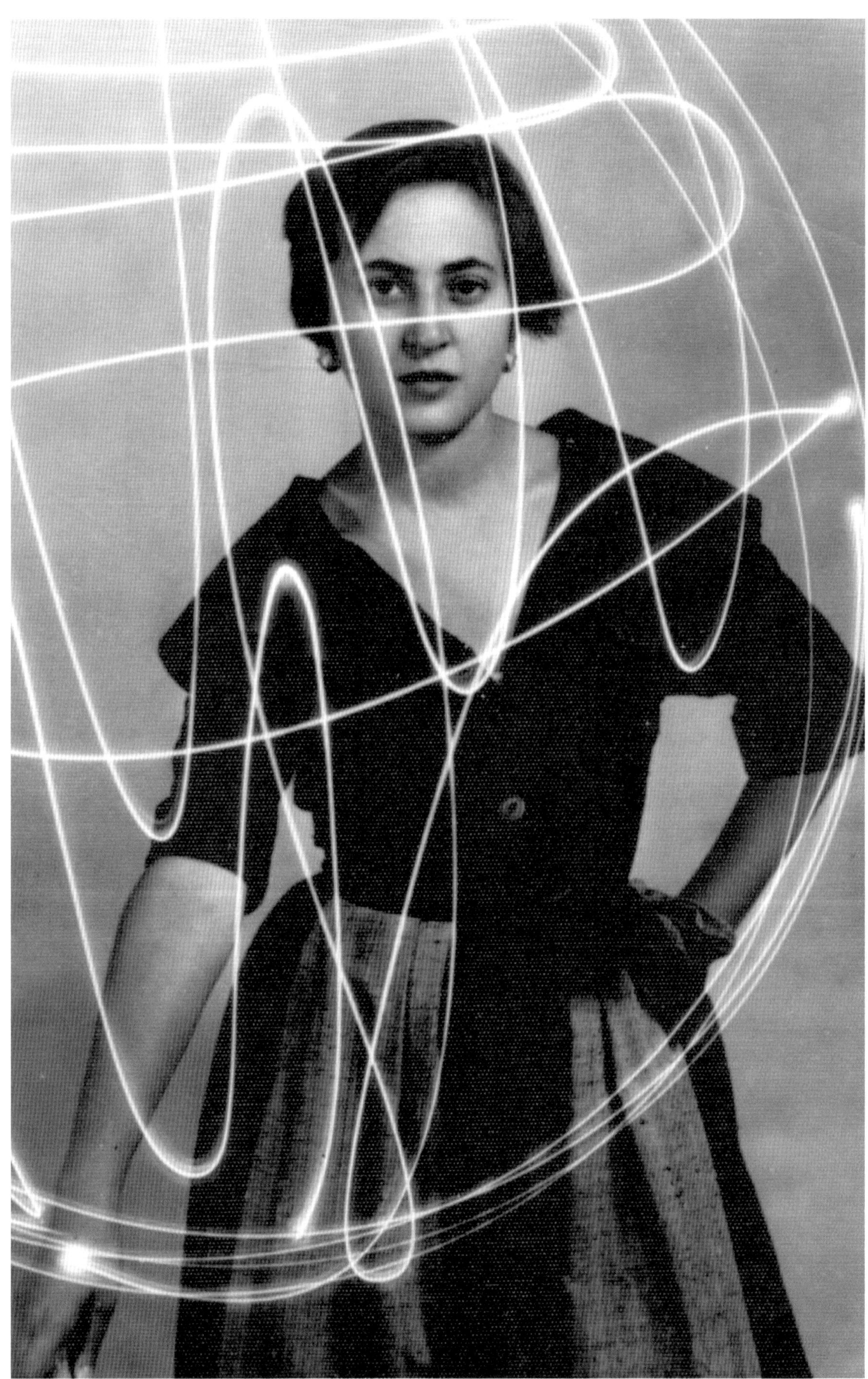

Carla Accardi was born in Trapani on the 9th of October 1924. She attended the Academy of Fine Arts in Palermo, where in 1944 she met Antonio Sanfilippo. In 1946, she spent a few months at the Academy of Fine Arts in Florence, but left to Rome with Sanfilippo. In Pietro Consagra's studio in Rome, she met Ugo Attardi, Piero Dorazio, Mino Guerrini, Achille Perilli and Giulio Turcato. It was with them and with Sanfilippo that in 1947 she signed the manifesto of the "Forma 1" magazine. In the same year she produced her first abstract painting. In 1948 during the 24th Venice Biennale she exhibited *Composizione*. She also took part in the exhibition *Arte Astratta in Italia* at the Galleria di Roma and exhibited with Sanfilippo and Attardi at the Art Club of Rome. In 1949 she married Sanfilippo.

In 1950 she exhibited in personal shows at the Galleria Numero in Florence and at the Galleria L'Age d'Or in Rome, introduced by Turcato. At the beginning of the Fifties she took part in the exhibition *Arte astratta e concreta in Italia* (1951) held at the National Gallery of Modern Art in Rome and again at *Arte d'Oggi* in Florence at the Palazzo Strozzi. In 1952 in Rome, she presented her work in a personal exhibition at the Galleria Il Pincio, then in July, with Sanfilippo, at the Galleria del Cavallino in Venice. The same year, she exhibited at the Fondazione Origine in Rome. In 1954 Accardi met Michel Tapié who encouraged her to exhibit in Paris, in 1955 at the Galerie Rive Droite and in 1956 at the Galerie Stadler.

In Rome, she took part in the inaugural exhibition of the Rome-New York Art Foundation and in 1958 she participated in *International Art*

Carla Accardi naît à Trapani le 9 octobre 1924. Elle fréquente l'Académie des Beaux-Arts de Palerme, où en 1944 elle rencontre Antonio Sanfilippo. En 1946 elle passe quelques mois à l'Academie des Beaux-Arts de Florence, mais la quitte pour s'installer avec Sanfilippo à Rome. Dans l'atelier de Pietro Consagra à Rome, elle rencontre Ugo Attardi, Piero Dorazio, Mino Guerrini, Achille Perilli et Giulio Turcato. C'est avec eux et avec Sanfilippo qu'elle signe en 1947 le manifeste de la revue « Forma 1 ». Dans la même année elle réalise sa première toile abstraite. En 1948 elle présente le tableau *Composizione* à la XXIVe Biennale de Venise, elle prend partie à l'exposition « Arte Astratta in Italia » à la Galleria di Roma et expose avec Sanfilippo et Attardi à l'Art Club de Rome. En 1949 elle se marie avec Sanfilippo.

En 1950 elle commence à exposer dans des expositions personnelles, à la Galleria Numero de Florence, à la Galleria L'Age d'Or de Rome où elle est présentée par Turcato. Au début des années cinquante elle participe à l'exposition « Arte astratta e concreta in Italia » (1951) qui se tient à la Galerie Nationale d'Art Moderne de Rome et encore à « Arte d'Oggi » à Palazzo Strozzi, à Florence. En 1952 à Rome, elle présente son œuvre dans une exposition personnelle à la Galleria Il Pincio, ensuite reproposée avec Sanfilippo, à la Galleria del Cavallino à Venise. La même année, elle expose à la Fondazione Origine à Rome. En 1954 Accardi rencontre Michel Tapié qui l'invite à exposer à Paris, en 1955 à la Galerie Rive Droite et en 1956 à la Galerie Stadler.

À Rome, elle participe à l'exposition inaugurale de la Rome-New York Art Foundation et en 1958, à « L'art international d'une nouvelle ère (Informel et Gutai) » dans le cadre du Festival

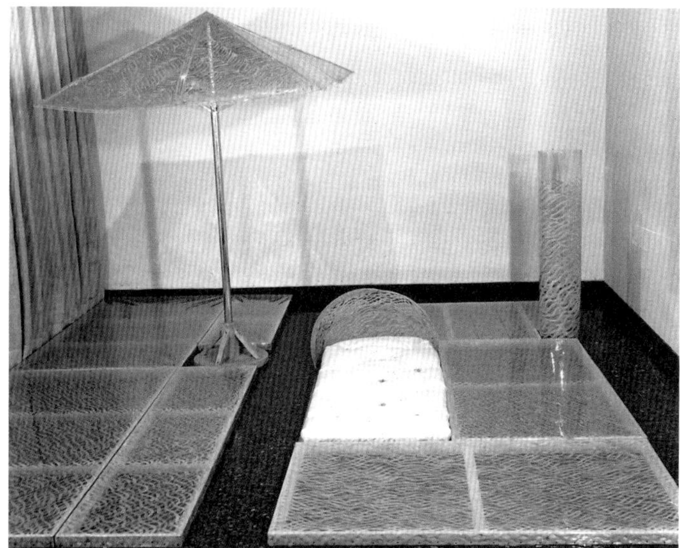

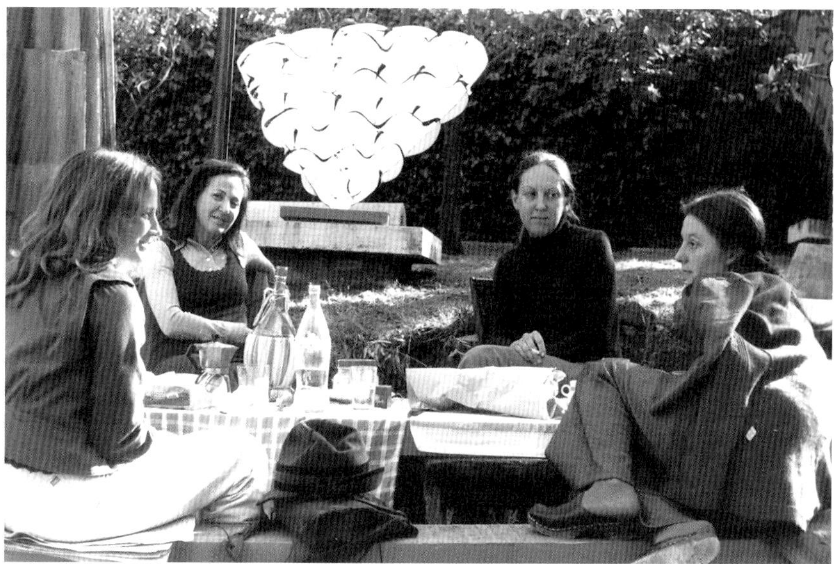

of a New Era (Informal and Gutai) at the Osaka
International Festival. Her exhibition *Dipinti e
tempere di Carla Accardi* at the Notizie Gallery
in Turin took place in 1959, the same year
she also participated in the *Painters of Rome*
show at the New Vision Centre in London. Her
exhibition activity intensifies: with two solo
exhibitions held in London at the New Vision
Centre and in New York at the Parma Gallery,
and several group exhibitions, in Italy and
abroad, including the exhibition at the Galleria
Notizie, and *Eight Contemporary Artists of
Rome* at the Minneapolis Institute of Art.

At the Venice Biennale, in the 32nd
edition of 1964, Accardi won the Mario Carena
Prize. At the Quadrennial of Rome she displays
for the first time her cylinders painted on
sicofoil. The following year she presented the
Tenda [Tent] environment in sicofoil at the
Notizie Gallery in Turin. Accardi is present
in several group shows abroad – at the
Universale of Montreal and at the Museum
of Contemporary Art in Tokyo, for the *Exhibition
of Contemporary Italian Art*.

She unveils *Ambiente arancio* [Orange
environment] on the occasion of her solo
exhibition in 1968 at the Marlborough
Gallery in Rome. *Triplice tenda* is exhibited
in 1971 in Rome, in a solo show at Galleria
Editalia. In 1976, Accardi presents *Origine*
on the premises of the feminist cooperative
in Via Beato Angelico in Rome. In the same
year, *Tenda* was exhibited at the 37th Venice
Biennale. She continued to exhibit in numerous
group exhibitions, including *L'altra metà
dell'avanguardia 1910-1940*, under the direction

international d'Osaka. L'exposition « Dipinti e
tempere di Carla Accardi » à la galerie Notizie
de Turin a lieu en 1959, année où elle participe
également à l'exposition « Painters of Rome »
au New Vision Centre de Londres. Son activité
d'exposition s'intensifie : avec deux expositions
personnelles tenues à Londres au New Vision
Centre et à New York à la Parma Gallery, et
plusieurs expositions de groupe, en Italie et à
l'étranger, dont l'exposition à la Galleria Notizie,
et l'exposition « Eight Contemporary Artists of
Rome » au Minneapolis Institute of Art.

À la Biennale de Venise, dans la XXXIIe
édition de 1964, Accardi remporte le prix Mario
Carena. À la Quadriennale de Rome elle présente
pour la première fois les *Rotoli*, cylindres peints
sur sicofoil. L'année suivante elle présente
l'environnement *Tenda* [Tente] en sicofoil à la
galerie Notizie de Turin. Parmi les expositions
collectives à l'étranger, Accardi est présente
à l'Universale de Montréal et au Musée d'art
contemporain de Tokyo, pour « Exhibition of
Contemporary Italian Art ».

Ambiente arancio [Environnement orange]
est présenté à l'occasion de son exposition
personnelle en 1968 à la galerie Marlborough à
Rome. *Triplice tenda* est montrée en 1971 à Rome,
dans une exposition personnelle à la Galleria
Editalia. Dans les locaux de la coopérative
féministe de Via Beato Angelico à Rome, en 1976,
Accardi présente *Origine*. La même année, *Tenda*
est exposée à la XXXVIIe Biennale de Venise. Elle
continue à exposer dans de nombreuses expositions
collectives, dont « L'altra metà dell'avanguardia
1910-1940 », sous la direction de Lea Vergine,
qui se tient au Palazzo Reale de Milan en 1980.

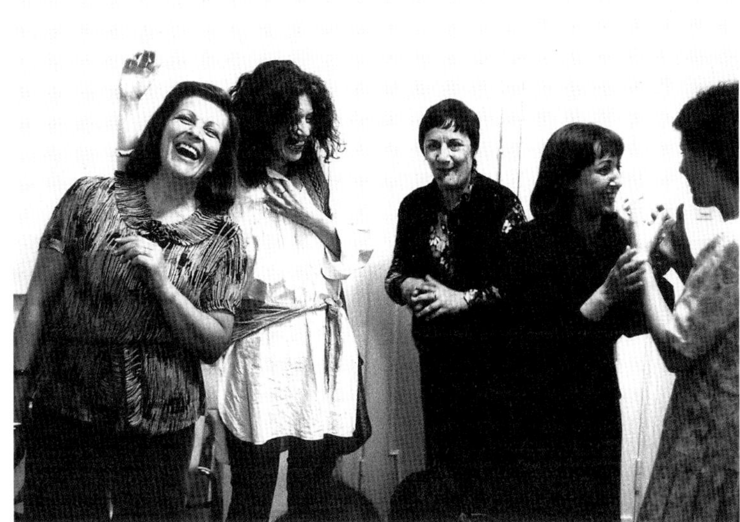

Party at Eva Menzio and Luciano Pistoi's house after the opening of the exhibition *Artemisia Gentileschi* at the Cooperativa del Beato Angelico, Rome, 1979
Fête chez Eva Menzio et Luciano Pistoi après l'inauguration de l'exposition « Artemisia Gentileschi » à la Cooperativa del Beato Angelico, Rome, 1979

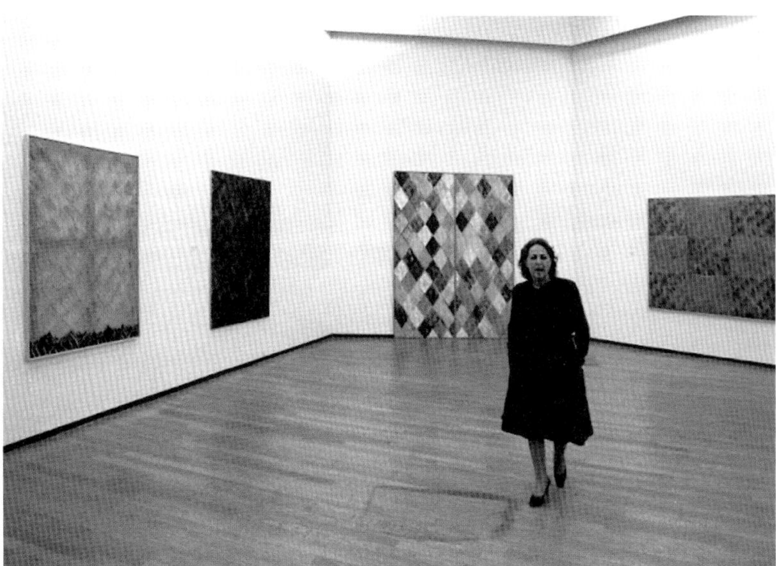

Carla Accardi walking among her artworks at the opening of her exhibition *Carla Accardi - Alighiero Boetti*, Milan, 1983
Carla Accardi marchant parmi ses œuvres au vernissage de son exposition « Carla Accardi - Alighiero Boetti », Milan, 1983

of Lea Vergine, held at the Palazzo Reale in Milan in 1980.

At the beginning of the 1980s, Accardi created the *Parentesi* series through which she returned to the use of the raw canvas. She chose to present these for the first time in 1982 in Rome, in the collective exhibition *Avanguardia Transavanguardia* curated by Bonito Oliva. In 1983 she exhibited at the Pinacoteca di Ravenna and at the Padiglione d'Arte Contemporanea in Milan, while in 1988 she was once again invited to take part in the Venice Biennale, displaying large diptychs and triptychs in a personal room in the Italian pavilion. In 1989 she was present at the prestigious exhibition *Italian Art in the 20th Century* at the Royal Academy of Arts in London and at the Salvatore Ala Gallery in New York. In the same year, a major retrospective opened at the Galleria Civica in Modena.

At the beginning of the 1990s, Accardi was invited to show her work in many solo exhibitions in Italy and abroad – at the Frankfurter Westend Gallery, Galleria Toselli in Milan and the Civic Museum of Gibellina among others – followed by important group exhibitions such as *Un'avventura Internazionale. Torino e le arti 1950-1970* at the Museo d'Arte Contemporanea del Castello di Rivoli. She is again present at the Venice Biennale, invited by Achille Bonito Oliva. A major retrospective opened in 1994 in the historical rooms of the Museo d'Arte Contemporanea del Castello di Rivoli. She also took part in the exhibition organised by Celant *The Italian Metamorphosis 1943-1968*, inaugurated at the Solomon R. Guggenheim in New York. In 1998, her

Au début des années 80, Accardi crée les *Parentesi* avec lesquelles elle revient à l'utilisation de la toile brute et qu'elle présente pour la première fois en 1982 à Rome, dans l'exposition collective « Avanguardia Transavanguardia » dont le commissaire est Bonito Oliva. En 1983, elle expose à la Pinacoteca di Ravenna et au Padiglione d'Arte Contemporanea à Milan, alors qu'en 1988 elle est invitée à nouveau à la XLIIIe Biennale de Venise, où, dans une salle personnelle du pavillon italien, elle expose de grands diptyques et triptyques. En 1989, elle est présente à la prestigieuse exposition « Italian Art in the 20th Century » à la Royal Academy of Arts de Londres et à la Salvatore Ala Gallery de New York. La même année, une riche rétrospective s'ouvre à la Galleria Civica de Modène.

Au début des années 90, s'organisent des expositions personnelles en Italie et à l'étranger – à la Frankfurter Westend Galerie, à la Galleria Toselli à Milan et au Musée civique de Gibellina entre autres – puis, des expositions collectives importantes comme « Un'avventura Internazionale. Torino e le arti 1950-1970 » au Museo d'Arte Contemporanea del Castello di Rivoli. Elle est de nouveau présente à la XLVe Biennale de Venise invitée par Achille Bonito Oliva. Une grande rétrospective s'ouvre en 1994 dans les salles historiques du Museo d'Arte Contemporanea del Castello di Rivoli. Elle participe aussi à l'exposition organisée par Germano Celant « The Italian Metamorphosis 1943-1968 », inaugurée au Solomon R. Guggenheim de New York. En 1998, sa ville natale lui a consacré sa première rétrospective.

En 2001, elle est exposée au P.S.1

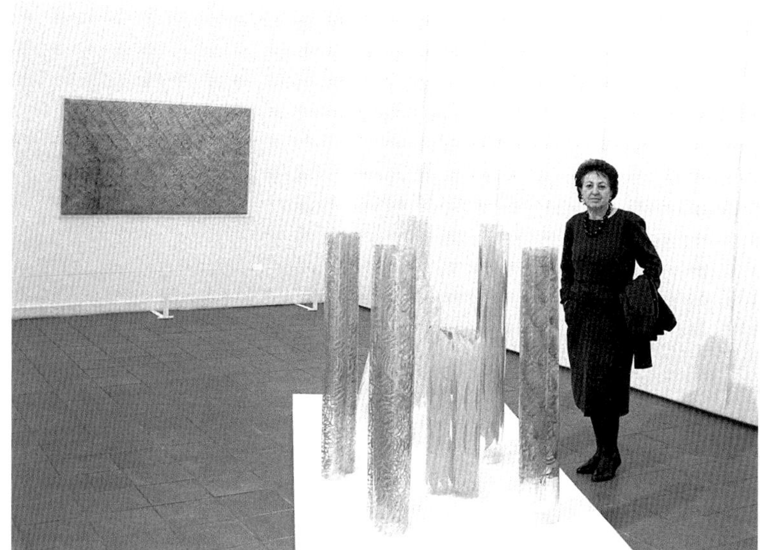

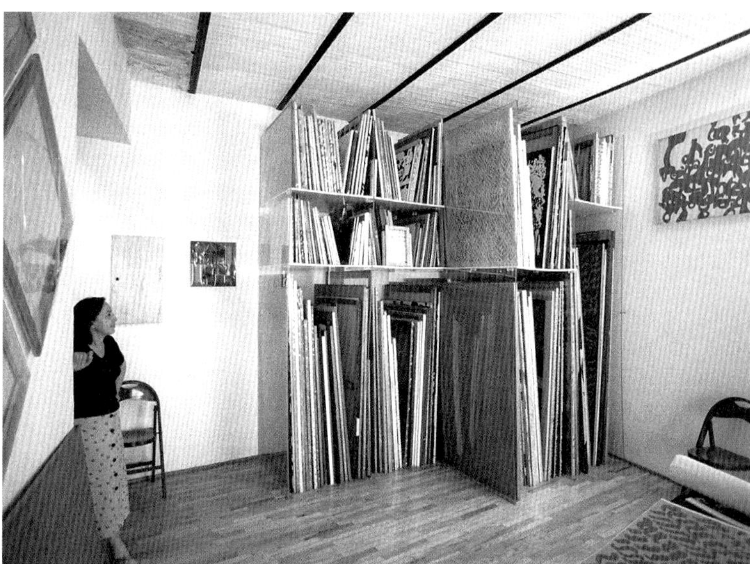

hometown dedicated her first retrospective to her.

In 2001, a solo exhibition was opened at the P.S.1 Contemporary Art Center in New York. In 2002 a major retrospective was inaugurated at the Musée d'Art Moderne de la Ville de Paris and in 2004, another retrospective was inaugurated in Rome at the MACRO. In 2005, *Triplice tenda* entered the collections of the Centre Georges Pompidou in Paris. In 2006 at the Sperone Westwater Gallery in New York her works were compared with those of Lucio Fontana. After taking part in the third Prague Biennial in 2007, the work *Superficie in ceramica*, conceived with sound design by Gianna Nannini, is presented for the first time in Milan. In Rome, for the Fondazione Volume! she designed an installation entitled *Segni e forme* [Signs and Forms] , which was displayed again in Ljubljana at gallery P74.

From 2008 to 2010, the work *Superficie in ceramica* is the protagonist of several solo exhibitions in Italy and abroad: Rome, Moscow, Lima, Buenos Aires and Cordoba. In 2010, the Haunch of Venison Gallery in New York hosted an important solo exhibition dedicated to the artist. Meanwhile, in Rome, at the Carlo Bilotti Museum, she inaugurates the retrospective "Spazio Ritmo Colore". In 2011 the Fondazione Puglisi in Catania *Carla Accardi. Sign and Transparency* and the year after the exhibition *Carla Accardi. Smarrire i fili della voce* begins at the Menegaz Foundation in Castelbasso (Teramo) and continues in Budapest, Athens and Thessaloniki.

The artist died in Rome on the 23rd of February 2014. In recent years there has been a

Contemporary Art Center de New York. Deux rétrospectives sont inaugurées au Musée d'Art Moderne de la Ville de Paris et à Rome au MACRO, respectivement en 2002 et 2004. En 2005, *Triplice tenda* rentre dans les collections du Centre Pompidou de Paris. En 2006 à la Sperone Westwater Gallery de New York ses œuvres sont comparées à celles de Lucio Fontana. Après avoir participé à la troisième Biennale de Prague en 2007, l'œuvre *Superficie in ceramica*, conçue avec l'élaboration sonore de Gianna Nannini, est présentée pour la première fois à Milan. A Rome, pour la *Fondazione Volume !* , elle conçoit une installation intitulée *Segni e forme* [Signes et formes], qui sera présentée à nouveau à Ljubljana à la galerie P74.

Dès 2008 et jusqu'en 2010, l'œuvre *Superficie in ceramica* est le sujet de plusieurs expositions personnelles en Italie et à l'étranger : Rome, Moscou, Lima, Buenos Aires et Cordoba. En 2010, la galerie Haunch of Venison accueille à New York une importante exposition personnelle dédiée à l'artiste. Entre-temps, à Rome, au musée Carlo Bilotti, elle inaugure la rétrospective « Spazio Ritmo Colore ». En 2011 s'ouvre à la Fondazione Puglisi à Catane « Carla Accardi. Signe et transparence » et l'année d'après l'exposition « Carla Accardi. Smarrire i fili della voce » commence à la Fondation Menegaz à Castelbasso (Teramo) et se poursuit à Budapest, Athènes et Thessalonique.

L'artiste décède à Rome le 23 février 2014. Ces dernières années des expositions collectives et personnelles se sont succédées, dont la collective « Women House » à la Monnaie de Paris en 2017, la rétrospective « Carla Accardi.

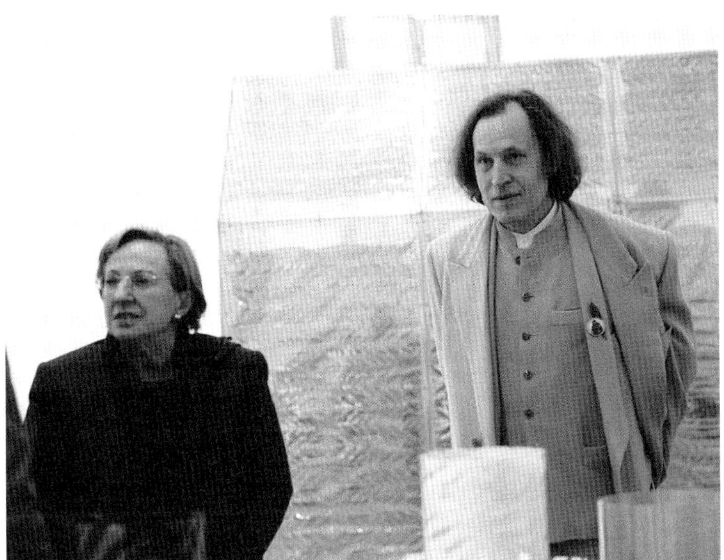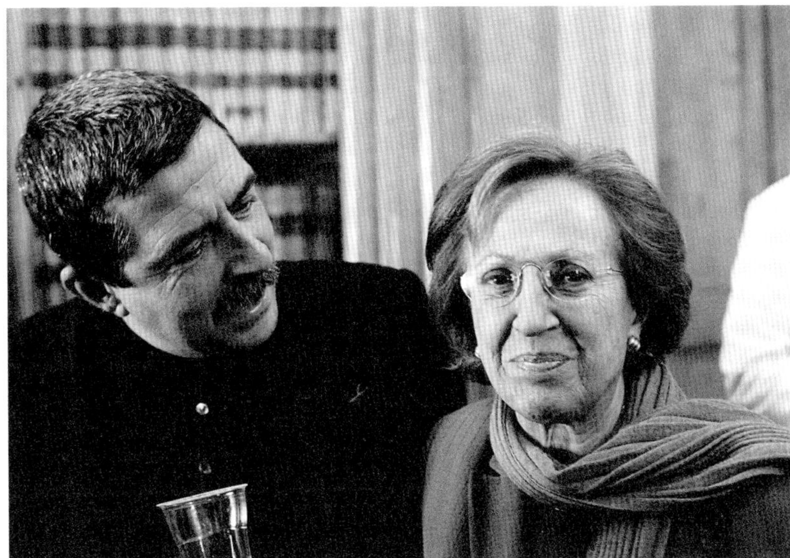

Carla Accardi at the Musée National d'Art
Moderne, Paris, 2002
Carla Accardi au Musée National d'Art Moderne,
Paris, 2002

Carla Accardi at the presentation of the
catalogue of her exhibition at the Accademia
di Francia, Rome, 1999
Carla Accardi à la présentation du catalogue
de son exposition à l'Accademia di Francia,
Rome, 1999

succession of group and solo exhibitions, such as the collective *Women House* at the Monnaie de Paris in 2017, the solo *Carla Accardi. Contesti* at the Museo del Novecento in Milan in 2020-2021 and the collective *Elles font l'abstraction* at the Centre Pompidou in 2021.

Contesti » au Museo del Novecento de Milan en 2020-2021 et la collective « Elles font l'abstraction » au Centre Pompidou de Paris.

Dadamaino

Milan, 1930-2004

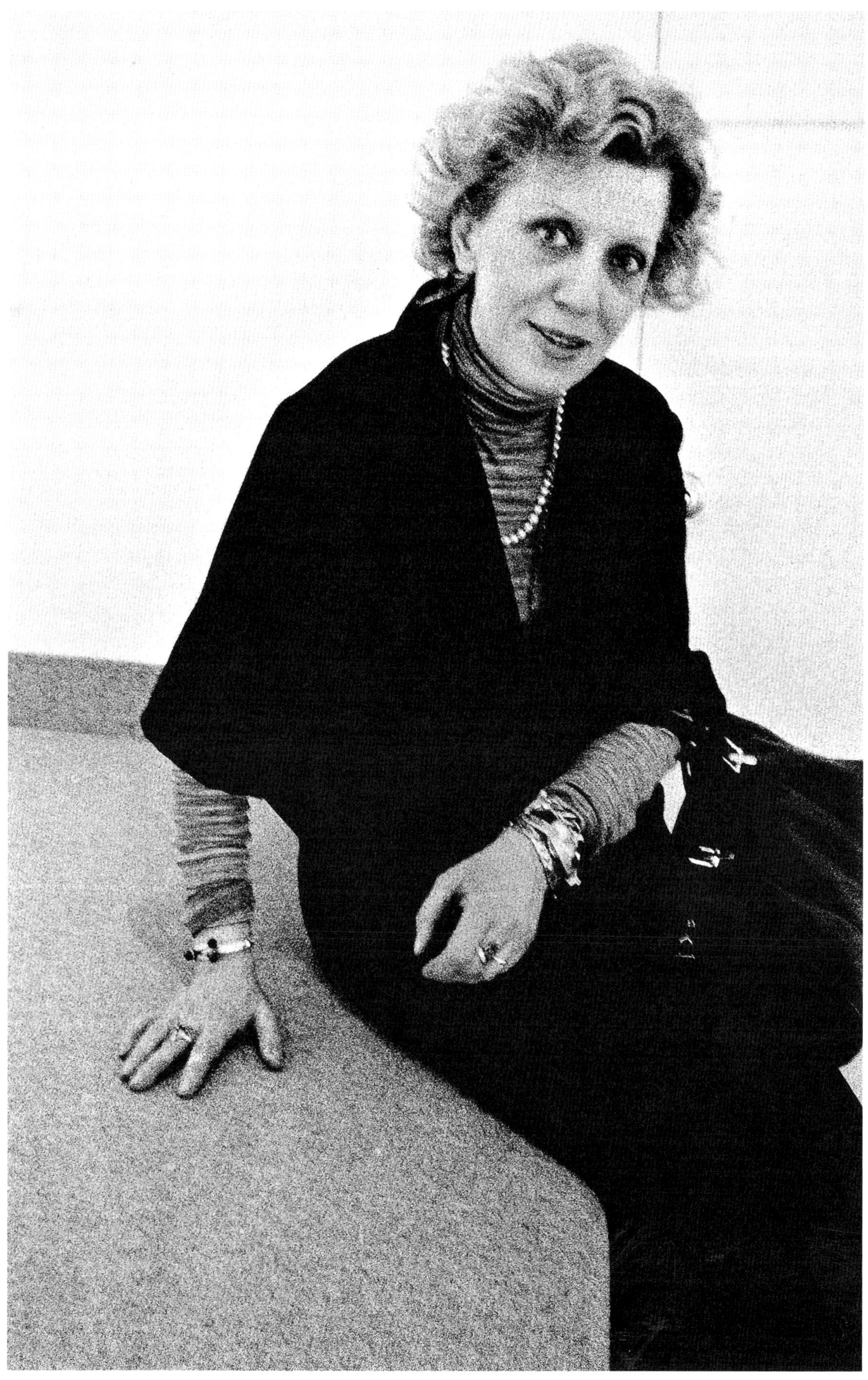

Edoarda Emilia Maino, daughter of Giovanni Maino and Erina Saporiti, was born on the 2nd of October, 1930 in Milan. She takes her first steps in the art world in the Fifties, participating in group exhibitions with the name Dada Maino for the first time in 1956. In 1957 she becomes a friend of Piero Manzoni, who introduces her to Lucio Fontana.

In 1958, she creates the first *Volumi* [Volumes], canvases with single or repeated ovoid holes which are to characterize her debut within the context of the new avant-garde. In 1959 Dadamaino exhibits in a solo show at the Galleria del Prisma in Milan, the same year she joins the avant-garde group founded by Manzoni and Enrico Castellani, centred around the Galleria Azimut and the Azimuth magazine. The group organizes exhibitions in Europe, thanks to the connections it establishes with the contemporary ZERO group (Germany), Nul group (the Netherlands) and Motus group (France) which conduct similar experimentations.

It is in this ebullient atmosphere that Dadamaino – as she begins to sign her works – starts exhibiting in Europe, making friends with artists as François Morellet, Henk Peeters, Jan Schoonhoven and with the members of the Italian N and T groups. In 1961 she participates in the "Informativo-sperimentale" [Informative-experimental] section of the 12th edition of the Premio Lissone with Manzoni, Bonalumi and Castellani, as part of the Gruppo Milano 61.

The birth of the Nouvelle Tendance movement gives Dadamaino a frame of reference and indicates the direction of her research. In 1962 she presents her first solo exhibition in Germany, at the Galerie Senatore

Edoarda Emilia Maino, fille de Giovanni Maino et Erina Saporiti, naît le 2 octobre 1930. Dans les années 1950, elle fait ses premiers pas dans le monde de l'art : ses premières participations, sous le nom de Dada Maino, à des expositions collectives, remontent à 1956. En 1957, elle se lie d'amitié avec Piero Manzoni, qui lui fait connaître Lucio Fontana.

L'année 1958, date de sa première exposition personnelle qui présente des œuvres abstracto - informelles à la Galleria dei Bossi à Milan, est aussi celle des premiers *Volumi* [Volumes], toiles percées de trous ovoïdes isolés ou répétés, marquant ses débuts dans la nouvelle avant-garde. Elle adhère en 1959 au groupe Azimut fondé par Manzoni et Enrico Castellani, réuni autour de la Galleria Azimut et de la revue du même nom. Le groupe organise des expositions en Europe grâce au lien instauré avec des groupes constitués au même moment, ZERO (Allemagne), Nul (Pays-Bas) et Motus (France) qui procèdent à des expérimentations similaires.

C'est dans ce climat effervescent que Dadamaino – ainsi se met-elle à signer ses œuvres – commence à exposer en Europe en se liant d'amitié avec des artistes tels que François Morellet, Henk Peeters, Jan Schoonhoven, et les membres italiens du Gruppo N et du Gruppo T. En 1961, ses œuvres sont visibles dans la section « Informativo-sperimentale » [Informativo-expérimentale] de la XIIe édition du Premio Lissone avec Manzoni, Bonalumi, et Castellani, au sein du Gruppo Milano 61.

La naissance du mouvement Nouvelle Tendance montre à Dadamaino un horizon de référence pour son évolution. C'est en 1962 que se tient sa première exposition personnelle en

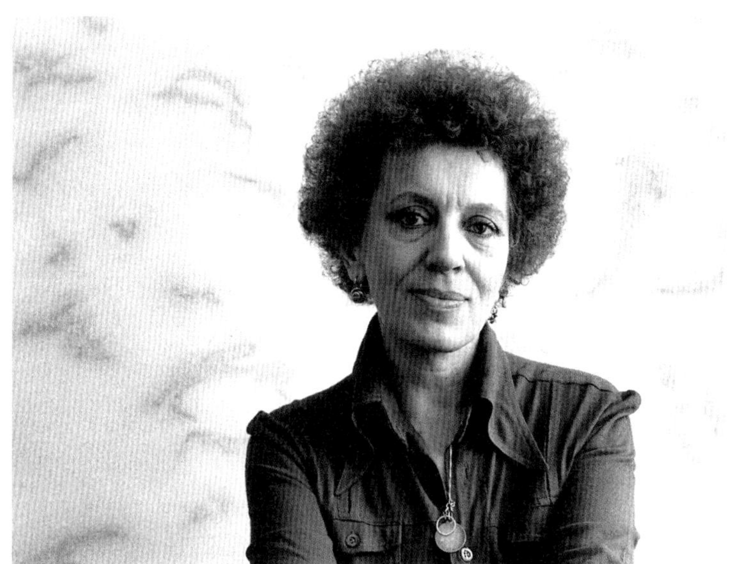

Dadamaino in front of one of her works
from the *Costellazioni* series, Munich, 1981
Dadamaino devant une de ses œuvres
de la série *Costellazioni*, Munich, 1981

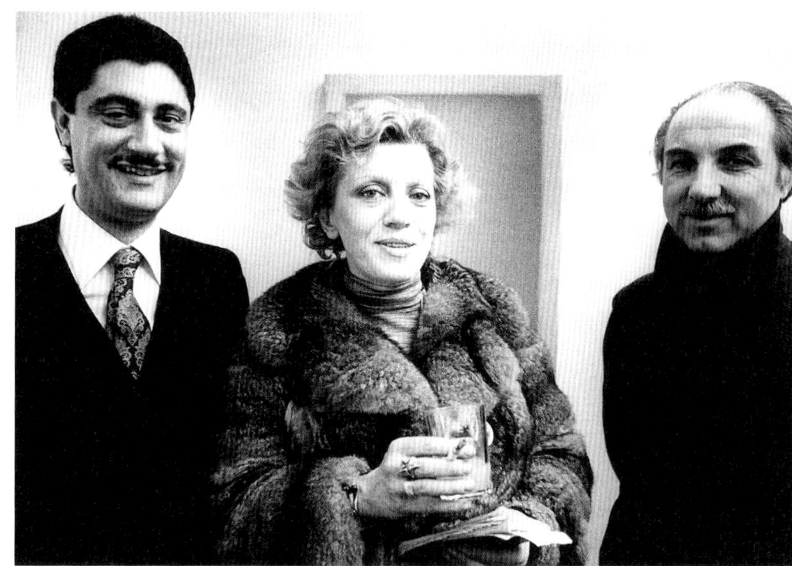

Gianni Colombo, Dadamaino and A.G. Fronzoni
at the Galleria Salone Annunciata, Milan, 1974
Gianni Colombo, Dadamaino et A.G. Fronzoni
à la Galleria Salone Annunciata, Milan, 1974

of Stuttgart, and participates in the "Nul" show
at the Stedelijk Museum in Amsterdam. In the
meantime her research proceeds from *Volumi
a moduli sfasati* [Volumes by shifted modules]
to *Oggetti ottico-dinamici* [Optical-Dynamic
Objects] and to numerous researches on the
times and modes of perception.

In 1966 she launches *Ricerca del colore*
[A Study on Color], a systematic research on
perceptive relationships between chromatic
tones. In 1970 Dadamaino begins to exhibit
again, presenting an individual exhibition at
the Galleria Diagramma in Milan, which is
followed by other shows, amongst others at
the Galleria del Cavallino in Venice and the
Ubu in Karlsruhe, in 1973.

While the chromatic researches continue
with the *Cromorilievi* [Chromo reliefs] series,
of 1975, with the *Inconscio razionale* [Rational
Unconscious] series Dadamaino returns to reflect
on the meaning and quality of the physical act
of creating a sign. This brings her to develop a
true code of signs, which she calls *Alfabeto della
mente* [Alphabet of the mind].

The sheets and canvases filled with the
signs of the *Alfabeto della mente* are structured
unitarily, as obsessive accumulations and blank
spaces on the walls, in the artwork *I fatti della
vita*, which she presents for the first time at
Studio Carlo Grossetti in Milan in 1979, and at
the 39th Venice Biennale in 1980, where the artist
was given a personal room in the Italian Pavilion.

The first public recognitions begin to
arrive, starting with the retrospective at the
Padiglione d'Arte Contemporanea in Milan
in 1983, followed the year after by the first

Allemagne, à la Galerie Senatore de Stuttgart et
qu'elle participe à « Nul » au Stedelijk Museum
d'Amsterdam. Entre temps, sa recherche est passée
des *Volumi a moduli sfasati* [Volumes à modules
disjoints] aux *Oggetti ottico-dinamici* [Objets
optico-dynamiques] et aux nombreuses recherches
sur les temps et les modes de perception.

En 1966, elle entreprend la *Ricerca del
colore* [Recherche de la couleur], une recherche
menée toujours plus radicale et exclusive sur
le plan existentiel. A partir de 1970, Dadamaino
revient avec une exposition personnelle à la
Galleria Diagramma de Milan, puis, entre autres,
à la Galleria del Cavallino de Venise et la Ubu de
Karlsruhe en 1973.

Alors que les recherches chromatiques
s'approfondissent avec la série des *Cromorilievi*
[Cromoreliefs], en 1975, avec la série *Inconscio
razionale* [Inconscient rationnel] Dadamaino
revient à une réflexion sur le sens et la qualité
de l'acte physique de l'application de signes, qui
la mène à en élaborer un véritable code qu'elle
nomme *Alfabeto della mente* [Alphabet mental].

Les feuilles et les toiles couvertes de
signes de l'*Alfabeto della mente* se structurent
de manière unitaire, et présentées comme des
accumulations obsessionnelles sur les murs
dans les *I fatti della vita*, qu'elle présente pour la
première fois en 1979 au Studio Carlo Grossetti
de Milan, et en 1980 à la Biennale de Venise.
La reconnaissance publique arrive, avec la
rétrospective qui lui est consacrée en 1983 au
Padiglione d'Arte Contemporanea de Milan, suivie
un an après par la première monographie sur
son travail publiée chez Beatrix Wilhem Verlag
à Leonberg (Stuttgart).

206

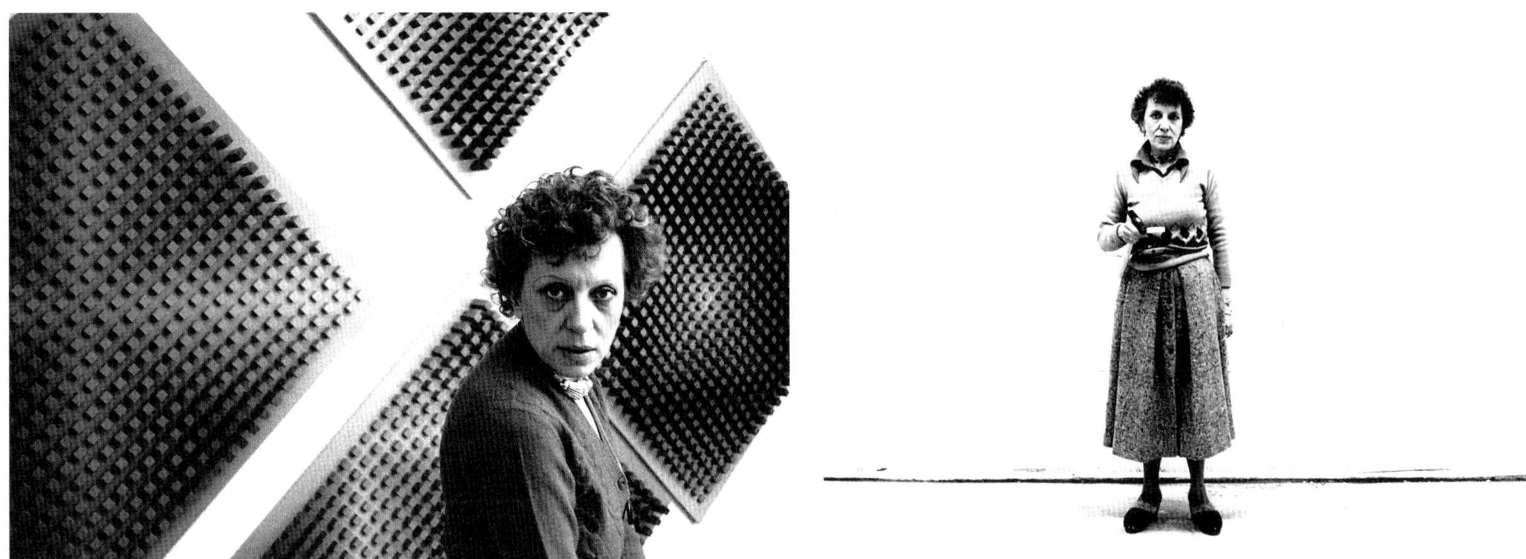

monograph of her work, published by Beatrix Wilhelm Verlag, Leonberg (Stuttgart).

The work on the sign is articulated in a spatial-temporal sense in the 1981 artwork *Costellazioni* [Constellations], and then in a more determined way in the series titled *Il movimento delle cose* [The Movement of things] and *Passo dopo passo* [Step after step], created on translucent acetate: two large specimens of *Il movimento delle cose*, each eighteen meters long, are exhibited at the 44th Venice Biennale of 1990.

The Nineties are characterized by the evolution, in a cosmic sense, of the work on the sign in the *Sein und Zeit* [Being and Time] series, commenced in 1996. Her anthological exhibition at the Museum Bochum in 2000 consecrates her as a leading figure of the avant-gardes.

Unfortunately, precisely in that period her health degenerates rapidly, and she dies in Milan on April 13, 2004. Since then, Dadamaino's work gained increasing recognition: her works entered the public collections of TATE (London) and Centre Pompidou (Paris) and a retrospective was dedicated to her work at the Consortium, in Dijon, in 2013. In 2021, she is part of the collective exhibition *Elles font l'abstraction* at the Centre Pompidou in Paris.

Le travail sur le signe s'articule dans un sens de façon spatio-temporelle dans les *Costellazioni* [Constellations], puis, de manière plus déterminée dans les séries *Il movimento delle cose* [Le mouvement des choses] et *Passo dopo passo* [Pas après pas], réalisées sur des feuilles d'acétate translucides : deux grands exemples du *Il movimento delle cose*, de 18 mètres de long chacun, sont exposées à la Biennale de Venise en 1990.

Les années 1990 marquent une nouvelle évolution de son travail sur le signe qui devient profondément cosmique avec la série *Sein und Zeit* [Être et Temps], commencée en 1996. En 2000 l'exposition au Museum Bochum lui vaut une consécration définitive en tant que figure de premier plan de l'avant-garde. Malheureusement, c'est à ce moment-là que ses conditions de santé dégénèrent rapidement. Elle meurt le 13 avril 2004 à Milan.

Le travail de Dadamaino a récemment atteint une forte reconnaissance internationale : ses œuvres sont entrées dans les collections publiques de la TATE (Londres) et du Centre Pompidou (Paris) et une rétrospective lui a été consacrée au Consortium, à Dijon, en 2013. En 2021, elle fait partie de l'exposition collective « Elles font l'abstraction » au Centre Pompidou.

1950 Rome, Galleria L'Age d'Or, *Carla Accardi. 15 Tempere*

1952 Florence, Galleria d'Arte Contemporanea, *Mostra personale della pittrice Carla Accardi*

Venice, Galleria del Cavallino, *Carla Accardi*

1955 Rome, Galleria San Marco, *Accardi*

1957 Milan, Galleria dell'Ariete, *Accardi*

1958 Rome, Galleria La Salita, *Carla Accardi*

Losanna, L'Entracte Galerie d'Art Moderne, *Carla Accardi. Peintures récentes*

1959 Turin, Galleria Notizie, *Dipinti e tempere di Carla Accardi*

Rome, Galleria La Salita, *Accardi. Opere recenti*

1960 Turin, Galleria Notizie, *Dipinti di Carla Accardi*

1961 Rome, Galleria La Salita, *Carla Accardi*

New York, Parma Gallery, *Carla Accardi*

London, New Vision Centre, *Carla Accardi. Recent paintings*

1964 Turin, Galleria Notizie, *Accardi*

1965 Genoa, Galleria La Polena, *Accardi*

Paris, Galerie Stadler, *Accardi 1955-1964*

1966 Turin, Galleria Notizie, *Carla Accardi*

Essen, Galerie M.E. Thelen, *Carla Accardi*

Milan, Galleria dell'Ariete, *Accardi*

1968 Rome, Galleria Marlborough, *Carla Accardi*

Terni, Galleria Poliantea, *Accardi*

1970 Genoa, Galleria La Polena, *Accardi*

1971 Rome, Galleria Editalia Qui Arte Contemporanea, *Carla Accardi. Le tre tende*

1972 Turin, Galleria Christian Stein, *Carla Accardi*

Rabat, Galerie L'Atelier, *Carla Accardi*

1974 Rome, Galleria Editalia Qui Arte Contemporanea, *Accardi. Sette lenzuoli*

Turin, Galleria Notizie, *Carla Accardi*

1975 Florence, Studio Fiori, *Carla Accardi*

1976 Rome, Cooperativa di via Beato Angelico, *Carla Accardi. Origine*

1978 Milan, Studio Betti, *Carla Accardi*

1980 Leghorn, Galleria Peccolo, *Carla Accardi*

Milan, Studio Betti, *Carla Accardi*

1981 Turin, Galleria Menzio-Pron, *Carla Accardi*

Leghorn, Galleria Peccolo, *Carla Accardi. "Omaggio a Matisse" 1964*

1982 Bolzano, Galleria Spazia, *Carla Accardi*

Rome, Agenzia d'Arte Moderna, *Carla Accardi. L'Arte: il campo del togliere*

1983 Ravenna, Pinacoteca Comunale, Loggetta Lombardesca, *Carla Accardi*, curated by Vanni Bramanti

Milan, Padiglione d'Arte Contemporanea, *Carla Accardi*, curated by Corrado Levi Rome, Galleria Il Millennio, *Carla Accardi. Trentacinque opere su carta 1947-1983*

Brescia, Galleria Massimo Minini, *Carla Accardi*

1984 Rome, Galleria Editalia

Qui Arte Contemporanea, *Carla Accardi. Opere dal 1956 al 1984*

1985 Madrid, Istituto Italiano di Cultura, *Carla Accardi. Le plastiche*

1986 Acireale, Palazzo della Città, *Accardi*, curated by Achille Bonito Oliva

1987 Milan, Galleria del Milione, *Carla Accardi. Opere recenti*

1988 Venice, Giardini di Castello, Padiglione Italia, *Sala personale nell'ambito della XLIII Esposizione Biennale Internazionale d'Arte*, curated by Giovanni Carandente

Toronto, Art Gallery of Ontario, Istituto Italiano di Cultura, University of Toronto Art Department, *Carla Accardi. Sicofoil e opere recenti*

1989 Paris, Galerie Di Meo, *Accardi*

Modena, Galleria Civica, Palazzina dei Giardini Pubblici, *Carla Accardi*, curated by Flaminio Gualdoni

New York, Salvatore Ala Gallery, *Carla Accardi*

1990 Turin, Galleria Eva Menzio, *Carla Accardi. 'Allegre tinte diurne'*

Gibellina, Museo Civico, Case di Stefano, *Carla Accardi. Grandi dipinti 1965-1990*, curated by Giuseppe Appella

Brescia, Galleria Massimo Minini, *Carla Accardi. Nuovi lavori*

1992 Rome, Galleria Pieroni, *Carla Accardi*

Frankfurt-am-Main, Frankfurter Westend Galerie, *Carla Accardi*

Milan, Galleria Toselli, *Carla Accardi*

1994 Brussels, Galerie Meert Rihoux, *Carla Accardi. Opere 1954-1993*

Rivoli, Castello di Rivoli, Museo d'Arte Contemporanea, *Carla Accardi*, curated by Ida Gianelli e Giorgio Verzotti

1995 Ludwigshafen am Rhein, Kunstverein, *Carla Accardi*

Wolfsburg, Städtische Galerie e Istituto Italiano di Cultura, *Carla Accardi*

1996 Bergamo, Fumagalli Arte Contemporanea, *Carla Accardi*

Leghorn, Galleria Peccolo, *Carla Accardi 'giochi galleggianti' e 'trasparenze' 1978- 1980*

1997 Brussels, Galerie Meert Rihoux, *Carla Accardi. Ambiente arancio 1967, Tele – Carte*

Paris, Studio Simonis, *Dove nasce il segno. Carla Accardi. Œuvres 1953*

Rome, Accademia di Francia, Atelier del Bosco di Villa Medici, *Carla Accardi*, curated by Bruno Racine e Zerynthia Associazione per l'Arte Contemporanea

1998 Rivoli, Castello di Rivoli, Museo d'Arte Contemporanea, *Carla Accardi. Installazione per i bambini*

Trapani, Chiesa della Badia Grande-Laboratori Officina, *Carla Accardi. Opere 1947-1997*, curated by Claudio Cerritelli

1999 San Casciano dei Bagni, Micro-Museo Camera Oscura, *Carla Accardi*, curated by Cornelia Lauf

Paris, Studio Simonis, *Transparences. Carla Accardi*

Rome, Galleria Edieuropa,
Carla Accardi opere 1950-1990

2000   Brescia, Galleria Massimo
Minini, *Carla Accardi. 'Sicofoil'*

Rome, Museo Laboratorio d'Arte
Contemporanea, Università degli
Studi "La Sapienza", *Carla Accardi*,
curated by Lorenzo Benedetti

2001   Rome, Edicola Notte, *Carla Accardi*

New York, P.S. 1 Contemporary Art
Center, *Carla Accardi. Triplice tenda*,
curated by Carolyn Christov-Bakargiev

Belluno-Cortina d'Ampezzo, Palazzo
Crepadona-Galleria Civica, *Carla
Accardi. Premio Artista dell'anno
2001*, curated by Renato Barilli

2002   Paris, Musée d'Art Moderne de
la Ville de Paris, *Carla Accardi*,
curated by Laurence Bossé
and Hans-Ulrich Obrist

2003   Rome, Magazzino d'Arte Moderna,
Carla Accardi. Si adagiarono sparse,
curated by Laura Cherubini

2004   Brussels, Galerie Meert
Rihoux, *Carla Accardi*

Rome, Macro Museo d'Arte
Contemporanea Roma, *Carla
Accardi*, curated by Danilo Eccher

Ljubljana, Mala galerija, *Carla
Accardi*, curated by Zdenka
Badovinac

2005   New York, Sperone Westwater
Gallery, New York University, Casa
Italiana Zerilli-Marimò, *Carla Accardi*

2006   Brescia, Galleria Massimo Minini,
*Carla Accardi. "Cenni e barlumi".
Sette nuovi dipinti*

2007   Rome, Galleria Valentina Bonomo,
Carla Accardi, curated by Achille
Bonito Oliva

Brussels, Galerie Greta
Meert, *Carla Accardi.*

2008   Rome, Fondazione Volume!, *Carla
Accardi. Segni e forme*, curated
by Angelo Capasso and Emanuela
Nobile Mino

Moscow, MMOMA Moscow
Museum of Modern Art, *Carla
Accardi. Superficie in ceramica,
con elaborazione sonora di Gianna
Nannini. Passi di passaggio* [then:
Rome, Auditorium Arte, Auditorium
Parco della Musica; Lima, Sala Luis
Miró Quesada Garland; Buenos
Aires, Centro Cultural Recoleta,
Córdoba, MEC Museo Emilio
Caraffa]

2009   Rome, Galleria Valentina Bonomo,
Carla Accardi. Ombre sui muri,
curated by Valentina Bonomo

2010   New York, Haunch of Venison,
Carla Accardi, curated by
Adachiara Zevi

Rome, Museo Carlo Bilotti. Aranciera
di Villa Borghese, *Carla Accardi.
Spazio Ritmo Colore*, curated by
Pier Paolo Pancotto

2011   Catania, Fondazione Puglisi,
Palazzo Valle, *Carla Accardi. Segno
e trasparenza*, curated by Luca
Massimo Barbero

2012   Castelbasso, Fondazione Malvina
Menegaz per le Arti e le Culture,
*Carla Accardi. Smarrire i fili della
voce*, curated by Laura Cherubini

2013   Matera, MUSMA, *Carla Accardi.
Sculture, disegni, immagini e
documenti 1946 – 2012*, curated
by Giuseppe Appella

2015   Rome, Galleria Valentina
Bonomo, *Accordi – Accardi.*

2017   Rome, Galleria La Nuova Pesa,
Carla Accardi. Senza passato,
curated by F. D'Amico

2018   Milan, Galleria Francesca Minini,
Carla Accardi /Brescia, Galleria
Massimo Minini, *Carla Accardi*

2019   Florence, Galleria Santo Ficara,
*Prismatica. Carla Accardi/Francesco
Impellizzeri*

2020   London, M&L Fine Art, *Carla
Accardi. Sicofoil* Marsala, Convento
del Carmine, *Accardi e Sanfilippo.
L'avventura del segno*, curated by
Sergio Troisi

Milan, Museo del Novecento, *Carla
Accardi. Contesti*, curated by Maria
Grazia Messina and Anna Maria
Montaldo with Giorgia Gastaldon

collective exhibitions
expositions collectives

1947 Rome, Studio d'arte moderna, *Accardi, Attardi, Manisco, Monachesi, Sanfilippo*

Rome, Galleria di Roma, *IIª Mostra Annuale dell'Art Club*

1948 Rome, Galleria di Roma, *Arte astratta in Italia*

Venice, Giardini di Castello, *XXIV Esposizione Biennale Internazionale d'Arte*

Rome, Galleria Ritrovo dell'Art Club, *Accardi, Attardi, Sanfilippo*

1949 Rome, Galleria Nazionale d'Arte Moderna, *Terza Mostra Annuale dell'Art Club*

1950 Milan, Galleria Bergamini, *Accardi, Attardi, Sanfilippo*

1951 Rome, Galleria Nazionale d'Arte Moderna, *Arte astratta e concreta in Italia*

Milan, Libreria Salto, *Carla Accardi, Antonio Sanfilippo*

1952 Rome, Galleria Nazionale d'Arte Moderna, *6ª Mostra Annuale dell'Art Club*

1953 Rome, Galleria Nazionale d'Arte Moderna, *Arte astratta italiana e francese*

1954 Rome, Galleria dell'Asterisco, *Accardi, Capogrossi, Consagra, Perilli, Sanfilippo, Turcato*

1955 Paris, Galerie Rive Droite, *Individualités d'aujourd'hui II*

Rome, Palazzo delle Esposizioni, *VII Quadriennale Nazionale d'Arte di Roma*

1956 Paris, Galerie Stadler, *Peintures de Accardi – Sculptures de Delahaye*

1957 Rome, New York Art Foundation, *Rome – New York Art Foundation*

1958 Rome, La Medusa Studio d'Arte Contemporanea, *Segno e materia*

Osaka, Osaka International Festival, *The International Art of a New Era (Informel and Gutai)*

Rome, Galleria La Salita, *Carla Accardi. Tempere, Gastone Novelli. Collages, Toti Scialoja. Gouaches*

1959 Rome, Galleria La Tartaruga, *Giovane pittura di Roma*

Turin, Circolo degli Artisti, Palazzo Graneri, *Mostra internazionale di pittura e scultura. Arte nuova. Ikebana di Sofu Teshigahara*

London, New Vision Center Gallery, *Painters of Rome. Accardi, Conte, Dorazio, Sanfilippo, Turcato*

Tokyo, Sirokya Gallery, *Pittori italiani d'oggi*

1960 Turin, International Center of Aesthetic Research, *Mostra collettiva per l'inaugurazione del Centro*

Turin, Galleria Il Grifo, *2° salone "i 4 Soli". 13ª mostra*

1963 Minneapolis, The Minneapolis Institute of Art, *Eight Contemporary Artists of Rome*

1964 Venice, Giardini di Castello, Padiglione Italia, *XXXII Esposizione Biennale Internazionale d'Arte*

1965 Turin, Galleria Notizie, *Accardi, Castellani, Paolini, Pistoletto, Twombl*

Rome, Palazzo delle Esposizioni, *IX Quadriennale d'Arte di Roma*

Rome, Galleria Arco d'Alibert, *Forma 1*

1968 Rome, Palazzo delle Esposizioni, *Sesta Biennale Romana. Rassegna delle Arti Figurative di Roma e del Lazio*

New York, The Jewish Museum, *Recent Italian Painting and Sculpture*

1970 Rome, Studio d'Arte Arco d'Alibert, *Turcato, Sanfilippo, Novelli, Perilli, Dorazio, Accardi, Rotella*

Rome, La Salita, *Burri, Colla, Fontana, Lo Savio, Manzoni, Chia, De Filippi, Fabro, Lombardo, Paolini, Pisani, Titus Carmel, Christo, Jaquet, Klein, Serra, Accardi, Angeli, Colombo, Festa, Marzot, Novelli, Rotella, Sanfilippo, Schifano, Scialoja, Sordini,* luglio-agosto

1971 Liverpool, Walker Art Gallery, *New Italian Art 1953-1971*

São Paulo, Fondação Bienal de São Paulo, *XI Bienal de São Paulo*

1973 Rome, Palazzo delle Esposizioni, *X Quadriennale Nazionale d'arte di Roma. 2. Situazione dell'arte non figurativa*

1976 Rome, Galleria Marlborough, *L'Esperienza moderna 1957-1959/* Todi, Palazzo del Popolo, Sala della Pietra, *Forma 1 (Roma 1946/1949)*

Venice, Giardini di Castello, Padiglione centrale, *Ambiente / Arte* curated by Germano Celant, within *La Biennale di Venezia 1976. Ambiente, partecipazione, strutture culturali*

1978 Venice, Giardini di Castello, *Sei stazioni per artenatura. La natura dell'arte, La Biennale di Venezia 1978. Artenatura,* curated by Achille Bonito Oliva

Rome, Galleria Editalia – Qui arte contemporanea, *"Forma 1" trent'anni dopo*

1980 Milan, Palazzo Reale, *L'altra metà dell'avanguardia 1910-1940,* curated by Lea Vergine

1981 Rome, Palazzo delle Esposizioni, *Linee della ricerca artistica in Italia 1960-1980*

1982 Rome, Mura Aureliane, *Avanguardia Transavanguardia 68-77,* curated by Achille Bonito Oliva

1983 Bologna, Galleria Comunale d'Arte Moderna, *L'Informale in Italia,* curated by Renato Barilli and Franco Solmi

1985 Frankfurt, Frankfurter Kunstverein, *Italienische Kunst 1900-1980*

Rome, Galleria Arco d'Alibert, *Forma 1,* curated by Peter Weiermair and Mercedes Garberi

Rivoli, Castello di Rivoli, *Il Museo Sperimentale di Torino. Arte italiana degli anni Sessanta nelle collezioni della Galleria Civica d'Arte Moderna,* curated by Mirella Bandini and Rosanna Maggio Serra

1986 Ghent, Museum van Hedendaagse Kunst, *Chambres d'Amis*

Gibellina, Museo Civico, *Forma 1 1947-1986.*

1987 Saint Priest, Galerie Municipal d'Art Contemporain, *Forma 1. 1947 – 1987. Œuvres de 1965 à 1987/* Darmstadt, Mathildenhöhe, *Forma 1. 1947 – 1987*

1989 London, Royal Academy of Arts, *Italian Art in the 20th Century,* curated by Germano Celant and Norman Rosenthal

Moscow, Casa Centrale dell'Artista, *Orientamenti dell'arte italiana. Roma 1947 – 1989.*

1990 Brussels, Centre Albert Borchette, *Entretien. Quatre générations d'artistes italiens,* curated by Pier Giovanni Castagnoli

Rome, Galleria Il Millennio, *Decimo anniversario,* curated by Daniela Lancioni

1991 Rome, Palazzo Rondanini, *Percorsi ininterrotti dell'arte. Roma 1990,* curated by Fabrizio D'Amico

1992 Rome, Palazzo delle Esposizioni, *XII Quadriennale Nazionale d'Arte di Roma. Italia 1950-1990. Profili*

1993 Rivoli, Castello di Rivoli, Museo d'Arte Contemporanea, *Un'avventura internazionale. Torino e le arti 1950-1970,* curated by Germano Celant, Paolo Fossati, Ida Giannelli

Venice, Giardini di Castello, *XLV Biennale di Venezia. Punti cardinali dell'arte,* curated by Achille Bonito Oliva

New York, The Murray and Isabella Rayburn Foundation, *Roma-New York 1948-1964,* curated by Germano Celant

1994 Parma, Galleria d'Arte Niccoli, *Forma 1,* curated by Giorgio Cortenova

New York, The Solomon R. Guggenheim Museum, *The Italian Metamorphosis, 1943-1968,* curated by Germano Celant

1995 Ferrara, Civiche Gallerie d'Arte Moderna e contemporanea-Palazzo dei Diamanti, *Roma 1950-1959. Il rinnovamento della pittura in Italia,* curated by Fabrizio D'Amico

1997 Turin, Galleria Civica d'Arte Moderna e Contemporanea, *Tapié. Un art autre. Torino, Parigi, New York, Osaka,* curated by Mirella Bandini

1998 Praga, Scuderie del Castello, *Forma 1 e i suoi artisti 1947/1997* Bologna, Galleria d'Arte Moderna, *Pittura aniconica, 3ª sezione "pittura scrittura",* curated by Danilo Eccher, Dede Auregli, Claudio Poppi

1999 New York, P.S.1 Contemporary Art Center, *Minimalia. An Italian Vision in 20th Century Art,* curated by Achille Bonito Oliva

2000 Havana, Teatro Nacional San Isidro, Casa Comunitaria, *Ventana hacia Venus. Finestra su Venere, VII Bienal de Arte Contemporáneo de La Habana*

Rome, Galleria Comunale d'Arte Moderna e Contemporanea, Stabilimenti ex Birra Peroni, *Forma 1 e i suoi artisti*

Rome, Scuderie Papali al Quirinale-Mercati di Traiano, *Novecento. Arte e Storia in Italia,* curated by Maurizio Calvesi and Paul Ginsborg

2002 Rome, Palazzo delle Esposizioni, *Roma 1948 – 1959. Arte, cronaca e cultura dal neorealismo alla dolce vita,* curated by Maurizio Fagiolo dell'Arco and Claudia Terenzi

Venice, Fondazione Peggy Guggenheim Collection, Palazzo Venier dei Leoni, *Temi e variazioni. Arte del dopoguerra dalle collezioni Guggenheim* curated by Luca Massimo Barbero

2003 Turin, GAM Galleria Civica d'Arte Moderna e Contemporanea, *Pittura degli anni '50 in Italia,* curated by Pier Giovanni Castagnoli

Mons, Musée des Beaux-Arts, *Les années '50 à Rome,* curated by Claudia Terenzi e Michel Draguet

Liegi, MAMAC – Musée d'Art Moderne et Contemporain, *Forma 1 e i suoi artisti*

2004 Riga, Casa delle Teste Nere, *Forma 1 e i suoi artisti,* curated by Simonetta Lux, Elisabetta Cristallini, Antonella Greco/Roma, A.A.M. Architettura Arte Moderna, *On paper. Carla Accardi. Francesco Impellizzeri,* curated by Francesco Moschini e Gabriel Vaduva

2005 New Delhi, National Gallery of Modern Art, *Italian Art 1950-1970. Masterpieces from the Farnesina Collection,* curated by Maurizio Calvesi, Lorenzo Canova, Renato Miracco

Rome, Galleria Nazionale d'Arte Moderna, *XIV Quadriennale di Roma. Fuori Tema. Italian feeling,* curated by Luca Massimo Barbero with Marco Tonelli

2006 Turin, Torino Esposizioni, *Museo, Museo, Museo. 1998-2006. Duecentocinquanta nuove opere per la GAM,* curated by Pier Giovanni Castagnoli

New York, Sperone Westwater, *Infinite Space: Carla Accardi & Lucio Fontana*

2007 Los Angeles, MOCA The Museum of Contemporary Art, *Wack! Art and the Feminist Revolution,* curated by Cornelia Butler [then: Washington D.C., National Museum of Women in the Arts; New York, P.S.1 Contemporary Art Center; Vancouver, Vancouver Art Gallery]

2008 Venice, Palazzo Grassi, *Italics. Arte italiana fra tradizione e rivoluzione 1968/2008,* curated by Francesco Bonami

2009 Pescara, Ex Aurum, *Cromofobie. Percorsi del bianco e del nero nell'arte italiana contemporanea,* curated by Silvia Pegoraro

Paris, Centre Pompidou, *elles@centrepompidou,* curated by Camille Morineau

Lucca, Lu.C.C.A. Lucca Center of Contemporary Art, *Un mondo visivo nuovo. Origine, Balla, Kandinsky e le astrazioni degli anni '50,* curated by Francesca Romana Morelli, Maurizio Vanni

Palermo, Museo d'Arte Contemporanea – Palazzo Belmonte Riso, *Passaggi in Sicilia. La collezione di Riso*

2010 Rome, MAXXI, *Luigi Moretti. Razionalismo e trasgressività tra barocco e informale,* curated by Bruno Reichlin and Maristella Casciato

Lissone, Museo d'Arte Contemporanea e Milano, Rotonda di via Besana, *Il Grande Gioco. Forme d'Arte Italia 1947 – 1989,* curated by Luigi Cavadini, Bruno Corà, Giacinto Di Pietrantonio

2011 Ravenna, Museo d'arte della città di Ravenna, *L'Italia s'è desta. 1945-1953. Arte in Italia nel secondo dopoguerra,* curated by Claudio Spadoni

Venice, Fondazione Musei Civici, Palazzo Fortuny, *TRA. Edge of becoming,* curated by Axel Vervoordt

2013 London, Massimo De Carlo, *Once upon a time. Carla Accardi, Paola Pivi*

Rome, Palazzo delle Esposizioni, *Anni '70. Arte a Roma,* curated by Daniela Lancioni

2014 Città di Castello, Pinacoteca Comunale, *Segno Forma e Gesto. Afro, Burri, Fontana e gli artisti italiani negli anni '50 e '60. Opere su carta dalla Collezione della Galleria Civica di Modena*

2015 Milan, Gallerie d'Italia, *Cantiere del '900. 2 Opere dalle collezioni Intesa Sanpaolo,* curated by Francesco Tedeschi

2016 Turin, Fondazione Sandretto Re Rebaudengo, *Passo dopo passo,* curated by T. Barshee, M. Everett, D. Michalska.

2017 Milan, Museo del Novecento e Gallerie d'Italia, *New York New York. Arte italiana: la riscoperta dell'America,* curated F. Tedeschi, con F. Pola, F. Boragina

Milan, Fondazione Prada, *TV 70: Francesco Vezzoli guarda la RAI*

Paris, Monnaie de Paris, *Woman House,* curated by Camille Morineau and Lucia Pesapane

2018 Shangai, Prada Rong Zhai, *Roma 1950-1965,* curated by Germano Celant

Munich, Sammlung Goetz, *Generations. Female Artists in Dialogue. Part I*

2019 Rome, Galleria D'Arte Moderna, *Donne. Corpo e immagine tra simbolo e rivoluzione*

Hong Kong, Rossi e Rossi, *Oltre la Pittura*

2020 Milan, Massimo De Carlo, *Come prima, meglio di prima*

2021 Milan, Il Castello, *Mostra collettiva di artisti italiani e internazionali*

Marsala, ex. Convento del Carmine, *Carla Accardi e Antonio Sanfilippo. L'avventura del segno,* curated by Sergio Troisi

solo exhibitions
expositions individuelles

1958   Milan, Galleria dei Bossi

1959   Milan, Galleria del Prisma, *Maino*

1961   Padova, Studio N, *Dada Maino*

1962   Stuttgart, Galerie Senatore, *Maino. Monochrome Malerei*

1970   Milan, Galleria Diagramma, *Dadamaino*

1971   Lutry-Lausanne, White Gallery, *Dadamaino*

     Venice, Galleria Paolo Barozzi, *Dadamaino*

1973   Osnago, Galleria della Cappelletta, *Dadamaino*

     Venice, Galleria del Cavallino, *Dadamaino*

     Karlsruhe, Galerie Ubu, *Dadamaino Scaccabarozzi*

     Brescia, Centro d'Arte Santelmo, *Dadamaino*

1974   Vigevano, Galleria il Nome, *Dadamaino*

     Novara, Uxa galleria d'arte contemporanea, *Dadamaino*

     Como, Centro Serre Ratti, *Dadamaino*

1975   Milan, Team Colore, *Dadamaino*

     Vigevano, Studio V, *Inconscio razionale. Dadamaino*

     Bergamo, Galleria Method, *Dadamaino, la ricerca del metodo*

     Milan, Galleria Salone Annunciata, *Dadamaino 1959-1975*

1976   Milan, Arte Struktura, *Dadamaino. L'inconscio razionale*

1977   Merate, Studio Casati, *Dadamaino*

     Omegna, Galleria Spriano, *Dadamaino*

     Milan, Galleria Salone Annunciata, *Dadamaino. Dall'Inconscio razionale all'Alfabeto della mente*

1978   Fara d'Adda, Arte Incontri, *Dadamaino*

     Munich, Galerie Walter Storms, *Dadamaino*

     Lodi, Galleria Il Gelso, *Dadamaino*

1979   Genoa, Galleria la Polena, *Dadamaino*

     Turin, Galleria Martano, *Dadamaino. Opere 1958-1979*

     Milan, Studio Carlo Grossetti, *I fatti della vita. Dadamaino*

1980   Monza, In Oltre, *Dadamaino. Variazione sul tema*

     Venice, La Biennale di Venezia, Settore Arti Visive, *XXXIX Esposizione Internazionale d'Arte*

     Como, Centro Serreratti, *Dadamaino: iterare il tempo*

     Taos, Maggie Kress Gallery, *Dadamaino. I fatti della vita. The facts of the life*

1981   Rome, Galleria E Tre, *Dadamaino. I fatti della vita*

     Nuremberg, Schmidtbank-Galerie, *Dadamaino. L'Alfabeto della Mente. I fatti della Vita*

     Villingen, Galerie Walter Storms, *Dadamaino. L'Alfabeto della Mente. I fatti della vita. Costellazioni*

     Milan, Studio D'Ars, *Dadamaino. Piccole storie*

     Udine, Plurima galleria d'arte, *Dadamaino*

1982   Viggiù, Museo Butti, *Dadamaino*

     Milan, Circolo Culturale Bertolt Brecht, *Sette percorsi nell'arte contemporanea. Dadamaino*

1983   Milan, Padiglione d'Arte Contemporanea, *Dadamaino*

     Udine, Plurima galleria d'arte, *Dadamaino e Enrico Castellani*

     Bergamo, Studio Dossi art contemporanea, *Dadamaino. Costellazioni*

1984   Leonberg, Galerie Beatrix Wilhelm, *Dadamaino. Konstellationen. Neue Bilder*

     Bolzano, Il Sole galleria d'arte/Kunstgalerie, *Dadamaino*

1985   Milan, Studiotre Architettura, *Alighiero Boetti/Dadamaino*

     Milan, Studio Carlo Grossetti, *Dadamaino*

     Salò, Centro d'Arte Santelmo, *Dadamaino*

1986   Varese, Villa Mirabello, *Dadamaino, Gottardo Ortelli, Giancarlo Sangregorio*

1987   Stuttgart, Galerie Beatrix Wilhelm, *Dadamaino. Arbeiten von 1958 bis 1968 und von 1986*

     Bologna, N2/Nuova 2000, *Dadamaino. Costellazioni*

1988   Bologna, Studio G7, *Dadamaino / Giuseppe Spagnulo*

1989   Milan, Studio Reggiani, *Dadamaino. Passo dopo passo 1987-1989*

1990   Venice, La Biennale di Venezia, *XLIV Esposizione Internazionale d'Arte, sala personale, Dimensione futuro. L'artista e lo spazio*

     Dusseldorf, Galerie Schöller, *Dadamaino/Gianni Colombo*

1991   Lugano, Studio Dabbeni, *Dadamaino*

     Alessandria, Il triangolo nero, *Dadamaino. Interludio 1981*

     Naples, Framartstudio, *Dadamaino. Il Movimento delle Cose*

1992   Milan, Framartstudio

1993   Mantova, Casa del Mantegna, *Dadamaino. Opere 1958-1993*

     Perugia, Centro Espositivo della Rocca Paolina, *Trilogia 3. Dadamaino, Gastini, Bertasa*

     Milan, Galleria Federica Inghilterri, *Disegni. Giovanni Anselmo. Dadamaino*

1994   Reutlingen, Stiftung für konkrete kunst, *Dadamaino. Werke 1958-1993*

     Lugano, Studio Dabbeni, *Dadamaino*

     Milan, A Arte Studio Invernizzi, *Dadamaino, François Morellet, Günther Uecker*

1996   Zurich, Stiftung für Kostruktive und Konkrete Kunst, *Dadamaino. I fatti della vita*

1997   Lugano, Studio Dabbeni, *Dadamaino. L'alfabeto della mente 1976-1979*

     Milan, A Arte Studio Invernizzi, *Dadamaino*

     Ozzano Monferrato, Borromini Arte Contemporanea, *Dadamaino*

1998   Morterone, Palazzo Municipale, *Dadamaino. Opere 1975-1981*

1999   Perugia, Loggia dei Lanari, *Cardinali, Dadamaino*

2000   Rome, Galleria d'Arte Marchetti, *Dadamaino*

     Bochum, Museum Bochum, *Dadamaino. Retrospektive 1958-2000*

2003   Mantova, Museo Virgiliano di Pietole, *Dadamaino*

2005   Milan, A Arte Studio Invernizzi, *Dadamaino. I fatti della vita*

Falconara Marittima, Gate 24
Contemporary Art, *Opere scelte
1958-2000*

2006   Seregno, Arte Silva, *Dadamaino.
Opere 1959-1999*

2008   Milan, Matteo Lampertico Arte
Moderna, *Dadamaino e Boetti:
immagine e somiglianza*

Turin, Galleria Carlina, *Dadamaino*

Milan, Associazione Culturale Renzo
Cortina, *Dadamaino. L'assoluta
leggerezza dell'essere*

2009   Prato, Marchese Arte
Contemporanea, *Dadamaino*

Padova, A arte Invernizzi Seragiotto,
Dadamaino/Candeloro

Bologna, Galleria Spazia, *Dadamaino*

2010   Bologna, P420 Arte Contemporanea,
*Dadamaino Piero Manzoni, storia di
un grado zero 1956-1963*

Milan, Associazione Culturale
Cortina, *Dadamaino. Gli anni '50
e '60. La capacità di sognare*

Turin, Carlina Galleria d'Arte,
Dadamaino. Bucare lo sguardo.

2011   Milan, Dep Art , *Dadamaino.
Movimento delle cose*

Verbania, Vico Gallery, *Dadamaino*

London, The Major Gallery,
Dadamaino, Volumes 1958-60

2012   Genoa, Artevalori, *Dadamaino*

Milan, Cortina Arte, *Dadamaino.
Gli anni '70. Rigore e coerenza*

Courmayeur, Marco Canepa Arte
Contemporanea

Milan, Galleria Monopoli,
Dadamaino. Lo spazio, il movimento

2013   Dijon, Le Consortium, *Dadamaino*

Milan, Galleria del Credito
Valtellinese, *Dadamaino 1930-2004*

2013-2014   Paris, Tornabuoni Art, *Dadamaino*

2014   London, Almine Rech, *Pittura
Oggetto*

Florence, Tornabuoni Art, *Dadamaino*

London,Massimo de Carlo,
Dadamaino

Milan, Galleria Cortina, *Dadamaino
gli anni '80 e '90*

Asti Fondazione Giov-Anna Piras,
Dadamaino 1930-2004

2016   Frankfurt, Frankfurter Westend
Galerie, *Dadamaino die unendliche
Welt der Dadamaino*

2018   New York, Galleria Mendes Wood,
Dadamaino

2019-2020   Milan, A arte Invernizzi, *Dadamaino.
Dare tempo allo spazio*

1956	Sesto Calende, Galleria Comunale	
1957	Milan, Palazzo Stampa, *Premio per il paesaggio brianzolo, Premio Melzo*	
	Ferrara, *Mostra nazionale del piccolo formato*	
	Sesto Calende, Galleria Comunale	
	Milan, Il Calderone	
1958	Sesto Calende, Galleria Cesare da Sesto	
	Francavilla al Mare, *Premio nazionale di pittura Michetti*	
	Milan, Galleria del Prisma	
1959	Sesto Calende, Galleria Cesare da Sesto	
1959-1960	Milan, Galleria Azimut, *Anceschi, Boriani, Castellani, Colombo, De Vecchi, Maino, Manzoni, Mari, Massironi, Pisani, Zilocchi*	
1960	Milan, Galleria Azimut, *Biasi, Breier, Castellani, Landi, Mack, Maino, Manzoni, Massironi, Moldow, Motus, Pisani, Santini*	
	Rome, Galleria Trastevere, *Sculture da viaggio. Biasi, Bonalumi, Maino, Manzoni, Massironi, Santini*	
	Salone delle esposizioni del Banco di Sicilia	
	Amsterdam, Galerij Orez	
1961	Milan, Galleria Montenapoleone	
	Rotterdam, Galerie Delta	
	Lissone, *XII Premio Lissone*	
	Arnhem, Galerie A	
1962	Antwerp, Galerie Derenkens	
	Amsterdam, Stedelijk Museum	
	Milan, Teatro del Corso, *Fontana, Castellani, Manzoni, Maino, Fasce, Della Torre, Meloni, Mosconi, Maglione, Vago*	
	Barcelona, Palacio de la Virreina	
	Albissola Marina, Galleria della Palma	
	Rotterdam, Galerie 't Venster	
	Milan, L'Indice	
	Milan, Galleria Cadario	
1962-1963	Trieste, Galleria d'Arte Contemporanea	
1963	Frankfurt, Galerie D Berlin, Galerie Diogenes Milan, Galleria Cadario	

	Amsterdam, Amstel 47	
	Florence, Palazzo Strozzi	
	Repubblica di San Marino, *IV Biennale Internazionale d'Arte*	
	Zagreb, Galerija Suvremene Umjetnosti, *Mostra di nuove tendenze*	
	Pineta di Arenzano, Galleria del Sole	
1964	London, The New Vision Centre	
	Bergamo. Studio 2B	
	Castelletto Ticino, *II Premio di pittura*	
	Milan, *XIII Triennale*	
	Avezzano, Palazzo Torlonia	
	Amsterdam, Galerie Orez	
	Paris, Musèe des Arts Decoratifs	
1965	Bern, Galerie Aktuell	
	Amsterdam, Galerie Bezige Bij	
	San Benedetto del Tronto, Mostra Nazionale d'Arte Contemporanea	
	Civitanova Marche, Palazzo delle Esposizioni	
	Trieste, Palazzo Costanzi	
	Pineta di Arenzano, Galleria d'arte Portichetto	
	Zagreb, Galerija Suvremene Umjetnosti. *Mostra di nuove tendenze*	
	Turin, Il Punto	
	Turin, Castello del Valentino	
1966	Palermo, Galleria del Chiodo	
	Novara, Salone del Broletto / Milan, Villa Comunale	
	Como, Villa Olmo	
	Marsala, Premio Centrozero	
	Albissola Marina, Galleria dell'Arco	
1967	Milan, Galleria del Naviglio Lexington, Art Gallery University of Kentucky	
	Bergamo, Studio 2B	
	Fiumalbo, Festival Parole sui muri	
	Florence, Centro Proposte	
	Milan, Il Cenobio	
	Modena, Galleria della Sala di Cultura del Comune	

	Turin, Galleria civica d'arte moderna	
	Monza, Villa Reale	
	Modigliana, Galleria d'Arte del Comune	
1968	Fiumalbo, Festival Parole sui muri Beograd, Galleria del teatro municipale	
	Milan, Studio Salvati & Tresoldi	
	Milan, Galleria Milano	
	Naples, Galleria Il Centro	
	Hamburg, Kunsthalle	
	Brescia, Sincron Galleria d'arte contemporanea	
	Acireale, *Premio Internazionale d'Arte Acireale Turistico-Termale*	
	Kraków, Palais de Beaux Arts	
	San Martino di Lupari, *Premio Nazionale di Pittura e Scultura Mario Pettenon*	
1968-1969	Zagreb, Galerie de l'art contemporain	
1969	Soncino, *Prima Rassegna d'arte contemporanea Famiglia Artistica Piero Manzoni*	
	Varese, Chiostro del convento di S. Antonio	
	Milan, Galleria Diagramma	
	Bochum, Galerie M	
	Zagreb, Galerija Stundentskog	
	Milan, Galleria Cenobio Visualità	
	Massafra, Edificio scolastico Giovanni Pascoli	
	Johannesburg, New Goodman Gallery in association with Totem	
1970	Paris, Centre National d'Art Contemporain	
	Termoli, Castello Svevo	
	Bergamo, Studio 2B	
	Moskow, Museo Puskin	
	Katingsiel, Galerie Kynski	
	Frankfurt, Galerie Krupp	
	Cunardo, Laboratorio Le Fornaci	
	Hofheim am Taunus, Galerie 66	
1971	Genoa, Galleria La Bertesca	
	Lausanne, Galerie Impact	

214

Hofheim am Taunus, Galerie 66

Munich, Villa Stuck

Gütersloh, Kunstverein

Kassel, Kunstverein

Crema, Centro Culturale S. Agostino, *Omaggio a Piero Manzoni*

1972 Milan, Museo Poldi Pezzoli

Milan, Palazzo della Permanente

Paderborn, Kreishaus

Offenbach am Main, Theater

Venice, Galleria del Cavallino

Ardesio, *Incontro artistico*

Osnago, Galleria della Cappelletta

1973 Sesto S. Giovanni, Centro Studio 2

Bergamo, Studio 2B

Brescia, Lo Studio

1973-1974 Bergamo, Studio 2B

1974 Como, Centro Serre Ratti

Carrara, Accademia di belle arti

Rome, Galleria Marcon IV

Milan, Team colore

Termoli, Castello Svevo

Erbusco-Brescia, Palazzo Comunale

1974-1975 Bern, Galerie Lydia Megert

Milan, Arte Struktura

1975 Milan, Galleria Salone Annunciata

Milan, Arte Struktura, *Aguero, Burri, Dadamaino, Fontana, Soto*

Turin, Il Cortilaccio

Lecco, Galleria Giuli

Milan, Galleria Salone Annunciata

Sarzana, Galleria Tre Papi

Milan, Arte Struktura

Termoli, Castello Svevo

Milan, Gastaldelli Arte Contemporanea

Graz, Galerie Albertstrasse

Milan, Galleria Buonaparte

Milan, Galleria Milano.

1975-1976 Gelsenkirchen-Buer, Galerie PA Szepan

1976 Milan, Permanente

Milan, Studio Luca Palazzoni

Olten, Kunstmuseum

Bergamo, Palazzo della Ragione

Forlì, *Premio Silvestro Lega*

Vaciago, *Premio Raffaello e Ferdinando Gialli*

Milan, Artecentro

Gallarate, *Premio nazionale di pittura città di Gallarate*

1977 Rovato, Biblioteca comunale

Milan, Studio Marconi

Stuttgart, Galerie d+c Müller-Roth

Lecco, Galleria Giuli, *Colombo, Dadamaino, Pardi, Spagnolo*

Turin, Galleria Civica d'Arte Moderna

Graz, Kunstlerhaus Neue Galerie

Florence, Galleria De Amicis

Munich, Galerie Walter Storms

1978 Gavirate, Chiostro di Voltorre

Munich, Kunstaustellung Arbeitsgemeinschaft der Alpenlander

Wrocław, Museum Architektury

Bologna, Galleria d'Arte Moderna

Warszawa, Galeria Studio

Gelsenkirchen, Städtischen Kunstsammlung

Messina, Museo Nazionale

1979 Ravenna, Loggetta Lombardesca

Monza Biblioteca civica

Monza, Villa Reale

Ravenna, Pinacoteca comunale

Bologna, Museo d'Arte Moderna

Munich, Galerie Walter Storms

1980 Bert, Galerie Lydia Megert

Sesto S. Giovanni, Centro Culturale Rondottanta

Milan, Studio Marconi

Rome, Galleria Nazionale d'Arte Moderna, *Arte e Critica 1980*

Cornate d'Adda, Scuola Media Statale

Saronno, Sala della Pretura

1981 Capo d'Orlando, Cinema Odeon. Sala Formino

Rome, Palazzo delle Esposizioni

Pavia, Castello Visconteo

Milan, Galleria Bonaparte

Sesto S. Giovanni, Centro Culturale Rondottanta

Como, Villa Olmo

Milan, Studiotre Architettura, *Adami, Dadamaino, Nigro*

1981-1982 Milan, Artecentro

1982 Lecco, Villa Manzoni

Wrocław, Muzeum Architektury/ Muzeum Historyczne

Milan, Padiglione d'Arte Contemporanea

Sidney, Power Gallery

Brisbane, University Art Museum

Paris, Centre Pompidou

San Fruttuoso, Biblioteche De Amicis e Lercari/Villa Imperiale

Paris, Centre Pompidou

Ferrara, Padiglione Parco Massari

Munich, Kunstelrwerkstätten

Rome, Studio AM 16 Arte Contemporanea

Ardesio, Centro d'Arte Contemporanea

Erice, ex convento San Carlo

Gavirate, Chiostro di Voltorre

Lodi, Il Gelso Arte Contemporanea

London, Institute of Contemporary Art

Munich, Kunstelrwerkstätten

1982-1983 London, Hayward Gallery

1983 Como, Pantha Arte

Milan, Vismara Arte

Omegna, Spriano

Milan, Studiotre Architettura

Milan, Il Milione

Udine, Centro Arti Plastiche

Udine, Plurima Arte Galleria

Milan, Galleria dei Bibliofili

Udine, Plurima Arte Galleria

Varese, Villa Ponti

Como, Pantha Arte

Bergen/Moosburg, Edition Gross

Milan, Vismara Arte

Lodi, Il Gelso Arte Contemporanea

1983-1984 Milan, Palazzo Reale

1984 Bologna, Galleria d'Arte Moderna

Tokyo, Bijutsukan

Milan, Padiglione d'Arte Contemporanea, *Azimuth e Azimuth: 1959: Castellani, Manzoni e…*

1985 Frankfurt, Frankfurter Kunstverein

Genoa, Studio Leopardi

Lerici, Premio del Golfo.

1986 Turin, Castello di Rivoli

Treviglio, Museo civico

Monza, Villa Reale

Morterone, Palazzo municipale

Rome, Eur Palazzo dei Congressi

1987 Alatri, palazzo ex Dante Alighieri

Rio de Janeiro, Galeria Thomas John

Frankfurt, Frankfurter Kunstverein

Salò, *Toccare con gli occhi*

Milan, Fac Simile Arte

Como, Salone comunale/Scuola Fogazzaro/Galleria la Colonna

Ravenna, Loggetta Lombardesca

Bolzano, Museo d'Arte Moderna

Termoli, Galleria civica d'arte contemporanea

Stuttgart, Galerie Beatrix Wilhelm

Modena, Galleria civica

Bologna, N2/Nuova 2000

Turin, Galleria Martano

1988 Verona, Palazzo Forti

Reutlingen, Stiftung für konkrete Kunst

Milan, Rotonda della Besana

Morterone, Spazio espositivo Augusta Manzoni

Montecchio, Emilia Castello della Rocca

Varese, Musei civici di Villa Mirabello

Torre Pellice, Sede della Comunità Montana Val Pellice

Arezzo, Museo Archeologico

Düsseldorf, Galerie Schöller

Frankfurt, Stadtische Galerie

Vicenza, Basilica Palladiana

Rome, Associazione Culturale Break

Ravenna, Pinacoteca comunale

Milan, Studio Marconi

Genoa, Galleria La Polena

Turin, La Nuova Bussola

Vasto, Istituto Palazzi

Sasso Marconi, *Premio internazionale di pittura e scultura e arte elettronica Guglielmo Marconi*

Carpi, Ex-convento San Rocco

1988-1989 Imola, Chiostri di San Domenico

Berlin, Staaliche Museen Preussischer Kulturbesitz

1989 Zurich, Kunsthaus

Rio de Janeiro, Museu de Arte Moderna

Parma, Galleria Piccoli

Reutlingen, Stiftung für Konkrete Kunst

Ferrara, Palazzo Massari, Padiglione d'Arte Contemporanea, Palazzo dei Diamanti, Galleria civica d'Arte Moderna

1990 Milan, Circolo Bertold Brecht

Ravenna, Pinacoteca comunale

Bologna, Palazzo di Re Enzo

Rende, Museo civico

Sarzana, Fortezza di Sarzanello

Morterone, Palazzo municipale

Ferrara, Istituto d'arte Dosso Dossi

Genoa, Museo d'Arte Contemporanea di Villa Croce

Maglione Canadese, VI Macam

Brusselles, Palais Albert Borschette

Venice, *IV Premio Murano*

Milan, Arte&Altro

Parma, Mazzocchi

Ravenna, Pinacoteca comunale

1990-1991 Reutlingen, Stiftung für concrete Kunst

1991 Udine, Galleria Plurima

Lugano, Studio d'arte contemporanea Dabbene

Rome, Palazzo delle Esposizioni

Toronto, Royal Canadian Academy of Arts/Italian Cultural Institute

Suzzara, Galleria d'Arte Contemporanea

Budapest, Mùcsarnok

Perugina, Opera Associazione Culturale Per le Arti Visive

Chateau de Mouans-Sartoux, Espace de l'Art Concret

Milan, Galleria Erha

Milan, Galleria del Milione

Montecicardo, Convento intitolato ai Serviti di Maria

Perugina, Opera Associazione Culturale per le Arti Visive

Stockholm, Lijevalchs Konsthall

1992 Milan, Frea Arte

Alessandria, Studio Rino Tacchella

Milan, Palazzo della Permanente

Arezzo, Museo statale d'arte medievale e moderna, Sala del Camino del Mosca

Verona, *Giornate internazionali dell'arredo*

Desio, Villa Tittoni Traversi

Perugia, Centro Espositivo della Rocca Paolina

1993 Munich, Galerie Walter Storms

Arco, Galleria Alto Garda

1993-1994 Tel Aviv, Tel Aviv Museum of Art, *Three Artistic Generations in Contemporary Italy. Castellani, Dadamaino, Fabro, Mochetti, Paolini, Spalletti*

Milan, Il Milione

1994 Cusano, Milanino Spazio Care of

Todi, Extra Moenia Arte Moderna

Bolzano, Galleria Les Chances de l'Art

Manheim, Galerie März

Milan, Sassetti Cultura

Milan, Galleria Ammiraglio Acton

1994-1995 New York, The Solomon R. Guggenheim Museum

1995 Wolfsburg, Kunstmuseum

Düsseldorf, Galerie Schöller

Perugia, Centro espositivo della Rocca Paolina

Milan, Galleria del Credito Valtellinese/Biblioteca Nazionale Braidense/Spazio Vicentina/ Istituto Europeo di Design/ Sala Napoleonica/Accademia di Belle Arti di Brera

Milan, Galleria Maria Cilena

Arau, Aargauer Kunshaus

Lancenigo, Villa Domenica

Morterone, Sala espositiva Pro Loco

Buenos Aires, Museo Nacional de Bellas Artes

Milan, Fondazione Mudima

1995-1996 Esslingen am Neckar, Galerie de Stadt Villa Merkel

1996 Chieri, Palazzo Opesso

Reutlingen, Stiftung für konkrete Unse

Munich, Galerie Walter Storms

Milan, Galleria Fac-simile

1997 Soncino, Rocca Sforzesca

Frankfurt, Messe Frankfurt, *Rhame der Art*

Venice, Palazzo Querini-Dubois

Ferrara, Palazzo dei Diamanti, *1950-59. Il rinnovamento dell'arte in Italia*

Rome, Centro Culturale Opera Paese, *Disegni a mano libera*

Schwaz, Museum Rabalderhaus

Francavilla al Mare, Palazzo S. Domenico

1997-1998 Taormina, Chiesa del Carmine

Rome, Palazzo delle Esposizioni

1998 Milan, Studio Grossetti Arte Contemporanea, *Dadamaino, Fontana, Opalka, Spagnolo*

Rho, Villa Burba

Lainate, Villa Litta

Prato, Centro per l'arte contemporanea Luigi Pecci

Nice, Musèe d'Art Moderne e d'Art Contemporain

1998-1999 Bologna, Galleria d'Arte Moderna

Vignate, Palazzo municipale

1999 Milan, Castello Sforzesco

Milan, Galleria Gruppo Credito Valtellinese, Refettorio delle Stelline

Lecco, Torre Viscontea

Milan, Palazzo Reale

Rome, Palazzo delle Esposizioni

Wien, Galerie Nächst St. Stephan

1999-2000 Munich, Städitsche Galerie im Lebanchaus

Chateau de Mouans- Sartoux, Espace de l'Art Concret

Piacenza, Solaria Arte

Stuttgart, Galerie der Stadt Stuttgart, *Consagra, Dadamaino, Fabbri, Uncini, Veronesi*

2000 New York, P.S.1 Contemporary Art Center

Bologna, Galleria 9 Colone SPE Il Resto del Carlino

Egna, Galleria della comunità comprensoriale

Merano, Kurhaus sala polifunzionale

Brunico, Castello di Brunico

Milan, Museo della Permanente

2000-2001 Lecco, Musei civici Villa Manzoni e Rosenheim/Stadtiche Galerie Rosenheim, *Fontana, Nigro, Manzoni, Castellani, Colombo, Dadamaino, Aricò, Pinelli, Staccioli, Asdrubali, Querci, Sonego*

2001 Bergisch Gladbach, Städtische Galerie Villa Zanders

Palazzolo sull'Oglio, Fondazione Cicogna Rampana, Salone Bordogna

Berlin, Daimler Chrysler Contemporary

Venice, Fondazione Bevilacqua La Masa

Rome, Acquario Romano

Perugia, Centro Espositivo della Rocca Paolina

2002 Venice, Collezione Peggy Guggenheim

Biella, Silvy Bassanese Arte Contemporanea

Andora, Centro Culturale Paraxo

Lissone, Civica Galleria d'Arte Contemporanea

Genoa, Studio B2

2002-2003 Mouans-Sartoux, Espace de l'art concret

Melzo, Palazzo Trivulzio

2003 Milan, Palazzo della Permanente

Albisola Superiore, Museo Trucco

Padova, Palazzo della Regione

Spoleto, Pinacoteca Comunale, Palazzo Rosari-Spada

Novara, Arengo del Broletto

Modena, Galleria Civica

Seregno, Arte Silva

Alassio, Chiesa anglicana

2004 Milan, Galleria Galica

Busto Arsizio, Fondazione Bandera per l'Arte

Turin, Galleria d'Arte Moderna e Contemporanea

Siena, Palazzo delle Papesse, *Zero. 1958- 1968. Tra Germania e Italia*

Lucca, Palazzo Mediceo Seravezza

Milan, Isola Arte Center

Milan, Gariboldi Contemporanea

2004-2005 Milan, Gariboldi Contemporanea

Milan, Annunciata Grossetti

Milan, Palazzo Reale, *Anni '50*

San Donato Milanese, Galleria d'arte contemporanea Cascina Roma

2007 Milan, Associazione Culturale Renzo Cortina, *Contrasti*

Milan, Associazione Culturale Renzo Cortina, *Bon a tirer et papiers*

2008 Stockholm, Moderna Museet *Time & Place: Milano-Torino 1958-1968*

2009 Milan, Associazione Culturale Renzo Cortina, *Arte come Design come Arte*

Chicago, Museo d'Arte Contemporanea, *Italics: Italian Art between Tradition and Revolution 1968-2008*

Zurich, Kunsthaus Zürich, *Hot Spots, Rio de Janeiro/Milan Turin/ Los Angeles*

2010 Vienna, Museum Moderner Kunst Stiftung Ludwig MUMOK, *Bilder über Bilder*

2010-2011 Rome, Galleria Edieuropa, *L'arte del movimento*

2011 Milan, Cortina Arte, *Percorsi: arte del '900 dal Futurismo al contemporaneo*

Milan, Galleria Tega, *Elementi spaziali*

Moscow, Multimedia Art Museum Moscow MAMM, *Italian Zero & Avangarde '60s*

Milan, Cortina Arte, *La Quadreria*

Milan, A Arte Studio Invernizzi, *Dadamaino, Morellet, Uecker*

London, Gagosian Gallery, *Manzoni: Azimut*

2012 Milan, Palazzo Reale, *Milano anni '70*

Reutlingen, Stiftung für konkrete kunst, *Arte concreta-arte povera, Dadamaino, Gastini, Spagnulo, Zorio*

2013 London, Carlson Gallery, *A brief history of spots, stripes and holes. Daniel Buren, Enrico Castellani, Dan Colen, Dadamaino, Steven Parrino, Ned Vena*

Paris, Galerie Tornabuoni Art, *Bianco Italia*

San Donato Milanese, Galleria d'Arte Contemporanea Cascina Roma, *50 e oltre, storia di una galleria. La Galleria Cortina 1962- 2013*

Milan, Associazione Culturale Renzo Cortina, *Apollonio, Dadamaino, Morandini, Tornquist*

Bergamo, GAMeC, *Contrasti*

Paris, Galerie Tornabuoni Art, *Dadamaino*

2014 Milan, Dep Art Gallery, *Black / St. Moritz, Stefan Hildebrandt Gallery, Biasi-Dadamaino-Simeti-Il movimento delle cose*

New York, TBD, *TALKlikeSEX*

Munich, Galerie Leu, *Avantgarde – Between Azimut/h and Zero*

Milan, Palazzo della Permanente, *Nati nel '30. Milano e la generazione di Piero Manzoni*

Yamanashi, Tokyo, Hiroshima, Saitama, *Kinetic Art in Italy – The Art of Magic – Arte Programmata e Cinetica in Italia 1958-1968*

2015 St. Moritz, Stefan Hildebrandt Gallery, *ZERO Italia*

Munich, Galerie Leu, *BLACK & WHITE – Multifarious*

Vimercate, Heart Pulsazioni culturali, *Visivi- Dadamaino e Secomandi*

Lugano, Cortesi Gallery, *A bout de souffle*

London, Tornabuoni Art, *The Die is cast : Italian Art beyond Tradition*

London, Melzi Fine Art c/o Alon Zakaim Fine Art, *Stop at Nothing*

Riva del Garda, MAG Museo Alto Garda, *Oltre il confine della tela. Fontana, Burri, Manzoni, Dadamaino, Bonalumi, Scheggi*

2016 Ghent, De Buck Gallert, *Rethinking Space : Work from Post-War Italy*

Bologna, Raccolta Lercaro in collaborazione con archivio N. Vigo, *Affinità Elette – la collezione di Nanda Vigo : opere e relazioni tra i più importanti artisti degli anni Sessanta*

Humblebaek, Louisiana Museum of Modern Art *Eye Attack Op Art and kinetic art 1950-1970*

Castiglioncello, Galleria Granelli, *Creative Eye Arte Cinetica Programmata*

2017 Lissone, *Presenze*

Modena, Galleria civica di Modena, *Alfabeta 1979 – 1988 prove d'artista nella collezione Galleria Civica di Modena*

Cherasco, Palazzo Salmatoris, *Lucio Fontana e l'annullamento della pittura. Dal Gruppo Zero all'arte analitica*

2018 Philadelphia, Locks Gallert, *Optical // Obstacle*

London, Galleria Mazzoleni, *More than words...*

Barcelona, Fondaciò Catalunya La Pedrera, *Obras Abiertas el arte en movimiento*

Bolzano, Museion, *Tutto Prospettive sull'arte italiana*

2019 New York, CHART, *Reductive Seduction*

Aosta, Museo Archeologico Regionale, *Lucio Fontana. La sua lunga ombra, quelle tracce non cancellate*

Vienna, Panarte Galerie, *Optical Icons*

Düsseldorf, Beck Eggeling International Fine Art, *Mack : ZERO Amicizie. Germania-Italia 1958-1967*

London, Hauser & Wirth, *Before After Rome, Milan and Fabio Mauri 1948-1968*

Monfalcone, Galleria Comunale d'Arte di Monfalcone, *Lucio Fontana e i mondi oltre la tela. Tra Oggetto e Pittura*

Munich, Sammlung Goetz, *Tutto Prospettive sull'arte italiana*

2020 London, Tornabuoni Art, *Dynamic*

Visions – From Vasarely to Pistoletto

Varese, Gutan Art Gallery, *Artworks Under 5000*

Milan, Studio Guastalla, *SELECTED WORKS*

Milan, Glenda Cinquegrana Art Consulting, *Back to minimal*

Milan, Studio Guastalla, *Monochromes*

Varese, Gutal Art Gallery, *Selected Affordable Works by Gutan Art Gallery*

2020-2021 Milan, A Arte Studio Invernizzi, *Sul Margine*

2021 London, The Mayor Gallery, *White as Snow in Winter : Abstract Exhibition*

London, The Mayor Gallery, *Red Celebrating Chinese New Year : Abstract Exhibition*

Archivio Accardi Sanfilippo, "Carla Accardi":
archivioaccardisanfilippo.it

Archivio Dadamaino, "I Cicli di Dadamaino" :
archiviodadamaino.it

1947   *Corsivo n° 1*, in "Forma 1", April 1947

1948   Argan, G.C., *L'arte astratta*, in *Ulisse*, II, 6, July

1950   Anonymous (Ballocco, M.), "Carla Accardi, Ugo Attardi, Antonio Sanfilippo", in *AZ Arti Visive*, III, 2, March

"Disegnano con la luce", in *Tempo*, XII, 13, 1-8 April

Turcato, G., introduction in *Tempere di Carla Accardi*, Galleria L'Age d'Or, Rome

1954   Tapié, M., *Capogrossi in XXVII Esposizione Biennale Internazionale d'Arte*, exhibition catalogue, curated by Pallucchini R., Lombroso Editore, Venice

1955   *Accardi*, exhibition catalogue, Galleria San Marco, Rome

1956   Tapié, M., *Esthétique et devenir*, Daual Set, Barcelona

1959   Restany, P., *Accardi et la symbolique*, in *Accardi. Opere Recenti*, exhibition catalogue, Galleria la Salita, Rome

1961   Alfieri, B., "Altri 'simboli' dagli Stati Uniti", in *Metro*, II, 2, May

Manzoni, P., *Dada Maino*, exhibition catalogue, Studio N, Padova

1962   Schnenberger, W., *Dadamaino*, exhibition catalogue, Galerie Senatorem, Stuttgart

1963   Accardi, C., "L'abitudine al conformismo. Zdanovismo all'italiana", in *L'Avanti*

Dorfles, G., "Castellani incarnazione di una nuova struttura ritmica, spaziale e luminosa", in *Metro*, IV, 8

1964   Accardi, C., in "Intervista con i Pittori. Carla Accardi intervistata da Maurizio Calvesi", in *Marcatre*, II, 8-9-10, July-August-September

Dorfles, G. , introduction, in *Accardi*, exhibition catalogue, Notizie Associazione Arti Figurative, Turin

1966   Accardi, C., in "Discorsi: Carla Lonzi e Carla Accardi", in *Marcatrè*, IV, 23-25, June

1968   *Minimal Art. A critical Anthology*, Battcock, G., ed. Dutton, New York

Lonzi, C., "Tecniche e materiali", in *Marcatre*, VI, May

1972   Dadamaino, "La Tendenza Dell'artista a Sentirsi Coinvolto Nella Politica", in *Arte e Società*, n° 3 (June 1972)

1974   Lonzi, C., "Assenza della donna dai momenti celebrativi della manifestazione creativa maschili", in *Sputiamo su Heigel, La Donna*

clitoridea e la donna vaginale e altri scritti, Rivolta Femminile, Milan

1975   Apollonio, U., "Dadamaino", in *Bollettino*, n° 10, Galleria Method

Franzoso, G., "Dadamaino: Inconscio razionale", in *I quaderni dello studio V*

Trini, T., *Dadamaino*, exhibition catalogue, Team colore, Milan

1976   Trini, T., "Dadamaino. L'arpa verticale e orizzontale", in *Data*, n° 22

1977   Tadini, E., *Dadamaino*, exhibition catalogue, Studio Casati, Merate

1978   Celant, G., "Carla Accardi alla Galleria Betti. Un giaciglio sotto teli verde-rossi", in *La Repubblica*, March

1979   Fossati, P. ed., *Dadamaino. Opere 1958-1979*, exhibition catalogue, Galleria Martano, Turin

Krauss, R., "Grids", in *October 9*

1980   Varga, M.N., "Prima era l'alfabeto, poi... (Intervista a Dadamaino)", in *Gala International*, n° 96, June

Vergine, L., "Dadamaino", in Panicelli I. ed., *Arte e Critica 1980*, exhibition catalogue Galleria Nazionale d'Arte Moderna, Rome

1982   Gualdoni, F., ed., *Dadamaino*, exhibition catalogue, Museo Butti, Viggi

1983   Bramanti, V. ed., *Carla Accardi*, exhibition c,atalogue, Essegi, Ravenna

Accardi, C., in *Al Vivo 2. Generazioni a confronto. Comunicazioni di lavoro di artisti contemporanei*, Lux, S. ed., De Luca editore, Rome

Leonetti, F., ed., *Dadamaino*, exhibition catalogue, Padiglione d'Arte Contemporanea, Milan

Vergine, L., ed., *L'ultima avanguardia. Arte Programmata e Cinetica 1953/1963*, exhibition catalogue, Palazzo Reale, Milan

1984   Accardi, C., "Effemeridi", in *AEIUO*, V, 10-11, July

Accardi, C., in Dalla Chiesa, G., *Colloquio con Accardi*, Edizioni Della Cometa, Rome

Gualdoni, F., "Dadamaino", Beatrix Wilhelm Verlag, Leonberg M. Meneguzzo (ed.), *Azimuth & Azimut. 1959: Castellani, Manzoni e ...*, exhibition catalogue (Milan, Padiglione d'Arte Contemporanea), Mondadori, Milan

1987   Castagnoli, P.G., Cerritelli, C. eds., *Dadamaino. Costellazioni*, exhibition catalogue, Galleria N2/ Nuova 2000, Bologna

Dorfles, G. ed., *Dadamaino*, exhibition catalogue, Galerie Beatrix Wilhelm, Stuttgart

1989   Cagli, C., introduction, in *Capogrossi*, exhibition catalogue, Galleria del Secolo, Rome, January 1950, in "Gli anni originali", *La Tartaruga. Quaderni d'arte e di letteratura*, 5-6 March

Gualdoni, F. ed., *Carla Accardi*, exhibition catalogue, Edizioni Cooptip, Modena

Gualdoni, F., *Dadamaino. Passo dopo passo 1987/1989*, exhibition catalogue, Studio Reggiani, Milan

1990   Corgnati, M., "Dadamaino", in *Flash Art*, n° 156

Pontiggia, E., "Dadamaino", *Collana Artisti Lombardi*, Edizioni Endas Lombardia, Milan

1992   Barocchi, P., *Storia moderna dell'arte in Italia. Manifesti, polemiche, documenti*, vol. III, *Tra Neorealismo ed anni novanta 1945-1990*, Einaudi, Turin

Crispolti, E., *Prampolini dal futurismo all'informale*, exhibition catalogue, Carte segrete, Rome

Trimarco, A., "Sei domande a Dadamaino", in *Temporale. Rivista d'arte e di cultura*, n° 28

1993   Adorno, T.W., Gillespie, S., 'Music, Language, and Composition'. *The Musical Quarterly 77*, n° 3

Damisch, H., *La Ville. Art et Architecture en Europe 1870-1993*, exhibition catalogue , Centre Georges Pompidou, Paris

Fiorani, E., ed., *Dadamaino. Opere 1958-1993*, exhibition catalogue, Casa del Mantegna, Mantova

Zevi A. ed., *Three Artistic Generations in Contemporary Italy. Castellani, Dadamaino, Fabro, Mochetti, Paolini, Spalletti*, exhibition catalogue, Tel Aviv Museum of Art, Tel Aviv

1994   Eccher D. ed., *Carla Accardi*, exhibition catalogue, Charta, Milan

Mango, L., "Una contrada di confine", in Morellet, F., Uecker, G., *Dadamaino*, exhibition catalogue, A Arte Studio Invernizzi, Milan

Verzotti, G., "Dadamaino", in *Temporale. Rivista d'arte e di cultura*, n° 32-33

1995   Accardi, C., in "Carla Accardi. Conversazione con Demetrio Paparoni", in *Tema Celeste*, 50, January-March

Appella, G., "Artisti, scrittori, critici, architetti e gallerie a Roma negli anni Cinquanta", in D'Amico, F., *Roma 1950-1959. Il rinnovamento*

della pittura in Italia, exhibition catalogue, Civiche Gallerie d'Arte moderna e contemporanea, Ferrara

De Sanna, J., "Intervista con Dadamaino", in Wiehager, R. ed., *Zero Italien. Azimuth/Azimut 1959-60 in Mailand. Und heute*, exhibition catalogue, Galerie der Stadt Villa Merkel, Cantz Verlag, Ostfildern

1996

Grasso, S., "Dal finestrino di un tram: il destino di un'artista", in *Corriere della Sera*, 18th of April

Grossmann, E., Zevi, A., *Dadamaino. I fatti della vita*, exhibition catalogue, Stiftung für Konstruktive und Konkrete Kunst, Zurich

Kultermann, U., "Il miracolo italiano. Il rinnovamento dell'arte attorno al 1960", in *Terzocchio*, XXIII, n° 4, December

1997

Accardi, C., Untitled text in Hafif, M., *Opere anni Sessanta*, Galleria Edieuropa, Rome

Adorno, T.W., *Aesthetic Theory* (1970), edited by Adorno, G., Tiedeman, R., Athlone Press, London

Coen, V., "Dadamaino", in Bonito Oliva, A. ed., *Minimalia. Da Giacomo Balla a…*, exhibition catalogue, Palazzo Querini Dubois, Venice, Bocca Editori, Milan

Disch, M., "Dadamaino. L'Alfabeto della mente", in *Temporale, Rivista d'arte e di cultura*, n° 42-43

Gualdoni, F., ed., *Milano 1950-59. Il rinnovamento della pittura in Italia*, exhibition catalogue, Civiche Gallerie d'Arte Moderna e Contemporanea del Comune di Ferrara, Ferrara

Trini, T. ed., *Dadamaino*, exhibition catalogue, A Arte Studio Invernizzi, Milan

1998

Accardi, C., in Cherubini, L., "Conversazione con Carla Accardi", in Cerritelli, C. ed., *Carla Accardi. Opere 1947-1997*, exhibition catalogue, Charta, Milan

Accardi, C., in Benedetti, L., "Conversazione con Carla Accardi", in Bonasegale, G., Lux, S. eds, *Forma 1 e i suoi artisti*, 1947-1997, exhibition catalogue, Argos, Rome

Gualdoni, F. ed., *Azimut. Una storia (non solo) milanese*, exhibition catalogue, Palazzo Municipale, Vignate

Pioselli, A., "I segni della storia. Intervista a Dadamaino", in *Segno*, XXIII, n° 160, January February

Tedeschi, F., "Dadamaino. Opere 1975-1981", exhibition catalogue, Protagonisti in *arte 8*, Associazione Culturale Amici di Morterone, Morterone

Occhipinti, P., *Trapani nei ricordi di Carla Accardi, Opere 1947-1997*, exhibition catalogue, Milan

Plant, S., *Zeros + Ones: Digital Women + the New Technoculture*, Fourth Estate, London

1999

Celant, G., *Carla Accardi*, Cat. rais., Charta, Milan

Gualdoni, F., "Dadamaino", *in Arte italiana del Novecento 1930-1960. 34 autori dalla A alla Z*, Electa, Milan

2000

Brandini, M. ed., Tapié de Céleyran, M., *Un art autre e altri scritti*, NIKE, Segrate

Golisnki, H.G., *Dadamaino. Retrospektive 1958-2000*, exhibition catalogue, Museum Bochum, Bochum

2001

Accardi, C., in *Entretiens entre Carla Accardi et Hans Ulrich Obrist*, Studio Accardi, Rome

2002

Basse, L., Obrist, H.U. eds, *Carla Accardi*, exhibition catalogue, Paris

2003

Barbero, L.M., ed., *Dadamaino. L'alfabeto della mente*, exhibition catalogue, Museo Virgiliano, Virgilio

2004

Accardi, C., in Vagheggi, P., "La vita non è arte, l'arte è la vita. Intervista a Carla Accardi", in Eccher, D., *Carla Accardi*, exhibition catalogue, Charta, Milan

Fer, B., *The Infinite Line: Re-Making Art after Modernism*, Yale University Press, New Haven and London

Meneguzzo, M., von Wiese, S. eds, *Zero. 1958-1968. Tra Germania e Italia*, exhibition catalogue, Palazzo delle Papesse, Siena, SilvanaEditoriale, Milan

2005

Pola, F., *Dadamaino. I fatti della vita*, exhibition catalogue, A Arte Studio Invernizzi, Milan

2006

D'Oora, D., *Dadamaino*, exhibition catalogue, Arte Silva, Seregno

2008

Accardi, C., in *Carla Accardi, Sol LeWitt, Betty Woodman: opere*, exhibition catalogue, Galleria Massimo Minini, Brescia

Barbero, L.M., Widenheim, C. eds, *Time & Place: Milano-Torino 1958-1968*, exhibition catalogue, Moderna Museet, Stockholm Steidl Verlag, Göttingen

Bonami, F., ed., *Italics. Arte italiana fra tradizione e rivoluzione 1968-2008*, exhibition catalogue, Palazzo Grassi, Venice then Museum of Contemporary Art, Chicago, Electa, Milan

Cortina, S., Madesani, A., *Dadamaino. L'assoluta leggerezza dell'essere*, exhibition catalogue Cortina Arte Edizioni, Milan

2009

Gualdoni, F. ed., *Con Dadamaino, passo dopo passo*, exhibition catalogue, Galleria Spazia, Bologna

2010

Adorno, T. W., Benjamin, W., Bloch, E., Brecht, B., Lukács. G., *Aesthetics and Politics*, Jameson, F. ed., Verso, London

Gualdoni, F., *Dadamaino. Gli anni '50 e '60. La capacità di sognare*, exhibition catalogue, Cortina Arte Edizioni, Milan

Gualdoni, F., *Dadamaino, Piero Manzoni. Storia di un grado zero 1956-1963: le opere, i documenti*, exhibition catalogue, P420 Arte Contemporanea, Bologna

Lonzi, C., *Autoritratto* (1969), Milan

Vallora, M., *Dadamaino. Bucare lo sguardo*, exhibition catalogue, Carlina Galleria d'Arte, Turin

Gualdoni, F., *Dadamaino, Piero Manzoni. Storia di un grado zero 1956-1963: le opere, i documenti*, exhibition catalogue, P420 Arte Contemporanea, Bologna

2011

Zanchetta, A., *Dadamaino. Movimento delle cose*, exhibition catalogue, DepArt, Milan

Forin, E., ed., *Elementi Spaziali. Bonalumi, Castellani, Dadamaino, Scheggi*, exhibition catalogue, Galleria Tega, Milan, SilvanaEditoriale, Milan

Celario, C., "Dadamaino: scritti e azioni. Per una nuova comunicazione dell'evento artistico", in "Palinsesti", www.palinsesti. net , n° 1

Lemoine, S., *Dadamaino. Volumes 1958-60*, exhibition catalogue, The Mayor Gallery, London

Pola, F., *Manzoni: Azimut*, exhibition catalogue, Gagosian, London

Cozzi, L., "Spaces of Self-Consciousness: Carla Accardi's Environments and the Rise of Italian Feminism", in *Women & Performance: A Journal of Feminist Theory 21*, n° 1 (March)

2012

Lonzi, C., *Scritti sull'arte*, Conte, L., ed., Iamurri, L., Martini, V. et. al/ edizioni, Milan

Marin, L., *Opacità della pittura. Saggi sulla rappresentazione nel Quattrocento*, La casa Usher, Firenze *Dadamaino. Gli anni '70. Rigore e coerenza*, exhibition catalogue, Cortina Arte Edizioni, Milan

Bonami, F., Nicolin, P., eds., *Addio anni 70. Arte a Milano 1969-1980*, exhibition catalogue, Palazzo Reale, Milan, Mousse Publishing, Milan

2013

Stoichita, V., *L'invenzione del quadro*, il Saggiatore, Milan

Lemoine, S., ed., *Dynamo. Un siècle de lumière et de mouvement dans l'art 1913-2013*, exhibition catalogue, Grand Palais, Paris

Gualdoni, F., Cortina S. eds., *Dadamaino 1930-2004*, exhibition catalogue, Galleria del Credito Valtellinese, Milan

Riva, V., *Apollonio, Dadamaino, Morandini, Tornquist*, exhibition catalogue, Associazione Culturale Renzo Cortina, Milan, Cortina Arte Edizioni, Milan

Blistène, B., Gualdoni, F., *Dadamaino*, exhibition catalogue Tornabuoni Art, Paris, Forma Edizioni, Florence

Carron, N., Gautherot, F., *Dadamaino*, Presses du réel, Dijon

Lonzi, C., and Rivolta Femminile, "Significato dell'Autocoscienza nei Gruppi Femministi". *Pensiero Femmninista Radicale* (blog), 1972. http://femrad. blogspot.com/2013/08/ significatodellautocoscienza- nei. html (August)

2014

Viva, D., "Gli antenati elettivi: Giacomo Balla fra Forma 1 e Origine (1948-1952)", in *Studio di Memofonte*, n° 13

2017

Colombo, D., "L'arte americana dei primi anni Sessanta nelle riviste italiane del periodo", in Fergonzi, F., *Arte italiana 1960-1964. Identità culturale, confronti, internazionali, modelli americani. Atti della giornata di studi*, Museo del Novecento e Gallerie d'Italia, Milan

Consagra, P., *Vita mia* (1980),Skira, Milan

Gastaldon, G., "Uno sguardo oltreoceano: assenze, presenze e fraintendimenti nella ricezione dell'arte americana a Roma", in *Palinsesti*, I, 6

Kittler, T., "Living Differently, Seeing Differently: Carla Accardi's Temporary Structures (1965-1972)., in *Oxford Art Journal 40*, n° 1 (1 March)

Zapperi, G., "Towards an Autonomous Feminist Institution: Carla Lonzi and Autocoscienza", Lecture given at Transit, Prague Czech Republic on 20th June

2020

Messina, M.G., Montaldo, A.M. eds., *Carla Accardi. Contesti*, exhibition catalogue, Museo del Novecento Milan, Electa, Milan

Carla Accardi

Dadamaino

photo credits
crédits photographiques

Courtesy

Copyright

Courtesy Archivio Accardi Sanfilippo, Rome (PP. 14, 30-31, 33, 38 dx, 39 sx, 47 sx, 48 dx, 63, 189)
Courtesy Archivio Claudio Abate (PP. 28 sx, 43, 68)
Courtesy Archivio Istituto Luce - Cinecittà s.r.l. (P. 38 sx)
Courtesy Archivio Opera Dadamaino (PP. 18, 21)
Courtesy Consortium Museum (PP. 105, 114, 168, 188)
Courtesy Fondazione MAXXI (P. 46 dx)
Courtesy Fondazione Paolini (P. 42)
Courtesy Mulas Heirs (PP. 20 dx, 183)
Courtesy Philadelphia Museum of Art: Purchased with the funds contributed by Barbara B. and Theodore R. Arenson and with the Contemporary Art Revolving Fund, 2018, 2018-85 (P. 97 sx)
Courtesy Archivio Pietro Consagra (PP. 25 dx, 62, 186, 195)
Courtesy RMN - Grand Palais (PP. 40-41, 190)
Courtesy S.M.A.K. (P. 191)
Courtesy The Levett Collection (P. 97 dx)
Courtesy The Museum of Modern Art, New York / Scala, Firenze (P. 103)
Courtesy Tornabuoni Art (P. 97 center, 102)

© Claudio Abate (P. 43)
© Carla Accardi by SIAE (P. 63)
© Giovanni Bellone (PP. 124-125)
© Luca Carrà (P. 191)
© Maria Grazia Chinese (P. 33)
© Giorgio Colombo, Milano (PP. 2-3, 10, 29 sx, 108-109, 110-111, 142-143, 144-145, 160-161, 172, 184-185)
© Richard Decker (PP. 26-27)
© Philippe Migeat (P. 21 dx)
© Georges Meguerditchian (PP. 40-41)
© André Morin (PP. 105, 114-115, 168-169, 188)
© Antonia Mulas (P. 104 dx)
© Maria Mulas (PP. 22-23, 100-101, 104 sx, 152, 153)
© Ugo Mulas (PP. 20, 29 dx, 183)
© Agostino Osio (P. 21 center)
© Paolo Pellion. Gift of Mauro Pieroni, Rome (P. 39 center and dx)
© Paolo Pellion (P. 46 sx)
© Vittorio Pigazzini (PP. 117, 174, 182)
© Roberto Pini for Electa (P. 84)
© Anna Piva (P. 42)
© Johnny Ricci (PP. 15, 94, 175, 187)
© Patrizia Tocci (P. 46 dx)
© S. Toni (P. 28 dx)
© Lothar Wolleh (P. 20 sx)
© Zanotta Spa, Italy (PP. 47 dx, 48 sx))

Editorial project
Projet d'édition

Forma Edizioni srl
Florence, Italy
redazione@formaedizioni.it
formaedizioni.it

Editorial director
Direction éditoriale

Laura Andreini

Editorial staff
Rédaction

Maria Giulia Caliri
Livia D'Aliasi

Graphic design
and layout
Projet graphique
et mise en page

Laura Maltinti

Photolitography
Photolitographie

LAB di Gallotti
Giuseppe Fulvio
Florence, Italy

Texts
Textes

© The authors
© Les auteurs

This volume is printed on:
Fedrigoni Symbol Tatami White 150g
Fedrigoni Sirio Color Perla 140g (cover)

This catalogue is published
on the occasion of the exhibition
Ce catalogue est publié
à l'occasion de l'exposition

*Carla Accardi
Dadamaino:
Between sign and transparency
Entre signe et transparence*

Tornabuoni Art Paris
May 20th - September 18th, 2021
20 mai - 18 septembre 2021

Project by
Un project de

Tornabuoni Art Paris

Texts
Textes

Valérie Da Costa
Jean-Pierre Criqui
Margit Rowell
Elizabeth de Bertier

Preface
Préface

Francesca Piccolboni

Editorial coordination
Coordination éditoriale

Alice De Sanctis
Quentin Laurent

Translators
Traducteurs

Nazanine Nayeri
Jean-François Allain
In Fine traductions

A special thanks to the lenders, especially Roberto
Casamonti, Nicoletta Saporiti, Cortina Arte and all
others who prefer to remain anonymous.
Remerciement aux prêteurs, en particulier Roberto
Casamonti, Nicoletta Saporiti et Cortina Arte, et à tous
les collectionneurs qui ont préféré rester anonymes.

We would like to thank all of those who contributed
to the making of this catalogue: Archivio Accardi
Sanfilippo, Archivio Dadamaino, Giorgio Colombo
and the staff of Tornabuoni Art Paris and Florence,
in particular Isabella Capolei, Valentina Greenwood
and Isabella Lastrucci.
Remerciements à tous ceux qui ont collaboré à
la réalisation de ce catalogue : Archivio Accardi
Sanfilippo, Archivio Dadamaino, Giorgio Colombo
et les équipes de Tornabuoni Art Paris et Florence,
en particulier Isabella Capolei, Valentina Greenwood
et Isabella Lastrucci.

This volume was printed
in May 2021 by Stamperia
Artistica Nazionale Spa,
Turin, Italy

Ce volume a été imprimé au
mois de mai 2021 par Stamperia
Artistica Nazionale Spa,
Turin, Italie